经济学论丛

中国城市家庭住房选择的时空变动和社会分化研究

A STUDY ON THE DYNAMICS, REGIONAL DISPARITY AND SOCIAL STRATIFICATION OF HOUSING CHOICES IN URBAN CHINA

易成栋◎著

北京大学出版社
PEKING UNIVERSITY PRESS

图书在版编目(CIP)数据

中国城市家庭住房选择的时空变动和社会分化研究/易成栋著.—北京:北京大学出版社,2012.5

(经济学论丛)

ISBN 978-7-301-20727-7

Ⅰ.①中… Ⅱ.①易… Ⅲ.①城市-住宅市场-研究-中国 Ⅳ.①F299.23

中国版本图书馆 CIP 数据核字(2012)第 118220 号

书　　名:中国城市家庭住房选择的时空变动和社会分化研究
著作责任者:易成栋　著
策 划 编 辑:朱启兵
责 任 编 辑:朱启兵　姜蕴璐
标 准 书 号:ISBN 978-7-301-20727-7/F·3205
出 版 发 行:北京大学出版社
地　　址:北京市海淀区成府路 205 号　100871
网　　址:http://www.pup.cn
电　　话:邮购部 62752015　发行部 62750672　编辑部 62752926　出版部 62754962
电 子 邮 箱:em@pup.cn
印 刷 者:北京鑫海金澳胶印有限公司
经 销 者:新华书店
730 毫米×1020 毫米　16 开本　18.5 印张　340 千字
2012 年 5 月第 1 版　2012 年 5 月第 1 次印刷
印　　数:0001-3000 册
定　　价:48.00 元

序

古今中外,住房始终是国家财富和居民家庭财产的重要组成部分。2011 年末美国家庭资产中 22.1% 是住房,占比最大。[①] 2002 年中国城市家庭住房资产更是在家庭资产中占到 47% 的比重,居所有资产之首。[②] 在中国,住房对于居民家庭而言意味着很多的含义,“安居乐业”的传统理念一直被推崇,2010 年中国城市居民的住房自有率达到了 70% 。

更进一步,城市的众多公共服务资源(如教育、医疗、基础设施、治安等)和社会资源(如人力资本和社会资本、工作机会和其他机会)都是有形或无形地附着在区位之上。这时住房就不仅是遮风避雨的物质空间,它决定了城市居民的生活环境和社会交往空间,为社会民众获得各种城市资源,积累人力资本和社会资本,融入城市主流社会提供机会。[③] 人们在选择住房的同时,也就选择了在哪个城市中的哪个地方居住,选择了其所拥有的最大资产,选择了与各类工作机会、城市交通体系以及生活设施和服务的接近程度。这意味着,住房是居住者获得各种城市机会的“门票”(Housing as a ticket to opportunities)。因此,住房选择(housing choices)成为城市研究中的一个关注重点,且与土地、金融、劳动力市场和公共政策都有着非常紧密的联系。

住房的几个重要特性,即耐久性(durability)、异质性(heterogeneity)和空间位置固定性(locational fixity),使住房选择的研究方法独具特色。异质性特征使得仅用居住面积来度量住房需求是不准确的,住房消费支出同时反映住房需求的数量和质量,通常作为度量住房需求的连续变量。耐久性特性使住房需求可以通过租赁和自有两种形式得到满足,形成了租买选择(tenure choice)问题。住房在位置上的固定性使得家庭在进行住房选择时,同时选择了空间区位和各种社会经济联系,于是区位选择(location choice)成为了住房选择的一个重要维度,大量微观家庭的区位选择与众多企业及其他主体的区位选择交互作用,在宏观上塑造了一个城市的空间结构,这也是城市经济学研究的一个兴奋点。当然还

---

① Flow of Funds Accounts of the United States: Flows and Outstandings. Fourth Quarter 2011, Board of Governors of the Federal Reserve System, Washington DC 20551, March 8, 2012, p106.

② 国家统计局城市社会经济调查总队,城市居民家庭财产调查, 2002

③ 世界银行:《1995 世界发展报告》,中国财政经济出版社,1995 年版。

可以再细分出更多的住房选择维度，例如建筑形式选择、住房套数选择、住房类型选择等。更进一步，中国的转型经济和住房制度改革增加了新的住房选择研究课题，例如房改房及公房的特殊性、户口和单位性质对住房选择的影响等。

易成栋博士的这部专著，是在其博士论文的基础上，进一步系统梳理和完善而成的，在上述几个方面都做出了有益的探索和贡献。本书的第一个重要特色就是建立在非常详尽的调查统计资料之上(2000 年人口普查和 2005 年 1% 人口抽样调查资料)；第二个重要特色是综合运用了经济学和社会人口学等多学科交叉方法；第三个重要特色则是多维度(特别是空间维度)的动态研究，对中国城市家庭住房选择的动态变化、地区差异和社会分化开展了深入的理论和实证研究。易博士的这一研究反映了他在数据采集方面下的功夫，在理论模型上的认真构思，以及在定量分析中的仔细琢磨，并具有明确的公共政策含义，将很好地推动中国住房领域的基础研究。

特别值得一提的是，目前国内学者越来越重视对住房领域中众多微观问题的实证研究。本书的实证分析过程，尤其是在普查与抽样调查、数据分析和处理、统计学和计量经济学方法应用方面的若干经验，对后续住房选择的进一步研究有着很好的借鉴与参考意义。

易成栋博士在住房选择与城市生活质量、住房市场与劳动力市场空间互动、低收入住房政策等领域与我有着非常类似的研究兴趣，和我经常在一起切磋学术。我们经常交流如何将经济学与地理学和社会学等学科相融合来分析中国城市中住房问题的方法和技巧。实际上，我的博士论文是在住房选择领域，在这方面的研究还需继续积累，写这篇序言的确让我诚惶诚恐。我想易博士与我的想法是一致的，那就是真诚希望志同道合的学者更加密切地开展实质性合作，抓住微观数据可得性逐渐增强的大好时机，共同推动住房领域的微观机制研究，做出高质量的学术成果，并致力于为政策设计提供有效支持。那时，我们的宏观政策与微观制度的讨论分析就会有很多定量的依据可循。

清华大学建设管理系副主任，博士生导师
清华大学恒隆房地产研究中心，研究员
清华大学公共管理学院产业发展与环境治理研究中心，研究员
北京大学—林肯研究院城市发展与土地政策研究中心，研究员

2012 年 5 月 7 日
于北京清华园

前　　言

住房作为人类的基本需要之一，关系到居民的生活水平和财富积累；住宅和房地产业影响到国民经济的发展和人口、资源环境的和谐。20 世纪 80 年代中国城镇住房制度改革以来，政府、市场、单位和个人在住房资源分配方面的关系发生了根本性变化。随着住房市场的发展，居民有了消费者主权，城市家庭的住房选择因此发生了很大的变化。住房选择变化的趋势以及内在的机制需要深入研究。

本书的研究目标是分析转型期中国城市家庭住房选择发生了哪些变化，哪些因素影响了住房选择，以及相应的政策含义。本书从住房是多维度的商品出发，认为住房选择包括家庭的消费数量和支出选择（指购买住房价格或租金）、住房来源与产权（使用模式）选择、住房建筑属性（产品类型）选择和住房区位选择。本书的研究问题是：(1) 转型期城市家庭的住房选择行为有哪些变化？(2) 住房选择是否存在地区差异？(3) 住房选择行为是否发生了社会分化，存在家庭差异？(4) 住房选择行为为什么发生了这些变化？受到了哪些因素影响？(5) 对比转轨经济与计划经济、市场经济，中国和外国，城市家庭住房决策有哪些不同之处？存在什么问题？相应的政策含义是什么？本研究的理论意义在于不仅可检验在市场经济制度环境下提出的西方理论和假说是否成立和适用，还会发现转型中国一些与市场经济下的住房选择行为的不同之处，并且可以提出新的理论和假说，从而丰富了该研究领域的内容，为国际学术研究提供了新的实证案例，并为政府制定合理的政策、企业更好地满足家庭住房需求、家庭住房理性选择提供决策支持。

根据新制度经济学理论，城市工资、房租和生活质量空间竞争均衡模型，社会分化和生命历程理论，本书提出以下待实证研究的五个假说：(1) 制度变迁假说：转型期中国制度变迁、市场发展导致了城市家庭住房选择市场化程度提高，表现为住房消费量和支出增加，住房来源市场化程度提高和住房产权自有比重提高，住房建筑属性和产品类别提升，居住区位流动性增强，多套住房呈增长趋势，制度、收入对住房选择的影响统计显著。(2) 空间差异假说：城市环境的地区差异影响了住房选择的地区差异，表现为城市制度因素和市场性因素对住房选择的地区差异影响显著。前者例如城市行政级别、公房存量、市场化程度等,后者如工资、生活质量等。生活在住房市场等级和行政等级高的城市家庭住房消费量低和住房支出高,住房来源中商品房比例高和住房自有率低,建筑属性和产品类别多,居住区位流动性强,自有多套住宅比例低。(3)消费分化假说:人群的社会分化造成了住房选择的社会分化,作为分层的指示器,户口、收入、教育、职业、单位等差异造成了住房消费的分化,社会阶层高的户主家庭住房消费量(人均住房面积)更高,更多的来源于公房,拥有更高的住房自有率,更好的设施质量,更强的区位流动性,更多由于住房原因迁居,更可能自有多套住房。(4)生命历程假说:家庭生命历程和婚姻、子女等重大事件对住房选择有显著影响。同时制度性因素(例如户口、单位)和市场性因素(例如收入和家庭生命周期)都有影响,但前者影响逐渐减少,后者逐渐增强。这说明了转型期住房选择及其影响因素与计划经济和市场经济有所不同。

随后本文根据《中国2000年人口普查资料》及其微观数据、2005年1%人口抽样调查资料、《中国物价和城镇居民家庭收支调查统计年鉴》、《中国综合社会调查2002—2006年数据》和《中国家庭跟踪调查》2008年数据、《中国统计年鉴》(1980—2010)等统计资料对上述假说运用描述统计和线性回归、Multinomial Logit和Nested Logit模型等进行了实证研究。

本书的主要结论有:(1)中国城市家庭住房选择的市场化,表现在住房消费数量和支出增加,市场型住房来源和自有产权的比重增加,住房建筑属性和产品类别的提升,居住区位流动性增强,多套住房呈增长趋势。制度变迁、市场发展为其主要成因,收入对住房选择的解释能力增强。(2)中国城市家庭住房选择存在明显的地区差异,表现在不同市场等级和行政等级城市家庭住房选择有明显的差异。城市制度性因素和市场性因素对住房选择的地区差异影响显著。前者例如城市行政级别、公房存量、市场化程度等,后者如工资、生活质量等。(3)中国城市家庭住房选择存在明显的社会分化,既存在基于制度性因素的户口、单位和职业的分化,又存在基于市场性因素的收入、生命周期和教育的分化;(4)制度性因素和市场性因素对住房选择有重要影响,但市场性因素的影响逐渐增强。(5)住房选择还存在住房消费支出偏低,重购买轻租赁,住房产权市场多重分隔,住房产品市场混乱,区位分化和居住隔离,多套住房比重偏高等问题。(6)提出了住房政策的改进建议,主要有大力发展租赁市场,促进住房消费;实行住房租买中性政策;促进住房产权市场的一体化;建立住房产品的引导标准来指导住房消费;倡导均享性社会,适当鼓励居住混合和社会融合;利用财税、金融政策等适当抑制住房投资,提高住房使用效率等。

由于作者的学识有限,文中肯定存在错误和疏漏之处,恳请国内外学者和读者诸君批评指正。

目录

图表目录

第一章 导 言

第一节 研究背景和问题的提出

人类的生存,离不开衣食住行四大条件的基本保障。住房作为不可或缺的基本需要,承担着满足人们生理生活和精神生活需要的功能。许多重要的国际组织文件明确规定人人有权享有适当的住房(the right to adequate housing)。从联合国1948年的《世界人权宣言》到1996年联合国第二届人类住区大会都明确指出这一基本权利。可见,住房权是基本人权的重要组成部分。住宅不仅影响到住户的身心健康,还会影响邻里关系和社会稳定。由于中低收入家庭不能从市场获得合适的住房,因此各国都制定了住房保障政策保护他们的居住权。

住房作为家庭最大的财富,影响到居民的财富积累和社会财富的再分配。中国国家统计局2002年城市居民财产调查指出,房产占家庭财产的47.9%,占财产比例居第一位。全国城镇居民房产净值占总财产净值的比重从1995年的43.7%上升到2002年的64.4%,2006年期间房产价值所占比重进一步上升。中国居民财产积累额的大幅度上升,除受居民的高储蓄率和缺少财产税政策影响外,与城镇公有住房的私有化以及企业改制带来的国有资产转移也不无关系(罗楚亮等,2009)。美国一项研究估算1990年居住物业的价值为6.1万亿美元,占GDP的比例为69.8%,占净资产估算额15.6万亿美元的39.2%(迪帕斯奎尔等,2002)。而Zhu(2007)研究表明,美国的住房财产分配加剧了总财产的分配不平等。

住宅产业作为建筑业和房地产业的重要组成部分,作为宏观经济的支柱产业之一,影响到国民经济的发展。1980年6月,中共中央、国务院批转的《全国基本建设工作会议汇报提纲》宣布了我国将实行住宅商品化政策,"准许私人建房、私人买房,准许私人拥有自己的住宅"。1996年中央经济工作会议首次提出了把住宅产业作为国民经济新的增长点。1997年全国人大会议再次明确指出,要把住宅产业作为国民经济新的增长点,把住宅消费培育成居民消费新的热点。2003年国务院18号文件明确提出房地产业已经成为国民经济的支柱产业。刘洪玉(2006)测算2000年住宅产业和房地产业占GDP的比重分别为7%和7.5%。住房产业关联度高,能带动一系列的产业发展,例如建材、汽车、家具等,对国民经济的持续发展有重要影响。

住房选择行为作为住房消费，对住房市场、住房保障、住宅产业发展有重要的影响，对政府科学制定住房政策也有很重要的现实意义。

一、研究背景和研究问题

经济和社会转型是我国现阶段的重要特征之一，在很多方面不同于计划经济和市场经济。从1956年社会主义“三大改造”完成之后，我国建立了高度集中的计划经济体制。从1978年开始改革开放，中央提出了“有计划的社会主义商品经济”，以计划经济为主，市场经济为辅。自邓小平南方讲话之后，中央在1992年正式提出建立社会主义市场经济体制。这就意味着我国从1978年开始进入了以市场经济为导向的转型阶段，并且是市场的增长和计划的减少和退出，最终走向成熟的市场经济。

在转型期，我国发生了渐进式的制度变迁。住房制度、劳动就业和社会保障制度、户籍制度等都发生了较大的变化。自新中国成立初期到改革前，我国建立了高度集中的计划经济，形成了低工资、高就业和高福利（住房作为实物福利）的劳动就业和社会保障制度；否定住房的商品属性，住房作为社会福利品由国家向城镇居民提供；严格的户籍制度禁止人口的自由迁移，以及其他相应的制度支持体系。然而改革开放后，我国逐步提高工资，减少实物福利，改革原有社会福利体系，并逐步建立新的社会保障体系。住房制度也发生了很大变化，恢复住房的商品属性，并逐步建立住房生产、流通、消费、交换的市场体系。特别是1998年的住房制度改革正式停止了福利分房，实现了住房分配货币化和社会化，更是对住房市场有深远的影响。住房市场也就从无到有、从小到大发展起来，并逐步建立起与市场经济相适应的住房体系。户籍制度开始在一定程度上容许自由迁移，到默认自由迁移的权利，再到逐步放开户籍制度，最终将走向取消户籍的城乡差别和地域差别，实现人口的自由流动。但是我国的一些大城市，特别是直辖市和省会大城市还是处在严格控制和有限制的放开状态（国务院，2012）。其他制度和政策，例如财政税收制度、投融资制度等改革，也以市场经济为方向演化。虽然从1992年就宣布建立社会主义市场经济，但是到目前为止，我国依然处在转型阶段。

制度变迁极大地促进了市场经济的发展，改变了家庭消费者的收入、偏好和预期。自改革开放以来，经济市场化的程度逐步加深，微观经济主体（个人、家庭）的自主性不断加强，在选择住房等各种商品、职业方面有了越来越多的自由。人口的社会流动越来越强，发生了大规模的职业流动和地域流动，从第一产业流向第二、三产业，更加自由和频繁的更换工作，从农村流向城市等。

住房市场是地域性市场。我国地域辽阔,城市众多,社会经济发展水平、资源环境参差不齐。中国存在着中央政府与地方政府的分权,通常是中央政府出台政策,地方制定实施细则,并且还允许部分地区试点和创新。不同层级的政府有不同的动机,往往采取了不完全一样的政策和行动。地方政府在发展地方经济和体制改革方面具有较大的灵活性,这些也影响微观主体的经济行为。

随着制度变迁和市场发展,家庭的社会分化和个人的个性差异更加明显。例如年龄、性别、收入、职业、教育水平、宗教信仰、家庭规模和生命周期、种族、社会阶层、生活方式、亚文化、动机、目标、感知、经验、知识、个性、态度等都存在很大的差异,而这些将影响到消费者行为。

由此可见,从计划经济到市场经济转轨的过程中,宏观的制度环境、中观的城市背景、消费者微观的家庭特征以及内在动机等都发生了很大的变化。在这样一个急剧变化过程中,他们的住房选择行为有什么变化规律?内在的机制是什么?存在什么问题?作为公共管理的城市住房政策应该如何制定,才能做到效率和公平的结合?

本书从住房是多维度的商品/产品出发,认为住房选择包括家庭的住房消费数量和支出选择(指购买住房价格或租金)、住房来源与产权(使用模式)选择、住房建筑属性(产品)选择和住房区位选择。住房选择是家庭在制度约束、预算约束、时间约束和流动性约束下的效用最大化的经济行为,但是还受到了政治、社会文化、地理、心理的因素影响,是极其复杂的。受制于时间和数据的关系,本书只能研究其中的一些方面。

本研究的中心问题是:(1)转型期中国城市家庭的住房选择有哪些动态变化?(2)城市家庭住房选择是否存在地区差异?(3)城市家庭住房选择是否存在社会分化?也就是不同社会经济特征的家庭的住房选择有差别吗?(4)城市家庭住房选择为什么这样变化?受到了哪些因素的影响?这些影响因素随时间发生了哪些变化?(5)对比转轨经济与计划经济以及市场经济、中国和外国,家庭住房决策有哪些不同之处?还存在什么问题?(6)相应的政策含义是什么?这些问题既是学术问题,又是我国现实的经济问题和社会问题,需要加强学术研究。

二、研究的学术价值和现实意义

转型经济的中国与西方制度环境不同,个人的社会心理因素等方面也存在差别。因此本研究能发展住房选择理论,为国际学术研究提供新的实证案例。黄友琴(Youqin Huang,2001)认为市场经济下的理论和假说具有一些内在假设和约束条件,然而这些不符合中国的现实。例如中国住房单位所有制占很大比重,低工资和高实物住房补贴相结合,住房选择自由不完全成立,政府、企业、家庭和市场的关系不同等。此外,住房产权结构和住房存量也不一样。虽然住房选择行为在一定程度上符合西方的规律,但是有一些不同之处。对转型中国的住房选择研究不仅可检验在市场经济制度环境下提出的西方理论和假说是否成立和适用,还会发现一些与市场经济下的住房选择行为不同之处,并且可以提出新的理论和假说,从而丰富了该研究领域的内容,为国际学术研究提供新的实证案例。

而且,研究中国城市家庭的住房选择行为,有利于寻找转型经济住房和住户的匹配规律,从而提高市场配置资源的效率。转型经济的消费者选择还受到了一系列制度性和政策性障碍的阻碍,作为新生的市场,还很不成熟,这些导致了住房资源配置效率低下。

本研究还具有以下现实意义。一是研究中国城市家庭住房选择,有利于政府制定可行的住房政策合理调控消费者行为。住房选择就是要考察住房与家庭之间的匹配关系(郑思齐,2004),即在一定的住房市场环境下具有何种特征的家庭选择或偏好何种特征的住房。研究家庭的住房选择行为,可以了解不同家庭的住房需求和偏好,也可分析住房市场环境对于家庭住房选择的影响,政府可以据此制定良好的住房政策,如制订各种购房政策,包括金融贷款、税费减免、住房补贴、建设公房等,以帮助居民做出合理的住房选择。住房政策必须合理调控消费者的行为,才能有很好的效果。

二是分析住房选择,有利于家庭理性地选择住房,房地产企业更好地满足住房市场需求,促进房地产业的良性发展。住宅产业作为我国的支柱产业,要做到与国民经济协调发展,必须要分析政策、需求和供给关系。在 1978 年前,国家投资兴建住宅并提供给职工无偿或廉价租用。从 1978 年开始改革,到 1992 年以前,国家投资和企事业单位自筹资金兴建或者购买住房并提供给单位职工,同时开始出现了从市场购买商品房和自建住房的现象,但是规模很小。从 1998 年底国务院下令停止住房实物分配以后,城市家庭更多在住房市场自主选择,住房消费已从团体消费为主发展到个体家庭消费为主的阶段。开发商在进行房地产开发和市场营销时必须要认识到"消费者主权",并分析家庭的住房选择行为,生产适销对路的住房商品。

第二节　研究对象重要名词界定

本节界定了本书中的主要名词:城市和镇、家庭和家庭户、住房、住宅、住房选择等。

一、城市和镇

目前不同的部门和不同的学科对城镇定义不完全一致。这里主要说明国家统计局采用的城镇规定。国家统计局(1999)制定的《关于统计上划分城乡的规定(试行)》中规定:

城镇是在我国市镇建制和行政区划的基础上,经本规定划定的城市和镇。本规定所称城市(city),是指经国务院批准设市建制的城市市区。包括:设区市的市区和不设区市的市区。本规定所称镇(town),是指经批准设立的建制镇的镇区。包括:县及县以上(不含市)人民政府、行政公署所在的建制镇的镇区和其他建制镇的镇区。

从2006年开始实施的《统计上划分城乡的暂行规定》指出"本规定以国务院关于市镇建制的规定和我国的行政区划为基础,以民政部门确认的居民委员会和村民委员会为最小划分单元,将我国的地域划分为城镇和乡村。城镇是指在我国市镇建制和行政区划的基础上,经本规定划定的区域。城镇包括城区和镇区。城区是指在市辖区和不设区的市中,经本规定划定的区域。"

从2008年开始实施的《统计上划分城乡的规定》指出"本规定以我国的行政区划为基础,以民政部门确认的居民委员会和村民委员会辖区为划分对象,以实际建设为划分依据,将我国的地域划分为城镇和乡村。实际建设是指已建成或在建的公共设施、居住设施和其他设施。城镇包括城区和镇区。城区是指在市辖区和不设区的市,区、市政府驻地的实际建设连接到的居民委员会和其他区域。镇区是指在城区以外的县人民政府驻地和其他镇,政府驻地的实际建设连接到的居民委员会和其他区域。与政府驻地的实际建设不连接,且常住人口在3 000人以上的独立的工矿区、开发区、科研单位、大专院校等特殊区域及农场、林场的场部驻地视为镇区。"

西方通常根据劳动力的流动性将城市(大都市统计区)作为确定住房市场的区域(惠顿,2002)。在一个大都市统计区内,就业者在该区域的择业行为不会受到居住到就业区位之间的通勤负担所影响。而中国的城市、镇之间差别很大。因此这里主要分析城市。

二、住户和家庭户

分析住房最合适的人群单元是住户。家庭户占了住户的绝大多数。"家庭"与"住户"是两个有区别的概念,前者主要是以婚姻和血缘关系为标志的群体,后者是以共同居住为标志的群体(邓伟志,2001)。家庭(family)是由婚姻、血缘或收养关系组成的社会生活的基本单位(中国大百科全书出版社,1991)。

中国第五次人口普查办法规定：人口普查以户为单位登记，户分为家庭户(family household)和集体户(collective household)。以家庭成员关系为主的人口，居住在一处共同生活的作为一个家庭户；单身居住独自生活的人口，也作为一个家庭户。相互间没有家庭成员关系，集体居住在单位内集体宿舍及其他住所共同生活的人口，作为集体户（第五次人口普查办法，2000）。2005年人口抽样调查和2010年人口普查也如此定义。

家庭是由具有血缘关系或亲缘关系共同居住在同一住所的人群组成，因此家庭和单个的个人具有较大的不同。由于家庭和家庭户基本一样，本书在研究时没有明确区分家庭和家庭户的区别，将二者混用。

不同来源的城镇家庭调查中，城镇家庭的统计口径不一样。一是指居住在城镇的家庭，与居住在农村的农村家庭相对应，前者包括了居住在城镇但没有本地城镇常住户口的流动人口家庭。例如第五次人口普查时城镇的统计口径主要是以城镇建制和人口密度作为重要指标，实际上包括了部分流动人口家庭。二是指居住在城镇并有本地城镇常住户口的家庭，不包括不具有城市常住户口的流动人口家庭。例如从1986年到2002年的城镇家庭收支调查中，城镇家庭仅包括城市和县城非农业户口的家庭。2002年以后的城镇住户调查方案则包括了居住在本地的流动人口。

三、住房和住房选择

住房(housing)是在特定土地上建造的长久性建筑物及其地块和与其相连接的服务设施（刘美霞，2002）。住宅(house , residence)指专供居住的房屋，包括普通住宅、别墅、公寓和集体宿舍（包括职工单身宿舍和学生宿舍）等，但不包括住宅楼中作为人防用、不住人的地下室等（中国房地产协会，2002）。住房和住宅既相互联系，又相互区别。住房多用于经济学和社会学中，强调的是人们解决居住问题的经济能力。住宅多用于建筑学，是经过施工产生的建筑物，更强调物质实体方面（刘美霞，2002）。二者中文含义差别不大，通常没有明确区分。

住房服务(housing service)是从异质的住房商品中抽样出的同质的商品。即住房对居民提供的居住、休憩等功能产生的服务。一个单位的住房服务被定义为一个标准住房在一个单位时间段里所产生的服务流量。住房消费获得住房服务。住房服务量为住房消费量。住房服务的单价为标准住房的租金。

住房需要(housing need)为对住房商品和服务有缺乏的感觉，并且有想要的欲望。住房需求(housing demand)为在各种可能的价格水平下，消费者愿意并且能够购买的住房服务数量（邓卫，2008）。

住房消费(housing consumption)为住户出于消费目的在市场租赁住房和获

得相应的住房服务。住房投资(housing investment)为住户出于赢利目的在市场购买住宅对外出租或者转卖。业主自有自住住房兼有住房消费和投资双重目的。

住房选择(housing choices)指在一定的住房市场环境下具有何种特征的家庭选择或偏好何种特征的住房。主要包括家庭的住房消费量和支出选择(主要指购买住房服务的数量,或者转化为租赁住房的租金或购买住房价格)、来源与产权 (使用模式)选择、建筑属性(产品)选择、区位选择。住户在选择一套住房单元时,也就是购买了提供效用的服务流,同时进行了住房消费量和支出、来源与产权、产品和建筑属性和区位选择。尽管这些选择之间存在很大的差异,但是又是相互联系的。

住房分配(housing distribution)是指住房商品在国家、企业、个人之间的分割和占有。住房资源在不同的使用者和使用方之间分配,以达到最佳的住房服务产出效率(郑思齐,2004)。

住房部门和住房市场有所不同。住房市场是在市场机制下居民买卖或租赁住房的场所。根据市场价格买卖和租赁的商品房都属于住房市场。参照市场价格确定价格和租金的房改公房和经济适用房、限价商品房交易基本上也可以算作住房市场。个人自建住房形式也算是住房市场。不是按照市场价格确定价格和租金的廉租房、经济适用房和公房为非住房市场,也有的称为福利性住房市场(Li,2000)。住房市场和非住房市场合称为住房部门。通常二者之间有明确的产权和交易关系的不同。但是在特定情况下,二者可以互相转化。例如,政府收购旧商品房作为廉租房和公共租赁房;允许上市交易的房改公房转化为商品房,到期上市的经济适用房转化为商品房。

住房偏好和住房选择、住房消费也是密切联系的。家庭在现有的社会文化环境下,会形成对住房需求的认知结构,并形成既定的偏好结构,例如偏好环境优美的乡间别墅等;然后在接收到住房市场的相应信息后,会根据偏好结构和家庭预算作出选择,这就是显示偏好。显示偏好和既定偏好是不同的,例如人口较多的家庭的既定偏好是购买面积较大和房间较多的住房,但是由于受到收入的限制或者住房市场缺乏相应的产品,不得不购买面积较小和房间较少的住房。选择的结果就是支付相应的价格购买住房商品,并获得相应的服务,也就是住房消费。

第三节 研究内容与技术路线

一、研究内容

城市家庭作为消费者,住房选择是其重要经济和社会行为之一,并且对家庭的生产和生活方式产生重要的影响。住房是多维度的商品。城市家庭的住房选择包括消费数量和支出选择(指购建房价格或租金)、住房来源与产权(使用模式)选择、居住区位选择和住房建筑属性和产品类别选择,且这些选择是相互影响的。还有一部分家庭在自住一套住房的同时,还有其他住房。住房选择的主要内容见图 1-1。

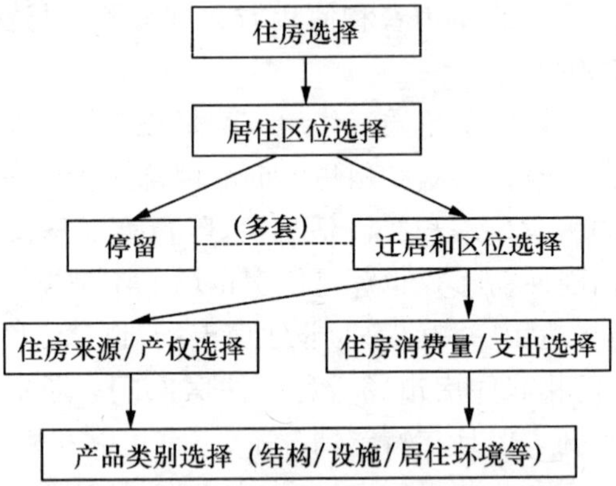

图 1-1 假设的家庭住房选择的决策结构

西方的研究表明,住房和家庭的匹配关系受到了政治、经济、社会、文化、心理等多方面的影响。从微观层次来看,取决于家庭的收入、生命周期和偏好结构;从中观层次来讲,取决于区域住房市场的住房存量、新增供应量、住房价格等;从国家层次来讲,取决于住房制度和住房政策、人口转变和经济波动等。从国际比较的角度来看,还存在着住房福利体制、经济水平、人居文化、汇率等方面的差异(Dieleman,2001)。

住房选择行为的影响因素极其多,从单学科角度分析会存在一定的局限性。Case 和 Shiller (1988) 在研究购房者行为时就指出"社会因素而不仅仅是经济因素是影响住房决策的重要因素"。Hirshleifer (1985)的评论指出"经济学家会认识到在分析人和社会互动时经济学家的局限性,最终,一个好的经济学家同时也是一个好的社会学家、人类学家、政治科学家和心理学家"。因此从多学科视角研究住房选择行为极有必要。

本书的研究目标是从多学科视角(主要是经济学、社会学和人口学)分析转型期中国城市家庭住房选择发生了哪些变化,受到了哪些因素的影响,存在的问题以及相应的政策含义。

研究内容包括以下方面：

一是从新制度经济学理论的转型视角分析中国城市制度变迁、住房市场发展,以及它对家庭住房选择的影响,即它造成住房选择发生了哪些动态变化和主要的影响因素。

二是根据城市经济学里面的工资、房租和生活质量的空间竞争均衡模型从空间视角分析中国城市家庭住房选择的地区差异和它的影响因素,包括城市经济发展水平、自然条件、住房市场成熟度、公共服务质量等。

三是从消费社会学和住房人口学的消费分化和生命历程视角分析中国城市家庭住房选择的社会分化和它的影响因素,包括户口、单位、教育、职业、收入、生命历程事件(例如婚姻、小孩)等。

四是分析中国城市家庭住房选择存在的问题,包括制度的不完善、市场的不成熟,以及消费者行为的不成熟等,造成了住房消费支出偏低,重购买轻租赁,建筑属性和产品类别的不合理消费,区位流动性弱和居住隔离,多套住房比重高等问题。并提出了相应的政策建议。

五是指出本书的研究不足和对下一步研究的展望。

二、研究方法

本书的研究方法采取了理论和实证研究相结合,定性分析和定量分析相结合的方法。

采用了新古典经济学的分析框架分析市场经济下家庭的住房选择行为,建立理论模型进行推导,分析了住房选择的影响因素。根据我国制度转型的特点,采用了新制度经济学的方法对新古典经济学的分析框架进行了修正,将制度作为外生变量分析其对新古典模型的影响,提出本书的制度变迁假说。

从时间维度运用时间序列分析方法实证研究了制度变迁和住房选择的动态变化的关系。例如分析收入对住房选择的影响。首先根据各自变量的时间序列观察它的变动趋势,来判断时间序列是否平稳。其次对时间序列进行 ADF 检验,根据 SIC 准则确定滞后阶数,判断是否存在单位根。然后对自变量的差分序列进行协整检验,建立回归模型。最后还利用误差修正模型来分析短期波动的影响。

从空间维度运用城市和区域经济学、房地产经济学的方法将城市作为住房选择的环境,分析了住房选择的区域差异和影响因素。主要采用描述统计分析了在不同行政等级、住房市场等级城市家庭住房选择的差异,利用城市经济发展水平、城市自然条件、公共服务和设施质量、住房市场成熟度等变量运用相关分析和回归模型确定对住房选择行为的主要影响因素。

采用了消费社会学和住房人口学的分析方法分析了社会分化和生命历程事件对住房选择的影响,分析了住房选择在户口、单位、职业等制度性因素影响下的分化和在收入、教育等市场性因素影响下的分化,分析了住房选择随着户主年龄、婚姻和家庭规模等生命事件的分化。

为了检验假说和综合分析制度、市场、空间等多因素的影响,用计量经济学和统计学建立了 Multinomial Logit 模型、Nested Logit 模型等计量经济学模型,以及多维度住房选择联合建模,并利用统计数据对住房选择的影响因素进行了实证研究。

三、分析技术路线和本书结构安排

本书的分析技术路线和相应的结构安排如下(如图 1-2 所示)。

第一章导言在研究背景的基础上提出本书的研究问题,分析了本书选题的学术价值和现实意义,提出了本书的分析框架和技术路线。

第二章基础理论和文献综述总结了多学科的消费者行为理论、住房选择基础理论及其发展,综合经济学流派和社会人口学流派分析了住房选择的影响因素,综述了国内外对中国城市家庭住房选择研究的主要内容以及不足。

第三章是理论分析框架。首先分析我国的制度变迁对城市家庭住房选择外部环境和内在设定的影响,指出新古典模型的制度稳定前提不符合。其次加入制度变量修正模型,并在此基础上提出了本书的制度变迁假说。再次在市场经济的工资、房租、生活质量的空间竞争均衡模型基础上分析了转型城市的空间差异对住房选择的影响,提出了空间差异假说。最后在消费社会学和住房人口学基础上提出了住房选择的社会分化假说和生命历程假说。

第四章实证研究设计分析了实证研究的思路、计量模型和数据来源及处理方法。计量模型说明了本书采用的横截面、线性回归、时间序列回归、Logit 模型的基本模型和变量,以及统计检验方法。数据来源主要有《中国 2000 年人口普查资料》及其 0.095% 按户抽样数据,中国 2005 年 1% 人口抽样调查资料,中国综合社会调查(CGSS)2002—2006 年数据,中国家庭跟踪调查(CFPS)2008 年数据,《中国物价和城镇居民家庭收支调查统计年鉴》(1980—2009)、《中国统计年鉴》(1980—2010)等统计资料。并交代了对数据的处理方法。

第五章研究中国城市家庭住房选择的动态变化。实证研究了转型期中国城市家庭住房选择的动态变化,指出制度变迁和市场发展是其重要原因,收入对住房选择的影响增强。并与国际比较指出,住房消费数量还有上升空间,住房消费支出比例偏低；住房来源中公房比例高，自有率高，产品质量还需提升，区位流动性低，第二住宅比例高。

第六章研究中国城市家庭住房选择的地区差异。利用2000年人口普查资料家庭住房数据描述统计分析了城市家庭住房选择的地区差异，利用2007年城市住户调查资料描述统计分析了城市自有多套住房家庭占总家庭比例的地区差异，并利用相关分析、多元线性回归模型分析了城市经济发展水平、自然条件、公共服务质量和住房市场成熟度对住房选择的影响。并和国际比较指出，地方制度性因素（例如行政等级、公房比例）还发挥很大作用，地方市场性因素的作用逐步增强。

第七章研究中国城市家庭住房选择的社会分化。利用2000年人口普查资料和2005年人口抽样调查资料家庭住房数据描述统计分析了城市家庭社会阶层的分化对住房选择的影响。其中，制度性因素的分化维度为户口、单位、职业，而市场性因素的分化维度为收入、教育和家庭生命周期。发现制度性分化因素

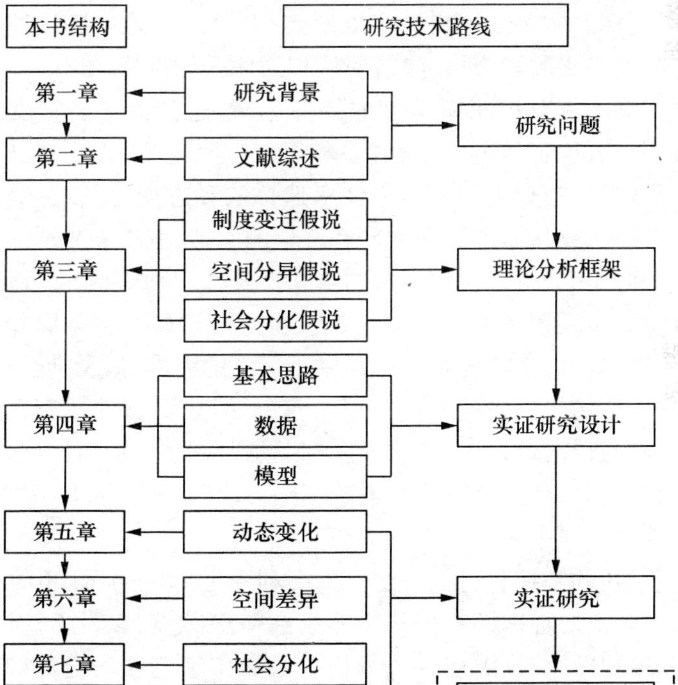

图1-2　研究技术路线和本书结构

和市场性分化因素对住房选择有显著影响。户口、职业、教育和年龄等为重要的因素。

第八章为基于 DCM 模型的住房选择的影响因素分析。首先利用第五次全国人口普查城市家庭住房数据研究了制度性因素、市场性因素、城市背景变量对各维度住房选择的影响,然后利用 Nested Logit 模型分析了多维度住房选择组合的影响因素,用 Multinomial Logit 模型分析了城市家庭多套住房选择的影响因素。

第九章为结论、讨论和政策含义。总结了本研究的基本结论并讨论、分析其政策含义,指出研究的不足和研究展望。

四、本书的创新之处

与以前的研究相比,本书的创新之处在于:

一是建立了新的理论分析框架并利用多学科交叉的视角全面分析了中国城市家庭的住房选择。本书从住房是多维度商品出发,认为住房选择包括了住房消费量和支出、住房来源与产权、建筑属性和居住区位选择。以往的研究多只涉及一部分,本书则不仅分析了单维度的住房选择,还分析了多维度的住房选择(例如住房质量、产品、面积的组合选择)和第二住宅选择,因而更加全面。本书采用新制度经济学的转型视角分析了住房选择的动态变化,以及制度变迁和市场发展对它的影响;采用城市和房地产经济学的工资、房价和生活质量空间竞争均衡模型的空间视角分析了住房选择的空间差异,以及城市制度性因素、市场性因素对它的作用;还采用了消费社会学和住房人口学的社会分层和生命历程视角分析了住房选择的社会阶层和个体生命历程上的差异,以及社会分化、生命历程对它的影响。住房选择研究是内容很丰富的领域,我国的研究还处在发展阶段,需要对目前的研究领域进一步扩展。本书从时间、空间和社会分化和个体生命历程视角对住房选择深入分析,并进行了国际比较研究,因而拓展了现有的研究领域。

二是采用了新的数据和研究方法。本书利用了 2000 年和 2010 年人口普查资料、2005 年 1% 人口抽样调查资料中的家庭住房数据,以及 CFPS、CGSS、UHS 等抽样科学的微观数据,从而能深入分析中国城市家庭住房选择的变化和影响因素。国外利用人口普查和住房调查资料进行消费者住房选择行为研究是一个很重要的方向,但是国内的相关研究还很少。同时,本书还采用了新的研究方法。本书采用了理论和实证相结合的方法,在实证研究中运用了横截面回归、时间序列回归、Multinomial Logit 模型、Nested Logit 模型等国外比较常见但国内运用比较少的统计分析方法,从而能更深入和准确地分析中国城市家庭住房选择行为及影响因素。

三是得出了新的研究结论。实证研究发现:转型期中国城市家庭住房选择市场化,制度变迁和市场发展是住房选择的重要因素;转型经济的中国城市作为住房选择的环境,影响了家庭住房选择,使之出现了地区差异;转型经济的中国城市社会分化和个体生命历程事件影响了家庭住房选择,使之出现了随社会阶层和生命历程事件的分化;中国城市家庭住房选择行为和计划经济、市场经济有所不同,表现在住房消费支出偏低,住房租买结构不合理,住房产品结构不合理,居住分异和社会隔离,第二住宅比例较高等;转型中国的城市家庭住房选择行为的影响因素与计划经济、市场经济有所不同,主要是一些特定的制度性因素依然有很大影响,例如户口、单位、职业、城市公房存量、城市行政等级等,一些市场性因素的影响则与西方不同,例如婚姻等。

第二章　住房选择的基础理论和文献综述

本章介绍了住房选择的基础理论和文献综述。第一节介绍了住房选择的基础理论和国际上的研究进展；第二节首先介绍了中国城市家庭住房选择的独特性和研究的必要性，然后述评了国内外对中国城市家庭住房选择的研究进展，指出了研究的不足，提出了本书的研究问题。

第一节　住房选择的基础理论和发展

住房需求和住房生产、供应、流通、金融和政策等为住房研究的基本内容，住房需求研究是其他研究的基础。住房需求研究可以分为微观研究和宏观研究，前者主要关注家庭个体的住房需求规律，后者则考察住房市场需求总量及其变化趋势，后者的研究以前者为基础，并且二者之间的界线不十分明显。住房需求的微观研究是住房需求研究的核心内容和前沿问题（郑思齐，2004）。微观经济学多用消费者选择理论研究一般商品的需求。对于住房而言，其选择的维度更多并且涉及离散选择，所以直接称之为住房选择。

住房选择是一种消费者行为。因此住房选择的研究以消费者行为理论为基础，并与住房的独特性相结合。

一、消费者行为的基础理论

消费作为人类行为的一个方面，不仅是经济行为，还是社会行为和心理过程。很多学科都对消费者行为进行了研究，例如经济学、社会学、人口学、心理学和行为科学等。关于消费的经济学研究由来已久。消费者行为学则是在20世纪初随着市场营销学的兴起而形成的，它把消费者当做生活在社会关系中的真实的人来研究。在20世纪80年代以前，消费者行为的研究基本上是经济学和心理学为主导。经济学是从理性主义的假定出发来把握消费的主观选择过程。它认为消费者是理性主体（经济人），追求效用最大化原则，而忽略了非理性因素和感性消费。消费心理学则研究了消费心理过程。20世纪80年代以来，消费者行为理论开始吸收除经济学之外的其他人文和社会科学的思想和方法，例如社会学、人类学等（如Belk，1995），并得到了快速的发展。

从经济学视角来解释消费者行为的理论流派主要有新古典经济学的消费者

选择理论、与心理学交叉的行为经济学理论、新制度经济学的选择理论。从社会学视角来分析消费者行为的理论主要有社会分层与消费分化理论，人口学视角主要有生命周期（历程）的消费理论。

（一）新古典经济学的消费者选择理论

新古典经济学以市场机制为基础来分析消费者行为。市场机制的特点是：决策是自主的、分散的；信息和协调机制以市场为主；激励机制以物质刺激为主；运行基础是私有产权制度。

新古典经济学理论关于消费者行为研究有很多假定（臧旭恒，1994）。新古典经济学对消费者的内在假定包括：理性主体、效用最大化原则、理性预期、规避风险和时间偏好。市场经济里的消费者是“经济人”。追求效用最大化指消费者在预算约束下获得最大效用。当外部环境出现不确定性时，消费者本能的反应是规避风险，力求风险最小。时间偏好指在存在不确定性和风险时，消费者在对现时消费和未来消费的选择上，消费者比较看重现时消费。

同时新古典经济学认为消费者行为受到了外部环境的影响，并假定社会制度是稳定的。外部环境假定包括消费选择自由、价格充分弹性、预算约束、没有流动性约束和存在未来的不确定性。在市场经济里，消费者享有“消费者主权”，享有完全的选择自由，不受限量、配额和短缺的约束。市场价格有充分的弹性，随供求关系变化而变化。消费者存在预算约束，在消费时受到了跨时预算约束的限制。跨时预算约束是指在没有流动性约束的前提下，消费者可以用借贷的手段在现时支出未来才能获得的收入，保持一生消费的平滑。消费者不存在流动性约束，也就是要求有一个完善的金融制度，能够借贷自由，使消费者跨时消费不受流动性约束，从而实现消费者跨时效用最大化。市场经济存在未来的不确定性。它对消费者的影响表现在培养了消费者的风险意识和增加了消费者预期的困难，使消费者行为复杂化。因此，新古典经济学的消费者行为基本模型是在社会制度稳定的情况下，跨时预算约束下，消费者以效用最大化为目的的消费决策。

新古典经济学的消费者行为分析主要包括相互关联的两个方面：一是微观经济学视野的消费者行为，指的是在消费者偏好既定的前提下，消费者在一定预算约束下的效用最大化行为。其基本的描述工具为在预算约束下的最优选择行为的效用函数理论；二是宏观经济学视野的消费者行为，指的是消费者如何在消费和储蓄之间进行分割，通常用消费函数来分析。家庭的消费行为是微观经济学上的效用最大化行为和宏观经济学上的消费储蓄决策行为的统一。也就是说，消费者行为分为两个层次：第一层次，消费者所作的是将可支配收入以多大比例用于消费的决策，即消费者在消费和储蓄（未来）之间的选择问题；第二层次,消费者在决定用于消费的收入约束下,对住房和其他消费品以及各种消费之间保持怎样的比例关系的决策。

新古典微观经济学对于消费者行为的研究有两种研究方法:一是偏好理论,即古典需求理论;二是显示偏好理论。本处主要运用显示偏好理论。经济学对消费者行为所作的基本假定是:人是理性的,消费者在约束条件下追求效用最大化。

显示偏好理论认为:消费者的行为可以用选择结构来表示,一个选择结构由两部分组成:(1) β 是消费集 X 的非空子集族。β 的元素 $B \subset X$ 称为预算集。预算集可以认为是在经济环境约束下的所有可行的选择对象的集合。(2) $C(\cdot)$ 是一个选择规则,对于每一个 $B \subset X$,有 $C(B) \subset B$,$C(B)$ 可以理解为消费者面对预算集时作出的选择。

假设消费者面对的所有商品为 n,所有可能的消费组合为 X,称为消费集,为简单起见,取 $X = R^n_+$,商品价格向量为 $p = (p_1, p_2, \cdots, p_n)$,我们假设消费者不能影响价格水平,消费者的收入为 m,他(她)的预算集为 $B_{p,m} = \{x \in R^n_+ : p \cdot x \leqslant m\}$。对于价格—收入对 (p, m),消费者作出的选择记为 $x(p, m)$,称它为普通需求对应或瓦尔拉斯需求对应,需求对应实际上确定了一个选择规则(张定胜,2000)。

个人在给定的消费选择集里按照一定的选择规则作出决策。实现的选择为显示偏好,可能不同于消费者的既定偏好。实际上选择集是由市场和制度决定的,而选择规则是由个人的偏好结构决定的,其目的是效用最大化。家庭是一个理性的消费者,在预算约束范围内以家庭效用最大化为目的选择住房、交通和其他商品。

在宏观经济学里,对消费者的行为分析更多是从消费支出和收入的关系来进行的,主要是指消费者收入在消费和储蓄间分配,一般用消费函数来分析。凯恩斯(Keynes,1936)在《就业、利息与货币通论》中提出了以绝对收入假定为基础的消费函数。后来有杜森贝利(Duesenberry)提出的相对收入假定,弗里德曼(Friedman)的持久收入假定,莫迪利亚尼和布隆伯格(Madigliani and Brumberg)的生命周期假定,还有霍萨克和泰勒(Houthakker and Taylor)的消费品存量调整假定,霍尔(Hall)的理性预期随机游走假定,以及卡罗尔(Carroll)的缓冲存货假定等。绝对收入假说对消费者的假定不符合现实,相对收入假说通常被认为是持久收入假说的一个特例,持久收入假说、生命周期假说及在其理论基础上修正和发展的随机游走假说成为了消费函数研究的主流。

绝对收入假说认为:现期消费是现期可支配收入的非常稳定的函数;边际消费倾向大于零和小于1;平均消费倾向随收入增加而递减;随收入增加,边际消费倾向递减。这里认为消费者是“短视”的,预算约束是现期的,忽略了流动性约束和不确定性的影响。相对收入假说则在绝对收入假说基础上进一步发展。它的基本观点是:不同消费者之间具有示范效应,消费者消费不依赖于绝对收入水平,而是其相对收入水平;消费者消费受到了过去消费水平和收入的影响;短期内,消费随收入波动而变化,长期内,平均消费倾向不变。在相对收入假说中,消费者行为是后顾的、攀比的。持久收入假说认为:消费者的实际收入分为两部分:暂时收入和持久收入。消费者的实际消费也分为两类:暂时消费和持久消费。暂时收入是一次性的、具有偶然性的收入,持久收入是消费者可以预期的、连续的收入。暂时消费是非经常性的消费,持久消费是经常性的消费。消费者行为是前瞻的,消费均衡是跨时期的。生命周期假说认为:消费者的消费取决于现期收入和预期的未来资产总量,消费最大化是这些资产在整个生命周期分配的结果。这里的消费者是前瞻的和跨时期效用最大化者。随机游走假说认为:过去的消费对现期消费变化没影响,消费者预期下一期消费的最佳根据是现期消费;消费者会应对新的冲击,对暂时性的变动和永久性变动作出不同的反应。这里的消费者是深思熟虑的,进行跨期消费规划实现总效用最大化。

（二）心理—行为经济学的消费者选择理论

经济学通常假设消费者具有工具理性,而没有考虑消费者决策的心理因素和行为过程。McFadden(2001)总结了他的个人选择效用最大化的理论,并分析了经济学和心理学的选择模型的差异。然而,正如研究者无法测定影响个人选择的所有因素一样,他发现具有相同特征的个人之间也有随意性差异。他提出了一个心理—行为经济学的模型来解释(如图2-1)。在一个人的生命周期中,早期的信息和选择会通过记忆和经验为现在的选择问题提供决策背景,这样,这种选择结果会持续向前影响未来的决策。

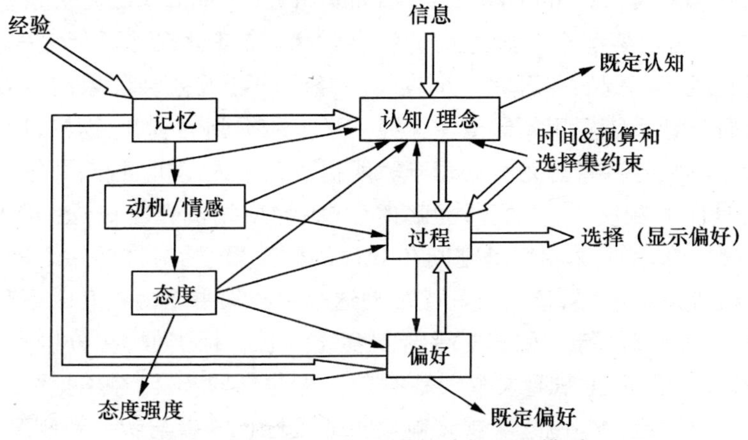

图2-1 经济学和心理学的选择过程模型

图中粗箭头代表经济学的选择过程的标准模型——理性选择理论。在此理论中,个人收集各种选择的信息,使用概率法则将信息转化成认知态度,并经历一个将认知态度转化为一维的效用指数并且求效用最大化的过程。具体而言,从选择模型看,如图中粗箭头所示,过去的经历形成了记忆,记忆一方面产生某种认知理念,这种认知理念同时间、预算和选择集的约束一起作用于决策过程形成最终选择。另一方面,记忆会产生偏好,偏好也作用于决策过程,形成最终选择。

图中细箭头代表选择过程的心理因素。在选择过程的心理理论中,同经济学家的标准模型相比,个人表现得无组织性,具有适应性和模仿性。心理学的决策过程不同于效用最大化的选择模型,心理学角度的选择是标准模型的理论上的一种替代。从心理学角度看,如图 2-1 所示,过去的记忆形成动机和情感,这种动机和情感或者形成认知、理念再间接作用于决策过程;或者形成某种态度,直接作用于决策过程。态度在消费者决策过程中扮演主要角色,既作用于认知理念,又形成偏好,也直接作用于决策过程。决策过程一方面反过来作用于偏好,让偏好形成某种认知理念,一方面同时间、预算和选择集的约束一起直接作用于认知理念。在心理学家看来,经济学家的效用最大化过程,忽略了决策环境,以及忽略了该过程中认知和判断受到的大量的背景效应、情感和错觉的影响。

(三)新制度经济学的消费者选择理论

新制度经济学修正了新古典经济学的基本假设,认为以制度形式存在的思想、意识形态和组织等,以及制度所影响的交易形式、成本分析,在经济分析中非常重要。Ostrom(2005)进一步拓展了新制度经济学已有的研究,提出了一般性的制度分析和发展(Institutional Analysis and Development, IAD)的理论分析框架(见图 2-2)。该框架综合了她之前的社会学家、经济学家乃至行为—心理学家的理论研究成果。例如在研究一个具体的经济问题或社会现象时,IAD 的理论框架要求研究者系统应用新制度主义经济学家所提到的制度、物权,社会学家所提到的社区、社会网络,行为—心理学家所提到的个人动机、脑部影像,以及诺斯所提到的具体的制度下,人们所面临的激励、约束和机会等概念。Ostrom 称为"参与者"的个体和个体的行动空间在 IAD 的框架里,始终处于中心的地位。从这个中心向外发散出去,直接或间接影响这个中心的主要因素有以下几个:生物物理条件、制度、社区等。和诺斯等新制度经济学者相类似,在分析具体经济或社会问题时,工具理性和追求个人利益最大化的参与者,已经不见踪影,取而代之的是处于上述因素包围之中或影响之下的个性化的参与者。新制度经济学的消费者选择理论可以理解为消费者在选择环境和个体互动的过程中作出选择。

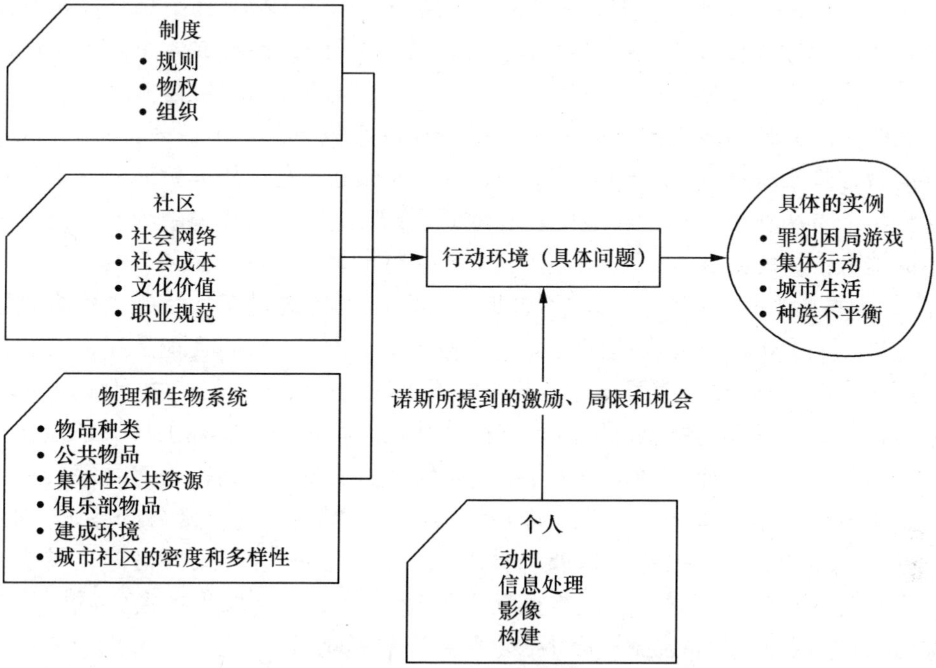

图 2-2 Ostrom 的制度分析与发展理论框架

（四）社会人口学的消费者行为理论

在西方，社会学的消费研究很早就开始了，并出现了专门研究消费的分支——消费社会学。消费社会学不但找出影响消费主观性的社会因素，而且把消费的主观性放在社会总体结构和条件的基础上来整体地把握（王宁，1999）。早期消费社会学是传统的、包含在消费者行为学中的对消费的应用社会学研究，主要侧重于可操作化的消费者购买行为及影响这种行为的社会学因素，例如“家庭”、“社会阶层”、“社会群体”、“参照群体”、“文化”、“亚文化”等（如所罗门，1999；Schiffman and Kanuk，1997；Peter and Olson，1998）。

后期的消费社会学则分析消费和社会结构的互动关系。马克思在《资本论》、《〈政治经济学批判〉导言》中指出生产者（消费者）对产品的消费是一种具体的社会关系的反映。消费在这里获得了独立的意义，反映的是它存在于其中的社会结构关系，它是社会的利益关系和支配关系的再现。凡勃伦是第一个系统地研究消费的社会结构意义的社会学家，他对“明显有闲”、“明显消费”、“代理有闲”、“代理消费”、“炫耀型消费”等消费方式进行了分析，指出消费是博取荣誉的最有效手段，由此培养出来的修养和礼法是有闲阶级的产物和象征，是身份地位关系的表现。个人的消费是受其所在阶级的消费水准制约的，它反映的是一种社会结构状况。齐美尔（1907）系统阐述了时尚与社会阶层的关系，认为时尚是社会阶层进行区别的手段。马克斯·韦伯（1922）提出了社会阶级划分的多维指标体系，即财富、声望、权力“三位一体”的社会分层体系。他指出阶级是按照他们与商品生产和商品获取的关系而划分的，而地位群体是按照他们特殊的生活方式中表现出来的消费商品的规律来划分的。他认为，生活方式是与消费方式相联系的，不同的生活方式有不同的消费模式和消费偏好。韦伯在社会学上首次将消费和阶层地位明确地联系起来，认为消费和生活方式是区别不同地位群体的重要标志。布迪厄（1984）指出消费具有“区隔”和标识的功能，是一种阶级“区隔”的方式，不同地位的阶级群体通过其独特的消费模式区分开来。消费不仅仅是表达社会群体间差异的一种方式，而且也是建构社会群体间差异的一种方式；消费者的消费习惯不仅仅是社会结构的产物，而且也是个体和社会之间互动的结果。因此人们在消费上的种种分化实际上反映了社会结构的分化。波德里亚（1967，1970）指出现代消费的最显著特点是符号消费。符号消费满足了消费者的一种“自我实现”的需求，构成了社会区分的编码，划分了身份地位的层级。福塞尔（1983）认为不同阶层的生活方式与格调差异成为社会分化的重要要素之一。以桑德斯（1981）为代表的新城市社会学派则非常关心各种消费制度对社会分化和社会不平等的影响，认为消费作为生产的补充因素甚至替代因素，已经成为社会分化的重要机制。

家庭人口学提出了家庭生命周期理论（Rowntree，1903）。家庭生命周期是指大多数家庭必经的历程，描述了家庭从单身到结婚（创建基本的家庭单位），到家庭的扩展（孩子的出生），再到家庭的收缩（孩子长大，分开独立生活），直到家庭解散（配偶中的一人去世）的过程，反映了成员年龄、婚姻、子女出生和离家等重大事件的变化。Lansing 和 Morgan（1955）运用基于家庭户主年龄和最小孩子年龄变量建立的 7 个阶段家庭生命周期模型，研究收入、资产以及在住房和耐用品方面的消费在家庭生命周期中的变化，指出家庭生命周期的收入类型呈现出倒置的 U 形，收入的增加在有生活独立的孩子时达到顶峰，随着孩子们离开家，收入就开始减少，直到家庭户主的退休。家庭不同阶段所消费的商品有所不同。Wells 和 Gubar（1966）扩展了 Lansing 和 Morgan 的模型，建立了 9 个阶段的家庭生命周期模型。传统的家庭生命周期通常被划分为几个阶段：单身未婚；新婚无孩子夫妇；已婚有 6 岁以下孩子夫妇（满巢 Ⅰ）；已婚有 6 岁以上孩子夫妇（满巢 Ⅱ）；年长夫妇及共同生活的孩子（满巢 Ⅲ）；年长夫妇但无孩子在家生活，一家之长还在工作（空巢 Ⅰ）；年长夫妇，没有孩子在家，一家之长已退休（空巢 Ⅱ）；孤寡者尚在工作（孤寡者 Ⅰ）；孤寡者业已退休（孤寡者 Ⅱ）。但是该模式过于简化，不能反映社会变迁后的现实。为此 Murphy 和 Staples（1997）提出了现代化的家庭生命周期模式。在此基础上提出了生命历程理论。生命历程将人的生命过程看成是一系列的事件,包括教育、工作、生育和住房情况变化等,强调个人和家庭初次进入住房和劳动力市场历次迁居和换工作等生命事件发生的轨迹,分析事件发生时间及其与生命历程其他重要诱因的关系。

Wells 和 Gubar(1966)将家庭生命周期与家庭户主年龄比喻为对大量商品和服务平均消费的预言家,并就家庭生命周期变量和家庭主人年龄在预测食品、耐用品、住房和度假消费上的有效性进行对比,发现有大约一半的产品和服务都没有做出区分,但是有 231 个商品或服务在比较中存在着不同。Wilkes(1995)基于美国数据的研究指出在控制社会经济和人口统计变量的条件下,家庭生命周期对其检验的大多数产品都具有解释能力,强有力地证明了家庭生命周期在分析消费者支出行为时是个非常有力的工具,并且在控制收入和其他相关变量的条件下,家庭生命周期对家庭消费具有较大影响。该研究表明,家庭由一个阶段转向生命周期的另外一个阶段时,家庭情况和需求的改变使家庭资源进行了重新的分配。并呈现出三种支出模式:(1) 抽象的倒 U 形,家庭中大多数产品的消费由青年单身阶段向青年新婚阶段转变时会急剧上升,中间阶段保持较高的消费,到年长已婚和(或)年长单身阶段转变时会急剧下落;(2) 通常经过各个阶段直至最后一个或两个阶段之前,如房子的装修、保险及医疗产品或服务的家庭消费会逐渐上涨;(3) 通常经过生命周期各个阶段,如音响器材和酒精饮料的家庭消费会逐渐减少。该研究还认为年幼的子女在家庭中的出现对家庭消费有特别的影响。

二、住房选择的基础理论与发展

(一) 新古典经济学的住房消费量选择理论

由新古典经济学消费者行为理论发展出新古典经济学的住房消费量选择理论。该理论有如下假设:(1) 住房市场有众多的买家和卖家;(2) 需求者和供给者能够自由在市场进退;(3) 对于住房商品和非住房商品,消费者有明确和连续的偏好曲线;(4) 需求者以效用最大化为目标,供给者以利润最大化为目标;(5) 住房由异质的实物抽象为同质的住房服务;(6) 需求者和供给者能很好地掌握市场的价格和交易信息;(7) 消费者需求不受其他人为因素的限制,例如融资因素等;(8) 市场处于新古典经济学的均衡状态。这样就将问题转化为完全竞争的住房服务市场下消费者在预算约束下选择住房服务和其他商品的效用最大化决策问题。在均衡状态下,住房需求数量和住房消费量相等。Muth(1969)和 Rosen(1974)提出该公式如下:

$$Q = f(Y, P_h, P_o, T)$$

其中 Q 为住房消费量,Y 为家庭收入,P_h 为住房服务的价格,P_o 为其他商品的价格,T 为家庭偏好。

国际上对市场经济下的住房需求量选择以及需求收入弹性、需求价格弹性进行了大量的研究。Muth(1969)开创性地将住房抽象为住房服务,得到住房服务量需求函数形式,指出收入、房价、其他商品价格、家庭偏好等因素影响住房服务需求量。家庭偏好则以用户主年龄、种族、婚姻、家庭规模和家庭结构等表示。随后有大量的研究估计住房服务需求量、住房服务需求收入和价格弹性(如 De Leeuw,1971;Quigley,1979;Mayo,1951)。随着研究的深入,人们很快意识到住房存量与住房服务是有区别的(Olsen,1969)。住房服务是消费品,而住房存量是由土地、劳动力和建筑材料生产出来的资本品(investment goods)。作为资本品,住房存量的需求主要受投资风险和收益率的影响。而作为消费品的住房服务,其需求则主要受到收入、住房服务的价格及其他商品的价格等因素的影响(Megholughe,Marks and schwartz,1991)。然而住房服务需求量无法直接观测,有些研究就用租房支出和购买房价来代替(Leeuw,1971),并且很多研究指出住房需求函数里面的收入应该采用持久收入。

而在宏观层面,则是分析住房消费支出、购买住房总价和家庭收入的关系。

新古典经济学的住房选择理论为了分析的方便,将异质的住房商品抽象为同质的住房服务,分析了住房消费量。然而住房选择不仅仅是住房消费量,还包括住房租买选择、产品类别选择和区位选择等。迁居作为一个住房搜寻和匹配过程,还受到了交易成本、交易形式等因素的影响。因此后续的研究对这些被简化的因素进行了深入分析。

(二) 住房作为异质商品的效用价格模型

Lancaster(1966,1971)最早提出商品需求应视作对其所包含特征的需求。住房是一种特殊的商品,它能提供安全、休息、娱乐、名誉、声望和财产增殖等一系列内在价值和延伸价值。它不仅是一种固定的建筑物,而且是由住房和周边的居住环境所产生的服务流和效用流。Rosen(1969)等提出的住房效用价格理论认为:住房价格取决于消费者从住房各种属性中获得的效用,是住房区位和建筑属性的函数。住房属性之一是住房的建筑属性,即住房本身的因素,例如住房面积、结构、建筑时间、卫生设备等附属设施等;之二是住房的区位属性,即住房周边的居住环境,例如到达公用基础设施、购物设施、娱乐机构、公共交通、教育机构等的便利程度;之三是邻里属性,例如社区居民种族构成、社会经济特征等。在效用价格(hedonic price)理论里,每一种住房属性都使住房资产增加价值,因此具有价格,但不是具体的价格,而是影子价格。这样,就可以建立如下模型:响应变量是住房价格(包括住宅购置价格或租金),自变量为住宅属性,例如面积、浴室个数、是否具备卫生间和厨房、车库、游泳池、邻里环境、交通状况、周边的公用基础设施、娱乐设施等。Rosen(1974)从市场均衡的角度构建住房特征需求模型以后,才得以完善这种分析方法的理论基础。该模型考虑了住房需求、供给和市场均衡。

根据效用价格理论建立以下模型:

$$p = f(S,L,N) = X_1^{a1}X_2^{a2}X_3^{a3}X_4^{a4}\cdots X_n^{an}$$

p 是住房单元价格,S 代表房屋结构属性,L 代表区位属性;N 代表邻里属性。n 个 X 代表住宅的 n 个属性,a 代表每个属性的系数。

该模型一方面可以用来确定特定住房市场的同质住房价格和分析它的变化,另一方面可以用来进一步测度对住房属性的需求。Sweeney(1974)提供了将住房市场概念化的新的和更复杂的方法,提供了明确描述住房存量质量组成变化的经济变量,而且将质量变量划分为有限的、离散的类别,从而使其模型可以用于分析家庭住房需求。Ben-Akiva 和 Lerman (1985)进一步完善了将连续变量分解为有限的离散变量的理论基础。Börsch-Supan(1987)首次采用离散变量对美国和德国的住房产品类型需求进行比较。Börsch-Supan 等(2001)对德国和日本的住房需求结构进行了深入研究。这类研究通常用于分析住房结构类型、住房面积等几个维度的需求。

(三) 住房作为持久性商品的租买选择

住房作为持久性商品,其设计的物理寿命和实际使用寿命很长。住房作为固定实物,更多的是进行产权交易。家庭作为消费者既可以购买住房获得住房服务和作为资产以求未来保值增值,也可以租赁住房获得住房服务。

不同产权的住房价格存在着相互转换关系,例如住宅单元的资产价格和租金存在以下关系:

$$p = R/i$$

其中,R 是住房租金,i 是住房资本化率,资本化率通常由经济活动的长期利率、租金上涨率、与租金相关的风险、房地产税收政策等决定。

国际上研究住房租买选择主要分析了租买选择的影响因素,有经济因素、非经济因素等,包括家庭特征、住房特征、背景特征等。从具体研究的影响因素来看,主要有房价和租金的比较(如 Ioannides, 1987; Goodman, 2003),税收(如 Henderson and Ioannides,1983; Hendershott and White,2000),财富和收入以及借款约束(如 Ioannides, 1987; Goodman, 2003),预期居住时间和流动性偏好(如 Henderson and Ioannides,1983; Sinai and Souleles,2003),对租金和房价波动以及工资变动等风险考虑(如 Henderson and Ioannides, 1983; Sinai and Souleles, 2003),交易成本(如 Linneman, 1985; Ben-Shahar, 1998),通货膨胀(如 Follain and Ling,1988; Hendershott and White,2000),家庭社会经济特征及生命周期和

生命历程中的重大事件（如 Ioannides，1987；Painter *et al.*，2001），预期的产权期限（如我国住房期限为 70 年），城市背景（Huang，2001）等。Danny（2007）则指出还有一些非经济的心理因素影响住房选择，例如人们对租房和买房持有的不同观念等。在传统观念中很多人容易犯一个严重的错误，那就是认为买房比租房更划算，因为买房者在完全付款后拥有了房地产产权而租房者在付完一生的租金后却一无所有。这类研究选用的模型主要有离散选择模型。住房租买结构作为租买选择的结果，也得到了深入研究，主要分析了住房自有率的分布特征和影响因素等（如 Linn and Austin，2003）。

（四）住房作为区位固定型商品的区位选择和迁居

住房是区位固定的。居民提高住房服务流量和住房质量更多的是依靠寻找新的住房和迁居，只有少数情况下可以通过改建、装修现有住房等形式达到以上目的。住房的区位意味着住户在不同位置存在着接近周边公共设施、休闲娱乐场所、交通可达性、公共服务质量和税收水平的差异。居住区位论从微观视角分析住户以效用最大化为目的在预算约束下对住房、交通费用和其他商品之间的组合作出的选择。住房、交通费用、其他商品相互之间存在替代关系。

保罗等（2003）总结了居住区位论的发展。社会生态学派学者伯吉斯（Burgess，1925）的同心圆理论和霍伊特（Hoyt，1939）扇形模型是最早提出住房过滤和居住区位流动的理论。其基本观点是：随着住房的老化，高收入家庭逐渐由市区向郊区迁移，旧住房过滤到低收入家庭。社会学家罗西（Rossi，1955）深入分析了住户生命周期的变化与迁居的关系，认为"生命周期循环会造成住户结构变化，进而造成住房需求，而迁居的主要功能是通过调整住户住房来满足这种需求。"

用经济学来解释居民收入、工作地点、居住地点关系的城市住房区位的基本理论有运输成本最小化理论、运输成本与住房成本交换理论、最大化住房消费理论。

运输成本最小化理论认为：距离工作地点的路途成本很低时或为零时，住户就有能力支付最高的住房租金和价格。这样富人居住在市中心区，穷人住在城市边缘区。但这与西方国家城市不完全符合。主要在于没有考虑到住房密度和政府租金控制、就业机会空间分散等因素。

20 世纪 60 年代，阿朗索（Alonso）和艾文斯（Evans）提出了运输成本与住房成本交换理论。该理论假设：相同收入家庭在一段时间内准备支付的运输和住房成本之和相同，而不管在市区的工作地与居住地远近，这样家庭总是试图最小化运输成本和住房成本之和。这样，运输成本上升，家庭将向城市内部迁移；运输成本下降，家庭将向城市外部迁移。距离城市中心区越远，地价越低。如果住房成本上升，家庭向外迁移；如果住房成本下降，家庭将向内迁移。但是此模型没有考虑到城市房价和运输成本并不一定呈反向关系，以及家庭不会同等考虑这两个因素，而且没有考虑工作分散、抵押贷款的可行性因素。

最大化住房消费理论认为收入和抵押融资（包括税收津贴的影响）的可获得性等条件决定了居住地点。它假设购房者总是在他们可选择区域内购买他们能够承担的与其所能获得最大量抵押贷款价值相当的住房。这样，交通因素成为相对次要因素，居住环境和社会因素（以及住房资本升值的预期）可能是影响住房选择的更重要的因素。

迁移和迁居则是实现住户变换住房效用的过程。住户区位再选择意味着住户在同一住房市场内迁居和不同住房市场间迁移所发生的住房消费量、产品类别和租买选择等变化。短距离迁移和长距离迁移的原因大不相同。同一住房市场区内的迁移多与住房市场的背景和结构有关，而在住房市场间（或至少在不同城市间）的迁移多与就业的变动和就业机会有关（Gleave，D. and Cordey-Hayes，1977）。也就是说，前者多是由于家庭生命周期、区位可达性、住房和邻里的变动产生了住房需求变动引起的，后者多是由于就业原因引起的。用来解释区域间的就业原因的迁移的经济学理论模型主要有预期收入假说（Todaro，1969）、成本收益假说（Schultz，1990），以及人口学的推拉模型（Everett Lee，1966）。预期收入假说认为城市预期收入与农村收入差距越大，城乡移民迁移动机越强，迁移人口越多。成本收益假说则将家庭适应于就业机会的迁移视为人力资本投资的五种途径之一。迁移决策取决于迁入地和迁出地的收入差是否大于成本。Everett Lee（1966）系统总结了推拉理论，他将影响迁移行为的因素概括为四方面：与迁入地有关的因素、与迁出地有关的因素、各种中间障碍和个人因素。前两个因素都包含了吸引因素（拉力）、排斥因素（推力）和中性因素（不起作用）。

新古典经济学派多从成本效益和效用的角度来看迁居。迁居是效用最大化的家庭在预算约束、时间约束、制度约束下，在住房消费品（多个住宅商品选择1个或多个）和其他消费品（例如食品、交通、闲暇）之间的最优选择。行为主义学派的迁居理论模型主要有住房压力模型和压力惰性模型，从分析个体的社会心理需求和具体的居住区位变更过程着手，发现住户的变化和居住环境的变化之间的压力和惰性均衡。家庭在家庭特征发生变化（例如收入增加）和住房特征发生变化（例如房屋老化破旧）时，开始产生了对居住环境的不满意，从而产生了压力和迁移激励，开始对外搜寻合适的房屋，并且在房屋间增加的效用和增加的成本之间权衡，从而决定迁居还是原地不动。

住房迁居过程实际上是住房搜寻和匹配过程。住户迁居要求新旧住房的效用差异必须要大于搬迁成本和交易成本(迪帕斯奎尔等,2002)。住户迁居获得收益为调整住房消费之后的住房服务增加或者支出的节省。住户在搜寻过程中会发生搬迁成本和交易成本,在搬迁时会花费金钱和搬家费用,在搬迁后还必须支付交易费用,例如租户未到期退租可能会损失保证金和多支付租金。自有住房业主则需要支付更高的交易费用,例如房地产交易的手续费、税费以及再转售的风险等等,因此自有住房住户的搬迁成本和交易成本通常比租户高。

搬迁净收益 = PDV(Unew) - PDV(Uold) - 搬迁成本 - 交易成本

其中,Uold 代表停留在现在的住所的每年效用,Unew 代表搬到新的住所的每年效用,PDV 为折现值。

当收入、住房价格、家庭人口规模等因素变化带来理论最优住房消费变化后,家庭通常不会立即改变住房消费,而是会权衡住房消费改变带来的效用增加与交易成本的大小。从这个角度切入的区位和迁居选择研究可以分为基本的两阶段模型(Goodman,2002)和扩展的多阶段模型。由于该模型的估计对计量方法和数据的要求都比较高,所以直到 20 世纪 80 年代初才有学者试图实证家庭住房需求的跨期模型(Hammond,1982;Caniglia,1983)。其中多数研究都是理论推导(Muth,1974;Amundsen,1985)或模拟分析(Goodman,1995;Nordvik,2001),只有极少数学者进行了实际数据的计量分析(Haurin and Chung,1998;Goodman,2002,2003)。

(五) 住房作为多维度商品的综合选择

住房选择作为复杂的决策行为和过程,以往的研究为了分析的简便,多从某一维度深入研究。随着研究的深入,学者们认识到住房选择维度可能是同时决定的,例如区位、租买选择和面积大小等,因而有一些学者从相互作用角度对多维度住房选择开展研究。

由于自用者和租用者住房服务决策的性质差异,在分析住房服务需求时,需要考虑租买选择和需求数量的相互作用。通常学者们采用联立方程的形式对其建模(如 Boehm and Mckenzie,1982; Lee and Trost,1978)。Quigley(1976)利用 Multinomial Logit 模型同时分析了住房消费量、区位和房屋类型选择。后续的研究(Williams ,1979)则在此模型基础上增加了街区质量研究,Siegel(1979)则用对数线性模型分析了街区的种族特性对住房选择的重要性。Henderson 和 Ioannides(1983)构建基于效用最大化的严格数理模型,它建立了被广泛采用的、同时分析住房租买选择和住房消费量的分析框架。

Lierop(1981,1986)和 Clark(1983)采用 Nested Logit 模型来分析住户的迁居、街区、寓所单元和寓所类型的选择。Goodman(1995)建立模型分析迁居 (residential mobility)对住房租买选择的影响。该模型的最大贡献在于对家庭住房选择行为的抽象更加符合实际。现实生活中,家庭往往同时决定住在哪儿(区位),买还是租(占用模式),以及多大面积(消费量)。Ioannides 和 Kan(1996)利用离散选择模型研究了美国家庭迁移决策以及迁移后选择租房还是买房的决策行为,实证结果显示社会经济变量如家庭规模、资金限制以及这些变量的变化可以很好地解释迁移和租买选择;租买选择行为和迁移行为都对当前状态有依赖;此外,该研究还发现自有住房者在调整自身住房状况时对住房市场状况较为敏感,对房价的预期不利于租房者转换为自有住房者。Borsch-Supan 等(2001)对德国和日本的住房需求进行了比较分析,分析了租买选择、住房结构、面积大小等三个维度。Toussaint-Comeau 和 Rhine(2004)对西班牙裔美国人的研究在基本的租买选择和消费量联合决策的模型中加入区位因素,意图构建更加完善的家庭住房选择行为模型。Ozyldrm 等(2005)运用动态模型研究迁居带来的租买选择,认为个体的预期如在工作、婚姻状况、家庭规模、当前居住等方面的改变,会影响到其住房选择行为。Javier 等(2007)运用 MMNL 模型估计了购买市区高质量住房、中低质量住房、农村住房和租赁四种类型的选择的影响因素,然后估计了住房需求数量。

(六) 多套住房选择

然而家庭的住房租买选择是复杂的,很多城市居民不仅持有第一住宅,还可能持有多套住宅。很多学者从不同角度解释持有第二住宅的动因。一是效用补偿假设,认为持有第二住宅主要目的是为了休闲度假以及逃离第一住宅所在地的生活环境和工作压力(Davies and O'Farrell, 1981; Tress, 2002);二是投资假设,房地产投资和投机持有多套住房(如 Coppock, 1973);三是住房市场交易成本高和交易时间长等因素造成了持有多套住宅(Weaton,2002);四是家庭流动性增强导致的不同家庭成员分别住在不同居住地的假设(Kaltenborn, 1998)。地区经济差异和住房市场差异也促进了香港居民在内地跨境持有多套住宅(Hui and Yu, 2009)。持有多套住宅的影响因素有家庭社会经济特征,例如年龄、收入、家庭规模、家庭结构、家庭生命周期等,住房市场情况(例如房价),宏观经济政策(例如金融、税收、规划、房地产政策)等(Coppock, 1977; Robinson, 1990;Butler, 1998; Paris, 2006)。

(七) 社会人口学的住房选择研究

国际上住房选择研究可以分为两大流派:一是经济学流派,主要是从经济学角度研究持久收入、暂时收入、财富、贷款可得性、房价等因素对住房选择的影响(如 Arnott, 1987),认为收入和财产、房价等因素是最重要的因素(如 Henderson and Ioannides,1989);二是社会人口学流派,从社会学和人口学角度研究家庭生命周期对住房选择的影响,例如种族、年龄、婚姻、家庭规模、家庭结构,以及生命历程重大事件等是重要的影响因素(如 Clark and Dieleman, 1996)。此外,还有从心理学视角进行的住房选择研究。

与经济学非常重视各种经济因素对住房选择的影响相比,社会学最初就更关注非经济因素对住房选择的影响,例如家庭、社会阶层、社会群体、参照群体、文化、亚文化等(如布迪厄,1984;尼古拉,2005)。随着消费社会的到来,社会学对住房选择的研究也发生了转向,住房选择所体现的社会结构关系成为研究者们关注的问题。他们把住房消费与社会制度、社会文化、社会分层和不平等联系起来,例如新城市社会学的住房阶级的研究(如桑德斯,1981)。

自 20 世纪 70 年代以来,西方人口的社会特征发生了许多根本性变化,如结婚率下降、初婚年龄提高、离婚率增加等。生命历程变化在住房拥有、迁居方面解释力增强(如 Rindfuss *et al.* , 1987)。个人及家庭就业和居住等事件的变化都是在社会经济背景下进行的,并受社会环境制约,生命历程把个人适应住房市场变化与更广泛的社会经济背景联系起来(Settersten and Mayer,1996)。Clark and Dieleman(1996)采用生命历程分析将非经济因素和经济因素综合起来,分析婚姻、孩子出生等事件以及家庭收入、财富的变化导致的住房租买、面积和房屋类型、区位的变化。如图 2-3 所示,成年男女搬出父母所在的独栋别墅,在外面租赁面积较小的公寓居住。结婚后,先是租赁较大的公寓居住;孩子即将出世或者出世后不久,购买较小的住宅;随着孩子的增加,购买郊区面积较大的独栋住宅。随着成年孩子的分开独立生活,老年夫妇卖掉面积较大的住宅,买入小面积的住宅,或者租赁公寓。在这过程中,家庭的住房消费量、消费支出、住房产品类型和区位都发生了比较大的变化。

(八)国际住房选择研究进展小结

从国际住宅选择研究的发展趋势来看,一是越来越多的多学科融合分析住房选择行为和影响因素。经济学主要从经济人效用最大化角度来分析住房选择行为,多考虑收入、财富等经济因素,但是后来的一些经济学者也开始将人口和家庭因素作为自变量纳入模型。其他学科的住房选择行为研究补充了经济学所忽视的一些因素。人口学和社会学研究认为住房决策不仅仅是一项简单的投资或消费行为,而是一项复杂的社会人口"事件",它与家庭户的特征和住房市场的变化紧密相连。此外,心理学和行为科学分析了消费者获取、使用和处置住房产品、服务、理念和体验的过程,分析了外部环境和内部心理因素对住房消费行为的影响,深入探索了购房决策过程的各个环节。借助多学科的研究视角和方法来全面研究住房选择行为,有利于加深对住房需求本质的认识。

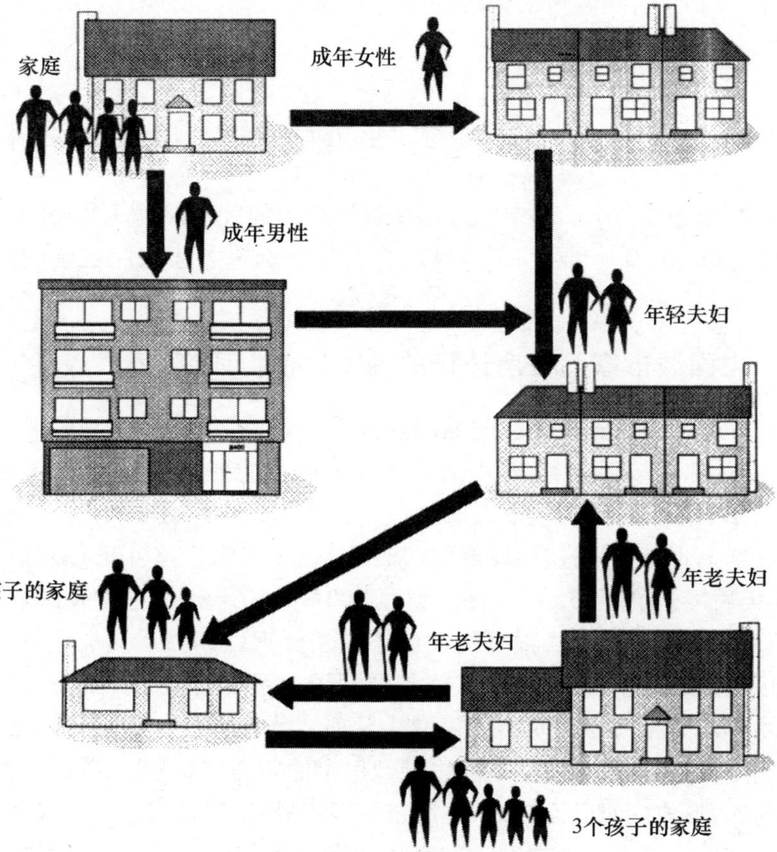

图 2-3 生命历程和住房选择模型

资料来源：Households and Housing（Clark and Dieleman，1996）

二是由高度抽象的单维度住房选择研究逐渐深入到多维度的住房选择研究，不断地接近现实。住房是一个多维度的商品，家庭的住房选择是在住房需求量和支出、来源与产权、产品和建筑属性、区位等方面同时（或先后）进行的。从20世纪60年代以来的住房选择研究取得了很大的进步。早期的抽象的住房服务需求的新古典经济学分析框架让住房纳入到主流经济学中，然而无法解释住房的复杂性。后期的研究逐渐放松了严格的假设，分别考虑了住房的区位固定性和迁居、持久商品的租买选择、产品类型，深入分析了单一维度的住房选择。然而现实的家庭住房选择行为很复杂，这几个方面的选择不是完全分开的，可能是同时（或先后）进行的，住房选择各维度存在相互依赖和综合作用，这就促进了建立联立模型分析多维度住房选择的研究。此外，随着家庭持有第二住宅的规模增加和影响加大，多套住宅也得到了学者的深入研究。

第三个趋势是，随着微观数据的丰富和新的计量、统计分析技术的出现，实证研究所占的比重越来越大。

第二节　中国城市家庭住房选择的研究述评

这里首先分析了中国城市家庭住房选择行为的独特性，说明研究的必要性。然后从住房选择的单一维度、多维度和多套住房选择方面来综述国内外的相关研究。

一、中国城市家庭住房选择的独特性值得研究

与西方市场经济国家存在成熟的住房市场相比，中国还受到了很多独特的制度约束，住房市场不完善，消费者行为还不是很成熟和很理性，政府对住房资源的分配和干预市场的力度很大。

中国从 1980 年开始提出发展住房商品市场，经历了 18 年的住房制度改革，到 1998 年后才开始了市场大发展，到了 2007 年又开始大力发展保障性住房。在这个漫长的改革历程中，很多的制度还有着延迟性和滞后效应。例如单位公房占存量住房比例很大，公房上市交易受到了一系列的限制。现有公房为主的存量市场变成商品房为主的市场还取决于前者的缓慢转化和后者的数量对比。受制于制度转型，与西方发达国家发展数百年的住房市场相比，中国住房市场是重新出现的，形成的时间比较短，住房市场很不成熟，在很多方面不完善，而且发展历程波动性比较大。中国城市存量住房存在多种住房来源和多种产权，在上市交易时受到了不同的限制，其中有很大部分没有进入住房市场。随着政策允许存量房改公房上市交易，它们开始渐进式被转化为可以自由交易的商品房。中国住房交易主要是增量市场，即市场上交易的对象以新建房屋为主体。增量住房来自于多渠道供应，例如开发商供应的商品房，政府供应的经济适用房、限价商品房、公共租赁房、廉租房，以及单位供应的周转房、集资建房等。在 1998 年前，单位从市场购买再卖给职工的商品房占了很大的比重。西方市场经济主要是存量市场，即市场上交易的对象以二手房居多，住房增量市场发展极为缓慢，甚至基本停滞。同时中国住房存量市场尚不成熟，租赁市场很不发达。此外，西方市场经济多为土地私有制度，中国则为土地公有制度，居民购买住房仅仅取得 70 年的国有土地使用权，而不是所有权。中国政府的角色和作用与西方市场经济差别很大，还延续了一些计划经济的管理模式，以各种方式参与到住房资源分配中，多习惯用行政手段调控市场，而不是西方市场经济下多用法律和经济手段调控市场，这造成了市场失灵和政府失灵的叠加，增加了住房

问题的复杂性。

这样,中国城市家庭的住房选择有一些特殊性(Huang,2001;郑思齐,2004)。一是居民住房选择自由度增大,但是依然受到了一系列约束,由于制度的延迟性和市场的不完善,依然存在着制度性和政策性障碍阻碍自由选择;二是住房市场不成熟,存量住房市场不发达,租赁住房市场不发达,影响了居民的住房选择行为;三是政府还缺乏管理住房市场的经验,大量的行政干预造成了市场的扭曲,也影响了居民的住房选择行为。此外,经历了计划经济的消费者还不是成熟的市场经济里的消费者,需要学习市场规则,逐渐熟悉市场的波动,学会理性消费。这就决定了西方市场经济下的住房选择研究成果应用到中国有一定的局限性,西方的理论不足以完全解释中国住房选择。

二、中国城市家庭住房选择的国际研究述评

市场经济下的住房选择行为已经得到了很深入的研究,并有丰富的研究成果。住房选择行为是受制度约束的,并随着制度变迁发生变化。前社会主义国家由计划经济转向市场经济,住房体系和住房选择行为发生了变化,转型经济的住房选择行为也受到了关注。目前有学者研究了俄罗斯(Evergency V. Polyakov,2001)等前苏联的一些国家以及前民主德国(F. J. Kemper,1998)、波兰等东欧国家,发现了和市场经济的不同之处。转型中国的住房选择行为也引起了学者的关注。国际上对中国的住房研究出现了从前期宏观层面研究,例如对住房制度改革和住房政策的研究,向近期微观层次住房需求研究的转变。但是到目前为止,住房选择研究还比较少,还有很多领域有待深入。

海外学者(包括中国港澳台)主要研究了中国住房消费。一是房改过程中的住房消费的效率和公平问题。如 Pudney 和 Wang(1995)利用国家统计局1986—1990 年四川和辽宁的住户调查数据分析了租赁公房和家庭住房的分配和消费,并在微观层次和宏观层次分析了经济效率,以及住房补贴和公房提租对不同类型家庭的社会福利的影响。二是城市家庭住房消费的影响因素。如 Song(2004)利用 1993 年《中国城市统计年鉴》数据分析发现,城市居民住房消费受制于城市政治级别、人口规模、经济结构和居民收入,在规模大、工业化程度高、国有企业比重高的城市消费低,在经济发展快和有政治优势的城市住房消费高。三是住房消费的变化趋势。如 Yu(2004)根据 2000 年人口普查汇总资料和其他数据,如 1995 年 1% 人口抽样调查住房数据和作者本人 1996 年的调查数据,分析了 20 世纪 90 年代以后中国城市以及四大直辖市的住房消费发展趋势,发现城市住房自有产权增加,住房状况从各方面得到了改善,但同时住房差异拉大。

中国城市家庭住房来源和租买选择的研究不多，研究认为主要的影响因素有地方住房市场（价格、风险、投资收益）、家庭收入和财富以及融资能力、家庭生命周期、政府和单位在公房资源分配中的力量、家庭成员教育和就业状况以及家庭住房状况、户口。基于个别城市的抽样调查研究证实，除家庭和住房市场特征外，政府和工作单位的影响非常大（Bian and Logan，1997）。Fu 等（2000）通过在 1997 年问卷和访谈所得数据，利用有序 Probit 模型研究我国城市工人购买商品住房意愿的影响因素。结果表明，中国城市工人购买商品住房的意愿受多种因素影响，包括住房不匹配性、资金限制、风险态度、对城市经济状况的信心、商品房的成本以及住房福利计划。特别的，作者发现那些拥有相对高收入，住在拥挤房间，常换工作，投资股票，对城市经济持乐观态度的，年轻的，不能买公共福利住房的工人更倾向在住房市场购房。此外，作者也发现公共福利住房对促使个体参与市场化住房具有强烈的负面影响。Huang（2001）用 1996 年全国生活历史和社会变化调查数据，主要运用 Multilevel Multinomial Logit 方法分析了住房租买选择。她分析了家庭社会经济特征（户主年龄、学历、婚姻、家庭规模、从业人数、家庭收入、生意）、制度因素（单位级别、个人职务、工龄、户口等）、地区变量（商品房价格）对住房租买选择的影响。市场因素和制度因素都对家庭住房租买选择有影响，其中社会经济特征变量如年龄、家庭规模、家庭收入以及住房价格对住房选择行为的影响与西方类似，而像家庭劳动力数、婚姻状况的影响则显著不同。此外，制度特征因素如表示国家、单位、家庭之间关系的户口、职业等级、单位等级等对租买选择仍有相当影响。与西方一样的是年龄的增大以及家庭规模的变大会促使家庭选择自有住房，但已婚人员及拥有多劳动力的家庭拥有自有住房的可能性较小，因为家庭与企业单位之间还存在住房依赖性质的联系。在高级别单位工作的人以及拥有临时户口的人员拥有自有住房的可能性较小，因为前者更可能获得福利性租房而后者一般没有资格在城市中获取住房产权。同时，那些拥有高职位的人员更可能拥有住房，因为他们享有住房价格上的“高职位折扣”。她还用 1999 年北京、重庆、江阴三城市为案例，实地调查数据分析了三个城市的住房产权和类型选择差异，认为城市经济、住房存量（各类住房比重）、住房市场（主要是商品房价格、房价收入比）提供了约束，地方政府的住房政策（主要是住房补贴、政府政策和措施）提供了机会，并认为三个城市的住房产权选择差异归因于：首先是存量住宅组成，其次是城市经济，再次是这三个城市的住房市场，最后是地方政府行为，特别是执行国家住房政策的态度。因此家庭在住房体系中的位置和社会经济特征影响了住房选择，这说明了转型经济住房选择的特殊性。Li（2000）利用广州市房管局提供的 1992—1994 年调查数据，借助 Logit 模型研究了广州居民住房选择的影响因素，结论显示家庭规模和户口因素显著影响其住房租买选择，而教育程度对租买选择的影响不显著。此外，作者还研究了居民对市场化住房和福利住房的偏好，认为公开住房市场上获取住房的居民一般比福利部门人员拥有更高的收入及职位等级。在福利住房部门，影响住房产权的因素在不同住房类型间显著不同，比如职业对自有住房有显著影响，而除了户主的工龄外其他家庭特征因素对安置住房没有显著影响。Zheng 等(2003)同样考虑到住房市场转型的特殊性，引入人口统计特征因素、市场特征因素和制度特征因素，并将制度因素分为旧制度因素(包括户口、职业、公共住房可得性)和新制度因素(包括住房补贴、住房公积金)来考察各因素对高学历青年这一特殊群体的住房租买选择的影响。她利用 Logit 回归分析发现人口统计特征的大部分变量(包括年龄、工作年限、婚姻状况、是否有小孩、教育程度)对这一群体的租买行为有显著影响；而旧制度特征当中只有公共住房可得性有显著影响，新制度特征因素影响不显著，市场特征因素的影响也不强。Li 和 Li (2006)利用 2001 年广州市调查数据进一步研究了城市家庭租买转换的影响因素，结果发现年龄与学历显著提高住房自有概率，婚姻状况改变对住房转换有显著影响；另外社会关系(家庭、单位与政治面貌)仍然影响住房的可得性和住房租买选择，非国有企业工作的人倾向于规避租买转换带来的风险，而中共党员的身份则促进租买转换。Li (2007)发现购买住房融资渠道(商业贷款可得性)是影响自有住房的重要影响因素。

中国城市家庭住房产品类别和建筑属性选择的研究不多，研究主要分析了邻里、住宅朝向、房型等选择以及影响因素，认为主要的影响因素有住房价格、家庭社会经济特征、就业情况。Wang 和 Li(2004)在既定的住房偏好的基础上分析了 2001 年北京市的邻里和住宅选择。得出的结论有：区域的名声在住房选择中有极大的重要性，特别是在一些白领阶层之间。邻里安全与住宅的舒适程度也是住房选择的很重要因素。年轻人和老年人特别关注前者，但后者对中年人和老年人是显著的。住房选择对价格是很有弹性的，住宅属性通常显示出第二位的重要性，次于邻里特性、住宅内部设计、住宅朝向等，后者证明是对住房选择有重要影响的因素。Wang 和 Li(2004)接着还在既定偏好实验基础上分析了 2001 年广州市住户的偏好，这与北京市有更大的内部差异。他们认为邻里和区位相关的属性比住房相关的属性更重要地影响了住房购买决策。而且，家庭收入、年龄、教育、雇佣机构性质等因素，在不同程度上影响了住房偏好。Li 和 Wu (2006)利用上海的四个社区调查资料发现，社区的历史和地理位置影响住房选择。

人口迁移和住户迁居反映了人口和家庭的居住区位的改变。对中国的城市化和人口迁移的研究较多，但是将人口迁移和住房选择结合的研究较少，对家庭迁居的研究也较少，主要研究了迁居原因、迁居率以及影响因素，例如收入、年龄、教育以及城市改造和换工作、住房供应、住房产权等政策。如 Chan(2003)对中国城市化和人口迁移进行了系统的研究，按照统一口径测算了中国城市化率和人口迁移率，并指出人口迁移为主的中国城市化对城市住房和就业压力很大。海外的学者(包括中国港澳台)则用实地调查收集数据对中国的迁居进行了研究。Wu(2004)根据对上海2000年和2001年实地调查数据分析了上海市的迁居。他将迁居原因分为自愿的和非自愿的，并发现：加入工作场所因素减少了自愿移动的可能性；住户收入并不是一个显著的变量，可是教育程度却提高了自愿的移动；从城市外面到内城的移动与自愿移动相联系。移动的结果是居住空间的增加。但两类不同原因移动造成的增长是不一样的，自愿移动与居住空间的极大增加相联系，收入提高和教育程度更高与居住空间增加的关系也是如此。此外，生命周期因素是一个重要的影响因素，它引起消费的居住空间变化是非自愿的移动，而不是自愿的移动。这些变化由住户在由国家行政分配到市场分配的变化来说明。Li(2004)实地调查了北京从1980年到2001年的1 600多个迁居户数据，分析了城市迁居率。在生命周期趋势离散的Logistic分析中发现：年龄与迁居的关系表现出常见的曲线效果，在大约35岁左右迁居率达到高峰；换工作和婚姻状态的改变是很重要的触发因素；共产党员身份与教育程度都利于职业的提升，因此提高了迁居率；仅有部分产权的住宅所有权比市场经济的所有权以更大的边际效果阻碍了迁居。Wu(2004)比较了中西方城市拆迁导致居民迁居的不同，认为社会主义的公房租用权导致了大规模的城市开发，并伴随着住户产权、住房状况和住宅区的变化。Huang和Deng(2006)运用家庭跟踪调查数据分析了1949—1994年的迁居情况，发现中国迁居率并不低，并且随着政治经济形势波动。除了家庭社会经济特征外，住房供应和住房政策有很大的影响，单位的作用依然存在。传统住房分配机制影响减小，市场机制影响增强。Fang(2006)根据北京四个内城改造回迁居民的满意度调查发现他们的满意度很低，但是没有再次迁居，原因是没有经济实力以及部分产权限制了他们的再次迁居。Jiang(2006)则分析了城市移民的住房消费。与永久移民相比，他们的住房自有率低，住房设施差，但是户口并没有限制他们获得住房。Wu(2006)根据1998年和2000年北京和上海的移民调查发现，移民分散分布，但是在郊区城中村集中，有很高的迁居率。Wu(2008)还研究了移民的市内迁居的住房区位和产权选择以及信息获取和援助渠道。

中国的住房改革取得了很大的成功，住房数量短缺得到了缓解，但是住房不平等变得更加突出(Lee,2000; Zhao and Bourassa, 2003)，部分人群还存在住房支付能力不足问题(Rosen and Ross,2000)。Yu(2004)根据中国2000年人口普查汇总资料和其他数据，例如1995年1%人口抽样住房数据和作者本人1996年的调查数据,发现城市住房差异拉大。市场激励机制和增加产量的住房改革看来是成功地扩大了分配的不公平。那些有权力者看来在新体制下保存并延伸了他们的优势。Li 和 Wu(2008)根据上海的 2000 年人口普查数据分析了居住隔离,发现基于产权的居住隔离比职业和教育的居住隔离程度高。

三、中国城市家庭住房选择的国内研究述评

由于我国的住房市场处在由计划经济向市场经济转轨的过程中,国内学者对住房选择行为的研究大多是在转型视角下形成和发展。但是中国城市住房选择的微观研究比较缺乏,主要的原因之一是中国原先并不存在开放的住宅市场,自然也就不会有市场化的住房选择行为;二是研究住房选择必需的抽样科学的大样本微观数据比较少,或者不容易得到。由国家统计局进行的中国城市住户调查、人口普查、抽样调查等微观数据质量比较高,样本量大,但是不对外开放,仅仅少数学者能够利用该数据作研究。一些学者自己设计问卷进行的抽样调查则存在着样本量小、选择城市少和对全国的代表性不足等方面的问题。

(一)住房需求量选择国内研究述评

国内对住房需求量的研究很多,主要包括住房需求量的特征和结构、住房需求量的影响因素、住房需求量的变化、住房需求量的问题和政策研究。由于住房服务需求量无法直接度量,因此在研究中采取了以下三种方向:一是根据 HPM 确定住房服务需求量,并研究住房需求量的影响因素和变化。二是采用人均住房面积作为住房需求量的度量指标。然而由于住房是异质的,相同面积但是不同质量的住房提供的住房服务量是不同的,用该指标度量同一总体或不同总体在不同阶段的住房服务量时候,会存在偏误(郑思齐,2004)。三是将住房需求量转化为住房消费支出,对于租房家庭为单位期间的市场租金总额,对于自有住房家庭则为应计租金总额。当应计租金难以获得时候,采用住房总价代替。

对住房需求量的特征和结构研究很多。如陈钊(1998)从整体上描述了住房改革后居民住房需求的特点,主要包括体制性特征依然明显,呈现特有的年龄结构特点,初次购房置业者占多数,需求收入弹性较大等。陆杰峰和阮连法(2001)根据消费者行为学分析了住房消费需求的五个层次,构建了评价需求层次的指标体系并以杭州为例进行了实证分析,根据中国的住房市场背景将消费者分为三类:生存型、享受型和投资型。任放等(2008)对目前国内常用的两大类住房需求结构度量方法进行了归纳总结,并结合 2006 年成都市住房套型面积需求结构的研究实例,重点讨论了两类方法应用过程中可能出现的问题及解决途径,最后对其应用和改进思路提出建议。

对住房需求量的影响因素及对住房需求弹性的测算研究也很多。从宏观角

度分析住房需求量的影响因素有国民经济水平、住房政策、居民收入和支出、住宅金融发达程度(谢伏瞻等,2000)。此外,还有家庭模式和地区人口数量的变化趋势、文化背景和居住习惯等(陈星,1995)。从微观角度分析住房消费的影响因素有收入、住房制度、住房价格、利率、区位、配套基础设施以及环境、品牌和消费心理等(刘美霞,2002),此外还有户口、迁移时间和距离等因素(易成栋,2006),以及户口和年龄等家庭社会经济特征和城市背景因素(易成栋,2007)。中国房改制度的社会排斥性、社会分层的再分配机制和市场机制都对住房消费有影响(李斌,2002;毛小平,2010)。王岳龙等(2010)运用1998年一季度到2008年一季度全国时序数据,运用EG两步法和VAR模型对住房消费与收入、利率、失业率、房价等经济基本面因素进行了实证研究,发现住房消费与包括收入、利率、房价在内的整个经济基本面之间存在着协整关系,收入对住房消费的贡献率是越来越大的,而利率和房价的贡献是越来越小的。

由于住房需求的最重要影响因素为收入和价格,因此大量的研究测算住房需求收入和价格弹性。陈钊(1997)采用住房支出来度量需求,利用统计数据估计了住房需求的收入弹性,认为该弹性值为1.2。金定华和张仕廉(2003)采用统计数据,用人均住房消费支出度量住房需求量,采用双对数模型估计出深圳市住房消费需求收入弹性为1.86。郑思齐和刘洪玉(2005)采用住房服务数量度量住房需求,认为住房价格、家庭收入和其他商品价格是影响住房需求的因素。考虑到住房服务数量难以度量,利用住房支出代替住房服务数量,通过线性变换,利用北京市微观调查数据,估计了住房需求的收入弹性。根据模型的估计结果,北京市自用住房家庭的收入弹性为0.86。按照家庭收入和户主年龄的分层估计结果都发现随着分组指标的增长,收入弹性呈现先上升后下降的趋势。刘洪玉等(2007)从宏观经济学中家庭储蓄与消费行为的基本理论出发,建立住房需求方程,并将误差修正模型应用于方程的估计,进而分析我国住房需求的长期与短期的行为特征。研究表明,当前我国住房市场中住房需求偏离长期均衡关系的短期波动较小,并具有很强的恢复长期均衡关系的能力;住房需求具有较高的收入弹性,不管从长期还是短期来看,需求均伴随收入增长而高速增长;住房面积需求具有极大的刚性。邹至庄等(2010)从耐用消费品需求与供给的标准理论出发,在联立方程框架下估计城镇住房的需求与供给方程,得到了需求的收入与价格弹性及供给的价格弹性的估计值。通过对1987—2006年全国城镇总体水平年度数据的分析,发现城镇住房价格的快速上涨主要可由需求与供给的作用解释,即人均收入和建筑成本的变化决定了房价的整体趋势。城镇住房需求的(长期)收入弹性约为1,需求的价格弹性为0.5—0.6。住房存量总供给的价格弹性约为0.83。

对住房需求的变化及其预测也很多。很多学者(如李振明,2001;孙凤,2002)在研究消费支出结构时研究了住房支出的变化。孙凤(2002)还利用协整模型和面板数据模型分析了住房支出的动态变化和空间差异。秦虹(2002)归纳了我国20年来住房消费观念、消费形态和消费水平的变化,以及住房状况的改善。赵健(2005)用扩展线性支出系统模型预测了2004—2008年城镇居民的住房消费支出,认为中国城镇居民住房支出比重呈缓慢上升趋势。此外还有住房需求量的预测,例如屠梅曾和孙丽波(1998)利用统计数据预测了上海市住房总的需求量。蒋来文和任强(2005)分析了家庭户数量和结构变动对住房需求的影响。他们认为由于人口和家庭户的增长,从2000年起的未来三十年中国住房面积和间数的需求将持续增长;由于人口和家庭户结构的变化,年均新增住房需求的增长在2015年前会有波动起伏,但变化不大;2015年之后,年均新增住房需求将逐步下降。

对住房需求的问题和政策研究也不少。如盛和泰(1998)研究了城镇居民住宅消费存在的问题,提出了住房消费必须走市场化道路。范剑平和丰雷(2000)对我国住房有效需求不足进行分析,认为十五时期住宅消费潜在需求很大,应采取措施转化为有效需求。文启湘和张金梅(2003)认为居民收入的不确定预期和房价过高导致消费倾向明显下降,住房供求结构失衡,抑制住房消费需求,金融创新不足,住房消费缺乏信用环境支持等是影响我国住房信用消费可持续发展的主要原因,提出了信用消费可持续发展的对策。付文林(2010)提出将购房加入到住房消费中,中国城市家庭的住房消费不是不足,而是过高。

(二)住房来源和租买选择国内研究述评

国内对住房租买选择研究还不多,研究认为影响住房来源和产权选择的主要因素有制度变迁、单位、住房市场、地区经济差异和家庭社会经济特征、心理因素。易成栋(2006)利用Logit模型分析了影响城镇家庭住房来源和产权的因素,认为转型中国城镇家庭住房产权选择受到了制度变迁、地区差异和家庭社会经济特征的影响。刘望保等(2006)利用社会人口统计学研究方法对广州市居民住房产权选择进行了实证研究,认为与西方成熟住房市场相比,除了家庭社会经济特征以外,组织因素对居民产权选择也有重要影响。郑思齐(2007)利用国家城调队提供的辽宁、广东、四川三省数据及在北京实证调查得到的租买样本数据,对一般城市家庭住房租买选择和购买市场化住房意愿进行了实证研究,logit回归结果同样显示家庭特征因素对租买选择的影响显著,但传统制度特征的作用已不明显,而代表市场特征的租赁市场成熟度与住房存量市场成熟度对租买选择均有显著影响;此外,持久收入、财富、商业住房抵押贷款、投资意识、住房不匹配程度等对购买市场化住房意愿有显著影响。虞晓芬(2007)利用杭州住房市场调研数据分析了居民租买选择及其弹性,认为以往住房选择实证研究对认识心理因素的考量不足,于是将价格趋势预期、归宿感和迁移可能性等变量引入研究模型,并将影响因素分为家庭特征、住宅特征、租购成本和心理特征四个维度考察它们对居民住房租买选择的影响。logit 回归分析结果表明家庭特征变量中的家庭收入、家庭净资产、户主职业和户主户口对租买选择有影响;住宅特征中所有变量包括面积、总价、房龄、环境等影响均显著;代表租购成本的总价租金比影响显著,价格趋势也有一定影响;心理特征因素的归宿感和迁移可能性的影响也都显著。郭晓宇(2008)利用杭州调查数据认为年龄、收入对租买选择的影响较大,而且租买选择的区分度比面积和建筑类型选择大。刘望保(2010)提出制度性因素和市场性因素影响转型期住房租买选择。马忠东等(2010)以广州为例,根据 2000 年人口普查和 2005 年人口抽样调查数据分析了中国市场化过程中城市居民住房选择行为的变迁及其影响因素。由福利分房的再分配体制向住宅商品化的市场体制转型的过程中所采取的赎买措施是造成城市居民高自有率的主要原因。随着转型的逐步完成,未来城市住房的增量结构将更多地受到市场机制的影响。市场化要素如人力资本、收入、私有经济、价格对住房选择影响显著。收入和教育的提高对住宅的拥有及价格/质量都有显著的提高作用。刘望保(2010)采取事件史分析方法,将住房产权转换与个体生命历程中的重要事件关联起来,分析住房产权转换的影响因素。对住房产权转换的持续期的研究发现,处于租房状态下的住户改变产权状态的愿望较强,但产权一旦进入自有状态,居民改变产权的愿望就会降低;从住房产权的生存时间来看,最终向全部产权转变的生存时间最长,其次是向资助产权(购买房改公房和经济适用房等)的转变,最短的是向租房产权转变;通过建立 Cox's 比例风险模型分析发现,家庭生命周期变化和组织变量对住房产权转换的影响都非常显著。

总体的住房自有率反映了家庭的总体租买结构,与租买选择高度相关,这方面的研究也不多。郑思齐(2004)根据国家统计局中国城市住户调查数据分析了住房自有率和家庭社会经济特征的关系。范亮亮和刘洪玉(2005)采用 2003 年的统计数据,利用回归方法对住房自有率的影响因素进行了实证研究,结论是城镇化率、家庭规模与住房自有率负相关,而政府消费、人均实际可支配收入增长与自有化率正相关。包宗华(2006)描述了中国住房自有率的现状以及降低畸高自有率的具体举措。

(三) 住房产品和建筑属性选择国内研究述评

国内对住房产品和建筑属性选择研究还不多。由于住宅建筑属性较多,因此研究多分析住户偏好的属性以及影响因素。如王(Francis Wong *et al.*, 2001)

分析了重庆市购房家庭偏好的住房户型、面积、价格、建筑层次和附属设施、周围学校和购物等设施、物业管理费用、社区环境等。马斯新和李昂(2003)运用 hedonic 模型分析了影响北京市住宅价格的住宅属性因素。朱嫣和李章华(2003)运用有序 Probit 模型发现住宅市场的各属性影响住户对住宅的满意度,从而影响住宅的价值。刘望保等(2006)对广州市居民表述性住房偏好进行了实证分析,发现在城市居民住房选择中,居住区位和小区特征比住房本身更重要。住房价格和居室朝向是重要影响因素,居民明显表现出对低价格住房和南向居室的偏好;除此之外,相对较重要的因素还有小区治安、交通和生活便利程度;而房屋类型、房屋布局和物业管理重要性相对较小,但高收入阶层明显比低收入阶层更看重物业管理。郭晓宇(2008)根据杭州的抽样数据分析了住户对住房面积和房屋类型的选择及其影响因素,主要有年龄、家庭规模、受教育程度和收入。

(四)居住区位和迁居选择国内研究述评

住户居住区位和迁居选择是一个连续进行的过程。住户居住区位和再区位研究包括了居住区位决策的影响因素、人口迁移和住户迁居等研究。居住区位决策与再选择反映了城市居民住房消费行为在空间上的价值取向。因此居住区位决策和再选择直接受到住房市场和家庭的社会经济特征的影响。

很多学者分析了家庭的微观居住区位影响因素,主要有家庭社会经济特征和就业特点、城市空间结构和交通、环境、住房市场状况。杨盛元(1996)从居住环境需求角度分析了城市居住区位行为和重庆市居住区位的发展方向。杜德斌等(1996)从居住需求出发,发现影响城市居住选址的社会经济因素有家庭状况、社会文化背景、经济收入、就业、个人偏好等。李铁立(1997)分析了北京市居民居住选址行为的影响因素,认为居住区位是仅次于住房面积的第二大重要因素。张文忠等(2001)发现城市居民住宅区位选择的因子有房价、城市交通、环境等客观条件,以及社会经济文化因素和偏好等。张文忠等(2003)研究了北京市市民居住空间分布与居住区位偏好,以及影响区位空间偏好的因素,例如收入、职业、年龄、家庭结构等。住房市场的现有存量和发展趋势成为居民居住区位决策和再选择行为发生的基本背景(张文忠和刘旺,2004)。郑思齐等(2004)在对北京、上海、广州、武汉和重庆五个大城市的研究中发现住房价格、城市扩展程度、郊区设施齐备和方便程度等均是影响人们住房区位选择的显著变量。刘望保等(2006)发现居住小区特征中,居民最关注住房所在区域,但不同收入家庭区域偏好有所差异。家庭特征、生命周期变化和住房市场环境等都是居住区位选择的重要影响因子(马忠东,2010)。

人口迁移和住户迁居是个人和住户居住区位的改变。目前,国内研究人口迁移的文献极多,多侧重于迁移的数量、方向、迁移者、迁移地、迁移的原因和影响研究。如赵忠(2004)对中国城乡人口迁移的经济学研究作了系统的综述。杨云彦(2003)分析了中国人口迁移规模、迁移流向和人口地区分布变化等。但将人口迁移和住房选择结合的研究极少,流动人口的住房状况引起了关注。张智(2010)对农民工住房选择倾向和影响因素进行了分析,认为农民工为孩子储备资产为买房重要原因,成本成为租房重要原因;年龄、务工时间、性别、住房获得方式等影响住房选择。宛恬伊(2010)则进一步比较了老一代农民工和新生代农民工的居住水平与住房消费差异。此外,对特定群体的住房选择行为研究也开始兴起。邱海盈(2000)分析了一个特定的群体——城市老年人居住模式变迁及其住房选择。

住户迁居是住户动态的居住再区位,并影响了城市空间结构。学者们主要从微观角度研究居住迁移的影响因素、决策过程、住房搜寻过程等,以及从宏观角度研究居住迁移作为城市重构的基础动力而与城市结构的相互作用。

从微观视角研究迁居的还不多,主要研究迁居的方向和规模以及迁居的影响因素。地理学者和社会学者主要以个人和住户作为研究对象,依靠实地调查资料进行实证研究,并与西方发达国家的相关研究进行了对比,发现了我国迁居的独特性(周青山,1994)。这些研究指出我国迁居有不同西方国家的重要特点,即由于单位分房的影响被动迁居,倾向市区迁居而并不愿意向郊区迁居。张蓉(1997)分析了广州商品房发展和家庭迁居对城市空间结构的影响。周一星和冯健(2000)对北京迁居户进行了分析,分析了北京迁居的方向和流量、通勤方式、通勤时间、迁居距离,还分析了家庭特征,包括户主年龄、文化程度、婚姻状况、家庭类别、职业和行业、家庭收入、迁居前后的居住面积、产权状况、迁移的满意程度、理想的住房区位选择。史中华和柴彦威等(2000)以深圳市民问卷调查资料为基础,通过对市民迁移性、迁居空间类型、迁居原因等的时空分析,分析了深圳市民迁居的时空特征,并指出未来深圳市民迁居的空间趋势。翁桂兰和柴彦威等(2003)以居民问卷调查资料为基础,分析天津大都市区内各地区居民对天津经济技术开发区的认知程度与迁居意向以及地域选择性特征。冯健和周一星(2004)研究了北京郊区化进程中内部迁居及相关空间行为。刘望保(2007)利用2001年和2005年在广州市进行的家庭住房问卷调查结果,分析了居住迁移空间特征、方向特征以及居住迁移方向的影响因素。分析结果显示,广州市居住迁移方向以就近迁移为主,在同一行政区范围内和邻近行政区间的迁移比重非常高,但从阶段演化来看,就近迁移有弱化趋势。迁移方向以老城区内和外围区内的迁移为主,其次为以老城区向外围区迁移。住房产权、家庭生命周期、家庭收入和迁移时间对居住迁移方向的影响显著,居住郊区化与住房自有率提高有关,单位房和房管局住房建设是郊区化的主要动力之一。刘望保(2009)将住房制度改革划分为起步、房改售房和住房市场化三个阶段，利用大规模的入户调查资料，分析不同阶段城市居民的居住迁移影响因素差异。研究发现，住房制度改革以来广州市年均居住迁移率呈波动上升趋势。该文利用事件史分析方法分析发现家庭生命周期、工作单位变动、住房产权和住房性质选择等都显著影响居住迁移，但不同阶段其作用机制和影响程度存在明显差异。起步阶段的居住迁移仍是制度安排下的被动迁移；市场化阶段的居住迁移自发性增强；房改售房阶段两种体制并存，居住迁移行为相对更复杂。随着住房市场化程度的进一步增强，家庭生命周期因素和社会经济地位的变化对居住迁移的影响将会增强。

从宏观角度研究人口迁移和迁居则和城市化、城市郊区化、都市圈、城市空间分异等研究重合在一起，主要是人口迁移和住户迁居是城市空间重构的动力，导致了空间分异。这方面的研究非常多，例如周一星(2003)对中国城市化水平按照统一口径调整进行了测算，顾朝林(1997)分析了社会极化和空间分异的机制和发展方向以及流动人口的居住状况和空间分异，冯建和周一星等(2003)对城市郊区化进行了研究，李国平(2004)等对都市圈进行了研究，易成栋(2004)和黄友琴等(2009)研究发现城市不同类型人口的居住分异明显。相关研究已经有很详细的评述，这里就不再评论。

(五) 多维度住房综合选择国内研究述评

国内学者对多维度住房综合选择研究很少，主要有郑思齐(2004)对住房租买选择和消费量的联合建模研究，郭晓宇(2008)对住房租买选择和消费量、产品类别的联合建模研究。易成栋(2006,2007)建立了综合评价住房状况的指标体系并评价了中国城市家庭住房状况的变化和地区差异。高晓路(2008) 提出了由住房需求层次模型和住房面积需求模型相互嵌套所构成的住房需求结构的空间相互作用模型。这些研究指出了收入和家庭特征对多维度住房选择的影响。

(六) 多套住房选择国内研究述评

中国第二住宅作为早就有之的现实的消费和投资现象，现在不仅存在，而且规模不断扩大，已是不争的事实。例如2002年国家统计局初步统计表明目前我国有6.6%的人拥有第二套住房，但中房协负责人指出实际上这个数字要达到15%(仇志群,2003)。中国的多套住房现象也开始引起了关注，但是国际上的研究还很少。例如Hui和Yu(2009)研究了由于流动性增强导致的香港居民在内地持有第二住房现象。Wang (2006)研究了以海南休闲度假为目的的以及以购房入户和高考移民为目的的第二住房。在国内的第二住宅研究也很少。中国的第二住宅引起了激烈的争论，如厉以宁(2002)主张中国发展第二住宅建设小康社会，却遭到了其他学者的反对(如戚名琛,2003)。冯健等(2002)对中国第二住宅发展的机制、特征、效应及与国外的差异等作过初步的理论探讨。冯健等

(2004)以北京为例对第二住宅的规模和购买意愿进行了测算,对住户特征、持有原因和用途、空间分布进行了实证研究。朱晨(2006)等采用假设验证分析的方法提出了大城市更可能有第二住宅的观点。徐文雄等(2006)以佛山和三亚为例对度假型和郊区型第二住宅的空间分布特征进行了研究。易成栋和黄友琴(2010,2011)则根据2005年CGSS数据分析了中国家庭持有多套住宅的数量,分析了它的空间模式,影响因素,并提出政策建议。此外,作为移民的迁入地和迁出地持有住房问题,也有学者进行了初步分析。

四、研究总评

综上所述,研究重点从宏观层面(主要是住房制度改革和住房政策研究)向微观层面转移(主要是研究家庭住房选择),并且宏观与微观结合。总体来看,国内外学者都认识到中国城市家庭住房选择的独特性,有深入研究的价值。国外学者限于资料的可得性等方面的问题,研究较少,而且现有的研究多选择某一个或几个城市抽样,无法说明中国的全貌;抽样的时间离现阶段有一定距离,能反映该时点的客观情况,但需要更新。国内学者对住房选择的研究相对较多,但是研究的理论深度和实证研究水平还不够。总体来看,研究还有待深入。

一是以往研究了住房消费量和支出、住房来源与产权、住房建筑属性和产品类别、居住区位(并主要是从人口迁移和城市化角度)的其中之一,没有将本来紧密联系的上述住房选择作为一个统一体,对各维度住房选择的相互关系的研究有待深入,对新出现的第二住宅现象研究很少。因而无法从时间维度全面分析住房选择的动态变化,不能全面反映制度变迁和住房市场发展对城市家庭住房选择的影响,以及分析住房选择的影响因素的变化。

二是从空间维度分析住房选择的地区差异很少。住房市场是一个地方性的市场。中国作为一个大国,各地区差异巨大。中国住房制度改革是在国家住房制度改革大框架下,由各地相应制定何时和如何改革的政策,地区的制度性差异是客观存在的。在这过程中还存在着选取不同城市的试点,存在着城市间的明显差异。中国的改革开放和市场经济也是采取逐步推进的模式,因此各地市场发育水平以及住房市场成熟程度差别很大,中国各地的资源环境和社会经济条件差别也很大,这实际上说明各地的居住环境(Amenity)差别也是很大的。各地政府对房改和住房市场干预的手段也是千差万别的。这些背景差异实际上会影响家庭的住房选择行为。然而目前的住房选择地区差异研究主要分析了我国的几个城市,例如Yu(2004)分析了四大直辖市的差异,Huang(2003)分析了三个城市的差异,董黎明(2001)分析了住房消费和投资的东西差异和南北差异。易成栋(2006)分析了不同省份的城镇家庭住房选择的差异。然而太大的空间单元(四大地区、省份)内部差异很大,需要进一步分析城市的经济发展水平、自然条件、公共服务质量和住房市场成熟度等方面的差异作为选择环境对住房选择的影响。

三是从消费分化视角分析住房选择的社会分化的研究很少,对住房选择的社会分化程度以及发展趋势还需要深入研究。目前的研究已较深入分析了影响住房选择的一些家庭社会经济特征,注意到了社会分化和住房分化的关系和实证表明了住房分化的客观存在。住房是改革时期阶层差异和阶层分化的重要指标(边燕杰和刘勇利,2005)。在中国城镇,原有的再分配体制和单位社区的存在、大规模城镇改造搬迁的影响,以及高档住宅区的区位特点等造成了城市居住区位的分化,因而客观阶层位置和居住空间的对应关系会呈现一定的复杂性。但是,即使在这样的背景下,客观的阶层位置与居住空间的分化仍有着一定的一致性(刘精明和李路路,2005)。

四是国内学者重理论轻实证,重宏观轻微观,研究的规范性不足。国内学者以定性分析为主,除了少数作者采用规范的实证研究外,研究深度不够,缺乏更加细致的分析,研究结论远未达成共识。从使用的数据来看,大部分定量研究采用宏观层面的统计数据,只有少数研究采用了微观调查数据。然而利用微观数据来分析住房选择更合适。中国第五次人口普查是第一次有家庭户住房数据的人口普查,样本量大,抽样科学,且有微观的家庭户抽样数据,这为分析 1998 年底停止实物分房以后的住房选择提供了良好的材料,并可以与今后的普查住房数据作比较研究。2005 年人口抽样调查也是一个抽样科学和样本量大的数据库,也可以用来分析住房选择行为,并可以与 2010 人口普查数据比照研究住房选择行为的变化,因此有必要采用新数据克服以往数据的样本量小和代表性不足等问题,以及采用新方法分析,提出新的观点。

第三章　转型期中国城市家庭住房选择:理论分析

新古典经济学的消费者行为理论对外在环境和内在假设有很多假定,对于转型国家来说不完全适用。从 1978 年后中国进入了转型期,其中特别是 1992 年以后我国进入了市场经济时期,由于很多制度还在变迁,市场也是新生和逐渐成长的,因此还不是成熟的市场经济。城市家庭作为消费者的理性在制度框架内演进,逐步接近新古典的消费者。因此分析我国转型期城市家庭的住房选择必须要考虑制度因素。本章从转型视角分析制度变迁对住房选择的影响,并提出本书待检验的制度变迁假说。然后根据空间竞争均衡理论从空间视角分析了城市背景对住房选择的影响,并提出本书待检验的空间差异假说。最后根据社会分化理论和生命历程理论从分层视角分析了社会分层和家庭生命周期对住房选择的影响,并提出本书待检验的社会分化和生命历程假说。

第一节　转型期影响中国城市家庭住房选择的制度变迁

住房选择一方面可以看做家庭在某种约束下选择住房的行为,另一方面可以看做住房资源在政府、市场、单位和个人之间的配置过程。转型期制度变迁改变了政府、市场和单位、个人之间的资源分配关系,影响了中国城市消费者的行为。这里主要分析了住房制度、劳动就业和社会保障制度、户籍制度、财政和货币政策等的变迁。实际上住房制度是整个社会经济体制的一个组成部分,并且受到了其他组成部分的制约和影响。

一、住房制度变迁

从新中国成立初期到 1978 年,经过三大改造之后,我国实行高度集中的计划经济。在城镇将很多私房收归公有,城镇住房建设由国家统一安排,以国家和国有企业投入为主,无偿或低租金租给职工使用,并实行与职位、工龄等相联系的实物福利分配制度。同时由于计划经济强调“先生产后生活”,住房建设和维修均由国家负担。这阶段不承认住宅是商品,不存在住房和土地市场。住房作为福利分配,居民住房取决于政府投资决策,个人无意愿购买,住房消费占总消费比重偏低。同时还存在很多问题,例如国家财政负担沉重,土地等资源配置效率低下,并且住宅投入严重不足,造成了住房短缺,住房分配不公平等。

从 1978 年开始改革城镇住房制度,到 1990 年为房改第一阶段,这是探索和试点阶段,开始恢复住宅的商品属性和部分产权。1980 年邓小平同志就我国住房制度改革问题做出指示说:"关于住宅问题,要考虑城市建筑住宅、分配房屋的一系列政策。城镇居民个人可以购买房屋,也可以自己盖。不但新房子可以出售,老房子也可以出售。可以一次付款,也可以分期付款,十年、十五年付清。住宅出售后,房租恐怕要调整。要联系房价调整房租,使人考虑买房合算。因此要研究逐步提高房租。房租太低,人们就不买房子了。繁华的市中心和偏僻地方的房子,交通方便地区和不方便地区的房子,城区和郊区的房子,租金应该有所不同。将来房租提高了,对低工资的职工要给以补贴。这些政策要联系起来考虑。建房还可以鼓励公私合营或民建公助,也可以私人自己想办法。"邓小平同志的讲话首次较为系统地提出了城镇住房建设、分配、住房出售、分期付款、租金调整、住房补贴和保障等住房制度改革的内容,树立了住房是商品的基本概念。上述思想成为住房制度改革的基本内容和基础框架,从而开启了我国城镇住房制度改革的进程。1980 年 6 月,中共中央、国务院在批转《全国基本建设工作会议汇报提纲》的文件中,第一次提出了中国将实行住房商品化政策。在 80 年代初,我国逐步改革住房投资体制,由国家为主变为企事业为主,企事业单位投入增加。但是由于城镇居民对廉价住房"无限的需求",依然存在严重的住房短缺。1984 年正式宣布住房商品化政策,在部分试点城镇出售公房。1986 年,国务院开始在全国进行住房改革试点,掀起了第一轮房改热潮,采取了改革低租金、提租补贴、租售结合、以租促售和配套改革等措施,例如全价售房、补贴售房、提租补贴、集资建房、住房押金和以息抵租等。1988 年上半年,国务院召开了全国第一次房改会议,并向全国颁发了《关于在全国城镇分期分批推行住房制度改革方案》,大力推动住房制度改革。但是当时仍然存在着公房低售价和低租金的双重问题。

1991 年到 1994 年为第二阶段,是全面推进和配套改革阶段。1992 年全国开始建立住房公积金制度。1993 年党的十四届三中全会通过了《关于建立社会主义市场经济体制若干问题的决定》,明确提出了规范和发展房地产市场,加快城镇住房制度改革,促进住房商品化和发展住房建设的要求。1994 年 7 月,国务院发布了《关于深化城镇住房制度改革的规定》,要求建立与社会主义市场经济体制相适应的新的城镇住房制度,实现住房商品化、社会化;进一步完善了配套改革的内容和政策;明确了房改近期任务以建立住房公积金为主,提租和售房为辅。

1994 年后为第三阶段,是市场导向改革深化与全面推进阶段。中央政府采取的主要措施有三改四建。三改指:改国家、单位负担为国家、单位、个人合理负担;改单位建设、分配、维护、管理为社会化、专业化;改实物福利为货币工资分配。四建指:为高收入阶层建设商品房,为中低收入阶层建设具有社会保障性质的经济适用房;建立住房公积金制度;建立住房金融保险制度,建立政策性和商业性并存的住房信贷体系;建立房产交易市场和社会化的维修管理市场。1995年,国家还实施了解决中低收入和住房困难户的安居工程。1996年年底,中央经济工作会议提出加快普通民用住宅建设,带动相关产业发展,形成新的经济增长点的要求;同时提出加快住房制度改革,扩大和加快安居工程建设是培育新的增长点的两大支柱。1998年7月3日发布了《关于进一步深化城镇住房制度改革加快住房建设的通知》,从下半年开始,国务院统一部署停止住房实物分配,住房分配货币化,同时住房补贴制度开始启动。住房政策总体框架是"转换机制,分类供应、培育市场、发展金融"(成思危,1999)。从而建立了以个人承担住房责任为主导,国家承担住房社会保障为辅助,单位承担住房分配货币化为中心的体制。这样,我国就逐步建立了以市场提供商品住房为主的住房分配机制,并对特殊群体提供社会保障的住房再分配机制。由于停止实物福利分配和实行住房分配货币化的具体时间、步骤由各省、自治区、直辖市人民政府根据本地实际情况确定,同时以前曾在全国不同地区进行房改试点,所以我国住房制度改革进程存在地区差异。建设部1999年还发布了《关于房改房和经济适用房上市交易的通知》,促进原公房和经济适用房上市交易。即使到了2001年,还有一些城市没有出台住房制度改革方案,还有一些城市单位住房补贴不到位。城市的住房货币化分配,主要是针对城市财政拨款的机关和事业单位,占城市职工的比重很小。因此住房制度改革还存在很大的地区差异。国务院办公厅2006年37号文件《关于调整住房供应结构稳定住房价格的意见》指出:"重点发展满足当地居民自主需求的中低价位、中小套型的普通商品住房,加快廉租房制度建设,规范发展经济适用房。"

2007年后为第四阶段,是完善住房保障体系阶段。在市场化推进过程中,中低收入家庭遇到了很大的住房问题,政府从2007年开始制定了一系列住房保障政策完善住房保障体系。国发(2007)24号文件《国务院关于解决城市低收入家庭住房困难的若干意见》提出了解决城市低收入家庭住房困难问题的基本原则、总体要求和指导思想,提出了以下几个具体措施:首先是建立健全城市廉租房制度;其次是改进和规范经济适用住房制度;再次是逐步改善其他住房困难群体的居住条件,如棚户区改造、旧住宅区综合整治,以及改善农民工居住条件等;最后是完善配套政策和工作机制。它还提出了2008年年底要做到城市最低收入家庭住房保障应保尽保,2009年将住房保障范围扩大到城市低收入家庭。为促进房地产市场健康发展,国务院下发文件《国务院办公厅关于促进房地产市场健康发展的若干意见》(国办发[2008]131 号文件)提出了如下意见和要求:加大保障性住房建设力度,通过加大廉租住房建设力度和棚户区改造来争取解决城市低收入家庭的住房问题;进一步鼓励普通商品住房消费,加大对自住型和改善型住房消费的信贷支持力度;支持房地产开发企业积极应对市场变化,支持房地产开发企业合理的融资需求;强化地方人民政府稳定房地产市场的职责;加强房地产市场监测。《国务院关于促进房地产市场平稳健康发展的通知》(国发[2010]4 号文件)和《国务院关于坚决遏制部分城市房价过快上涨的通知》(国发[2010]10 号文件)和《国务院关于进一步做好房地产市场调控工作有关问题的通知》(国发[2011]1 号文件)提出调整住房供应结构和加强保障性安居工程建设。建设部保[2010]91 号文件《关于做好住房保障规划工作的通知》提出加强中低收入家庭保障性住房规划和建设。2010 年 6 月 12 日由住房城乡建设部等七部门联合制定的《关于加快发展公共租赁住房的指导意见》正式对外发布,旨在解决城市中等偏低收入家庭住房困难问题。

具体变化总结如表 3-1 所示。

表 3-1 中国计划经济、转型经济、市场经济的住房体系比较

	计划经济	转型经济	市场经济
投资	政府及其代理人国有事业\国有企业	私人市场投资\政府\企业事业单位投资	市场为主,政府保障房投资为辅
建设	国有建筑企业建设或单位自建	国有\民营开发商建设\政府建设\单位自建	市场为主,政府购买已建设的保障房为辅
供应	政府直管公房\单位自管公房	公房销售或作为周转房\市场开发\单位自建\政府开发保障房	市场供应为主,政府保障为辅
融资	国家投资计划	政府投资\市场投资\单位投资\个人投资	市场投资\政府投资
土地	无偿划拨	无偿划拨\有偿转让	有偿转让为主/无偿划拨为辅
产权	公有产权	私有完全产权\部分产权\少量公有产权	私有完全产权\部分产权\少量公有产权
价格	低租金	市场价格\保障房价格\房改房价格	市场价格\保障房价格
和单位关系	单位绑定	脱钩	与单位无实物住房关系
消费	配给	部分自由	自主选择

(一) 住宅投资和融资、供应、分配、流通、消费制度变化

在计划经济时期,住房供应是由国家按照计划来决定生产时间和数量。1978 年房改后,国家将住房建设的投资管理权更多地下放到企事业单位。在此之前,城镇住房建设基金的 80% 以上来自于中央和地方政府的财政拨款,到了 1997 年,财政拨款只占到了 20% 左右。企业逐渐成了建房、分房、管房的主体。现存的公房很大一部分是企业所有的公房。这样,住房供应从政府财政拨款为主变为企事业单位自筹资金组织修建或从市场集团购买为主;从 1998 年年底住房供应变为以房地产开发企业投资兴建为主,国家主要是通过政策等扶持经济适用房和廉租房建设,单位发放住房补贴给职工,职工在市场自主购买或租赁。房改向住房投资主体多元化、住房投资资金来源多元化、住房投资决策自主化转变,融资由国家财政主导变为国有银行主导,再到金融市场主导。

在计划经济时期,国家是城镇住宅唯一的投资主体,城镇住宅建设资金由国家财政拨款,并按照建设项目下达,资金是无偿使用的。首先是全体职工创造利润,然后国家和企业在利润中对住房建设资金做统一扣除,接着由国家或企业统一建造住房,最后企业将建成的住房无偿分配给职工居住。从 1978 年到 1988 年,开始变成了国家和企业两个投资主体,由中央政府和地方政府提供住房建设资金,同时企事业单位自筹资金。到 1988 年以后,就变成了国家、企业和个人三个投资主体,并且出现了以营利为目的的专门的房地产开发企业。由于单位保留的利润增加和可自由支配的权利增大,单位集团开始购买商品房并分给职工,或者通过集资建房、联合开发等多种形式投资住房。在 1998 年停止实物分房以后,房地产开发企业和个人则成为最主要的投资主体,单位基本从住房直接供应和分配中退出。

住房投资资金来源由国家财政拨款,到企业自筹资金,到房地产开发商自筹资金和从银行贷款、外商投资、住户个人住房公积金贷款和商业贷款等多元化渠道发展。住房投资决策自主化。随着住房市场的出现,房地产开发商根据市场需求自主投资,住户在住房市场上自主作出购买或租赁决策。

房地产融资渠道,由计划经济时期单一的国家财政拨款,转变为转型期国家财政拨款和企业自筹资金,并设立银行贷款,以及引进外资、直接融资(股票和债券)等多种方式。1979 年,中央决定将基本建设投资由财政拨款改为银行贷款,标志着房地产金融业的诞生。1984 年,国务院发布了《关于基本建设和建筑业管理体制改革座谈会纪要》,提出各地设立房地产公司并由建设银行提供贷款。1985 年建设银行正式提供土地开发和商品房贷款业务,但是此项业务只针对房地产开发企业。1986 年以后,建设银行开始办理针对个人的住房储蓄和抵押贷款业务。1987 年和 1988 年还专门成立了住房储蓄银行。从 1988 年起,建

设银行率先在全国推出个人住房抵押贷款。1994 年,国务院发出的《关于深化城镇住房制度改革的决定》提出要在全国全面推广住房公积金制度。1997 年,中央银行又出台了《个人住房担保贷款管理试行办法》,取消了个人住房信贷在地域、信贷规模、贷款机构等方面的限制,允许多家商业银行进入住宅抵押市场。从 1999 年 9 月 21 日起,央行决定多次降低住房贷款利率,延长住房贷款期限,还开办了对二手房的按揭业务,住房抵押和住房按揭业务得到了很大的发展,并逐步建立个人信用制度、抵押担保和保险制度。这样,就逐步建立了以商业性金融机构为主体,政策性金融机构和互助性金融机构为辅的住房金融体系。

计划经济体制下,国家提供资金给城镇国有企事业单位建房,并通过企业按照行政级别、工龄等进行实物住房的行政分配。实际上,我国住房行政分配体制,一是取决于房源多少,二是取决于分配对象。在新中国成立初期,采取了以家庭人口为主,兼顾职务的办法,主要是解决新中国成立初期住得下的问题,但是对职务有很大照顾;在 50 年代后期开始,变成了职务与人口并重的分配办法;到了 60 年代以后,转成以职务为主的方法。不同行政级别、所有制的单位获得住房能力不同。1978 年房改以后,分配制度逐渐由实物分配向货币工资分配转变。直到 1998 年停止实物分房之后,取消单位建房和分配住房,把单位用于购建房的资金作为职工的住房补贴,提高职工工资中的住房消费部分,并从市场渠道获得住房。通过提高公房租金、出售公房和推行公积金形式,促使职工购房。住房由单位和政府包揽向政府、单位、个人三者共同负担转变,住房由福利型、无偿型向商品型、有偿化转变,从而实现了从行政分配体制向市场分配体制的转变。并建立了个人承担住房责任为主导,国家承担住房保障为辅助,单位承担住房分配货币化为中心的体制。由于住房的长寿命和居民转换住房次数的减少,即使到了 2010 年,原来从行政渠道分配的住房以及从市场渠道获得的住房仍然并存,反映了分配的二元机制。

计划经济时期的城镇居民工资较低,其中包含的住房工资比重较小。受到低租金政策的影响,住房消费比较低廉,占收入的比重很小,房租甚至不能补偿成本。实行房改后,公房福利租金和住房租赁市场的市场租金并存。公房租金逐步提高到成本租金和市场租金,但到 2010 年为止,很多城镇公房租金还是低于市场租金。

计划经济时期不存在住房的商品流通,仅仅存在一些私人之间自发的交换渠道。房改以后,逐步建立了市场机制为主的住房流通体系,鼓励购买原公房、经济适用房和商品房,发给房产证和办理土地使用权证,制定相应的法律保护私人产权。建设部早在 1984 年 7 月 5 日颁布的《中华人民共和国城市管理法》就对房地产中介作了规定,鼓励成立房地产交易所、咨询、评估和经纪代理机构。

1996年1月颁布的《城市房地产中介服务管理规定》对房地产中介服务管理提出了明确要求和法律依据，鼓励建立房地产中介机构，促进住房流通，放开住房一级市场和二级市场，建立住房租赁市场。到2000年年底，在中国住房市场上由房改出售给个人的原公有住房和尚未出售但由个人使用的公有住房的数量占绝大多数比重。中央和地方政府制定了很多政策鼓励公房上市流通，完善了公房售后再交易市场。例如建设部1999年69号文件《关于房改房和经济适用房上市交易的通知》。以成本价购买并且有房屋所有权证的公房，允许进入市场；以标准价购买的公房，其上市后的收益应该按照产权比例与原单位分成。

（二）住房产权制度变化

从新中国成立初期到1957年，我国城镇住房进行国有化改造，但是还有很多私人管理的房产。从1958年到1978年，取消私人住房产权的目的基本实现，城镇住房实现了国有和集体所有为主。到了70年代末，城镇住房产权基本形式是国家所有（直管公房）和企业所有（自管房），产权形式比较单一。国有企事业单位职工没有住房所有权，但是有使用权和继承权。从80年代起，开始恢复住房的商品属性和部分产权，并试点向城镇职工优惠出售公房，个人拥有部分住房产权，还允许个人自建房和购买商品房，形成了住房产权多元化的局面。但是仍存在着住房产权不清，产权形式单一，产权很难流动等问题。从1992年建立市场经济体制之后，我国以住房商品化、市场化、社会化为目标，逐步建立一套产权界定清晰、可转让、在法律的保护和监督下可以实施的产权制度。1994年国务院《关于深化城镇住房制度改革的决定》中规定："职工以市场价购买的住房，产权归个人所有，可以依法进入市场，按规定交纳有关税费后，收入归个人所有。职工以成本价购买的住房，产权归个人所有，一般住用5年后可以依法进入市场，在补交土地使用权出让金或所含土地收益和按规定交纳有关税费后，收入归个人所有。职工以标准价购买的住房，拥有部分产权，即占有权、使用权、有限的收益权和处分权，可以继承。产权比例按售房当年标准价占成本价的比重确定。职工以标准价购买的住房，一般住用5年后方可依法进入市场，在同等条件下，原售房单位有优先购买、租用权，原售房单位已撤销的，当地人民政府房产管理部门有优先购买、租用权。售、租房收入在补交土地使用权出让金或所含土地收益和按规定交纳有关税费后，单位和个人按各自的产权比例进行分配。职工购买住房，都要由房产管理部门办理住房过户和产权转移登记手续，同时要办理相应的土地使用权变更登记手续，并领取统一制定的产权证书，产权证书应注明产权属性，按标准价购买的住房应注明产权比例。"国家颁布了《城市房地产管理法》和《土地管理法》规范产权、产籍管理和产权登记程序等，促进了住房产权的明晰化和多元化。住房产权的明晰化指产权界定清晰，有法律的保障，产权可转让，流动性强。住房产权多元化指产权形式有国有产权、法人产权、集体产权、私人产权等多种形式，还存在完全产权和不完全产权等多种形式。

商品房能拿到房产证，购买单位公房、经济适用房、集资建房等可以得到房产证，并在2004年有些城镇开始办理个人土地使用权证。但是由于土地转让比较复杂，例如原公房、经济适用房大部分土地是无偿划拨的，还有部分是有偿转让，在土地使用证办理方面存在困难。此外，政策对公房和经济适用房、限价商品房上市设定了一些限制，例如公房和经济适用房、限价商品房必须是居住5年以后才能上市交易等，给住房产权转让造成了一些困难。但是现在很多城市出台了一些灵活的措施，方便了未到规定期限上市的经济适用房和原公房交易。国家已经出台了《已购公有住房和经济适用房上市出售管理的暂行办法》，规定上市交易后的收入要补交土地出让金。但是各地执行的规定不一样。

（三）住房价格制度变化

我国的住房价格体系从非市场价格的公房租金和房改房价格到商品房的市场价格、保障住房（廉租房、经济适用房、公共租赁房、限价商品房）的准市场价房并存。

我国从20世纪80年代开始设立商品房市场就规定了商品房自主定价（市场价格和租金），定价按照市场供求关系决定。但是我国住房价格构成很不合理，有很多税费项目加重了购房负担。例如本应该是政府提供的公共物品，如市政公用设施费用等，列入了价格，抬高了房价，另外还有各种不合理的税费也抬高了房价。

我国从80年代初就开始试点，将原公房以优惠价格售给职工。原公房按照福利定价（成本价或标准价）的原则优惠卖给了原来租住的职工，相应的产权有部分产权和完全产权之分。1994年国务院《关于深化城镇住房制度改革的决定》中规定："向高收入职工家庭出售公有住房实行市场价，向中低收入职工家庭出售公有住房实行成本价，成本价应包括住房的征地和拆迁补偿费、勘察设计和前期工程费、建安工程费、住宅小区基础设施建设费（小区级非营业性配套公建费是否列入成本由各地自行确定）、管理费、贷款利息和税金等7项因素。目前以成本价售房确有困难的市（县），可以实行标准价作为过渡。标准价按负担价和抵交价之和测定。一套56平方米建筑面积标准新房的负担价，1994年应为所在市（县）双职工年平均工资的3倍。经济发展水平较高的市（县）应高于3倍，具体倍数由省、自治区、直辖市人民政府确定。双职工年平均工资按当地统计部门公布的上年职工平均工资乘以2计算。抵交价按双职工65年（男职工35年，女职工30年）内积累的由单位资助的住房公积金贴现值的80%计算。"这些公房上市之后，就按照市场价格交易。

还有部分没有出售的原公房按照新的租赁价格标准执行,逐渐提高到成本价和市场价。1994 年国务院《关于深化城镇住房制度改革的决定》中规定:“要在职工家庭合理住房支出范围内加大租金改革力度。到 2000 年,住房租金原则上应达到占双职工家庭平均工资的 15%。按上述办法测定,租金水平已达到或超过折旧费、维修费、管理费、贷款利息、房产税 5 项因素成本租金水平的,按成本租金或市场租金计租。”但是到 2010 年,很多地方公房租金依然低于市场的租金。

廉租房是指政府以租金补贴或实物配租的方式,向符合城镇居民最低生活保障标准(后来扩展为低收入家庭)且住房困难的家庭提供社会保障性质的住房。廉租房的分配形式以租金补贴为主,实物配租和租金减免为辅。廉租房的租金定价参考市场定价,同时给城市低收入家庭提供租房补贴。租房补贴按人均住房保障面积标准、配租家庭人口、每月每平方米租赁住房补贴标准、家庭收入水平等因素确定。经济适用房为带有一定福利性质的政策性商品房(后改为政策性住房),国家在土地、房地产税费方面给予了优惠,因此按照国家规定的成本和低利润率来确定价格。经济适用房上市后也是市场定价。1998 年国务院《关于进一步深化城镇住房制度改革加快住房建设的通知》中规定:“新建的经济适用住房出售价格实行政府指导价,按保本微利原则确定。其中经济适用住房的成本包括征地和拆迁补偿费、勘察设计和前期工程费、建安工程费、住宅小区基础设施建设费(含小区非营业性配套公建费)、管理费、贷款利息和税金等 7 项因素,利润控制在 3% 以下。”限价房是一种限价格限套型(面积)的商品房,主要解决中低收入家庭的住房困难,是目前限制高房价的一种临时性举措。限价商品房按照“以房价定地价”的思路,采用政府组织监管、市场化运作的模式。与一般商品房不同的是,限价房在土地挂牌出让时就已被限定房屋价格、建设标准和销售对象,政府对开发商的开发成本和合理利润进行测算后,设定土地出让的价格范围,从源头上对房价进行调控。公共租赁房(政策性租赁房、经济租赁房)指通过政府或政府委托的机构,按照市场租价向中低收入的住房困难家庭提供可租赁的住房,同时,政府对承租家庭按月支付相应标准的租房补贴,或者按低于市场租金租赁给中低收入家庭。

(四) 土地管理和城市规划制度变化

从新中国成立初期开始,我国的城镇土地收归国家所有,农村土地归集体所有。80 年代初,我国土地制度开始改革,土地开始批租,但那时由国家高度垄断。1981 年深圳开始征收土地使用费,并在 1987 年,将土地使用权有偿拍卖,从而进入了土地有偿使用的新阶段。1988 年 4 月 12 日《中华人民共和国宪法修正案》和 1988 年 12 月 29 日的《关于修改〈中华人民共和国土地管理法〉的决定》中规定了“土地使用权可以依照法律的规定进行转让”。1988 年 9 月 27 日，国务院发布了《中华人民共和国城镇土地使用税暂行条例》，规定从 1988 年 11 月 1 日起对城市、县城、建制镇和工矿区范围内的土地开征土地使用税。1988 年 3 月海南向日商出租洋浦，开创了土地成片转让的先例。1994 年 7 月颁布的《中华人民共和国城市房地产管理法》是中国层次较高的法律，是调整房地产关系的最基本的法律。该法规定，我国土地市场为有限期的土地使用权市场，并限于国有土地。土地使用权有出让、转让、征用和划拨等方式，在 2004 年以后以招标、拍卖、挂牌为主。我国还成立了专门的土地价格评估机构，制定了相应的管理办法。土地政策主要有土地国有化、依据国土规划和区域规划制定的城市规划和土地利用规划决定的土地总量控制、土地利用的动态管理等。

城市规划管理制度包括城市总体规划、分区规划、控制性详规等。它确定了未来房地产开发价值和最有效利用程度，是政府调控房地产开发的手段。具体包括城市规划主管机构、房地产开发项目报批、建设用地规划、建设工程规划等。目前城市规划已经加强了对房地产开发的规划管理。

二、其他相关制度变迁

（一）劳动就业和社会保障制度变迁

自新中国成立初期我国建立了高度集中的计划经济体制，并实行了统包统配的城镇劳动就业制度，实现了劳动力的充分就业和劳动力的计划调配，并表现为劳动就业的凝固性（表现为能进不能出）和封闭性（表现为跨地区、跨部门，甚至是同一地区、同一部门内劳动力流动的困难），同时就业与低工资和高社会保障制度相结合。城镇职工的工资很低，不包括或只包括了很小一部分的住房工资，相应地由国家和单位提供实物住房作为社会福利的一部分。

改革开放以后，由计划经济体制向市场经济体制转轨中开始出现了劳动力市场，劳动力配置和工资定价市场化，劳资关系合同化。但由于制度障碍等，形成了城乡之间、行业之间、地区之间的劳动力市场的多重分割，并逐渐向全国统一的劳动力市场方向演进。工资开始增加，包括了住房工资和失业、养老保险等社会保障费用，实行住房分配货币化，就业流动性增强。住房分配货币化的实质是：企业单位职工在国民收入初次分配中，一次性领取包括住房工资在内的全额工资。事业单位在国民收入再分配中，一次性领取包括住房工资在内的全额薪金。还有一部分低收入家庭通过国民收入再分配获得一部分住房补贴。住房分配货币化的方式有住房公积金、住房工资或住房补贴（明补贴）、购房价格折扣（暗补贴）等。

计划经济时期，城镇实行全国统一的等级工资制度，实行单一按劳分配的形式，工资收入占总收入比重小。改革开放以后，改革了高度集权的收入分配管理体制,促进按劳分配制度的进一步完善,改革了分配方式,形成以按劳分配为主体、多种分配方式并存的格局,除劳动力外,资金、技术等生产要素参与分配。这样,个人收入占国民收入比重不断提高,个人收入的来源多渠道,个人收入与人力资本和资产密切相关,收入差距拉大。

社会保障制度筹资方式由单一渠道到多渠道,不同的社会保障项目筹资渠道各有侧重。例如,社会保险等以企业和个人为主,国家给予政策支持;社会救济以政府财政拨款为主,社会捐赠为辅。保障水平多样化,逐步建立全国性的社会救济制度,以及社会保险、社会福利制度等。保障费用基金化、管理法制化、实施社会化。但我国的社会保障制度还没有完全形成体系,还有很多制度还处在未成形状态。住房作为社会福利,只给城镇中低收入家庭提供保障性住房,不再是全体城镇居民都享受的社会福利。

(二) 户籍制度变迁

在改革开放之前,国家通过单位控制了职工的就业和居住地点以及户口。但是在改革开放之后,人民的就业和居住区位选择有了一定程度的自由。我国户籍制度总的变化是:改革开放前严格控制人口迁移,改革开放后允许有条件的迁移,再到默认自由流动的权利,但是在宪法上还没有恢复"人民有自由迁移和定居的权利",这样就导致城镇出现了大量的流动人口。户籍制度变迁使迁移的成本降低,非户籍迁移大量发生,户籍迁移变得更加容易。同时户籍控制的权力也由中央政府下放到了地方政府,特别是城市政府。

户籍制度变迁导致城乡人口迁移更加容易。我国在 20 世纪 50 年代初,为了实行重工业优先发展战略,实行社会控制和保持政治稳定,开始建立了控制人口自由迁移的农产品的统购统销制度、人民公社制度和户籍制度。与此三种基本制度相配合的还有排他性的城市就业、福利体制等。在此制度环境下,从乡村到城市的人口迁移受到了严格控制。但是从城市到乡村、从城市到镇、从大城市到小城市、从农村到农村的人口迁移通常不受控制。70 年代末开始的改革开放,在农村废除了人民公社制度,建立了家庭承包制,取消了统购统销制度,农村隐藏的剩余劳动力释放出来。同时城市的改革开放、国有企业的改革和非公有制经济的发展,对廉价的农村劳动力产生了需求。与此同时,一系列的制度创新,如户籍制度和劳动就业制度创新,使他们在城市生活和就业成为现实。例如暂住证制度、农转非政策的改变、小城镇户籍制度的放开、大城市的蓝印户口,以及最近很多大城市实行的有条件落户(国务院,2012)。但是在发达国家同时实现的迁移和定居过程,在我国由于受到了城市管理制度的阻碍,并没有同时实现,而是分开的,形成了很多流动人口在城市就业和暂居的现象,并有回流的过程(蔡昉,2001)。

户籍制度变迁导致城市间人口迁移流动性增强。在1962年，户籍制度允许城市间自由迁移，但是从小城市到大城市，特别是到北京、上海、天津、武汉、广州等城市受到了严格控制。并且在1977年之前，除了执行1962年的政策之外，从镇到城市、从小城市到大城市、从农村到城市郊区都加强了控制（陈金永，2004）。改革开放以后，小城镇的户口已经放开，但是大城市还是实行有条件的落户。流动人口在城市定居取决于是否有稳定的职业和拥有住房。同时，在城市内部，户籍制度的作用已经很小，但是由于与子女教育就地入学等社会福利有关，人户分离现象增加。

我国户籍制度改革过程中还出现了一些城镇买卖户口、投资购房入户等地方政策。如上海从1994年开始蓝印户口政策，允许非上海市居民购买住宅，并给予上海蓝印户口，这也刺激了住房需求，但这一政策最终到2002年终止。而在2008年金融危机之后依然有一些城市出台购房入户政策，例如天津。

（三）其他制度变迁

此外还有很多相关的制度变迁和政策对住房选择有影响。例如财税政策、房地产主管部门的交易程序调整等。

财政和税收政策调节个人和企业的收益结构和引导投资方向。它既可以针对供给方，也可以针对需求方，包括了现金补贴、对特殊人群的税费减免等。我国现行房地产税制的基本框架，是在1994年全面的结构性税制改革后形成的，涉及的税种主要有12种，包括直接以房地产为课税对象的5种，即房产税、城镇土地使用税、耕地占用税、土地增值税、契税；与房地产紧密相关的税费6种，营业税、城市维护建设税、教育费附加、企业所得税、个人所得税、印花税。按照征税发生的环节区分，可分为土地取得、房地产保有和流转三个环节的税收。发生在取得环节的税种有：土地增值税、耕地占用税、土地使用税、契税；发生在保有环节的税种有两种，分别是房产税和城镇土地使用税；而在流转环节，目前设置的税种主要有营业税、土地增值税、城市维护建设税、教育费附加、房产税、企业所得税、个人所得税、印花税、契税。税收政策的重大突破对市场有重大影响作用。积极的财政税收政策刺激了住房消费。自1996年开始，经过连续3次降低，居民购房契税负担由1996年以前的6%下降到2000年的0.75%。1999年，国家先后出台了《关于调整房地产若干税收政策的通知》、《关于个人出售住房所得征收个人所得税有关问题的通知》，实施居民购买空置有年的住房免除营业税、契税和交易手续费的规定。2000年以来，为了调控房地产市场，政府多次调整了房地产税收政策。这些都改变了购买、租赁和持有房产的成本和收益。例如财政部等2008年37号文件《关于调整房地产交易环节税收政策的通知》中对契税、印花税、土地增值税等的减免。

第二节　制度变迁下的中国城市家庭住房选择:理论分析

自改革开放以来,我国发生了制度变迁,从传统的计划经济体制过渡到市场经济体制,市场化的程度逐步提高,家庭逐渐成为住房消费的自主主体,这些极大地影响了家庭的住房决策。我国处在转型阶段,并不是成熟的市场经济,新古典经济学的消费者行为理论所要求的社会制度稳定前提不成立。但是在不同体制下"经济人"的理性假设是成立的,即在制度约束下寻求效用最大化。所以制度约束是对住户住房选择行为进行经济分析的一个不能忽视的前提。即使是完全的市场经济,也会存在一定的制度差异,例如欧洲和美国政府对住房市场的干预差异很大,家庭住房选择行为也存在差异。新制度经济学的研究已经表明:制度从某种程度上决定了消费者的选择集和行为方式(诺斯,1994)。因此分析城市家庭的住房选择行为必须分析制度变迁,考虑外生的制度变量对住房选择的影响。本书主要分析1978年以后的制度变迁,并重点分析1990年以后的制度变迁。本书先分析制度变迁对消费者行为的外部环境和内在设定的影响,然后分析制度变迁对住房选择的影响,提出本书要证明的假说。

一、转型期中国城市家庭住房选择行为的外部环境和内在设定

转型期住房选择的外部环境主要是指住房分配机制及其对消费者的影响。随着住房制度改革,住房市场机制逐渐成为主导,住房市场不断发展,并占据了主导地位。消费者主权凸现,在住房市场上有了选择自由;住房价格随着供求关系而波动,价格具有充分弹性;消费者受到了自身的收入和资产限制,有很强的预算约束;随着住房金融体系的建立,消费者可以从银行等金融机构融资,并分期偿还,消费者的流动性约束逐渐减小,同时面临着市场经济固有的不确定性,消费者的风险预期明显增强。

(一)住房选择行为的外部环境的变化

住宅运行机制包括在住房制度内,但是运行机制作为最基本的运行规律,体现了住房制度的基本特征。住房运行机制的变化最深刻地说明了住房制度变迁。住房运行机制有三种:计划的实物住房供应分配机制、市场住房供应分配机制、保障性住房供应再分配机制。计划机制指住房的生产、流通、分配、消费由政府及其代表机构以计划的形式直接连接,即生产什么、多少、价格、材料等都是由计划规定的。市场机制指住房的生产、分配、流通、消费由价值规律制约,以市场为载体,以货币交换为主要形式的经济运行机制。保障机制指住房的生产、流

通、分配和消费按照全社会的利益要求,为了保障一部分低收入阶层生活的基本需要,根据政府的安排,由能充分体现政府意志的部门和机构加以实现的机制。保障机制与计划机制相同之处是都由体现政府的意志的部门和机构来实施,不同之处在于保障机制是“特惠型”的,仅针对全体人民中的中低收入群体,并主要通过政府政策对市场引导来实现(张泓铭,1998)。从1956年到1978年,我国计划经济时期实施住房的行政分配机制。从1978年以后为转轨期,计划机制、市场机制、社会保障机制并存,并且计划机制逐步减少并消除,市场机制逐步取得主导地位,住房保障机制作为市场失灵的补充。转轨初期中国城市住房经济运行的最主要机制还是计划机制,但是发生了很大变化,作用范围开始减小。市场机制开始出现,但是力量还很薄弱。以市场机制运作的房地产开发企业已经在全国各地成立,但是除了在沿海一些开放城市取得了较大发展之外,其他地方还发展滞后,力量薄弱,不能为市民提供大量的商品住房,市场机制的作用还很小。1992年到1998年年底,我国开始确定建立社会主义市场经济,市场机制作用不断加强。但是行政分配机制的影响还存在,具体体现在原公房的购买或继续以低于市场价的福利价格租赁上,市场经济机制开始在具有完全产权的商品房和上市的原公房和经济适用房中开始运行。社会保障机制则在安居工程和经济适用房、廉租房和部分原公房和单位周转房上体现出来。但是由于住房制度改革不彻底,以及其他相应配套改革没跟上,导致了很多国有单位自筹资金建房或者从市场购买住房,并且按照计划机制分配给单位的职工,所以计划机制依然存在。1998年7月,国务院下文停止实物分房,实现住房分配货币化和社会化,并推动职工购买的原公房和经济适用房上市,加强了住房市场体系建设,并且明确了商品住房的市场供给和社会保障供给间的关系。各地方政府随后开始停止实物分房和货币化分配。但是由于各地自主实施,制定的时间表不一样,直到2000年之后,才正式确立市场经济为主导、社会保障为辅的运行机制,但购买和租赁公房依然是城镇家庭最主要的住房来源。只有到了原公房实现私有化,并具有明晰的产权,和商品房一样在市场上自由转让,同时国家通过政策扶持一部分保障性住房的供应时,才达到了成熟阶段,以市场机制为主和保障机制为辅。我国何时才能建成新的住房分配供应体系?应该是与我国建立新的住房制度同步。从发展趋势预测,可望在2020年或者稍长一些的时间,基本上完成这一任务(包宗华,2002)。

与此同时,住房市场也发生了很大的变化。在计划经济时期,城镇住房通过行政分配,住房市场是不存在的,仅仅存在一些私下的交易。到了转轨期,住房市场开始出现,并且不断发展,在住房分配中起到主导作用。同时由于不同来源住房之间的产权转让和流动性差异,出现了住房市场的多重分割。1978年后改革原有的行政分配机制，将原公房出售给原租住的职工，并逐渐提高公房租金到成本价，最终为市场价。还引入了市场分配机制，对上市交易的商品房、经济适用房和原公房进行市场交易。为了保障中收入家庭的住房权利，又开始了安居工程和以后的经济适用房建设，并为最低收入阶层的贫困市民提供廉租房。这样就存在多种住房类型：政府直管公房、企事业单位自管公房、商品房、限价商品房、经济适用房、廉租房、公共租赁房、自建房等。并且不同类型的住房具有不同的产权，可转让性差异很大，形成了住房市场的多重分割。不同的公房具有不同的产权，例如只有本单位的职工才有资格租赁单位公房，租户有使用权，尽管租金不断提高，但还是低于市场价，具有一定的福利性质。购买单位公房基本上是将计划经济时期行政分配的住房私有化，有的具有部分产权，出售时必须要按照当初约定的价格优先售给本单位，形成一个内部转让市场，但是其价格却低于市场价，并且产权也不是完全产权，因而不是对外开放的。有的公房则具有全部产权，可以上市交易，但是有上市时间限制。以市场价格购买的商品房则具有完全产权，租赁商品房通常也是以市场价格成交。经济适用房则带有住房保障性质，由政府划拨了土地和减免了税费，仅提供给具有资格的中低收入家庭。购买经济适用房具有完全产权，但在上市交易方面也存在一些限制。例如在规定年限之前上市，出售方要缴纳土地收益等，以及对购买方的资格限制。廉租房则以低于市场价格的租金租给低收入的贫困家庭，带有很强的住房保障性质，由政府制定严格的资格标准并确认租住资格，可转让性和流动性差。这样存在着住房市场的制度性分割。到了1998年年底，开始全面推行原公房的私有化，并给予全部房屋产权和土地使用权，达到规定年限的经济适用房和原公房也允许上市转让。不同类型住房间的分割开始逐渐消除，最终将形成一体化的一手房市场和二手房市场。

（二）消费者行为的内在设定变化

孙凤（2002）将我国自建国以来分为三个时期，并分析了消费者的内在设定变化：

（1）1952—1978年的计划经济体制。消费者的内在特征为：消费者是近视的（只看重眼前收入）、原始的（受到预算约束、但不具有风险意识和预期），消费者理性化程度比新古典理论框架中的有远见、精明的消费者低；追求现期效用最大化，由于收入水平较低，金融资产极少，流动性约束和选择自由度较小，使得预算约束是即时的；无风险预期和时间偏好，传统劳动就业和社会保障体制使居民形成了稳定的无风险预期和对国家的强烈依赖心理。

（2）1979—1991年的双重体制，以计划经济为主，市场经济为辅。消费者内在特征为：理性主体，逐渐成为新古典消费者；跨时效用最大化，随着收入增长，金融资产增加，追求跨时效用最大化；风险预期和时间偏好，随着城市劳动就业和社会保障制度改革,对未来收入和支出的不确定性增强,同时金融资产的增加和利率的差别化导致消费者时间偏好心理因素逐渐增加。

(3) 1992 年以后的市场经济体制。消费者的内在特征为:新古典消费者,随着公费医疗、全面就业、退休等传统福利制度解体,成为精明的、前瞻的、有远见的消费者,能理性地计算风险,不断调整收支结构,有效配置收入在支出和储蓄之间的关系;跨时效用最大化,从人力资本市场和资本投资市场获得收入增加,同时金融资产和其他资产增加,预算约束已具备跨时预算约束的基础;风险意识和风险预期强化,随着传统福利制度的解体,消费者的风险意识和风险预期行为继续强化,居民规避风险的动力增强,跨时消费储蓄最优均衡进入居民的决策。

从住房消费行为来看,在计划经济时期,城镇家庭"等、靠、要"单位公房成为主流,并且以低租金租住单位公房为主。1998 年停止实物分配之前,一部分家庭开始自建房和购买商品房,但大部分还是期待单位分配。停止实物住房分配之后,城镇家庭根据家庭收入、银行融资成本和风险开始从住房市场购买或租赁商品房。由此可见,制度变迁导致消费者(家庭)面临的外部环境和内在设定发生了变化,并影响消费者(家庭)的住房决策。

二、制度变迁对中国城市家庭住房选择的影响的理论分析

制度变迁改变了政府、市场、单位和个人的关系。政府由计划经济时期实物住房的计划、投资、供应和分配者转变为少量保障性住房的计划、投资、供应和分配者,大部分住房需求和供应由市场通过价格机制解决。单位由计划经济时期的国家代理人作为实物住房的计划、投资、供应和分配者转变为发放货币住房工资的雇主,但是还是少量单位周转房、集资合作建房、公共租赁房的计划、投资、供应和分配者。个人从计划经济时期对单位的劳动关系、工资、住房、户口的强锁定变成了市场经济里面的单纯的就业和工资关系,流动性增强。

因此必须在新古典住房选择模型中加入制度变量,讨论制度因素对其的影响。新模型主要内容有:家庭以家庭效用最大化为目的作出住房决策。家庭在进行住房选择时,面临着三种约束:第一是制度约束。制度作为一种行为规则,约束了选择集,也就是可以选择的住房的来源与产权、价格和属性组合。例如在市场经济时期家庭可以选择有完全产权的商品房,但是在计划经济时期则不可能。第二是预算约束。家庭的总收入决定家庭总预算,并且是家庭的非人力资产(金融资产和固定资产)和人力资产之和。如果存在借贷,则金融资产为负。第三是时间约束。主要是决策的时间紧迫性和收集信息以处理信息不对称的时间。此处没有讨论时间约束。第四是流动性约束。主要是存在完善的信贷体系实现消费的跨期最优配置。

住房选择是作为经济人的家庭对制度环境的互动反应。制度变迁对住房选择的作用机理如下：

(1) 制度变迁导致消费选择的约束集改变。例如在计划经济时期城镇家庭的选择集的主要元素有租赁公有住房、没有住房。但是在转型期，就增加了购买公有住房、购买商品房、租赁商品房。计划经济时期家庭不能也不愿购买完全产权的商品房，但在市场经济下变为可能。

(2) 制度变迁不仅改变了家庭的收入和住房的支出，还改变了住房定价方式，从而改变了预算约束。例如转型期工资制度改革导致家庭收入的增加和不同家庭的收入分化，并且家庭收入来源于家庭的人力资本和其他生产要素收入。由于住房金融制度改革，家庭可以以分期付款的方式购买住房，缓解了流动性约束。计划经济时期住房价格与产权和属性之间关系不大，但是住房的市场定价使他们建立了密切的相关关系。住房市场定价导致家庭住房支出的增加。

(3) 制度变迁改变了风险和消费预期，在市场经济条件下，家庭对收入的不确定性、银行贷款风险预期增加，预期房价变化，并预期住房支出将增加，消费结构发生改变。

(4) 劳动就业制度变迁改变了计划经济时期固定的就业模式，增强了就业的行业和地区流动性；住房制度变迁促使住房市场的出现和住房的市场定价，增强了住房的可转让性和可获得性；户籍制度改革减少了迁移的障碍。这样人口迁移和家庭迁居就因为制度约束的放松和交易费用的降低变得更容易。

制度变迁改变了家庭的选择集、预算约束、风险和消费预期，降低了搬迁成本和市场交易成本，影响家庭住房决策。城市家庭在住房决策时既受到过去的住房分配制度的制约，又受到市场和家庭特征的影响，并且市场的作用越来越强。

转型经济下家庭在住房市场自主选择程度提高，并影响到住房选择的各方面，这样就有住房消费支出的市场化。我国住房制度改革从实物住房福利分配走向货币化分配，1998 年年底正式下文停止分房，并提高公房房租和公房私售，还采用了一系列相关的配套措施。按照理性假设，家庭预期住房福利越来越少，预期房价上升，购买原公房和商品房、经济适用房积极性大大提高，从市场渠道获得住房比重上升。我国就业制度变迁导致职业流动性增强，房改导致居住流动性和住房的可转让性、可获得性增强，个人和家庭为了寻找合适的就业和住所会更加频繁地迁居和选择合适的社区。为了达到小康水平和改善人居环境，政府加强了对住房开发的政策扶持；住宅建筑技术的进步提供了更多的新材料、新设计；房地产商面向消费者进行市场开发，提供新的住宅产品。随着房价的上涨，以及投资渠道的缺乏，持有第二住宅税费较轻，家庭对第二住宅作为投资品的需求开始上升，一些富有群体对非商业目的的第二住宅（例如休闲度假目的）

需求也上升。因此,基于这一视角,对转型期的住房选择变化趋势的假说如下:

假说 1　制度变迁、市场发展导致了住房选择的市场化程度提高。表现为:(1)住房需求数量的增加和住房消费支出的增加;(2)住房来源的商品房比重提高和住房产权的自有率提高;(3)住房建筑属性和产品类别的提升;(4)居住区位流动性增强和出现居住隔离;(5)多套住房呈增长趋势;(6)收入对住房选择的影响增强。

表 3-2 总结了上述理论分析的结果。

表 3-2　计划经济、转型经济、市场经济的住房体系和住房选择理论模型

比较项目	计划经济	转型经济	市场经济
供应机制	政府和其代理人国有单位投资供应	政府供应逐渐转变为市场供应	市场供应为主,保障性住房供应为次
分配机制	按照单位内部职务、工龄、婚姻打分,实物分配	单位分配转为市场分配为主	市场按照收入和房价分配,保障性住房按照资格准入分配
住房选择自由度	极弱(要/不要)	增强	市场自由选择为主,保障性住房有限选择为辅
住房选择内容	自由选择内容少	增多	市场里自由选择,保障性住房有限选择
住房消费量和支出	消费面积小,支出低,与收入弱相关	面积变大,支出增加,与收入相关度提高	面积大,支出高,与收入正相关
住房来源和产权	政府和单位公房,租赁	公房减少,商品房和保障性住房增加,自有为主	商品房为主,保障性住房为辅;自有为主
住房质量和产品类别	质量差,类别少	质量提高,类别增加	质量高,类别多
区位流动性和选择	区位流动性低;单一/混合单位社区	流动性增强,区位分化,混合和单一社区并存	流动性强,区位隔离,富人区、中产区、穷人区
第二住宅	无	迅速增长	从增长到稳定

第三节　中国城市家庭住房选择的空间分异:理论分析

住房选择往往和住房周边的其他商品和服务的选择紧密结合,一是公共产品和服务,例如学校质量、治安条件、文化和休闲公共环境;二是私人产品和服务,例如商业、商业性休闲娱乐和社会交往场所等。这些机会在空间上往往不是均匀分布的,在不同的城市差异很大。城市作为选择环境,家庭住房选择受到了城市经济、政治、社会文化、自然环境的影响。中国的城市在行政等级、人口规模、经济发达程度、经济市场化程度、产业结构、住房市场成熟程度、宜居环境等方面存在巨大的差异。

这里主要分析中国城市经济发展水平、自然条件、公共服务质量和住房体系对住房选择的影响。城市空间差异分类的主要指标包括:(1) 城市经济发展水平。这里采用了市场化指数、人均 GDP、职工平均工资、恩格尔系数、外商直接投资、固定资产投资、失业率、市辖区总人口、人口密度等指标。通常来讲,城市经济总量和人均收入越高,增长速度越快,住房消费和投资需求越大。城市总人口,特别是城镇常住人口越多,住房需求越大,住房消费支出越高。住房制度根植于整个社会经济体系之中,因此制度变迁的各个方面都会影响住房选择。城市市场化指数鲜明地反映了各城市制度变迁的差异,并表现为住房选择的差异。通常来讲,城市市场化水平高,经济自由度高,住房选择市场化程度也高。(2) 城市自然条件。采用的指标有最低气温、最高气温、年日照时数、自然景观状况。一般来看,自然条件好的城市具有很强的吸引力,住房需求大。(3) 城市公共服务设施和质量,采用了废气排放量、废水达标率、人均道路面积、人均绿地面积、绿化覆盖率、影剧场个数、图书馆藏书、医院数量、人均教育事业费、大学数量、城市维护建设资金、城市市区面积、建成区面积等指标。一般来看,具有好的公共服务设施质量的城市宜居环境好,对人口的吸引力较大,住房需求大。(4) 城市住房市场成熟度。郑思齐(2008)将制度性因素分为非市场化住房资源的可得性,用家庭成员是否在政府机关和国有企事业单位来表示,他们更容易获得房改公房和租赁公房;支付能力扶持性政策,用是否享受到住房补贴来表示;住房金融制度,用是否获得政策性住房金融支持来表示。住房市场成熟度用存量住房成熟度和租赁住房成熟度来表示。前者分析存量住房占该城市住房交易量的比重来表示,后者用租赁住房占该城市住房存量的比重来表示。根据数据的可得性,这里采用了城市房价、公房比例等指标进行分析。城市公房比例反映了购买和租赁公房之和占所有住房来源的比重,它实际反映了居民以多大比例从原来的住房分配机制获得住房,还有以多大比例从市场获得住房。城市房价则作为反映城市住房市场供求关系、产品质量等级和价格等级的重要指标。

一、市场经济下的住房、就业和生活质量的空间竞争均衡模型

在市场经济里,城市之间存在着劳动力工资、房价(租金)和环境福利(生活质量)等方面的差异。劳动力工资的差异是由于城市的经济发达程度带来对劳动力的需求,而劳动力的自由流动形成对劳动力的供应。房价是由于城市的住房存量和增量供应以及居民和移民的住房需求作用形成的。环境福利则是由城

市的自然环境和公共投资造成的。城市经济差异影响了地方住房市场的供给和需求,影响了住房的价格和可获得性,进而影响家庭住房选择。

早期的研究关注了城市人口、收入等对住房需求的影响。后来的研究则发现更多的城市属性影响住房需求。生活质量(Quality of Life)是指城市居民享受到的城市特性所决定的舒适程度。这些城市特定属性通常也被称为宜居性(A-menities)。它包括城市中的有形基础设施,例如适宜的温度、绿地和公共空间、学校、医院等公共物品;也包括城市中诸如社会环境之类的无形设施,例如犯罪率、获取新知识和新技能等多样性的发展机会、后代的受教育和发展机会等。高生活质量的城市对人口具有较强的吸引力,导致其住房需求上升。

Rosen(1979)和 Roback(1982)提出的城市房价、工资和生活质量的空间竞争均衡模型分析了城市生活质量和劳动力流动、住房的供求关系。

该模型的基本假设如下:(1) 资本和劳动力在城市之间自由流动;(2) 城市之间通勤成本无穷大;(3) 不考虑城市内部的通勤成本;(4) 城市的土地面积是固定的,但土地使用状态可以变化。这样,就不用考虑城市内部的差异,以及居住一城市和工作在另一城市的情况。并且还假定职工在偏好和技术方面无差异,企业规模效益不变。

这样就得到不同城市劳动力的收入和租金应该使他得到相同的效用以达到城市空间竞争均衡。不同城市的企业单位生产成本等于产品价格以达到空间竞争均衡。

$$V(w,r,s) = k \tag{3-1}$$

$$C(w,r,s) = 1 \tag{3-2}$$

上式中,V 为劳动力效用,w 为工资,r 为住宅租金,s 为生活质量,C 为企业单位生产成本。这样在城市空间竞争均衡条件下,工资和租金可以由职工的等效用和企业的等成本方程求出。这样,如果城市特性是妨碍生产的,在相同工资水平下,生活质量高的城市必须要支付更高的房租。

龙奋杰(2008)将上述公式进一步简化。劳动力在城市得到的效用 U 和工资、房租和生活质量有以下关系,如公式(3-3)所示:

$$U = C_j + W_j - R_j \tag{3-3}$$

公式(3-3)中,U 为劳动力效用,C_j 为劳动力消费特定城市 j 宜居性设施的隐含收益;W_j 为特定城市中劳动收入水平;R_j 为该特定城市 j 的住房成本。

在劳动力同质、人口在城市间可以自由流动的假设条件下,城市间的效用无差异意味着劳动力在每个城市得到的效用 U 相同,两城市均衡情况下,

$$\Delta C + \Delta W = \Delta R \tag{3-4}$$

上面两个公式说明,从劳动力需求和流动角度看,城市住房价格取决于城市

居民的劳动收入和城市生活质量。住房价格的变化由城市居民的劳动收入和城市生活质量来补偿,收入较高的地区有较高的住房价格;而居民要想到生活质量更高的地区去,就要承受较低的劳动收入。城市住房价格增长主要是由于劳动收入和城市生活质量发生变化引起的,即城市发展导致劳动力流入,形成住房市场的需求冲击,劳动收入和城市生活质量决定城市住房意愿支付价格。

该模型在市场经济里面成立,在转型国家也成立,例如俄罗斯(Berg,2008)。在我国市场化程度越来越高的情况下,也可以成立。生活质量高的城市对劳动力流动有较强的吸引力,住房需求比较大,房价高。高房价必然会导致城市家庭住房消费支出、来源和产权、建筑属性和产品类别、区位选择等方面的差异。

根据市场经济下的住房需求量函数,高房价导致了低需求量;根据租金资本化函数,高房价和高住房租金支出呈正相关,也就是高房价对应高住房消费支出;根据产权选择函数,高房价导致了更高比例的租赁和更低的住房自有率;高房价表明有更多的房价等级,因此对应有更多的住房产品类别;高房价导致了居民租赁比例高,居住流动性较强。根据上述生活质量和房价的关系,城市良好的自然条件和公共服务设施质量提供了居民良好的生活质量,因此对人口有较强的吸引力,住房需求比较大,房价高。高房价意味着更高的投资价值,吸引了更多人购买,同时受到了收入的制约。因此提出:

假说 2 城市商品房价、自然条件、公共服务设施质量影响了家庭住房选择。城市自然条件和公共服务设施质量高,商品房价高,家庭住房消费量低,住房支出高,住房自有率低,住房产品类别多,住房设施质量高,居住流动性强,自有多套住宅比例低。

中国房地产市场研究通常根据城市经济、居民收入、房价等因素将城市房地产市场等级划分为四线城市。它实际包含了经济自由度、经济发达程度、住房市场成熟度、宜居环境等方面的差异。例如中金公司《2010 年房价预测》指出:一线城市指北京、上海、广州和深圳;二线城市包括重庆、大连、青岛、厦门及除西藏、广州以外的所有省会城市,共计 31 个;三线城市包括除一、二线城市以外的全部地级市,共计 249 个;四线城市指所有县级市,共计 373 个。通常一线城市住房市场发育早,城市人口多,市场规模大,经济发展水平高,宜居环境好,居民收入高,房价高,房价收入比最高;二线城市住房市场正在迅速发展,居民收入次高,房价次高,房价收入比次高;而三线、四线城市住房市场发育缓慢,居民收入低,房价也低,房价收入比也低。因此提出:

假说 3 商品房市场中的城市家庭住房选择存在地区差异。住房市场等级越高的城市,住房消费量低和住房消费支出高,住房来源中商品房比重高和住房产权自有率低,住房建筑属性和产品类别分化明显,高级别产品多,居住区位流动性强,自有多套住房比例低。

二、转型视角的住房选择的空间差异

在转型中国,城市作为住房选择依托的空间背景,还存在着制度性因素的巨大差异。这里采用城市公房占总存量住房的比例来表示制度性差异。

住房资源既可以从市场获得,也可以从国家、单位再分配机制获得,还可以从亲属继承或赠与获得。在中国,影响住房资源最大的因素还是房改时期的公房资源再分配。由于在房改过程中能够购买房改公房的人多是在不错的单位工作并且职位和收入较高,因此推断在2000年公房比例高的城市有更高比例的家庭能够自有多套住房,因此提出:

假说4.1 城市住房市场成熟度影响了家庭住房选择。城市公房比例高,住房消费量低,住房支出低,商品房来源比例低,住房自有率高,住房产品类别少,住房设施质量差,居住流动性弱,自有多套住宅比例高。

在转型中国,传统的计划经济模式、政治体系和行政管理模式决定了首都、直辖市、省会城市、地级城市、县级城市所拥有的公共服务和设施质量依次递减。虽然在市场经济下,出现了一些沿海的中小城市随着经济的迅猛增长,迅速提高了公共服务和设施质量的现象,但从全国来看,依然存在着这样一个空间格局。因此城市的行政等级模式对住房选择的影响通过公共服务和设施质量表现出来。它的影响如假说4.2。

假说4.2 城市行政等级决定了公共服务和设施质量,影响了家庭住房选择。居住在行政等级高的城市家庭住房消费量低,住房支出高,租赁比例高,住房自有率低,住房产品类别多,住房设施质量高,居住流动性强,自有多套住宅比例低。

总结中国城市家庭住房选择的空间差异的假说内容如表3-3所示。

表3-3 中国城市家庭住房选择的空间差异理论模型

比较项目	内容	住房消费数量和支出	住房来源和产权	产品类别	区位选择	第二住宅
城市经济发展水平	收入、住房市场等级等(高)	人均面积低,支出高	租赁比例高自有比例低	种类多,质量高	流动性强	少
自然条件	最低气温、自然景观(好)	人均面积低,支出高	租赁比例高自有比例低	种类多质量高	流动性强	少
公共服务设施质量	绿地、教育、环保(行政等级)(高)	人均面积低,支出高	租赁比例高自有比例低	种类多质量高	流动性强	少
住房市场成熟度	房价(高)	人均面积低,支出高	租赁比例高自有比例低	种类多,质量高	流动性强	少
	公房比例(高)	人均面积低,支出低	商品房比重低,自有率高	种类少,质量差	流动性弱	高

第四节　中国城市家庭住房选择的社会分化:理论分析

本节基于社会学的消费分化理论和人口学的生命历程视角分析了住房选择的社会分化。

一、基于消费分化理论视角的住房选择的社会分化

从消费所具有的属性来看,消费绝不仅仅是经济或心理现象,而是一种集经济、心理、文化、符号和社会现象为一身的综合性现象(王宁,1999)。消费具有五大属性,包括消费的自然属性、主观属性、文化属性、社会属性、符号属性(王宁,1999)。消费的自然属性指商品在满足人的需要过程中发生的自然磨损、损耗或消耗。消费的自然属性满足人们的功能性,尤其是生存性功能(如衣食住行)的需要。随着收入水平的提高,商品的自然属性在许多消费者心目中的地位相对下降。与之相比,商品的表现功能上升。消费的主观属性包括消费观念和消费心理。消费的社会属性(社会制约、社会关系、社会影响、社会后果或功能)表现在:第一,消费主体的社会性。消费主体不是孤立的、抽象的个人,而是处于社会关系中的人。人的社会性决定了消费也具有社会性。第二,消费观念的社会性。消费观念主要是在社会化过程中形成的,它反映了特定的社会关系。第三,消费功能的社会性。消费不但维持个体的再生产,而且起着社会关系再生产的作用。消费既是表现社会认同和社会区分的方式之一,又是沟通社会关系的纽带(如交际消费)。第四,消费行为的社会性。个体消费行为受参照团体和其他社会因素的影响,导致消费的社会模仿性。消费行为又是一种象征性竞争,通过相互攀比或炫耀性消费以维持或提升社会地位和身份。消费行为的社会性还表现在追逐时尚和流行。此外,消费的后果也具有社会性,即具有消费示范效应。第五,消费供应的社会性。随着社会分工的发展,自给性消费所占比例越来越小,消费者越来越需要通过交换或某种社会关系来获取消费品,这样消费供应社会化了。消费还具有文化属性。消费固然涉及生理和心理的需要,在一定意义上是生理、心理现象,但作为生理和心理行为的消费在任何时候都不能不烙上文化的烙印。在许多场合,消费本质上就是一种文化,即消费的文化。消费还具有符号属性,同商品的符号属性相联系,商品不仅具有使用价值和交换价值,而且具有符号价值。商品的符号价值具有两个层次。第一是商品的独特性符号,即通过设计、造型、口号、品牌与形象等显示的与其他商品的不同和独特性;第二是商品本身的社会象征性,商品成为指称某种社会地位、生活方式、生活品位和社会认同等的符号。生产者在生产某种商品时,也针对人们在消费上的分化,进

行市场细分，生产符合不同地位的消费者身份的商品，厂家在进行商品生产的同时，也进行了某类社会身份的生产。产品的符号资本为产品本身添加了地位价值。不同类型的文化产品与不同的社会阶层联系在一起，消费物品区分了身份地位的层级。这样，社会生产通过赋予商品以文化内涵，不仅培养和选择了它所需要的消费主体，更重要的是再生产出了社会关系和身份文化。商品生产者通过对消费者进行市场划分起到了社会分层的作用。市场不仅是一个中性的过程，它不仅提供了选择与身份相符的商品的机会，而且其目的与结果反映了与社会地位相关的价值体系和生活方式。

因此，人们消费的不仅仅是被消费对象的物质性，而且是它的社会意义。被消费的物品，不仅仅是简单的物品，而且是社会关系的外在表现，它成为一个人在消费时所展现的社会地位和身份的标志。社会阶层的分化导致了社会等级结构在消费上的外在显现，每个人的消费反映了同类家庭的水平。社会地位不同，表明其阶层所属的产品也不尽相同。某个人的生活水准应当是怎样的，大部分取决于他所隶属的那个社会或那个阶级所公认的消费水准。一个阶级的消费水准会衍化为一种消费分化模式，不遵守这个模式就要受到轻视和排斥。每一个家庭都很关心能否获得表明其地位的产品。如果得不到，就意味着可能处于该阶层之下，也就意味着在同阶层人面前地位降低。在这种情况之下，个体遵循的社会价值观迫使其进行某种消费。“上层阶级的人们发展出排他性的消费模式用来表达和巩固本阶级成员的地位”（艾尔潘，2005）。李春玲（2005）指出阶层地位与消费水平之间存在明显的关联性，阶层地位高的人更可能处于消费分层的上层，而阶层地位较低的人更可能位于消费分层的下层。通过这种消费上的分化就可以再生产出社会关系和身份等级，社会的层级就在消费分化的过程中被建立起来。社会阶层通过构筑消费差异来维护阶层的区别边界。

住房消费也具有五大属性，包括消费的自然属性、主观属性、文化属性、社会属性、符号属性。住房的自然属性表现为它的建筑实体和功能。通常来看，住宅具有以下六方面的功能：(1) 居住功能，为人类提供居住的空间场所；(2) 庇护功能，提供物理上的屏蔽和心理上的安全保护；(3) 家庭生活功能，是家庭成员从事家庭共同活动的空间载体；(4) 社会交往功能，成为重要社会活动的聚会场所；(5) 财富储备功能，作为财富保值增值的工具；(6) 经营辅助功能，兼备提供生产经营活动的场所。住房消费的主观属性包括住房消费观念和住房消费心理。中国城市家庭自古以来偏好自有住房，古谚“有恒产有恒心”即为证明。改革开放以来，住房消费观念发生了很大的变化，从追求住房“分得开、住得下”到“舒适、安全与文明”，从依赖单位“等、靠、要”到市场自主购买和租赁住房。住房作为家庭最大宗的消费品和最主要的财产，作为耐用消费品和投资品，家庭在选择时是十分慎重的。住房搜寻时间长,家庭集体决策居多。住房的社会属性和符号属性是指住宅不再是单一居住空间的概念,它作为家的载体,是最大的情感建筑和家庭财富的最集中的部分。住宅产品的含义已经远远超过了它的居住价值,而升级成为品味、精神、财富、情趣及身份表征的功能集合体,成为现代消费价值体系中最无争议的财富等价物,标志和诠释着一个家庭的财富。住房的文化属性表现为住宅及社区的外在景观和内在装修及其反映的特定的地域、阶层和种族的文化习惯和要求。

住房消费受到了社会阶层的影响,其分化反映了社会阶层的分化。改革开放前,城市家庭的住房差异是社会主义制度下社会阶层差异的一个主要方面(如 Szelényi,1983;Lee,1988)。计划经济时期,城市居民住房主要是通过工作单位进行分配的,并且低租金长期租赁。个人所在单位的"好坏",很大程度上决定了他所能得到的住房面积和质量。而单位提供住房的能力,又与单位所有制类型(全民或集体)和单位的行政级别相关(Walder,1986,1992;Bian,1994)。在单位分配住房时,"满足职工基本生活的需要"是主要原则。而对于单位来说,面积大、质量好的住房是一种优质资源,可以用来奖励那些处于管理职位、资历老、有技术,或者"社会资本"充裕的人(Logan and Bian,1999;Tang and Parish,2000; Zhou and Suhomlinova,2001)。另外,在行政级别比较高的单位,干部、专业技术人员和职工的住房往往社区环境比较好,如临近重点学校,有管道煤气,有街心花园和其他较好的社区设施(Logan and Bian,1993)。这样,住房消费实际上是有差异的,它反映了个人的身份地位以及单位的等级。改革开放以后,以前的租户转变成了房改公房的自有者。他们以往低价购买的房改公房、经济适用房、限价商品房等为他们的住房升级换代提供了资产支持。这样,计划经济时期的社会分层也在住房上面表现出来。1998 年停止实物分房以后,买得起地段好、面积大、质量好的住房已经足以说明购房者的购买能力强,并成为家庭的经济能力、社会地位、身份和成就"引人注目"的消费符号。而购买能力的大小,无疑与个人所从事的职业、收入、财富、贷款可得性密切相关。这样,市场经济时期的收入等社会阶层的分化也在住房方面外现出来。

改革开放以来,随着经济社会体制改革的不断深化,我国的社会结构发生了深刻变化,社会主体的利益分化越来越明显,社会贫富差别不断扩大,社会阶层开始分化,居民住房消费也呈现出异质化、多元化趋势。20 世纪 90 年代开始,我国社会学者开始从社会阶层分化角度关注居民消费现象。孙立平(2003)的"断裂论"认为,20 世纪 90 年代以来中国社会已经发生了一些非常重要的、根本性的变化,这些变化是在"资源重新聚集"的基础上形成的,是政治、经济和技术精英结盟的结果,它导致了政治、经济和权力的高度集中以及大量社会成员的边缘化。在我国从生活必需品时代向耐用品时代转变之际,社会的不同部门之间出现了结构的断裂,这种断裂表现为地区断裂、城乡断裂、城市不同部分之间的断裂。社会结构的这些变化反映在人们的生活方式上,就是地区居民之间、城乡居民之间、城市不同群体之间的消费分化。从现实情况来看,不同社会群体之间存在比较明显的收入分化,而收入的分化在很大程度上通过消费的分化体现出来,并且消费分化比收入分化更能直观地体现阶层之间的差别,体现当前社会的结构变化。

住房作为消费品,还是一种表现住户身份和地位的"引人注目"的消费符号。作为消费品,它体现了消费方面的差距;作为家庭财富中的最大组成部分,体现了收入和财富差距。这样,社会分化在住房方面更清晰地体现出来,住房消费分化与社会分层之间存在正相关关系,即社会阶层高的家庭住房选择结果好。因此有

假说 5 转型期中国城市家庭的社会分层是影响住房选择的重要因素,不同社会阶层的住房消费差异明显。

中国的户籍制度将城市居民分为具有本地非农业户口的城市居民、具有本地农业户口的城市居民(城中村居民)、具有本地农业户口的城市移民、具有非本地农业户口的农村移民、具有非本地非农业户口的其他城镇移民。而我国进行的城市住宅制度改革,在很大程度上忽略了非户籍移民这一群体的住宅需要。在房改之前,传统的实物分房的福利体系将非户籍移民完全排斥在外。房改政策之后,经济适用房、合作建房、安居工程和廉租房要求具有城市户籍人口,也与移民无关(2009 年以后,部分城市政府允许移民获得保障房)。住房补贴对象为全市机关、事业单位的具备一定条件的职工,移民被排除在外。住房公积金贷款条件之一是具有本市城镇户口的在职职工。但是作为主要从事非正规就业的移民,所在单位交纳住房公积金的很少。银行为购买新建商品房所提供的贷款都是针对本地居民的。可见,移民在城市获得福利性住房几乎是不可能的。城市劳动力市场的制度性分层导致城市户籍劳动力的工资收入要高于移民(杨云彦,1996,2000;蔡昉,1998)。因此有

5.1 户口分化假说 与本地居民相比,外来移民的家庭有更小的住房面积,更低的住房质量和产品类别,更少的公房来源和更低的自有产权,更强的区位流动性,更少的自有多套住房。城镇户口移民比农村户口移民住房状况要好。与本地居民相比,流动人口家庭更可能获得市场型住房,消费支出更高。

"工作单位"一般是指个人所在的工作场所或组织。在中国的城市中,特别是在计划经济条件下,每个就业者都隶属于一个单位。单位是一种重要的社会组织或结构。单位作为国家的代理人,是国家对社会的控制向基层延伸

的重要承载者和实现者，但是它同时又提供了个人所必需的生存与发展，乃至家庭保障的资源。即使在目前的市场经济条件下，单位对于一个城市家庭来说也是重要的，工作单位的兴衰荣辱往往会直接影响到社会成员的经济和社会地位的高低。由于不同的单位所拥有的资源不同，经济效益也不同，所以在不同行业、性质、规模、级别的单位工作的人员收入和福利是不同的。这种差异会反映到一个家庭的住房选择行为上。因此有

5.2 单位分化假说 与不好的单位相比，在好单位工作的家庭有更大的住房面积，更高的住房质量和产品类别，更多的公房来源和更高的自有产权，更强的居住区位流动性且更可能因为住房原因迁居，更多的自有多套住房。消费支出则和住房来源有关系。与不好的单位相比，在好单位工作的家庭更可能获得非市场型住房，租房消费支出更低，更可能获得大面积的非市场型住房和更可能在市场购买大面积的住房，购房支出更高。

职业对于一个社会成员是极为重要的，它将个人与社会联系起来。职业不仅是社会地位的重要评价指标，而且也是个人和家庭维持生存的基本手段。它是包含了权力、财富和声望的复合评价体系。因此，许多社会学家把它作为社会分层的重要指示器。职业的分化也必然会导致家庭的住房选择的社会分化。因此有

5.3 职业分化假说 与不好职业相比，有好职业的家庭有更大的住房面积，更高的住房质量和产品类别，更多的公房来源和更高的自有产权，更强的区位流动性，更多的自有多套住房。消费支出则和住房来源有关系。与不好的职业相比，有好职业的家庭更可能购买或租赁大面积的市场型和非市场型住房，租房消费支出更高，购房支出更高。

在某种意义上说，受教育程度决定着一个人能力和素质的高低，而后者对于其获取社会资源的能力或机会来说极其重要。劳动力市场通常被分割为初级劳动力市场和次级劳动力市场。前者指需要有创造性思维和熟练技术的劳动者，他们需要长期的知识积累和大量的培训，因而工作流动性很低，工作报酬也较高。而在次级劳动力市场里的劳动者从事的只是简单的劳动，不需要掌握复杂的技能，也没有进行大量的职业培训，因而他们的工作极不稳定，工资也很低。因此，很多社会学家开始将受教育程度作为社会分层的一个重要指标。教育程度的高低影响了获取住房资源能力的大小。因此有

5.4 教育分化假说 与教育程度低相比，教育程度高的家庭有更大的住房面积，更高的住房质量和产品类别，更多的公房来源和更高的自有产权，更强的区位流动性，更多的自有多套住房。与低学历相比，高学历的家庭更可能住房消费量高，更可能获得市场型住房，消费支出更高。

收入是反映或衡量人们经济地位高低的常用方法，通过收入差别能反映出

人们经济地位的差距。收入的高低会通过对消费资源的占有状况外在地显示出来。一般而言,收入水平高的家庭或个人,拥有的消费资源也多,在住房消费分层中就处于较高的位置,反之亦然。

5.5 收入分化假说 与低收入相比,高收入的家庭有更大的住房面积和更高的消费支出,更高的住房质量和产品类别,更高的自有产权,更强的区位流动性,更多的自有多套住房。与低收入相比,高收入的家庭更可能住房消费量高,获得市场型住房,消费支出更高。

二、基于生命历程理论视角的住房选择的社会分化

不同于经济学的视角,西方人口学家多从生命周期和生命历程理论视角分析住房选择和迁居。生命历程理论将人的生命过程看成是一系列的事件组成的,包括教育、工作、生育和住房情况变化等事件,描述个人和家庭从初次进入住房和劳动力市场到历次迁居和换工作等生命事件的发生轨迹,分析这些事件的发生时间及其与生命历程其他重要诱因的关系。

家庭生命周期影响了家庭的支付能力和偏好结构,对住房选择有直接的影响。在计划经济分配体制下,福利分房的标准之一是职务、任职年限与婚姻状况。在市场经济下,住房作为个人或家庭一生中最重要和昂贵的耐用消费品,家庭的生命周期必然会影响到住房的消费。这导致了住房消费和投资随着户主年龄、婚姻和家庭规模变化,且在不同生命周期阶段有所不同。

由于住房的长寿命和可继承性,在2000年以前城市住房以公房为主,在2000年以后才出现了住房市场的大发展。这样,计划经济时期的家庭生命周期对住房选择的影响比较大,年龄越大,越有可能在计划经济时期租赁公房,在转型经济时期以较低价格购买总面积相对较小的房改公房。房改公房与商品房相比,房龄较老且设施质量较差。年龄越大的户主迁居的可能性越小,并且越可能因为住房原因,而非就业原因迁居。同时年龄大的户主更可能收入高和积累财富,以及利用自有房改公房抵押来购买新的商品房作为第二住宅。中国居民还持有很传统的婚姻观念,很多人持有结婚必须自有住房的理念,同时中国传统文化强调人们拥有自有住房。这样,随着户主年龄增长,结婚和孩子出生,城市家庭住房消费量(人均建筑面积)将出现U形变化,先下降然后因家庭换大房子而上升,随着孩子离家,可能会出现因家庭换小房子而下降。随着户主年龄上升,住房来源中公房比例递增,住房自有率递增;家庭购建房费用递减;房龄递增,住房设施质量出现倒U形变化;近5年迁居率出现递减趋势,由于住房原因迁居比例高;年龄大的家庭更可能自有多套住房。因此提出:

5.6 生命历程假说 生命周期的重大事件对住房选择有显著的影响。随着

户主年龄的增长,家庭住房消费量(人均住房建筑面积)将出现U形变化,购建房费用递减;公房比例递增,自有比例递增;住房质量出现倒U形变化,迁居率递减,由于住房原因迁居比例递增,中年更可能自有多套住房。与单身、没有孩子的家庭相比,结婚的有孩子的规模大的家庭有更大的住房面积,更高的住房质量和产品类别,更多的公房来源和更高的自有产权,更弱的区位流动性,更可能因为住房原因迁居,更多的自有多套住房。在市场型住房中,结婚有孩子的规模大的家庭比单身有更高的消费支出。

总结上述假说的内容如表3-4所示。

表3-4 中国城市家庭住房体系和住房选择的社会分化理论模型

比较项目	内容	住房来源和产权	住房消费数量和支出	产品类别	区位选择	第二住宅
计划经济下的社会分化	单位 职业 工龄	单位好,公房比例高, 职业好,公房比例高	单位好,人均面积大, 职业好,人均面积大	单位好,质量高, 职业好,质量高	单位好,社区好,流动性低	无
市场经济下的社会分化	收入 教育	收入(学历)高,自有比例高	收入(学历)高,人均面积和支出高	种类多,质量高	流动性强,区位隔离度高	多
计划经济下的生命历程	婚姻 年龄	结婚(年龄大)公房比例高,	结婚(年龄大)人均面积低,	质量差,种类少	结婚(年龄大),流动性弱	无
市场经济下的生命历程	婚姻 年龄 总人口	结婚(年龄大)自有比例高,	总人口多,消费高	结婚,质量好	流动性弱	多

第四章　实证研究设计

上一章从理论角度提出了转型期中国城市家庭住房选择的市场化假说、地区差异假说和社会分化假说。本章则是设计实证研究程序，收集数据，建立计量经济学模型和统计检验方法对上述假说进行实证研究。

第一节　实证研究设计的基本思路

本节简要介绍实证研究的假说，采用的数据和处理方法，以及检验等。

为了检验转型期中国城市家庭住房选择的市场化假说，本书收集了《中国物价和城镇家庭收支调查统计年鉴》(1982—2010)、《中国2000年人口普查资料》及2005年1%人口抽样调查资料、2010年第六次人口普查公报以及其他统计资料描述了中国城市家庭住房消费数量(用人均住房面积表示)和住房消费支出(用居住支出、购建房费用表示)、住房来源和产权(各种类型的住房来源比例、住房自有率)、住房建筑属性和产品类别(用住房建筑属性表示)、居住区位选择(用城市化率、人口迁移率、家庭迁居率、迁居原因)的变化；并根据时间序列数据进行单位根平稳性检验，建立回归模型和统计检验方法说明制度变迁(改革年份虚拟变量和收入)和住房选择变化的关系。由于上述资料中不包括家庭自有多套住宅的信息，这里还利用中国综合社会调查(CGSS)2005年数据和中国家庭跟踪调查(CFPS)2008年数据说明了中国城市家庭自有多套住宅的增长趋势。

为了检验转型期中国城市家庭住房选择的地区差异假说，本书根据《中国2000年人口普查资料》微观数据描述了中国城市家庭住房消费数量(用人均住房面积表示)和住房消费支出(用住房月租金费用、购建房费用表示)、住房来源和产权(各种类型的住房来源比例、住房自有率)、住房建筑属性和产品类别(用住房建筑属性表示)、居住区位选择(用人口迁移率、家庭迁居率、迁居原因)的空间差异；并根据《中国城市统计年鉴2001》收集2000年35个大中城市的行政级别、经济发展水平、住房体系、自然条件、公共服务设施水平等生活质量数据，采用相关性分析、回归模型和统计检验方法说明城市经济发展水平、自然条件、公共服务质量、住房体系等差异对住房选择的影响；还利用中国综合社会调查2005年数据说明了中国不同行政级别、人口规模和住房市场级别的城市自有多套住宅家庭比例的空间差异，利用2007年中国35个大中城市住户调查自有多套住房家庭占家庭比例数据和城市统计年鉴数据采用相关性分析、回归模型和统计检验方法说明城市经济发展水平、自然条件、公共服务质量、住房体系等差异对多套住房选择的影响。

为了检验转型期中国城市家庭住房选择的社会分化假说，本书收集了中国2000年人口普查资料微观数据及2005年1%人口抽样调查资料描述了中国城市家庭住房消费数量（用人均住房面积表示）和住房消费支出（用月租房费用、购建房费用表示）、住房来源和产权（各种类型的住房来源比例、住房自有率）、住房建筑属性和产品类别（用住房建筑属性表示）、居住区位选择（用人口迁移率、家庭迁居率、迁居原因）在家庭的户主户口、单位、职业、教育、收入和生命历程等方面的分化。由于2000年人口普查没有收入信息，这里还补充了2005年人口抽样调查中的收入分层信息，并引用了李实等（2005）中国城市住户调查中的收入和住房分层的研究结果；还利用中国综合社会调查2005年数据说明了中国城市家庭自有多套住宅的社会分化。

上述的描述统计分析和单变量回归模型能够部分检验假说，但是没有控制其他变量的影响。因此本文再根据《中国2000年人口普查资料》微观数据利用Logit模型分析制度性变量、市场性变量和城市背景变量对各维度住房选择的影响，并进一步利用Nested Logit模型分析制度性变量、市场性变量和城市背景变量对多维度住房选择组合的影响来分析是否符合IIA假设。这里将多维度住房选择分为三层：第一层选择迁居与否，第二层选择租买，第三层同时选择住房面积和设施质量。利用中国综合社会调查2005年数据和Multinomial Logit模型说明了中国城市家庭自有一套、租赁一套、自有多套住宅选择的影响因素。最后将上述研究结论和西方市场经济的住房选择影响因素对比说明转型经济独特的影响因素。

第二节　数据来源与数据处理

本书实证研究的数据主要来源于《中国2000年人口普查资料》微观数据、2005年1%人口抽样调查资料以及中国2010年人口普查资料公报、中国2005年综合社会调查微观数据、中国2008年家庭跟踪调查微观数据、中国2007年城市住户调查资料、《中国物价和城镇家庭收支调查统计年鉴》（1980—2010），以及《中国统计年鉴》、《金砖国家联合统计手册2011》、《中国城市统计年鉴》等。此外，还从地方政府网站获得相应城市的资料，并根据研究目的进行了相应处理。

一、数据来源

(一)《中国2000年人口普查资料》及微观数据

本书主要采用了《中国2000年人口普查资料》(以下简称为五普)和五普全国0.095%按户抽样调查数据中的家庭住房数据。这是一个覆盖面广、样本量大、误差较小的住房数据,并且是我国人口普查第一次比较全面的住房数据。虽然1995年人口抽样调查数据是人口调查第一次出现住房数据,但是由于误差较大,利用价值较小。与国家建设部组织的1985年城镇住房调查相比,五普住房数据有更丰富的人口社会经济特征信息,因此有很重要的分析价值,并可以与以后的普查资料或者住房调查资料对比。为了与以前年度进行人口方面的比较,本文还采用了第三次、第四次人口普查资料。本文利用这些数据用描述统计和多元回归方法定量分析了2000年城市家庭住房选择的地区差异和社会分化,以及住房选择的影响因素。

五普按照常住人口登记的原则,每个人必须在常住地进行登记。人口普查以户为单位进行登记。户分为家庭户和集体户。人口普查表分为普查表短表和长表两种形式。长表根据国家规定的办法,在家庭户中抽出10%的户填报,普查表短表由其余的户填报。抽取长表调查户的方法是:首先在每一个调查小区的家庭户和集体户中随机等距抽取长表调查户(这里排除了全户暂住、全户外出、全户死亡的家庭户),然后以"户主姓名底册"作为长表调查户的抽样框,长表调查户在"户主姓名底册"中的"户编号"上进行抽取。五普全国0.095%按户抽样调查数据格式与长表一致,包括了1 180 111个样本点。

在五普短表数据中除了人口社会经济特征数据外,还有两个住房调查指标:家庭户填报本户住房间数(H9)、本户住房建筑面积(H10)。在五普长表数据中除了有人口社会经济特征数据外,还有家庭户住房数据,主要有:与户主关系、性别、年龄、户口、出生地、迁移时间、迁出地、迁移原因、受教育程度、工作情况、婚姻情况、生育状况、住房状况。其中住房数据总共有15个调查问题:本户住房间数(H9)、本户住房建筑面积(H10)、住房用途(H11)、本住房中是否有其他合住户(H12)、住房建成时间(H13)、建筑层数(H14)、住宅外墙墙体材料(H15)、住房内有无厨房(H16)、主要炊事燃料(H17)、是否饮用自来水(H18)、住房内有无洗澡设施(H19)、住房内有无厕所(H20)、住房来源(H21)、购建住房费用(H22)、月租房费用(H23)。

(二)《中国2005年1%人口抽样调查资料》

2005年全国1%人口抽样调查是继2000年第五次全国人口普查之后的又一次大规模的社会调查。通过这次调查,进一步查清了当前我国的人口总量、地区分布、基本结构以及居住环境等方面的情况,为了解和研究我国市场经济条件下人口的自然增长、教育、就业、迁移流动的变化情况以及人口与经济、社会发展、资源利用、环境保护的关系提供了重要的基础依据,为监测我国"小康"的进程,提供了非常宝贵的信息。

这次调查的标准时间为2005年11月1日零时。调查对象是在被抽中的调查小区内具有中华人民共和国国籍并于2005年10月31日晚居住在本调查小区以及户口在本户,2005年10月31日晚未居住在本户的全部人口。调查以户为单位进行登记,调查登记采取入户调查的方法进行。这次调查以全国为总体,以各省、自治区、直辖市为次总体,采取分层、多阶段、整群概率比例的抽样方法。最终样本单位为调查小区。本次调查共涉及345个地(市)、2 869个县(市、区)、21 182个乡(镇、街道)、61 820个村(居)委会的77 417个调查小区。全国共调查登记常住人口1 699万人,占全国总人口的1.325%。根据事后质量抽查,总人口的漏报率为1.72%。由于没有得到该抽样调查的微观数据,本书采用了汇总资料分析。

(三)《中国物价和城镇居民家庭收支调查统计年鉴》(1980—2010)

《中国物价和城镇居民家庭收支调查统计年鉴》中有城镇家庭收入、支出等数据,与住房有关的有可支配收入、消费性支出、非消费性支出、住房支出、居住支出、房租、购建房支出等数据。《中国统计年鉴》有从1980年到2010年的中国城镇家庭收支调查数据,和此处资料来源一样。

城镇住户调查采用固定样本进行连续记账的调查方式,每一调查期为3年,每年轮换1/3,调查户按照二阶段和划类选点等距抽样的随机方式抽取。收入户按照总户数采取五等分分析法,将生活费收入(可支配收入)由低到高顺序排列,按照各占1/5的比例分为低收入户、中等偏下户、中等收入户、中等偏上户、高收入户。又将低收入户等分为最低收入户和低收入户,各占10%,为了进一步反映城市贫困户的情况,将总户数的5%的更低收入户作为困难户单列;高收入又进一步分为高收入户和最高收入户,最高收入户占总户数10%。

可支配收入 = 实际收入 - 个人所得税 - 家庭副业生产支出 - 记账补贴

根据《中国统计年鉴》相应说明:1986年以前中国城市住户调查是城市职工家庭的调查资料。从1986年起,调查资料包括了城市离退休职工家庭、个体劳动者家庭及其他非职工家庭和县城居民等城市非农业人口家庭。2002年以后又发生了变化,包括了城市市区和县城城关镇常住人口家庭。此外,在不同年份城镇居民收支调查资料名称和调查项目有所变化。例如1991年为《城镇住户抽样调查统计年报》,1993年到1999年为《中国物价及城镇居民家庭收支调查统计年鉴》,2000年以后为《中国价格及城镇居民家庭收支调查统计年鉴》。因此,

1986 年以后城镇家庭统计口径要比 1986 年之前宽，2002 年以后的统计口径要比 2002 年之前宽。由于汇总数据统计口径不容易调整，本书的后续研究中注明了不同来源，并简要说明了统计口径差异的影响。此外，由于中国家庭有“藏富”心理，可能会隐瞒收入，该收入数据存在一定的误差，这里没有调整。本书利用这些数据用描述统计和多元回归方法定量分析了转型期城市家庭住房消费量和支出选择的变化及其影响因素。

（四）中国综合社会调查资料 2005 年微观数据

中国人民大学社会学系和香港科技大学调查研究中心从 2003 年开始共同推进中国内地的综合社会调查项目（简称 CGSS）。它是一项具有连续性的中国基本社会状况调查的项目，主要目的是了解改革开放二十多年来，中国城市居民的就业、教育、迁移、社会关系、生活方式和生活环境等方面的状况。目前全国综合社会调查已连续执行并完成了 2003 年、2004 年、2005 年、2006 年和 2008 年度的调查。它通过社会调查系统地监测社会结构和生活状况的互动与变化，收集和建立社会变迁趋势的追踪资料数据库，阐释具有理论和实践意义的相关问题，为国内外学术界提供研究资源。该调查基于第五次人口普查 1% 抽样数据，采用分层设计、PPS 抽样方法建立了全国性抽样框，调查数据经过严格的清理和核验，并按照国际数据开放使用规范以电子格式存储。

本书采用了中国综合社会调查 2005 年数据。该调查涵盖了住户成员、被访者个人情况、家庭情况、心理健康、经济态度和行为评价、社区生活和治理、农村治理等七个方面的信息。其中住房信息调查包括了住房产权、房产证、住房建成年代、住房建筑面积和使用面积、居室结构、房价或租金、其他套住房的数量、面积和价值。城乡总体样本数为 10 372，城市总样本数为 6 098，农村为 4 274。

该抽样设计以区县行政单位为 PSU（区、县行政单位），考虑到一些特殊因素（如调查难度、调查费用等），抽样设计未将西藏考虑在抽样总体中。这里将空间单元进行分类，分为三大地区，东部包括北京、天津、河北、辽宁、上海、江苏、浙江、福建、山东、广东、海南；中部包括山西、吉林、黑龙江、安徽、江西、河南、湖北、湖南；西部包括内蒙古、广西、重庆、四川、贵州、云南、陕西、甘肃、青海、宁夏、新疆。

本书利用该数据分析了自有多套住房家庭比例的动态变化、地区差异和社会分化以及主要的影响因素。

（五）中国家庭动态调查 2008 年数据

2008 年 5—8 月，北京大学中国社会科学调查中心在北京市，与上海大学上海社会科学调查中心合作在上海市，与中山大学社会科学调查中心合作在广东省三地开展了中国家庭动态调查（简称 CFPS）。该调查通过 PPS 抽样方式对 24 个区（县）的 95 个居（村）的 2 375 户家庭就社会、经济、教育、健康等方面进行了入居(村)和入户调查,获得了95份村居问卷数据、2 375份家庭问卷数据、1 120份16岁以下少儿问卷数据、6 094份16岁和以上成人问卷数据,总计620多万个数据点。本书利用该数据分析了自有多套住房家庭比例的动态变化和地区差异。

(六) 其他统计资料

本书从《中国统计年鉴》中获取了各地区城市规模、国内生产总值、人均国内生产总值、从业人员、商品住宅平均销售价格、房屋竣工造价等数据;从《中国城市统计年鉴》、《中国房地产统计年鉴》(1999—2010)、《中国房地产市场年鉴》(1996—2010)、《中国固定资产投资数典》等资料中获取了城市概况、住房市场、住房指数、住房投资等数据。

本书还从《2010年全国第六次人口普查公报》以及一些大城市的普查公报获得了城市人口和住房方面的数据。2010年我国开展了第六次全国人口普查(以下简称六普)。在六普短表数据中除了人口社会经济特征数据外,还有两个住房调查指标:住户填报本户住房间数(H5),本户住房建筑面积(H6)。在长表数据中除了有人口社会经济特征数据外,还有住户住房数据。其中住房数据总共有13个调查问题:住房用途(H5)、本户住房建筑面积(H6)、本户住房间数(H7)、建筑层数(H8)、承重结构(H9)、住房建成年代(H10)、主要炊事燃料(H11)、有无自来水(H12)、住房内有无厨房(H13)、住房内有无厕所(H14)、住房内有无洗澡设施(H15)、住房来源(H16)、月租房费用(H17)。除了个别问题取消(如购建房费用),还有个别问题选择项(如住房来源)发生了变化,其他和2000年人口普查保持一致,因此有很好的可比性。

此外,本书还从国家统计局、人口计生委、建设部、联合国人口署和人居中心等网站获取了人口与住房建设投资的数据;从《北京统计年鉴》、《天津统计年鉴》、《上海统计年鉴》、《重庆统计年鉴》、《武汉统计年鉴》、《广州统计年鉴》等资料中获取了这些城市的人口等数据,并从相应城市政府网站获得相应数据和政策资料。

二、数据处理的基本程序

首先,根据研究目的分析数据的可靠性和可用性。五普数据比较权威、科学,存在的误差也在许可范围之内。其他数据基本来自于国家统计局公开发表的权威的年鉴数据。

其次,是对数据缺失值的估计。五普抽样数据有些数据很难断定是否随机缺失,因此不好采用其他值来代替,因此将存在缺失值的样本数据去掉。但是总数据依然符合要求,可以运用合理的统计分析技术。其他来源微观数据也采取类似处理。

再次,筛选数据,设立新的变量。在五普数据中采用家庭人口学的方法以户主作为家庭户的标志。并设立家庭总人口数、户主年龄段(出生队列)、人均住房间数、人均建筑面积等新的变量,还将住房建成时间、住房面积转化为新的分类变量。其他来源微观数据也采取类似处理。

由于这些资料统计口径不完全一致,为了将五普资料和其他统计资料衔接起来,并充分利用这些资料,本书使用不同的统计资料,尽量进行合理调整;有些由于调整十分困难,没有调整,但是说明了它们统计口径的差别,并简要评论其影响。城市、家庭存在较大的差异和变动给研究带来了一定的困难。我国的行政区划经常发生变动,这就需要根据区划变动对空间数据调整。然而由于时间段较长、城市数量巨大和资料获得等方面的原因较难调整。一方面很难收集到相应的资料,例如细化到每个城市街道的人口和住房统计资料;另一方面,《中国统计年鉴》等资料有些是按照城市市区和县城非农业人口来统计的,五普和六普资料则是按照它的市区定义根据个人户口状况和住房状况来进行统计,二者数据统计口径不完全一样,后者比前者要宽,因此本书作了相应的说明,并说明了统计口径不一致的影响。五普和六普城市人口的统计口径为城市常住人口,也就是包括了没有本地城市户口但是居住了半年以上的流动人口。城市家庭相应也包括了城市常住流动人口家庭。本书城市家庭以五普和六普城市和城市人口统计口径为主,包括流动人口在内的所有城市非农业职业人口,全面反映了城市家庭住房选择的变化,便于分析住房选择的影响因素。

三、重要数据处理说明

(一)五普全国0.095%按户抽样数据得到城市人口和家庭数据程序

2000年人口普查中城镇是依据城镇建制、人口密度等多个标准来划分的,因此无法简单地在五普全国0.095%按户抽样数据中将非农业户口作为城镇人口的指标。五普全国0.095%按户抽样人口数据包括1 180 111个样本点。这里采用了该数据中城镇乡的地址分类代码,首先得到城市人口数据,包括了276 205个样本点。

在2000年人口普查数据里面,集体户没有住房信息,因此也无法分析他们的住房选择。这里也将集体户人口去掉。这里删除了城市集体户数据,剩下251 843个城市家庭户样本点。在住房研究中,通常以户主作为家庭的代表。这里再删除了城市家庭非户主数据,得到城市家庭户主数据83 530个城市家庭户主样本点。

该城市人口实际上还包括了城市里面的城中村的本地农民或者刚刚农转非的农民。作为住房研究,城市里面的本地农村居民住房体系属于农村住房体系,也就是集体所有土地上获得宅基地自己建设。尽管由于城市的拓展和城中村的改造,也许城中村住房产权体系变成了和城市住房体系一致,但是二者从成因上是有本质不同的,因此这里就有必要删除城市里面的本地农民。同时本书去掉15岁以下的人口数据,理由是15岁以下人口没有就业权利,他们的住房更多是继承或者赠与;去掉了本地不动或迁居农民,职业为农业生产职员,行业为农业的个人样本,得到了196 666个城市个人样本点。根据同样的方法得到了67 307个城市家庭户主样本点。

2000年中国城市家庭户主样本统计特征如表4-1所示。

表4-1　五普中国0.095%按户抽样数据城市家庭户主特征描述

变量分类	分布(%)	变量分类	分布(%)	变量分类	分布(%)
年龄		**户口性质**		**行业**	
15—19	0.6	农业	12.7	缺失	35.5
20—24	3.1	非农业	87.3	采掘	1.6
25—29	9.4	**户口登记状况**		制造业	18.5
30—34	13.3	人户口在本街道	70.3	电力气水	1.7
35—39	14.9	户口在本县内,迁居本街道	2.7	建筑业	4.3
40—44	12.6	户口在本市内,迁居本街道	13.1	地质勘探水利	0.3
45—49	12.1	户口在本省内,迁居本街道	7.4	交通运输仓储邮电	5.1
50—54	8.4	户口在省外,迁居本街道	6.3	批发零售	12.3
55—59	6.1	居住本街道户口待定或国外无户口	0.2	金融保险	1.6
60—64	6.6	**受教育程度**		房地产	0.9
65—69	5.8	小学及以下	19.2	社会服务	4.6
70 +	7.2	初中	35.2	卫生体育	1.9
婚姻		高中中专	27.7	教育文化	4.2
单身未婚	5.3	大专及以上	18.0	科研	0.9
初再婚有配偶	85.1	**职业**		国家机关社会团体	6.3
离婚丧偶	9.5	缺失或不在业	35.5	其他	0.1
家庭总人数		国家机关、党群、企事业单位负责人	5.4		
1	11.2	专业技术人员	10.6		
2	23.8	办事人员与有关人员	9.3		
3	43.2	商业、服务业人员	15.9		
4	13.3	生产、运输设备、操作人员及有关人员	21.5		
5 +	8.5	其他不便分类的劳动者	1.7		

资料来源:根据中国2000年人口普查0.095%按户抽样数据计算。

2000 年中国城市家庭户住房样本统计特征如表 4-2 所示。

表 4-2　五普中国 0.095% 按户抽样数据城市家庭户住房特征描述

变量分类	分布(%)	变量分类	分布(%)	变量分类	分布(%)
住房间数		**墙体材料**		**住房来源**	
1 以下	26.3	钢筋混凝土	37.4	自建住房	11.7
2	46.9	砖、石	60.7	购商品房	10.7
3	21.0	木、竹、草	0.8	购经济适用房	7.8
4 +	5.8	其他	1.0	购原公房	36.3
建筑面积		**厨房**		租用公房	19.8
0—40	30.8	本户独立使用	85.4	租商品房	8.2
41—80	40.0	合用	3.1	其他	5.3
81—100	10.1	无	11.5	**购建房费用**	
101 +	0.9	**燃料**		1 万元以下	23.4
住房用途		燃气	78.9	1 万—2 万元	25.0
生活用房	97.5	电	2.2	2 万—3 万元	14.8
兼生产经营用	2.5	煤炭	16.4	3 万—5 万元	15.5
合住情况		柴草	1.2	5 万—10 万元	13.5
是	6.4	其他	1.2	10 万—20 万元	5.3
否	93.5	**自来水**		20 万—30 万元	1.4
建成时间		是	95.6	30 万—50 万元	0.7
—1949	3.0	否	4.3	50 万元以上	0.4
1950—1959	2.9	**洗澡设施**		**月租房费用**	
1960—1969	2.9	统一供热水	2.9	20 元以下	17.4
1970—1979	8.9	自装热水器	46.4	20—50 元	30.1
1980—1989	31.4	其他	5.8	50—100 元	24.7
1990 +	50.8	无	44.9	100—200 元	15.2
建筑层数		**厕所**		200—500 元	9.2
平房	20.8	独立抽水式	59.0	500—1 000 元	2.6
6 层以下楼	59.4	合用抽水式	2.3	1 000—1 500 元	0.5
7 层以上楼	19.7	独立其他式	13.4	1 500—2 000 元	0.2
		合用其他式	4.3	2 000 元以上	0.1
		无	20.9		

资料来源：根据中国 2000 年人口普查 0.095% 按户抽样数据计算。

这种做法可能存在以下误差：(1) 由于户主是根据习惯来确定，还会存在户主为农业职业，但是家庭其他成员从事非农职业并居住在城市的家庭。这里没有区分这种情况。(2) 可能存在城中村的农民转化市民，并且在城市处于失业状态。这里没有办法区分。考虑本书选取的样本中还存在一些样本的变量有缺失，没有其他合适指标进一步筛选，因此认为这个城市家庭户主总样本基本是合适的。最后在具体分析过程中去掉住房信息缺失或者明显错误的样本，仅对有效样本进行分析，具体样本数见相应的分析说明。

（二）2000 年人口普查数据和 2005 年 1% 抽样调查资料重要变量说明

1. 城市家庭分类

本书根据五普数据对城市家庭分类如下：首先根据城市家庭户主户口登记状况将家庭分为本地市民家庭、本地农民家庭、流动人口家庭和不便分类的其他。其次根据他们的户口登记状况、迁移时间和户口性质进一步分类（见表 4-3）。

表 4-3 中国 2000 年人口普查数据城市家庭分类

家庭分类	户口登记状况	迁移时间	户口性质
1 本地市民			
1.1 本地不动市民	居住在本乡镇街道、户口在本乡镇街道	出生后一直居住在本乡镇街道	非农业户口
1.2 本地迁居市民	同上	1995 年前或后	同上
1.3 本地流动市民	居住在本乡镇街道、户口不在本乡镇街道但在本县市内，	同上	同上
2 本地农民			
2.1 本地不动农民	居住在本乡镇街道、户口在本乡镇街道	出生后一直居住在本乡镇街道	农业户口
2.2 本地迁居农民	同上	1995 年前或后	同上
3 流动人口			
3.1 异地流动市民	居住在本乡镇街道、户口不在本乡镇街道和在本县市外	1995 年前或后	非农业户口
3.2 异地流动农民	居住在本乡镇街道、户口不在本乡镇街道和在本县市外	1995 年前或后	农业户口
3.3 本地流动农民	居住在本乡镇街道、户口不在本乡镇街道但在本县市内	1995 年前或后	农业户口
4 无户口和不便分类其他			

根据城市家庭户主户口性质和迁移状况分为以下 9 类家庭：本地不动市民、本地迁居市民、本地流动市民、异地流动市民、本地不动农民、本地迁居农民、本地流动农民、异地流动农民、无户口和不便分类其他。本地不动市民家庭是户主按照户口登记状况（r6）居住在本乡镇街道，户口在本乡镇街道，迁移时间（r9）中出生后一直居住在本乡镇街道，户口性质（r7）为非农业户口的家庭。本地迁居

市民家庭是户主按照户口登记状况(r6)居住在本乡镇街道,户口在本乡镇街道,迁移时间(r9)为1995年前或后,户口性质(r7)为非农业户口的家庭。本地流动市民家庭是户主按照户口登记状况(r6)居住在本乡镇街道,户口不在本乡镇街道但在本县市内,迁移时间(r9)为1995年前或后,户口性质(r7)为非农业户口的家庭。这里将本地迁居和流动市民合并为本地迁移市民。异地流动市民家庭是户主按照户口登记状况(r6)居住在本乡镇街道,户口不在本乡镇街道或在本县市外,迁移时间(r9)为1995年前或后,户口性质(r7)为非农业户口的家庭。本地不动农民家庭是户主按照户口登记状况(r6)居住在本乡镇街道,户口在本乡镇街道,迁移时间(r9)出生后一直居住在本乡镇街道,户口性质(r7)为农业户口的家庭。本地迁居农民家庭是户主按照户口登记状况(r6)居住在本乡镇街道,户口在本乡镇街道,迁移时间(r9)为1995年前或后,户口性质(r7)为农业户口的家庭。本地流动农民家庭是户主按照户口登记状况(r6)居住在本乡镇街道,户口不在本乡镇街道但在本县市内,迁移时间(r9)为1995年前或后,户口性质(r7)为农业户口的家庭。异地流动农民家庭是户主按照户口登记状况(r6)居住在本乡镇街道,户口不在本乡镇街道和在本县市外,迁移时间(r9)为1995年前或后,户口性质(r7)为农业户口的家庭。无户口、户口未定以及不便分类其他为除上述类别之外的类别。

由于从五普数据中只能得到人口过去五年中发生的最近一次的迁移信息,而没有过去五年所有的迁移信息,本文将迁移家庭定义为最近五年内户主发生了迁移的家庭。此处假定家庭在乡镇街道间和在连续5年内仅有一次迁移,并且改变住房。此假设存在着一定的误差,比如某一家庭在连续5年内都跨越了街道迁移和换了房子,但在数据上表现仅为距离2000年普查时间最近的一次。但是由于搬迁的成本极高,因此对绝大多数家庭而言,假定在过去五年内发生的一次迁移为五年内发生的全部迁移是合理的;在五年内发生多次迁移的概率很小,所占比重很小,不影响分析结果。另外一个问题是家庭迁移应该是家庭的整体搬迁,但实际上家庭会发生分裂。在搬迁过程中,一部分成员迁移,另外一部分原地不动,这也是研究家庭迁居的麻烦所在。由于比较的年份较短,本文没有仔细区分此情况,假定家庭结构变化不大,仅从户主发生迁移来界定家庭迁居,从本书的研究目的来看,是合理和可以达到的。

2. 单位分类

在国民经济行业分类代码基础上,本书将2000年人口普查中户主所在单位(行业)划分为以下几类:第一类,农业和采掘业,包括了农、林、牧、渔业和采掘业;第二类,工业,包括了制造业、建筑业、地质勘查和水利管理业、交通运输、仓储及邮电通信业;第三类,商业,包括了批发和零售贸易、餐饮业;第四类,金融保险业、房地产业、社会服务业；第五类，包括了卫生体育和社会福利业、教育文化、及艺术及广播电影电视业等行业、科学研究及综合技术服务业；第六类，包括了国家机关、政党机关和社会团体、其他行业、电力、煤气和水的生产与供应业。在分析城市家庭单位时还相应去掉了农业。2005 年人口抽样调查资料也采用此行业分类。

本文还参照 Bian 和 Zhang(2002)将单位分为垄断行业和非垄断行业。垄断行业包括电力、煤气及水的生产供应业、地质勘察和水利管理业、金融保险业、房地产业、卫生体育和社会福利业、教育、文化艺术及广播电影电视业、科学研究和综合技术服务业及国家机关、政党机关与社会团体行业，以及铁路和民航、邮电通信业、石油天然气开采业、烟草制造业、石油加工、炼焦和核燃料业。除此之外为非垄断行业。

3. 职业分类

将 2000 年人口普查数据和 2005 年人口抽样调查资料中职业划分为以下大类：第一类，国家机关、党群组织、企业、事业单位负责人（下文简称负责人）；第二类，专业技术人员（下文简称技术员）；第三类，办事人员和有关人员（下文简称办事员）；第四类，商业、服务业人员（下文简称商服员）；第五类，农、林、牧、渔、水利业生产人员（下文简称农业生产人员）；第六类，生产、运输设备操作人员及有关人员（下文简称工业生产人员）；第七类，不便分类的其他劳动者（下文简称其他）。在分析城市家庭户时还去掉了农业生产人员。

4. 收入分类

2000 年人口普查数据中没有收入信息。2005 年人口抽样调查收入信息按照本户月收入分级。

5. 受教育程度分类和赋值

2000 年和 2005 年人口普查中户主受教育程度分为：未上学、小学、初中、高中、中专、大专、本科、研究生。这里将他们合并为：小学及以下、初中、高中中专、大专、本科及以上。相应的受教育年数赋值为小学及以下为 6 年，初中为 9 年，高中中专为 12 年，大专为 15 年，本科及以上为 17 年。

6. 户主年龄分类

根据 2000 年人口普查数据中城市家庭户主的出生年，换算成年龄，并且从 15 岁以上按照 5 岁等距分组。

7. 户主婚姻分类

根据 2000 年人口普查数据中城市家庭户主的婚姻状态，分为单身、初婚结婚有配偶、离婚丧偶三类。

8. 家庭总人口

根据 2000 年人口普查数据中城市家庭总男人数和总女人数计算总人口数。

9．家庭住房消费量（人均住房建筑面积）

根据2000年人口普查数据中城市家庭住房建筑面积除以家庭总人数得到。

10．家庭月租房平均费用

参考Wang（2003）的办法，得到2000年中国城市家庭平均月租房费用。其方法是，首先计算在每类家庭中租赁各种类型价格住房的比重，然后以每一类住房价格的中位数乘以各类价格住房的比重得到平均月租房费用。例如月租金在20—50元取中位数35元。租金在2 000元以上中位数取值为3 000元。

11．家庭购建房平均费用

参考Wang（2003）的办法，得到2000年中国城市家庭平均购建房费用。其方法是，首先计算在每类家庭中购买各种类型价格住房的比重，然后以每一类住房价格的中位数乘以各类价格住房的比重得到平均购建房费用。例如购房费用在1万元以下取中位数0.5万元，价格在50万元以上的住房中位数取值为75万元。由于购建房费用发生时间和内容并不完全相同，本方法比较粗略。

12．城市家庭住房来源和产权

2000年人口普查和2005年抽样调查数据中住房来源被分为自建住房、购商品房、购经济适用房、购原公房、租原公房、租商品房、其他类型。这里首先将住房来源按照分配渠道分成自建住房、经济适用房、商品房、公房和其他。商品房类型为购买和租赁商品房，公房类型为购和租原公房。

其次，住房产权分为自有、租赁和其他。自有产权为自建、购买商品房、购买经济适用房、购买原公有住房之和，租赁产权为租赁商品房和原公房之和。

13．城市家庭住房建筑属性和设施质量指数

根据2000年人口普查住房数据，计算非合住家庭本户住房间数（H9）、本户住房建筑面积（H10）、住房建成时间（H13）、建筑层数（H14）、住宅外墙墙体材料（H15）、住房内有无厨房（H16）、主要炊事燃料（H17）、是否饮用自来水（H18）、住房内有无洗澡设施（H19）、住房内有无厕所（H20）来分析住房建筑属性和产品类别。

住房设施质量指数是一个连续变量，用来反映房屋的建筑属性和产品质量类别的差异。通常处理办法是构建一个综合指数，例如给各建筑属性赋值加总（如Huang，2009），还有就是根据因子分析法得到因子来表示（如边燕杰等，2005）。前者的好处是简单易懂，能够清晰地比较差异，后者的好处是避免了多重共线性。这里采用了赋值的办法。

根据中国的实际情况，认为住房建筑属性里最重要的是厨房、炊事燃料、饮用水、洗澡设施、厕所。厨房中本户独立适用、合用、无分别赋值为1、0.5、0。主要炊事燃料中燃气和电、煤炭、柴草和其他分别赋值为1、0.5、0。饮用水中有、

无分别赋值为 1、0。洗澡设施中独立供热水和自装热水器、其他、无分别赋值为 1、0.5、0。厕所中独立使用抽水、其他、无分别赋值为 1、0.5、0。

14. 城市家庭迁居和迁居原因分类

根据 2000 年人口普查数据，这里以户主作为家庭的代表，分析了 1995 年 10 月 31 日之前发生过迁移的户主家庭占总户主家庭的比例（简称为 5 年前迁居比例），和 1995 年 11 月 1 日到 2000 年 11 月 1 日（普查时点）发生过迁移的户主家庭占总户主家庭的比例（简称为 5 年内迁居比例）。由于 5 年内迁居的家庭有迁居原因信息，因此这里还分析了 5 年内家庭迁居原因。这里将人口普查表中的迁移原因合并为就业原因、住房原因以及其他。就业原因包括务工经商、工作调动、分配录用和学习培训。住房原因包括拆迁搬家、婚姻迁入、随迁家属、投亲靠友。

（三）2005 年中国综合社会调查数据重要变量说明

由于该城市样本实际包括了城市中户口和居住在本地的农民等，为了从 2005 年微观数据中得到城市住户，本书采用了以下办法。首先将被访者视为户主，然后根据被访者信息，去掉户口在本地和居住在本地的农业户口的被访者，再次去掉行业为农业（包括农业、林业、牧业、渔业的大农业）的被访者，从而得到城市（这里除了城市的市区，还包括了县的城关镇，后者所占的比例很小）被访者子样本库，总样本数为 5 705。

1. 多套住房租买选择

2005 年住房来源按照 CGSS 问卷分类。然后将住房来源按照产权分类合并为租赁一套、自有一套、租赁一套并且自有一套、自有多套和其他。

第二住宅通常被认为是家庭第一住宅以外的、偶尔使用的、拥有产权或者长期租赁权的住宅。定义包括了和第一住宅的关系、第二住宅产权、使用期限和住宅建筑标准四个方面。然而在不同国家学术研究里第二住宅的界定和判断标准是很不同的。西方通常认为第一住宅是自有自用的符合住宅建筑标准的主要住宅，但是也有不同标准，例如瑞典认为租赁成本价或购买成本价部分产权住宅也可以作为自有第一住宅。就第二住宅而言，通常是符合住宅建筑标准的住宅，但是也有些国家研究将房车、快艇、农村看护房等作为第二住宅。第一住宅是家庭主要使用的住宅，第二住宅是偶尔使用的住宅，并且空间上分开。第二住宅产权以自有产权为主，还包括分时度假、售后回租、一年期以上的租赁权。结合中国的国情，有一些家庭主要住宅为租赁，并且另外持有第二住宅。这里定义家庭主要使用的符合住宅建筑标准的为第一住宅，无论是购买还是租赁；除此之外的拥有部分或者全部产权的符合住宅建筑标准的为第二住宅。相应地度量第二住宅的方法是：持有主体以户口本登记的家庭（家庭成员户口在一起）为基础，并结合户主所认定的家庭成员组成的家庭（家庭成员户口不在一起）为单位；第一住宅和第二住宅符合中国住房建筑标准；第一住宅为家庭主要使用，第二住宅为偶尔使用，无论是投资出租，或是休闲度假用途，还是闲置；第二住宅有部分产权或者全部产权。即使这样界定，也必须认识到两者的关系可能会发生变化，例如住户购买的退休养老住宅，现在是第二住宅，而在退休后将成为第一住宅。

2005年中国综合社会调查对被访者提出了以下住房问题："您现在住房的产权和租赁情况属于哪种情况？"和"除了现住房外，您家在别处是否还拥有具有部分或全部产权的住房"。这里采用两种统计口径：一是根据问答是否有第二住宅来测算使用第二住宅的规模，二是在此基础上再计算自有多套住宅的规模。中国家庭里面还有租赁第一住宅和持有第二住宅的现象。根据家庭第一住宅和第二住宅的关系，可以分为租赁一套、自有一套、租赁并且另外自有一套、自有多套、其他。前者包括了租赁并且另外自有第二住宅和自有多套住宅，后者则仅仅是自有多套住宅，因此后者通常比前者小。西方通常的第二住宅标准是自有一套以上的住宅为第二住宅，后者与西方常用第二住宅统计口径一致。本书利用该数据描述统计分析了多套住房的现状以及影响因素。

2. 被访者年龄

年龄按照2005年减去出生年确定。

3. 被访者婚姻

根据被访者婚姻状况分为：未婚和已婚（包括离异、丧偶）。

4. 住户规模

按照被访者认定的家庭人口确定住户规模。在多套住房来源模型里面已成家和家在外地的住户则是按照他所认可的家庭总人口计算。

5. 家庭年收入

2005年家庭总收入按照被访者家庭上年总收入确定，并以千元为单位。

6. 受教育年数

按照被访者学校教育年数赋值。

7. 父母是否是负责人

负责人作为管理精英，在计划经济的公房分配时期在获得住房方面有较强的优势，而在市场经济里有更强的经济实力支持子女获得住房，也许还存在公权私用获得廉价住房的现象。这里将父母的职业（现在或退休前）合并为负责人是或否。

8. 配偶是否是负责人

负责人作为管理精英在住房方面有较强的优势，能够支持家庭在计划经济中获得公有住房及在市场经济中购买商品房。这里将配偶的职业（现在或退休前）合并为负责人是或否。

9. 户口和迁移情况

户口作为一个重要的制度变量，迁移作为影响住房的主要因素，这里根据户口和迁移来对住户分类。根据被访者常住户口所在地 A6 分为本地人和移民。常住户口所在地为本地址为本地人，反之为移民。然后根据户口性质 A5 分类。这里将城镇常住户口和当地有效城镇户口合并为城镇户口。本地人分为本地农民、本地市民；移民分为农业移民和非农业移民，以及户口待定的其他。由于本地农民已经被筛除，这样 2005 年城镇住户分类为：本地市民、农村移民、城镇移民、其他。

10. 被访者职业行政级别

被访者的职业分为不适用、有级别、无级别三类。

11. 被访者技术职称

被访者技术职称分为高级、中级及以下、无三类。

12. 被访者是否是中共党员

被访者的政治身份按照是否是中共党员分为是或否。

13. 单位类别

被访者的单位所有制性质分为党政机关、国有企业、国有事业单位、集体企业、个体民营三资及其他。

14. 主管单位行政级别

被访者单位的主管单位的行政级别分为中央和省、市、县、乡镇以下和无四类。

15. 单位是否提供住房补贴

被访者单位提供住房补贴分为有、无和不清楚两类。

16. 城市分类

被访者常住的城市按照行政级别分为直辖市和省会市辖区，此外为其他城市。

第三节　计量经济学模型与统计检验方法

根据本书研究目的和理论模型采用定性和定量分析方法，建立计量经济学模型，并进行统计检验。数据处理采用专业统计软件 SPSS19.0、EViews 6.0 和 Excel 2007。

本书建立的计量经济学模型和统计检验方法主要有以下几类：一是列联表(Cross tab)和单因素方差检验(ANOVA)，例如对不同受教育程度户主家庭住房消费支出是否有差别的分析；二是相关性分析，例如对城市背景变量与住房选择之间的关系分析，并采用了相关系数 P 值检验；三是多元回归分析，主要有横截面数据的多元线性回归、时间序列的多元线性回归、多元 Logit 回归和 Nested Logit 回归。例如对住房消费支出和可支配收入的动态变化，采用了时间序列的多元线性回归，对于城市背景变量和住房选择采用了横截面的多元线性回归，并采用了系数 t 检验和方程 F 检验、决定系数 R^2 等方法来说明变量的统计显著性和方程的拟合效果。例如对住房产权选择与家庭社会经济特征之间的关系采用了 Binary Logit 回归，对住房来源选择与家庭社会经济特征之间的关系采用了 Multinomial Logit 回归，对多层次住房选择采用了 Nested Logit 回归，并采用了 Wald 检验和 P 值检验自变量统计显著的方法，对拟合的包含不同自变量的 Logit 回归模型采用了似然比检验（Likelihood Ratio Test）。具体分析方法参见具体章节。这里重点对住房选择的 Logit 模型进行说明。

一、横截面数据的多元线性回归模型

横截面数据的多元线性回归模型主要用来分析某一时间点中国城市家庭住房选择的区域差异，从而分析影响城市家庭住房选择的城市背景变量，例如城市经济发展水平变量、自然条件变量、公共服务设施质量变量、住房体系变量等对住房选择的影响。

二、时间序列数据的多元线性回归模型

时间序列数据的多元线性回归模型主要用时间序列分析（Time Series Analysis）中国城市家庭住房选择的动态变化，从而分析影响城市家庭住房选择的宏观的制度和市场性变量，例如收入等市场型变量、制度变迁年份等虚拟变量等。分析程序是，首先以单位根检验（unit root test）确定住房选择各变量的时间序列属于平稳或非平稳，作为选定正确分析工具的基础。当检验结果为平稳，可采用 ARIMA 模型分析，若为非平稳，则采用 Johansen 协整检验（Cointegration Test）及误差修正模型（Error Correction Model）。

三、住房选择的 Logit 模型

这里根据前文的理论模型来建立住房选择的计量经济模型。多元选择模型的微观基础要归功于麦克法登（McFadden，1973）的随机效用理论（Discrete Utility）的应用。家庭根据效用最大化作出最优住房决策。

对于一个面临着 J 个选择的决策者 i，这里定义一个潜在（latent）变量 U_{ij}^* 表示他在第 j 个选择得到的间接效用（$j=1,2,\cdots,J$），用 U_{ij} 来表示本文所观测到的选择结果：

$$U_{ij}^{*} = V_{ij} + \varepsilon_{ij} = V(X_{ij}) + \varepsilon_{ij} \tag{4-1}$$

$$U_{ij} = 1 \qquad \text{if} \quad \text{Max}\ U_{ij}^{*} \tag{4-2}$$

$$U_{ij} = 0 \qquad \text{otherwise} \tag{4-3}$$

其中 V_{ij}是非随机效用,且可以写成 X_{ij}的函数,X_{ij}为与决策者 i 或选择 j 有关的变量,例如家庭市场性变量、城市背景变量、制度变量。ε_{ij}为未观测到部分造成的误差。另外,这里还要假设任意两个选择给家庭带来的效用都是不相等的。这样再写成线性函数形式,就是

$$V_{ij} = \sum a_{ij} X_{ij} \tag{4-4}$$

这样,本书就可以估计各参数的数值来分析家庭市场性变量、城市背景变量和制度变量对住房选择的影响。

效用最大化行为意味着决策者 i 选择 j 的概率为

$$P_{ij} = \Pr(U_{ij} > U_{ik}) \quad \forall k \neq j. \tag{4-5}$$

所以,通过对随机效用中 ε_{ij}的概率分布进行特殊的设定就可以推导出结构简单的概率解析式,便于用最大似然法估计。

然后在此基础上建立 MNL 模型。如果假设(4-1)式中的误差项独立同分布且服从 I 型极值分布(type I extreme-value distribution),这样可以推出

$$P_{ij} = \Pr(Y_{ij} = 1) = \frac{e^{V_{ij}}}{\sum_{k=1}^{J} e^{V_{ik}}}. \tag{4-6}$$

最后建立本书的住房选择 Logit 模型。假如住房选择响应变量有两个水平:a 和 b,以 b 作为参照水平,以 a 与参照水平做比较。Binary Logit 住房选择模型为:

$$\text{logit}P = \ln(P/1 - P) = a + \beta_1 x_1 + \beta_2 x_2 + \cdots \beta_m x_m \tag{4-7}$$

P 为某一住房选择发生的概率。a 为常数,自变量为影响住房选择的因素。例如,在住房产权选择中,响应变量为住房产权,分为两个水平:自有和租赁,以租赁为参照类。自变量选取了户口性质和登记状况、行业、职业等制度变量,户主出生队列、受教育程度、婚姻状况、家庭总人数等家庭市场性变量,城市等背景变量。通过该模型可以估计不同自变量对住房选择的影响。

假如响应变量有三个水平:a、b、c,则除了一个参照水平 c 外,以每一分类与参照水平做比较,得到两个 Logistic 函数,一个是 a 与 c 相比,另一个是 b 与 c 相比。三元 Logit 住房选择模型为

$$\text{logit}P_a = \ln\left[\frac{P\langle Y = a \mid X\rangle}{P\langle Y = c \mid X\rangle}\right] = a_a + \beta_{11} x_1 + \beta_{12} x_2 + \cdots \beta_{1m} x_m \tag{4-8}$$

$$\mathrm{logit}P_b = \ln\left[\frac{P\langle Y = b \mid X\rangle}{P\langle Y = c \mid X\rangle}\right] = a_b + \beta_{21}x_1 + \beta_{22}x_2 + \cdots\beta_{2m}x_m \qquad (4\text{-}9)$$

$$\mathrm{logit}P_c = \ln\left[\frac{P_c}{P_C}\right] = \ln 1 = 0 \qquad (4\text{-}10)$$

P 为某一住房选择发生的概率,a 为常数,自变量为影响住房选择的因素。如果希望比较 a 与 b,则将方程(4-8)与(4-9)相减即得到相应函数。例如,将住房来源选择为响应变量,分为三个水平:公房、商品房和自建房,以自建房为参照类。自变量选取了户口性质和登记状况、行业、职业等制度变量,户主出生队列、受教育程度、婚姻状况、家庭总人数等家庭市场性变量,城市等背景变量。通过该模型可以估计不同自变量对住房选择的影响。

除了已经提到的效用最大化,不可观测效用服从独立极值分布两个前提外,多项 Logit 模型还需要假设不同的备择项之间独立不相关,即所谓 IIA(Independent Irrelevance Attribute)特性。这样,两个特定可供选择项之间的概率发生比不依赖任何其他可供选择项。该假设简化了 Logit 模型的估计难度。当可供选择项增加时,其他可供选择项的估计参数不受影响。但是,IIA 假设要求可供选择项之间的交叉弹性不变,并且要求可供选择项之间两两独立不相关。然而可供选择项之间的两两独立不相关的假设,就会限制多项 Logit 模型的应用。在实际应用中,IIA 假设是否合适与研究主题有关:如果可供选择项界定得完备并且互斥,而且两者之间的交叉弹性相对不变,那么新增可供选择项就不会给带来严重影响。如果引入类似或同质的可供选择项,那么应用多项 Logit 模型分析结果会带来严重的偏误问题(Borooah,2001)。这里最为人熟知的案例是红蓝巴士和自行车选择问题。学者们已经开发出多种工具来应对研究主题不符合 IIA 假设的情形。其中,广义极值模型(Generalization Extreme Value Models, GEV)是得到普遍应用的一种方法。该类模型是一族假设效用函数中的随机部分服从广义极值联合分布的模型。在该类模型中, Nested Multinomial Logit 模型是应用最广泛的。

NMNL 模型将备择项分为几个巢(Nest),允许同一个巢内的备择项的不可观测效用存在一定的相关性,而不同巢的备择项不可观测效用不存在相关性。在住房质量类别选择研究中,通常认为备择项不符合 IIA 特性。这里还构建 NMNL 模型来分析家庭住房选择行为。这里将家庭住房选择行为分为以下四个层次:迁居与否(M),租买决策(T),住房质量类别(Q)和面积(A)(见图 4-1)。如果假定每个巢内分别包括两个备择项。假设理性消费者决策遵循一定的顺序,从一个巢到另一个巢。不失一般性,假设消费者首先决定通过迁居与否,其次是决定租赁还是自用来满足自己的住房需求,接下来再考虑选择哪种住房质量类别的房子，再次决定住房的面积。

由于假设消费者通过四个步骤选择自己的住房，因此，可以将效用函数中可观测的部分，即代表性效用，分为四个部分。也就是说，消费者每一步选择都获得一定的效用，四个步骤的代表性效用加总得到总效用。公式可表述如下式：

$$U_k^i = V_k^M + V_k^T + V_k^Q + V_k^A + \zeta_k^i \tag{4-11}$$

其中，每个层次的选择代表性效用都受特定的住房特征和消费者特征影响。

为了简化分析，这里假定迁居与否在选择中的优先级别高于其他，因此这里仅分析后面三层次的选择。

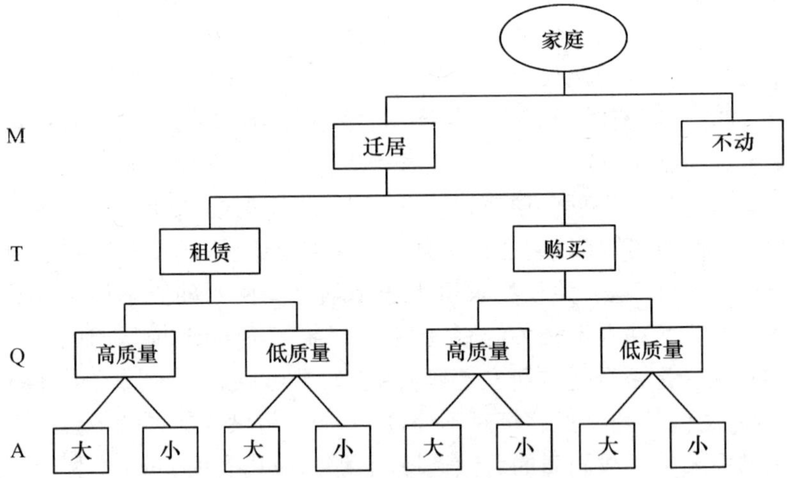

图 4-1　家庭住房选择过程示意图

三层 Nested Multinomial Logit 模型假设不可观测的效用项 ξ_k^i 服从如下联合分布：

$$F(\varepsilon_1,\varepsilon_2,\varepsilon_3,\varepsilon_4,\varepsilon_5,\varepsilon_6,) = \exp\left[-\sum\left[\sum\left(\sum \exp(-\varepsilon_i/\rho_m)\right)^{\rho_m/\sigma}\right]^{\sigma}\right] \tag{4-12}$$

其中，β_m 和 σ 是相似指数，$1-\beta_m^2$ 和 $1-\sigma^2$ 分别表示第二层和第三层巢内备择项的相似程度。$1-\beta_m^2$ 表示同一住房质量类型中不同建筑面积的相似程度，而 $1-\sigma^2$ 表示购买自用的所有住房或租赁的住房之间的相似程度。

这样研究的住房类别选择中备择项共有 8 项，即 $A(1\cdots8)$；第二层共有四个巢，可以表示为 $Q(1\cdots4)$；第三层共有两个巢，可以表示为 $T(1,2)$。当将代表性效用分解为三个部分以后，可以将 Nested Logit 模型备择项的选择概率表达为标准 Logit 概率的乘积，如(4-13)式：

$$P_k^i = P(a \mid s,t)P(s \mid t)P(t) \tag{4-13}$$

其中,$P(a|s,t)$ 和 $P(s|t)$ 分别表示消费者在给定的巢内选择特定备择项的条件概率,而 $P(t)$ 表示消费者选择特定巢内备择项的边际概率。这样就意味着每个节点的选择概率最终决定了特定备择项的选择。

然后,根据住房选择随机效用的分布,可以推导出某特定选择项的选择概率。第一,在住房决策的最后一个阶段,消费者 k 最终选定某一特定备择项的概率可以表示为(4-14)式:

$$P(y = a \mid s,t) = \exp(V_k^a) / \sum_{a \in S} \exp(V_k^a) \tag{4-14}$$

其中 v_k^{α} 表示消费者在这个阶段选择每一个选项所获得的代表性效用。这里需要指出,为了清楚表明是哪一个阶段的概率,这里采用了与上文不同的表达方式,用小写的 α 而不是 i 来表示具体的备择项。下文的表达也是如此,此处使用 y 同样是为了使公式表达更清晰。

第二,在之前的第二阶段,消费者已经决定了租赁还是购买之后,其选择特定住房质量类别的概率可以表示为(4-15)式:

$$P(y = s \mid t) = \exp(V_k^s + I^S\rho_m) / \sum_{a \in T} \exp(V_k^s + I^S\rho_m) \tag{4-15}$$

其中,v_k^S 是消费者选择具体住房质量类别所得到的代表性效用。$I^S = \ln\left[\sum_{a \in S} \exp(V_k^a)\right]$ 是包容值(Inclusive Value)。(4-15)式分子中的 $V_k^s + I^S\beta_m$ 项表示消费者选择了高质量或低质量住房之后能够得到的期望效用。

第三,在图 4.1 所示的决策树的第二层次,消费者选择租赁还是购买的概率可以表示为:

$$P(y = t) = \exp(V_k^t + I^t\sigma) / \sum_{t} \exp(V_k^t + I\sigma) \tag{4-16}$$

与第二阶段相同,其中,v_k^T 是消费者选择特定租买模式所带来的效用。$I^t = \ln\left[\sum_{a \in T} \exp(V_k^s + I^s\rho_m)\right]$ 是包容值,而 $(V_k^s + I^S\beta_m)$ 是消费者在决定是购买自用还是租赁时的期望效用。

这里需要指出的是,包容值 I^s 和 I^t 系数的取值范围应该在(0,1)区间内,Nested Multinomial Logit 模型才满足效用最大化原则。当包容值系数等于 1 时,Nested Logit 模型就退化为普通的 Logit 模型。包容值系数越接近 0,同一巢内备择项的相关性越高。因此,包容值的系数也可以用来检验是否需要使用 Nested Multinomial Logit 模型还是采用一般的 Multinomial Logit 模型。

第五章　转型期中国城市家庭住房选择的变化

本章将忽略城市和家庭的异质性，根据《中国物价和城镇居民家庭收支调查统计年鉴》中国城市住户调查资料以及中国2000年人口普查资料、2005年1%人口抽样调查资料分析转型期制度变迁和市场发展对城市家庭的住房选择的影响，并根据CGSS2005和CFPS2008年多套住房数据分析多套住房选择的变化。分析时间段为1978年改革开放以后到2010年，并重点分析了1992年以后的变化。消费者的自主程度是与一定的社会制度安排相联系的。由计划经济转向市场经济，作为住房消费者的家庭（个人）自主性不断增强。计划经济时期的住房福利制度以及转轨期的市场分配机制和住房保障制度都对消费者的住房选择产生了影响。这导致中国城市家庭的住房选择出现了以下变化：住房消费量和支出增加，住房来源多样化与产权选择市场化程度提高；住房建筑属性和产品类别提高，居住区位流动性增强和居住区位分化；第二住宅呈增长态势。从住房选择变化的影响因素来看，制度变迁是重要原因，收入对住房选择的影响越来越大。

第一节　中国城市家庭住房消费量和支出的增加

住房消费通常用住房消费量和住房消费支出来表示。住房消费量是控制住房品质不变的情况下需求数量的变化。这里由于数据的局限性，用人均住房建筑面积来代替。家庭住房消费支出通常指住房的租金。广义的住房消费也包括住房的购置价格。在《中国物价和城镇居民家庭收支调查统计年鉴》中，消费性支出中第七大类为居住支出，并包括了住房支出和水电燃料及其他两类，住房支出又包括了建筑材料、房租、维修服务费；第三大类为家庭设备用品及服务，并分为耐用消费品、室内装饰品、床上用品、家庭日用杂品、家具材料、家庭服务，其中耐用消费品中包括了家具、住房装饰和家庭设备等，这也与住房消费有关。还有非消费支出中包括的购建房支出，也与住房消费有关。根据本书研究目的，文中只分析了消费性支出中的房租、住房支出、居住支出和非消费性支出中的购建房支出。

本节研究表明，住房制度改革和市场发展对住房消费起了主要的推动作用，收入对住房消费的影响不断增强，收入对居住支出、购建房支出有正的影响，中国城市家庭住房消费量和支出增加。房租、住房支出、居住支出和购建房支出绝对值增长。住房支出和居住支出占消费性支出比重不断提高,房租支出占消费性支出比重停滞不前,增长缓慢。与国际比较,中国城市家庭住房消费量还有上升空间,住房类消费支出占家庭消费支出比重偏低。

一、中国城市家庭住房消费量不断增加

人均住房建筑面积为城市家庭住房消费量的重要指标。由图 5-1 看出,中国城镇家庭人均住房建筑面积不断增加,这说明了住房消费量的增加。即使控制了住房质量的差异,住房服务消费量也不断增加。根据 2000 年人口普查和 2005 年 1% 抽样调查资料表明,2000 年中国城市家庭人均住房建筑面积为 21.81 平方米,2005 年人均建筑面积为 27.86 平方米,出现了较大幅度的增长。这也说明中国城市家庭住房消费量是不断增加的。

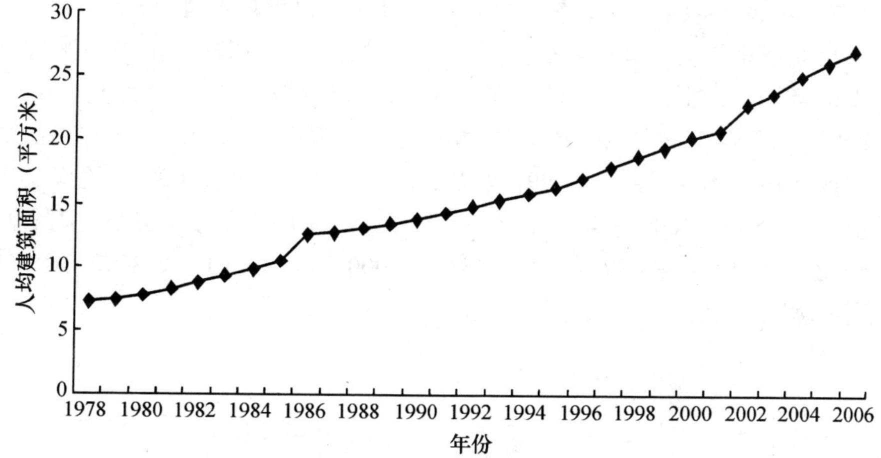

图 5-1　1978—2006 年中国城镇居民人均建筑面积

二、中国城市家庭住房消费支出增加

从 20 世纪 80 年代起,中国城镇住房制度改革以逐步提高租金和促进公房出售为手段,并逐步过渡到停止实物分房和货币化分房,以从市场渠道获得住房为主。公房的租金从改革初的低房租逐步提高到成本租金,并向市场租金接近。但是由于住房制度变迁的渐进性,以及各地区、各单位执行的差异,大多数地区国有单位公房(政府直管公房和国有企事业单位公房)租金还不是完全的市场租金,具有一定的福利性质,并低于市场租金。随着单位公房的出售,租赁的单位公房占住房总量比重逐步下降,并且比例很小。市场型租赁住房比例不断扩大,租金随市场波动。这样,中国城市居民房租、住房支出和居住支出绝对值上

升,占消费性支出比重稳步上升。

（一）房租、住房支出、居住支出绝对值不断增加

我国城市住户调查抽样调查空间单元为城市,还包括了一些县的城关镇。因此城镇的含义比城市要广。

从绝对值来看,我国的城镇家庭房租、住房支出、居住支出不断增长。2000年人均房租支出为96.92元,1993年为22.00元,调整到1978年不变价格后,前者大约相当于后者的2.72倍。住房支出绝对值不断增加,2000年人均为238.2元,1993年为52.93元,调整到1978年不变价格后,前者相当于后者的2.78倍。2009年中国城市人均住房支出为396.95元,是2000年的1.97倍。1988年以后,居住支出绝对值不断增加。2000年人均居住支出为500.49元,1993年为140.01元,调整到1978年不变价格后,前者是后者的2.21倍。2009年中国城市人均居住支出为1 228.9元,是2000年的2.5倍。

（二）房租、住房支出、居住支出占消费性支出比例逐渐增加

从相对值来看,我国城镇家庭房租支出、住房支出、居住支出占消费性支出比重微弱增加(见图5-2)。即使到了2000年,房租也只占了消费性支出的2%,从1998年以后变化不大,房租占消费性支出比重呈微升趋势。住房支出占消费性支出比重稳步增加,并且在1997年以后出现了加速增长,2000年住房支出比重达到了4.88%。2000—2009年,住房支出比重呈下降趋势。居住支出占消费性支出比重呈上升状态,1981年为4.31%,2000年为10.01%。2000年到2009年,居住支出占消费支出比重在10%上下波动。

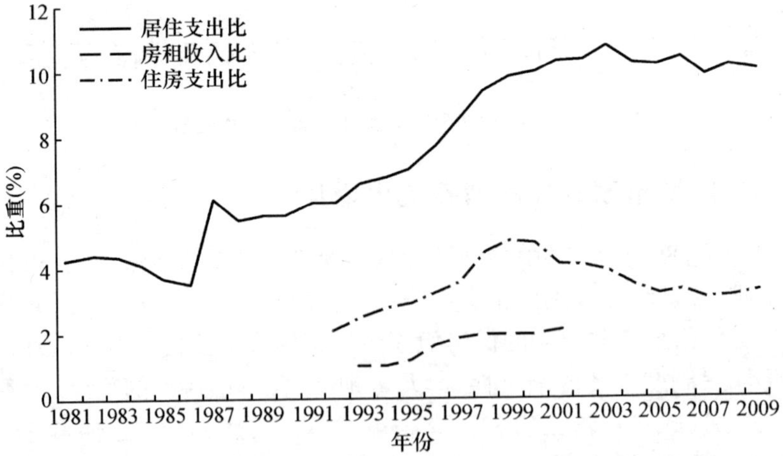

图5-2 中国城镇家庭房租、住房、居住支出占消费性支出比重变化

根据2000年人口普查和2005年1%抽样调查资料也发现,中国城市家庭住

房消费支出不断增加。其中月租房费用是当年本调查月的数据，月租房费用为每平方租金和住房面积之积。与2000年相比，我国城市家庭月租房费用99元以下比例急剧减少，100元以上比例急剧增加（见表5-1）。

表5-1　2000年和2005年中国城市家庭按月租房费用（元）分的户数比例（%）

年	0—49	50—99	100—199	200—499	500—999	1 000—1 499	1 500—1 999	2 000 +	平均费用
2005	17.7	20.7	24.3	23.7	9.2	2.6	1.0	0.9	284
2000	47.0	24.8	15.5	9.3	2.5	0.6	0.2	0.2	119

资料来源：根据2000年人口普查资料和2005年1%人口抽样调查数据计算。

三、中国城市家庭购建房支出增加

我国从1982年住房制度改革起，就开始促进公房销售，鼓励自建房和集资建房。1998年年底停止实物分房，实行货币化分房，促进现有公房私有化和从市场购房，大规模公房私有化取得了成功，同时带动了住房市场的发展。制度变迁导致住房价格的市场化和住房分配的市场化，房价随着收入和市场需求增长。同时住房政策也走向鼓励私人自有住房，这导致城镇家庭购建房费用不断增加。中国城市家庭购建房支出绝对值上升，占可支配收入比重也上升。

根据《中国物价和城镇居民家庭收支调查统计年鉴》，我国城镇家庭购建房支出呈增加态势，2007年人均购建房支出为922.91元，2000年为454.79元，1993年为137.67元，调整到1978年不变价格后，2000年大约相当于1993年的2.04倍，2007年大约相当于2000年的2倍。从1993年以来，城市家庭购建房支出占可支配收入比重呈上升态势，并随着国家对住房的宏观调控而变化。在1993年比重急剧增加，为5.34%，到了1994年和1995年比重就急剧下降，1998年比重又开始急剧增加，为7.58%。这与国家在1993年的房地产宏观调控和1998年停止实物分房政策有关。从1999年到2007年，中国城市家庭购建房支出占可支配收入比重一直在7%左右波动，2004年达到8.5%，2007年为6.7%。

根据2000年人口普查资料和2005年1%抽样调查资料也发现，中国城市家庭购建房费用不断增加。由于购建房的发生时间并不完全一致，购建房费用不是完全可比。但是该比例的变化可以说明费用的变化。购建房费用3万元以下的比例急剧减少，3万元以上的比例急剧增加（见表5-2）。

表 5-2　2000 年和 2005 年中国城市家庭按购建房费用(万元)分的户数比例(%)

	0—1	1—2	2—3	3—5	5—10	10—20	20—30	30—50	50+	平均费用(万元)
2005	16.66	17.14	11.93	16.48	19.50	11.15	3.38	2.46	1.32	7.25
2000	25.44	24.03	14.96	15.44	12.94	5.03	1.26	0.62	0.29	3.98

四、制度解释和统计检验

在计划经济时期,由于住房由单位根据职务、工龄等因素分配,收入和住房消费没有必然的联系。随着市场经济的建立,收入成了影响住房消费的重要因素。转型经济住房消费支出市场化程度反映了住房消费量在多大程度上由市场决定,房租和购建房支出的定价在多大程度上是市场定价,并通过住房消费支出占支出、收入的比重表现出来。住房制度改革导致计划经济时期实物住房福利分配的终结,城市家庭越来越多地从市场获得住房。因此住房制度的改革是住房支出增加的主要原因。收入对住房消费的影响越来越大。

住房制度变迁导致了住房市场的发展,并带来了住房供给和需求旺盛。一方面,市场成为住房分配的重要渠道,家庭作为消费者,开始成为住房市场的最重要主体,消费者主权凸现,并根据收入在市场自主选择住宅产品。另一方面,房地产开发商作为住房市场的另一个重要主体,必须面向市场需求开发,根据产品成本和需求进行住房商品的市场定价。

经过住房制度改革后,我国城市租赁公房价格不断上升,并按照政策要求逐步提高到成本价,并最终向市场价靠拢。而私人出租住房则一直是市场定价。而新出现的廉租房、公共租赁房多是依据保障性住房政策定价,前者远低于市场价格,后者比市场价格略低。然而政策性租赁房占市场比重很低。因此,与计划经济时期公房一统天下相比,转型期住房租赁市场的定价市场化程度提高,市场性租赁比重提高,带来了城市家庭租金支出的增加。

经过住房制度改革后,我国城市房改公房出售比例不断上升。原公房以福利价格(成本价或标准价)出售给单位职工,并低于市场价格。但是公房私有以后就可以上市交易,其价格由市场决定。为了刺激二手房市场的发育,很多地区鼓励房改公房上市,并制定了相应的配套政策。例如购买的原公房在上市交易时需要缴纳土地出让金,部分产权公房还必须与原单位分享收益。

经过住房制度改革后,我国很多城市商品住宅(包括普通商品房、豪华公寓和别墅)是停止实物分房以后城市家庭住房的主要来源。它们的价格和消费数量是由市场决定的。在 1998 年停止实物分房以后,个人成为商品住宅的绝对主力;而在此之前,单位集团购买一直是主力。除此之外,政府还供应了政策性商品房（经济适用房、限价商品房）并以低于市场的价格销售给具有资格的城市居民。然而他们在住房体系里面的比例很低，而且很多地区允许经济适用房、限价商品房上市，并制定了相应的配套政策。例如购买的经济适用房、限价商品房在上市交易时需要缴纳土地出让金，以及出售经济适用房（限价商品房）住户不能再购买经济适用房（限价商品房）等。这样也导致了转型期城市家庭购建房费用的上涨。

这里采用了1990—2009年度中国城市家庭人均居住面积和人均可支配收入数据，建立回归模型来分析收入、住房制度改革和住房消费支出的关系，并作出以下统计检验。

这里分别用Square、Income、Year分别表示人均居住面积、人均可支配收入、年份虚拟变量（1997年前为0，1997年后为1）。为了避免宏观经济变量的不平稳产生计量分析的伪回归，这里先采用单位根检验来判断数据的平稳性，然后根据平稳性检验的结果进行下一步分析。

表5-3　中国城市居民人均住房面积和收入单位根检验结果

变量	截距	时间趋势	滞后阶数	ADF值	5%临界值	10%临界值
Ln Income	有	有	1	-5.4092***	-3.6908	-3.2869
Ln Square	有	有	1	-4.9614***	-3.6736	-3.2773

说明：***、**、*分别表示在1%、5%、10%的显著性水平下拒绝单位根检验。

从表5-3的平稳性检验的结果可以看出，在5%的显著性水平下，两个时间序列是平稳的，因此可以用OLS方法对两个时间序列进行分析。并得到下面的回归的结果：

$$LnSquare = 0.2573 \times LnIncome + 0.05672 \times Year + 1.1209$$
$$t = (11.42704)^{***} \qquad (1.92904)^{*}$$

（注：***、*分别表示在1%、10%的显著性水平下拒绝原假设）

从回归结果中可以看出，人均可支配收入对人均居住面积的影响作用是显著的，人均可支配收入每增加1%，人均居住面积增长0.25%，而虚拟变量的作用也是显著的，这表示1998年后较1998年前，人均居住面积增长了0.056%。

五、住房消费的国际比较：中国城市家庭住房消费支出偏低

与国际上比较，中国城市家庭人均住房消费面积还不高。2004年，发达国家人均建筑面积达到了46.6平方米，中高收入国家达到了29.3平方米，日本达到了31平方米。2000年，中国城市家庭人均住房建筑面积为22平方米，2005年则为28平方米，2010年为29平方米。到2020年的住房小康目标为35平方米。

首先,与在同等人均 GDP 水平时的发达国家比较,中国城镇家庭居住支出占消费性支出比重偏低。根据《中国统计年鉴》数据,我国 1999 年人均 GDP 为 790.81 美元,2000 年为 855 美元。日本 1965 年人均 GDP 为 782 美元,居住支出占消费性支出比重为 9.83%;英国 1965 年人均 GDP 为 930 美元,居住支出占消费性支出比重为 15.58%(范剑平等,2001)。中国 2008 年人均 GDP 为 2 940 美元,位于中低收入国家行列,居住支出占消费性支出比重约为 10%,与国际相比,还是偏低。

其次,以恩格尔系数(食品消费比重)为参照,与居民生活水平与我国相近的国家比较。恩格尔系数是国际上衡量生活质量的一项综合指标,它客观上反映了不同收入不同价格水平下各国居民的生活状况。1985 年我国城镇家庭恩格尔系数为 0.52,1990 年为 0.54,1995 年为 0.499,2000 年为 0.39。葡萄牙 1974 年系数为 0.48,居住支出占消费性支出比重为 10.5%,埃及 1975 年为 0.497,居住支出比重为 8.8%,与我国 1995 年生活水平相近,但是比我国 1995 年居住支出比重要高 2 个百分点。

再次,与一些发展中国家 70 年代的居住支出比重相比。例如马来西亚在 1971 年人均 GDP 为 380 美元,居住支出比重为 13.3%,我国 2000 年人均 GDP 是其两倍多,但居住支出比重比马来西亚还低。

最后,从国际上通常的规律来看,随着人均收入水平的提高,恩格尔系数下降,居住支出占消费性支出比重上升。恩格尔系数逐年下降,标志着城镇居民生活质量的进一步提高。目前欧美等发达国家的恩格尔系数一般为 20% 左右。1981 年我国城镇居民恩格尔系数为 56.7%,1989 年降到 54.5%。进入 90 年代,城镇居民生活水平稳步提高,恩格尔系数逐年下降,1994 年首次跌破 50% 大关,2001 年降到 37.9%。当人均国民生产总值进入 500—1 000 美元的经济发展阶段时,住宅业通常高速发展,居住支出大幅度提高。例如日本在 1960 年人均 GDP 为 386 美元,居住支出占消费性支出比重为 9.27%;1965 年,人均 GDP 为 782 美元,居住支出比重为 9.83%;1970 年,人均 GDP 为 1 758 美元,居住支出比重为 11.22%。同时,从恩格尔系数与居住支出的关系来看(见表 5-4),我国 2000 年恩格尔系数为 0.39,居住支出比重应该上升到 18.9% 左右,但实际上只有 10.01%;2009 年恩格尔系数为 0.365,居住支出比重应该上升到 18.9% 左右,但实际上只有 10.02%,说明我国居住支出比重依然偏低。我国目前正处在经济高速发展阶段,已经从温饱型消费向小康型消费迈进,住房消费应该有大的增长。

表 5-4 恩格尔系数与居住支出的关系

消费类型	恩格尔系数	居住支出占 消费性支出比重	恩格尔系数	居住支出占消费性 支出比重(%)
温饱型	0.5—0.59	9.4	0.55—0.59	7.6
			0.50—0.55	11.2
小康型	0.4—0.5	15.5	0.45—0.5	12.1
			0.4—0.45	18.9

资料来源:陈光庭:《外国城市住宅问题》,北京科学技术出版社 1991 年版,347 页。

第二节 中国城市家庭住房来源与产权选择的市场化

本节分析表明,中国城市家庭住房来源多样化与产权市场化程度不断提高。住房来源多渠道,从市场途径获得住房比重逐渐上升;住房产权明晰和多元化,产权的流动性和可选择性加强;住房自有率提高。这主要是受到了住房制度改革的影响,以及收入等市场性因素的影响。

一、中国城市家庭住房来源多渠道

经过住房制度改革以后,中国城市家庭的住房来源多样化。五普和 2005 年人口抽样调查将住房来源分为:自建住房、购买商品房、购买经济适用房、购买原公有住房、租用原公有住房、租用商品房、其他。2000 年我国城市家庭住房来源最主要是自建房,其次是购买原公房,再次是租原公房。公房比例(购买和租赁原公房比例之和)为 46%,占总住房来源比重最高,而商品房比例(购买和租赁商品房比例之和)为 16%,前者是后者的 2 倍多。这反映了住房来源多渠道,从寻求单位公有住房到市场住房的变化。这还说明 2000 年我国住房市场化程度还比较低,实物住房分配制度和房改对家庭住房来源有很大的影响。到了 2005 年,中国城市家庭商品房比重(29%)上升很快,而公房比重(33%)下降很快。中国城市家庭租赁公房的比重下降,租赁商品房的比重上升。与之相比,在 20 世纪 70 年代末,城镇住房 90% 以上为国有或者集体所有住房,并以低价租赁给单位职工。这反映了单位公房的私有化,以及居民从市场渠道获得住房比重的增加,说明市场化进程加速(见表 5-5)。

表 5-5 2000 年和 2005 年中国城市家庭住房来源和产权的分布(%)

年份	自建房	购商品房	购经济房	购公房	租公房	租商品房	其他	自有	租赁
2005	28.5	16.3	6.5	24.4	8.1	12.2	3.9	75.7	20.4
2000	26.8	9.2	6.5	29.4	16.3	6.9	4.8	72.0	23.2

二、中国城市家庭住房产权明晰、多元化和自有率提高

在20世纪80年代之前，城镇住房产权基本形式是国家所有（直管公房）和企业所有（自管房），产权形式比较单一。国有企事业单位职工没有所有权，但是有使用权，并可以继承。从80年代起房改，开始试点向城镇职工优惠出售公房，个人拥有住房产权，形成了住房产权多元化的局面。从1992年建立社会主义市场经济体制之后，我国以住房商品化、市场化、社会化为目标，逐步建立起一套产权界定清晰，可转让，在法律的保护和监督下可以实施的产权制度，促进了住房产权的明晰和多元化。住房产权得到了明确的界定，并且出现了国有产权、法人产权、集体产权、私人产权等多种形式，还存在完全产权和不完全产权等多种形式。个人购买的商品房具有完全产权，可以拿到房产证，且2004年有些城市已经开始办理个人土地使用证。商品房可以在市场自由转让。个人以福利价购买的单位公房具有完全产权或部分产权，经济适用房具有完全产权。但是公房和经济适用房上市交易受到了法律和法规的限制，例如公房上市交易需要获得原单位的许可，经济适用房必须居住5年以后才能上市交易等，出售公房收益需要和原单位分成和补缴土地出让金等。集资建房的产权可能是完全产权或部分产权，如果当初土地获得来源是无偿划拨性质，并且资金筹集中有国家和单位的资金，就很可能是部分产权，但是在补交了土地出让金和结算了单位资金和个人住房补贴的关系后，也可以是完全产权，并得到房产证。以北京市为例（苗乐如等，2000），1993年以前，购买公有住房有标准价给优惠和准成本价两种价格；从1994年到1998年，购买公有住房有标准价和成本价两种价格；从1999年开始，购买公有住房只有成本价一种价格。1993年以前购买和1994年以后按照标准价购买的公有住房，均为部分产权房，产权比例为成本价产权的94%；1994年以后按成本价购买的公有住房，为全部产权房。国家1999年出台了《已购公有住房和经济适用房上市出售管理的暂行办法》，规定上市交易后的收入要补交土地出让金。现在很多城市出台了一些灵活的措施，方便了未到规定期限上市的经济适用房和原公房交易。

随着住房产权制度的改革，中国城市家庭住宅自有率不断提高。在“文革”结束后，中国城镇私房仅占总住房存量的10%左右，还有些城市低于4%（Huang，2001）。1985年中国第一次城镇住房调查数据表明，城镇住房的58.2%为单位所有公房，24.1%为政府所有的直管公房，仅有17.7%为私人所有。由于公房基本是租赁，私人住房基本是自有，这样住房自有率大约为18%。2000年人口普查住房来源中自有住房包括自建、购买商品房、购买经济适用房和购买原公房四类。城市家庭住房自有率=住房来源为自有住房的家庭/全部

住房来源的家庭。2000年我国城市家庭住宅自有率为72%，到了2005年，上升为75%。由于这里住宅自有包括完全产权和部分产权，因此，实际拥有完全产权的自有率应该要低一些。与1978年相比，中国城市家庭住房自有率已经有了很大的提高。

三、制度解释与统计检验

中国的城镇住房制度改革改变了住房运行机制，已经从计划机制转向了市场机制。在计划经济时期，国家和集体所有公房一统天下，并且在计划内调配。到了转型期，变成了单位所有的部分公房内部流通，部分公房上市流通，以及商品房自由流通，形成了多个制度性分割的住房市场。即使在转型期，到1998年以前，计划机制还在发生作用，但是有所变化。国家逐步减少住房投资，企业等单位的住房投资增加，并形成了单位内的计划分配机制，表现为改革初期一些单位从市场购买商品房然后按照补贴价格卖给单位职工。这与个人从市场直接购买并拥有完全产权有一定的区别。后者是一级市场，前者是二级准市场，受到了单位公共资源控制和支配程度的影响，由权力所支配，在市场消费中表现出一种"官僚自主性"。级别越高，越接近市场资源的权力拥有者，其从市场让与（yield to）到的利益越多，从消费者角度看，"市场过渡"理论实际上也是"权力让渡"理论（戴慧思、卢汉龙，2003）。后者实际是计划机制在单位内的延续。同时随着市场经济的建立以及房改的深入，市场机制逐步发挥作用。在1998年停止实物分房以后，市场机制开始发挥基础作用。但是由于我国的政策反复性，例如经济适用房定位不准，集资建房还存在，以及各地房改进程不一等原因，导致市场上多种机制并存。在原公房和经济适用房上市之后，不同类型的住房产权转让性增强，住房市场容量扩大，但是不同类型的住房制度性分割依然存在。

住房产权市场化程度最好是根据各年度购买和租赁商品房比重来说明。以市场价购买或租赁原公房、经济适用房以及二手房等都应该算做市场渠道。但是由于数据的缺乏，这里住房产权市场化程度采用个人购买商品住宅面积占全部商品住宅面积比重说明。从1986年以来，个人购买商品房面积的比重呈上升态势。自1990年以后，除了1995年有微跌之外都是上升，且在1998年以后迅速上升到80%以上，在2003年达到96%（见图5-3）。2004年以后商品住宅几乎100%由个人购买，则没有统计该比例。这说明，在1998年停止实物分房以后，个人成为购买商品住宅的绝对主力，而在此之前，单位集团购买一直是主力。

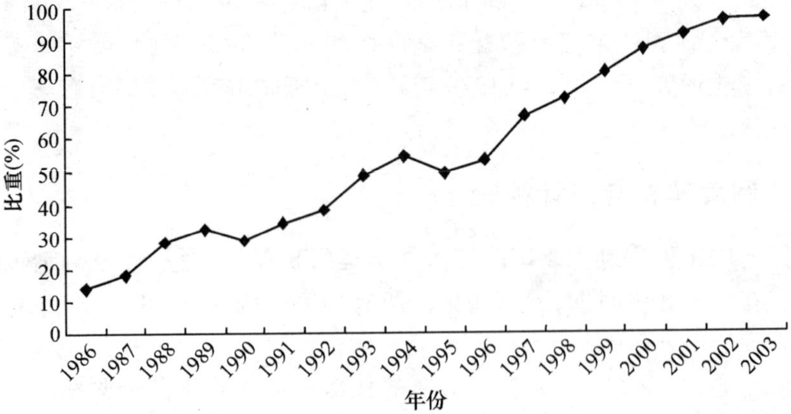

图 5-3　1986—2003 年个人购买商品住宅面积占中国总商品住宅面积比重变化

人均收入采用的是统计年鉴上关于城市居民人均收入的数据,经过当年城市 CPI 调整得到,以 1978 年为基期。所分析时间区间为 1986—2003 年。

(一) 分析各年度居民购买商品房面积比例和人均收入之间的关系

1. 判断居民购买商品房面积比例和人均收入两个时间序列是否具有平稳性

(1) 从两个变量时间序列的走势看,两者之间存在明显的时间趋势,即时间序列的波动呈现一个线性变动趋势,由此可以推测人均收入和个人购买商品房两个时间序列不平稳。

(2) 进一步对两个变量时间序列进行 ADF 检验,判断是否存在单位根。

① 对购买商品房比例的原序列进行 ADF 检验,由于从图 5-3 中看出其存在明显的线性趋势变动趋势,所以检验方程选取带有截距项的方程形式,由 SIC 准则确定滞后阶数,原序列单位根检验结果如下:

		t-Statistic	Prob.*
Augmented Dickey-Fuller test statistic		-0.310341	0.9044
Test critical values:	1% level	-3.886751	
	5% level	-3.052169	
	10% level	-2.666593	

由此可以看出,在 5% 的置信水平下,接受原假设,即存在单位根,个人购买商品房比例的原序列非平稳。

② 进一步对个人购买商品房原序列的一阶差分序列进行 ADF 检验,依然选取带有截距项的方程形式,由 SIC 准则确定滞后阶数,单位根检验结果如下:

		t-Statistic	Prob.*
Augmented Dickey-Fuller test statistic		-3.583579	0.0190
Test critical values:	1% level	-3.920350	
	5% level	-3.065585	
	10% level	-2.673459	

由此可以看出,个人购买商品房比例序列的一阶差分序列在5%的置信水平下是平稳的。因此个人购买商品房序列是一阶单整。

③ 同上,对人均收入取对数后进行单位根检验,由于存在线性变动趋势,所以检验方程取带有截距项的形式,滞后阶数由SIC准则给出,检验结果如下:

		t-Statistic	Prob.*
Augmented Dickey-Fuller test statistic		2.313115	0.9998
Test critical values:	1% level	-3.886751	
	5% level	-3.052169	
	10% level	-2.666593	

所以原序列在5%置信水平下,人均收入的对数序列原序列是非平稳的。

④ 进一步对人均收入对数序列的一阶差分序列进行ADF检验,检验结果如下:

		t-Statistic	Prob.*
Augmented Dickey-Fuller test statistic		-3.441010	0.0329
Test critical values:	1% level	-4.200056	
	5% level	-3.175352	
	10% level	-2.728985	

因此可以看出,在5%的置信水平下,人均收入对数序列的一阶差分序列是平稳的,因此人均收入对数序列也是一阶单整。

2. 协整检验

由于两个序列都是一阶单整,因此可以对两个序列进行协整检验,确立两个序列之间的长期联系。

(1) 首先估计人均收入对数序列(Lnincome)和个人购买商品房比例的(Rate)回归方程:

$$\text{Rate}_t = \partial + \beta \text{Lnincome}_t + v_t$$

估计结果为:

$$\text{Rate}_t = -482.6453 + 78.3587\text{Lnincome}_t + v_t \quad R^2 = 0.9549$$
$$p = (0.0000) \qquad (0.0000)$$

(2) 对上式的残差进行单位根检验,由回归方程估计结果可得:

$$\hat{v} = Rate_t - 0.0130Lnincome_t + 482.6453$$

选取不带截距项和常数项的检验方程形式,滞后阶数由 SIC 准则确定,检验结果如下:

		t-Statistic	Prob.*
Augmented Dickey-Fuller test statistic		-3.783706	0.0009
Test critical values:	1% level	-2.717511	
	5% level	-1.964418	
	10% level	-1.605603	

由此可以看出,在 5% 的置信水平下,残差序列是平稳的。

因此,可以发现在两个变量时间序列之间存在协整关系,即 CI(1,1),协整向量为(1,0.0130)。

3. 误差修正模型

由于协整关系只能表示两个序列之间存在长期联系,但是个人购买商品房的比例的变动是由长期趋势和短期波动所决定的。短期内系统对于均衡状态的偏离程度的大小直接导致波动振幅的大小。因此建立误差修正模型来分析短期波动的影响:

(1) 首先估计人均收入对数和个人购买商品房比例的长期均衡模型

$$Rate_t = \partial + \beta Lnincome_t + \nu_t$$

估计结果为

$$Rate_t = -482.6453 + 78.3587Lnincome_t + v_t \quad R^2 = 0.9549$$
$$p = (0.0000) \qquad (0.0000)$$

(2) 用残差序列作为误差修正项,令 $ecm_t = \hat{v}$,建立下面的误差修正模型

$$\Delta Rate_t = \partial ecm_{t-1} + \beta \Delta Lnincome_t + \hat{\varepsilon}_t$$

估计得到:

$$\Delta Rate_t = -0.4973ecm_{t-1} + 65.1294\Delta Lnincome_t + \hat{\varepsilon}_t$$
$$p = (0.0479) \qquad (0.0024)$$

因此,可以看出在 5% 的置信水平下,短期波动对个人购买住房的影响显著。

4. 结论

个人购买商品房比例和人均收入对数序列之间具有比较稳定的长期趋势联系。

长期影响关系式为

$$Rate_t = -482.6453 + 78.3587 Lnincome_t + v_t$$

短期当波动偏离长期均衡值时，将以（-0.4973）的调整力度将非均衡状态拉到均衡状态。

（二）分析各年度居民购买商品房面积比例和年度变量之间的关系

1. 由于购买商品房面积比例与收入变量之间是协整的，建立下面模型，引入时间虚拟变量：

$$Rate_t = \alpha T + \beta Lnincome_t + \nu_t \text{（其中 } T \text{ 表示虚拟变量）}$$

2. 以1988年住房改革为分界点，1988年之间为0，1988年之后为1，回归结果为：

$$Rate_t = 34.8923T + 3.8911 Lnincome_t + \nu_t \quad R^2 = 0.4017$$

$$p = (0.0291) \qquad (0.0615)$$

所以在5%的置信水平下，制度变量的影响是显著的。

值得注意的是，由于时间区间短，只有1986—1988年三年代表改革前，可能会造成估计偏差；而且该回归方程收入项在5%置信水平下不显著，拟合优度也不高。

四、住房来源和产权结构的国际比较：自有比重偏高和私人出租比重偏低

从表5-6发现，住房来源和产权结构和人均GDP有一定的关系。人均GDP高的国家出租房占总住房来源的比重较大，私人出租比重基本都在10%以上；人均GDP低的国家自有住房比重较大。与表5-6中不同类型的国家比较，中国城市的自有住房比重高于欧盟国家，私人出租比重低于欧盟国家。美国1996年住房自有率为64%（Huang，2001），以后一直在此附近波动，中国2000年和2005年城市住房自有率也高于美国。中国与波兰、匈牙利等东欧转型国家具有相似性，都是由计划经济转向市场经济，进行住房制度改革，公共租赁部门出现了急剧下降，市场租赁部门比重大幅度上升，自有和社会出租比重较高。

表5-6 住房产权结构的国际比较

国家	年份	人均GDP（美元）	自有住房（%）	私人出租（%）	社会出租（%）	全部出租（%）	其他住房（%）
瑞士	1990	36 430	31	60	3	63	6
荷兰	1995	21 300	47	17	36	53	—
希腊	1995	8 400	70	26	0	26	4
葡萄牙	1995	6 900	65	28	4	32	3
西班牙	1995	12 500	76	16	2	18	—

（续表）

国家	年份	人均 GDP（美元）	自有住房（%）	私人出租（%）	社会出租（%）	全部出租（%）	其他住房（%）
欧盟平均	1995	—	56	21	18	39	5
波兰	1988	—	41.1	2.6	56.3	58.9	—
匈牙利	1990	—	77.3	0.1	22.6	22.7	—

注：波兰和匈牙利的私有住房比例中包括其他住房，中国城市数据参照表5-5，其中私人出租用我国租赁商品房代替，社会出租用我国租用公房代替，其他住房用我国其他来源代替，但是含义并不完全一致。

资料来源：除中国以外的数据转引自谢伏瞻，李培育，刘士余，《住宅产业：发展战略与对策》，中国发展出版社2000年版，132页。

第三节　中国城市家庭住房建筑属性和产品类别的提升

本节分析表明，自20世纪80年代以来，中国城市住房产品升级，建筑属性不断提高，住房成套率也有了很大的提高。这主要是住房制度改革、经济发展和收入水平提高以及建筑技术进步的影响。由于缺乏住宅小区环境等数据，因此这里仅对小区环境定性分析。

一、中国城市住房建筑属性升级和产品类别的提升

从80年代以来，住房产品的具体型态发生了巨大的变化，前后经历了三代住宅产品（秦虹，2002）。第一代住宅产品以卧室为核心。在“先生产后生活”、“先治坡后治窝”的思想指导下，国家对住房的投资极其有限，住房功能只能以满足最基本的需要为主，因而卧室成为住房的第一需要，休息、学习、工作甚至吃饭都在卧室进行，大量住宅采用了合用厨房和公共卫生间形式。筒子楼是最为人知的例子。衡量住房水平的“居住面积”指标也由此产生。这是住房消费的低水平时期。第二代住宅产品以居住基本功能为核心。由于住房供应长期在计划体制下进行，因此住房面积根据职工职务和家庭规模结构设计，在一定面积标准控制下，提高住房的功能质量水平，并克服住房质量通病成为第二代住宅产品的特征。被称为大厅、大厨房、大卫生间、小卧室的“三大一小”设计格局，就成为对这种具有一定面积控制的住宅产品的主要要求。建设部在20世纪80年代末开始进行的“试点小区”建设，为这一时期住宅发展做出了典型示范。第三代住宅产品以文明居住环境为核心。在合理的住房面积保证的前提下，第三代住宅产品以创建室内外文明居住环境为标志，提出“以人为本”，按照人的行为特

征和现代生活需要提供多样化的住宅。这一阶段放开面积标准,以市场需求为目标,小户型、小高层、跃层住宅、大中小不同面积的住宅等各种住宅形式种类丰富;在室内空间设计上,做到寝食分离、动静分离、公私分离、洁污分离、干湿分离,结构合理;在室内设备配置上,做到标准化、系列化、配套化;在居住安全上,做到紧急呼救和自动安防相结合,逐渐摒弃防盗网;在建设用材上,普遍采用节能节地节材、环保、防火等新材料、新技术、新工艺、新设备;在交房方式上,部分采用"菜单式"一次装修到位,避免"二次装修"造成的污染、浪费和扰民;在室外环境上,公共配套和社区服务设施更加完善,居住环境优美;在物业管理上,做到社会化的服务商提供优良的服务质量和现代的管理手段相结合,创建文化社区氛围。

这里用五普全国0.095%按户抽样数据,按照城镇乡地区代码,从中提取城市家庭户主数据,以每一个户主的住房作为一套城市住房,并且选择本住房中没有其他合住户的情况来分析住房建筑属性和产品类别的变化。

根据该数据,住房建成时间在1949年以前仅占到了2.9%,50年代占到了2.5%,60年代占到了3%,70年代占到了9.4%,80年代占到了33.3%,1990年以后占到了49%。

与1949年前的住房相比,以后年代的住房每套平均间数比例呈缓慢增长趋势,住房间数中位数则为2,这与中国家庭多为三口之家相适应。与1949年前的住房相比,以后年代的住房每套平均建筑面积(中位数)呈增长趋势,从20世纪70年代起急剧增长,并且90年代以后该比例增长最快(见表5-7)。

与1949年前的住房相比,平房比例呈递减趋势,从20世纪70年代后急剧减少,并且90年代以后减少最快。6层以下楼房和7层以上楼房比例则呈递增趋势,从20世纪70年代起急剧增长,并且90年代以后增长最快(见表5-7)。

与1949年前的住房相比,外墙墙体材料为钢筋混凝土住房比例呈递增趋势,从20世纪70年代后急剧增加,并且90年代以后增长最快。外墙材料为木竹草的住房比例则呈递减趋势,从20世纪70年代起急剧减少,并且90年代以后减少最快(见表5-7)。

与1949年前的住房相比,独立使用厨房的住房比例呈递增趋势,从20世纪70年代后急剧增加。没有厨房的住房比例则呈递减趋势,从20世纪70年代起急剧减少,并且90年代以后该比例减少最快(见表5-7)。

与1949年前的住房相比,使用燃气和电作为炊事燃料的住房比例呈波动式缓慢增长趋势,从20世纪90年代后急剧增加。使用柴草作为燃料的住房比例则呈递减趋势,从20世纪70年代起急剧减少,并且90年代以后最低。这说明使用比较好的燃料的住房比例上升,使用比较差的燃料的住房的比例下降(表5-5)。

与1949年前的住房相比,有饮用自来水的住房比例呈波动式缓慢增长趋势,20 世纪 90 年代后该比例达到了 89%。没有自来水的住房比例逐渐减少(见表 5-7)。

与 1949 年前的住房相比,有统一供热水或自装热水器作为洗澡设施的住房比例呈递增趋势,从 20 世纪 70 年代起急剧增加,20 世纪 90 年代后该比例增长最快。没有洗澡设施的住房比例则呈递减趋势,从 20 世纪 70 年代起急剧减少,并且 90 年代以后该比例最低(见表 5-7)。

与 1949 年前的住房相比,有独立使用抽水式厕所的住房比例呈递增趋势,从 20 世纪 70 年代起急剧增加,20 世纪 90 年代后该比例增长最快。没有厕所的住房比例则呈递减趋势,从 20 世纪 70 年代起急剧减少,并且 90 年代以后最低(见表 5-7)。

表 5-7 按照住房建成年代分的 2000 年中国城市家庭使用住房建筑属性

年代	建筑层数			外墙材料				厨房		
	平房	6 层以下	7 层以上	钢筋混凝土	砖石	木竹草	其他	本户独立使用	合用	无
1949 年以前	61.5	38.2	0.3	4	78.2	11	6.8	51	11.1	37.9
1950—1959	60.7	38.8	0.5	6.8	82.3	5.2	5.7	61.7	10.2	28.1
1960—1969	61.7	37.6	0.7	8.7	80.2	3.7	7.3	70.6	4.7	24.7
1970—1979	49.1	49.6	1.3	16.2	76.3	2.4	5.1	81.2	1.9	16.9
1980—1989	31.3	59.5	9.2	28.7	68.7	0.8	1.8	88.9	0.9	10.3
1990 +	17.9	55.3	26.8	43.1	55.6	0.6	0.6	90.9	0.7	8.4
Total	28.9	54.7	16.4	32.8	64	1.3	1.9	86.8	1.5	11.6

年代	炊事燃料					自来水	洗澡设施			
	燃气	电	煤炭	柴草	其他	是	统一供热水	自装热水器	其他	无
1949 年以前	61.9	1.1	26.8	8.9	1.3	88.6	0.1	11.5	7.2	81.2
1950—1959	55.9	1.6	34.9	6.2	1.5	90.2	0.5	14.8	4.2	80.6
1960—1969	49.4	1.7	35.6	11.8	1.5	82.4	0.6	13.7	5.6	80.2
1970—1979	57.4	2	28.8	10.5	1.2	84.1	1.2	23.3	6.1	69.4
1980—1989	67.5	1.7	22.7	7.3	0.8	86.5	1.6	38.7	7.3	52.3
1990 +	76.8	2	15	5.2	1	89.1	3.5	51.5	7.7	37.3
Total	70.1	1.9	20.3	6.7	1	87.6	2.4	41.4	7.2	48.9

年代	厕所					住房间数		住房面积	
	独立使用抽水式	合用抽水式	独立使用其他式样	合用其他式样	无	均值	中位数	均值	中位数
1949 年以前	8.7	4.6	12.6	7	67.1	1.7	2	38.7	30
1950—1959	16.6	7.6	10.7	8.8	56.3	1.7	1	36.9	30
1960—1969	12.6	4.4	16.7	8.2	58.1	1.8	1	42.6	35
1970—1979	27.3	3.3	23.2	6.8	39.4	2.1	2	50.1	43
1980—1989	49.5	0.7	24.6	3.7	21.5	2.4	2	65.6	57
1990 +	64.5	0.7	19.5	2.5	12.7	2.5	2	79.7	70
Total	51.7	1.3	21	3.8	22.2	2.4	2	68.9	60

资料来源:根据 2000 年人口普查资料微观数据计算。

这说明随着时间的变化，后建设的住房每套住房平均住房面积增加，房间数增加，住房设施逐渐完备，因而更舒适和更方便。

二、中国城市住房成套率不断增加

中国城市住房成套率不断提高。根据1985年全国城镇房屋普查资料，全国城镇住房成套率为26.05%。1996年印发实施的《城市住宅建设与房地产业“九五”计划与2010年远景目标》中指出，1995年城镇住房成套率为55%。2004年建设部发布的《2003年城镇房屋概况统计公报》指出，2003年城镇住宅成套率达到了79%。2006年建设部发布的《2005年城镇房屋概况统计公报》指出，该年城镇住宅成套率达到了80.6%，东中西部地区分别为82.6%、79.0%、78.4%。

三、制度解释与统计检验

从新中国成立初期到改革前，我国计划经济时期房屋建设“重生产轻生活”，住房的间数少，面积较小，成套率低，而且住房基础设施差，社区设施缺乏。改革开放以后，政策不仅鼓励房地产商开发商品房和个人自建房，还鼓励单位集资建房解决职工住房困难，并且实施安居工程、经济适用房等政策促进住房供给。这时候比较重视住房建设，引进新的建筑技术，在住房数量和质量等各方面有很大的提高。在住房商品化之后，房地产商以市场为导向，开发符合消费者需要的环境优美、居住舒适的住房，面向不同的消费群体开发商品房、别墅等，进一步提高了住房的整体质量和功能、居住环境。特别是1998年中央政府宣布停止实物分房以后，广大城镇家庭消除了以前存在的“等、靠、要”的依赖心理，成为购买商品住宅的主体。

改革开放以来，从1984年开始推动城市改革和住房商品化政策，随着收入的增加，城镇家庭的住房已经从全面的基本保障向安全、舒适、享受型转变。城市家庭的住房消费需求已经从单一的居住功能向居住、办公、享受等综合功能转变，对居住的舒适度、居住环境、居住文化要求越来越高。不仅重视建筑面积，还重视建筑质量、设计水准、居住环境、室内配套设施、小区设施和环境、物业管理水平等。中国城市家庭对住房的装修品位有了很大的提高。

这说明城市家庭住房属性升级、住宅产品换代实际是住房制度变迁、开发商供应、住户需求、住宅技术进步等多因素综合作用的结果。这里采用各年度住房设施质量指数和人均收入、年份来检验住房制度变迁、收入和住房产品升级的关系。住房设施指数说明参见第四章。

(一) 年度住房设施指数和人均收入模型

1. 时间序列的平稳性

从两个时间序列的走势看,两者之间存在明显的时间趋势,即时间序列的波动呈现一个线性变动趋势,由此可以推测人均收入和住房质量两个时间序列不平稳。

2. 进一步对两个序列进行 ADF 检验,判断是否存在单位根

(1) 从前面住房产权模型可以看出人均实际收入的对数序列是一阶单整的。

(2) 对住房设施质量指数的原序列进行 ADF 检验,由于从上图中看出存在明显的线性变动趋势,所以检验方程选取带有截距项的方程形式,由 SIC 准则确定滞后阶数,原序列单位根检验结果如下:

		t-Statistic	Prob.*
Augmented Dickey-Fuller test statistic		-2.055606	0.2629
Test critical values:	1% level	-3.769597	
	5% level	-3.004861	
	10% level	-2.642242	

(3) 进一步对住房设施质量序列的一阶差分序列进行 ADF 检验,取带截距项的方程检验形式,由 SIC 准则确定滞后阶数,检验结果如下:

		t-Statistic	Prob.*
Augmented Dickey-Fuller test statistic		-6.677588	0.0000
Test critical values:	1% level	-3.788030	
	5% level	-3.012363	
	10% level	-2.646119	

因此,在 5% 的置信水平下,拒绝原假设。即原序列的一阶差分序列是平稳的,所以住房设施质量序列是一阶单整。

3. 协整检验

由于两个序列都是一阶单整,因此可以对两个序列进行协整检验,确立两个序列之间的长期联系。

(1) 首先估计住房设施质量指数(Quality)和人均收入(Lnincome)回归方程:

$$Quality_t = \alpha + \beta Lnincome_t + \nu_t$$

估计的结果为:

$$\begin{aligned} Quality_t &= 3.5664 + 0.0008 Lnincome_t + \nu_t \quad R^2 = 0.7017 \\ p &= (0.0000) \qquad (0.0000) \end{aligned}$$

(2) 对上式的残差进行单位根检验,由回归方程估计结果可得:

$$\hat{v} = \text{Quality}_t - 0.0008\text{Lnincome}_t - 3.5564$$

选取不带截距项和常数项的检验方程形式,滞后阶数由 SIC 准则确定,检验结果如下:

		t-Statistic	Prob.*
Augmented Dickey-Fuller test statistic		-2.506499	0.0148
Test critical values:	1% level	-2.674290	
	5% level	-1.957204	
	10% level	-1.608175	

由此可以看出在5%的置信水平下,残差序列是平稳的。

(3) 因此可以得出这样的结论:

人均收入对数序列和住房设施质量序列之间存在协整关系,两者之间存在稳定的长期趋势联系,关系方程为

$$\text{Quality}_t = 3.5664 + 0.0008\text{Lnincome}_t + \nu_t$$

4. 误差修正模型

由于协整关系只能表示两个序列之间存在长期联系,但是住房设施质量指数的变动是由长期趋势和短期波动所决定的。短期内系统对于均衡状态的偏离程度的大小直接导致波动振幅的大小。因此建立误差修正模型来分析短期波动的影响:

(1) 首先估计住房质量(Quality)和人均收入(Lnincome)回归方程

$$\text{Quality}_t = \alpha + \beta\text{Lnincome}_t + \nu_t$$

估计的结果为:

$$\text{Quality}_t = 3.5664 + 0.0008\text{Lnincome}_t + \nu_t \quad R^2 = 0.7017$$
$$p = (0.0000) \qquad (0.0000)$$

(2) 用残差序列作为误差修正项,令 $\text{ecm}_t = \hat{v}$,建立下面的误差修正模型:

$$\Delta\text{Quality}_t = -0.6427\text{ecm}_{t-1} + 0.0005\Delta\text{Lnincome}_t + \hat{\varepsilon}_t \quad R^2 = 0.2053$$
$$p = (0.0303) \qquad (0.3425)$$

由于人均收入差分影响并不显著,而且拟合优度也比较低,因此可以认为人均收入短期波动的影响并不显著。

5. 结论

人均收入和住房质量两个时间序列之间存在长期趋势联系,而且短期人均收入变动和住房质量波动影响并不显著,两个序列之间长期均衡联系式为

$$\text{Quality}_t = 3.5664 + 0.0008\text{Lnincome}_t + \nu_t$$

（二）年度住房设施指数和制度变量模型

1. 由于房屋质量与收入变量之间是协整的，建立下面模型，引入时间虚拟变量：

$$\text{Quality}_t = c + \alpha T + \beta \text{Lnincome}_t + \varepsilon_t$$

2. 以1988年住房改革为分界点，1988年之间为0，1988年之后为1，回归结果为

$$\text{Qualit}_t = 3.6673 + 0.1848T + 0.0005\text{Lnincome}_t + \varepsilon_t \quad R^2 = 0.7485$$

$$p = (0.0000) \quad (0.0681) \quad (0.0092)$$

因此可以可看出在5%的置信水平下，制度变迁变量影响并不显著，说明我国城市家庭住房质量主要是由收入变量解释的。

四、住房建筑属性和产品的国际比较

与国际上很多发展中国家相比，中国城市家庭使用自来水和卫生设施比例较高。以印度为例，其2000年使用安全水的城市人口比例为85%，使用卫生设施的城市人口百分比为46%（联合国人居署，2004）。印度2001年拥有自来水的人口占比为36.7%，拥有天然气的人口占比为17.5%；巴西2009年使用燃气做饭的住房比例为93.7%，至少有一个房间有自来水管的住房比例为93.4%；中国城市燃气普及率到2009年也才达到了91.4%；俄罗斯2009年拥有自来水的人口占比为97.1%，拥有天然气的人口占比为73.9%，按照设施设备分的住房有自来水比例为77.3%，有燃气的比例为69.2%；2009年南非城市拥有自来水人口的比重为69.9%（金砖国家联合统计手册，2011）。

但是中国城市住房质量和设施完备程度低于一些发达国家。美国住房和城市发展部（HUD）认为：如果城市的上下水系统和厨房设备不完善，存在构造上的问题（例如墙体开裂、屋顶漏水、石灰脱落），共用区域（楼梯间、走廊）存在缺陷或者热电系统不安全，那么这套住宅就是不合格的。美国1990年年度住房调查表明住在不合格的住宅中的家庭比例为7.9%（奥沙利文，2004），1997年大约3%的租户住在不合格的住房中（Quigley，2000）。

综上分析，中国城市家庭住房产品和建筑属性有了很大的提升，水电等居住设施的可得性有了很大提高，但是和发达国家相比，还存在着很多的不足，特别是住房设施方面。

第四节　中国城市家庭居住区位的流动性增强

人口迁移（migration）指人口离开原来居住地到另外一个距离较远的地方较

长时间的居住的移动。在我国五普中定义迁移为离开本乡镇、街道到另外地区，时间为半年以上。迁移通常还可以分为国际迁移和国内迁移。国内迁移还可以分为城市间迁移、乡城间迁移、乡乡间迁移。迁居(residential mobility)指的是以住宅位置变化为标志的，城市地域范围内的人口(住户)移动。迁居更多强调了住户(家庭和个人)居住区位的变化以及住房类型的变化。人口迁移和家庭迁移有区别。家庭通常作为一个集体单位，人口作为一个个体单位，而且很多人口并没有发生家庭整体迁移，而是家庭部分成员的个人迁移，并作为集体户登记。这二者区分并不严格，有时将人口迁居包括在迁移中(周春山，1994)。人口的动态迁移是由经济、社会、家庭等发展周期决定的人的价值与选择变化作用的结果(马玫，1996)。人口分布是人口增长和迁移的直接结果。

城市化进程和人口迁移有很密切的关系。城市人口的增长来源可分为城市人口的自然增长和移民的机械增长。根据博尔格(Berg，1982)和霍尔(Hall，1984)等的城市生命周期模型和城市发展演变模式，在城市发展的初期，人口由农村向城市迁移和定居，这是城市化进程。当城市发展到一定阶段时，由于社会、经济、交通等条件的变化，城市人口由市中心区向郊区迁移和定居，发生了城市郊区化。在发展到一定阶段之后，会出现大城市人口向中小城市迁移，出现了逆城市化。所以，城市化主要是人口迁移直接形成的，并受到社会经济等条件的影响。人口迁移还作用于城市内部空间结构和城市体系，影响了城市的劳动力市场和住房市场，并在流动过程中提高了生产要素(劳动力和土地)的配置效率。

家庭的区位分为宏观和微观居住区位，前者主要是较大的地域单元，后者主要是比较小的社区单元，但是由于无法获得社区(邻里)的数据，所以只分析了宏观区位。这一节就以城市化进程为主线，说明人口迁移和家庭迁居的变化，来揭示家庭(住户)的宏观居住区位的变化，即在城市和乡村之间、城市体系内部(大城市、中城市和小城市)、城市内部市区和郊区的宏观区位变化。宏观区位主要分析乡镇街道以上的区域单元，并静态分析人口分布的结果，动态分析人口迁移的流量和流向。

这里采用人口普查资料来分析全国人口分布和动态变化，从中看出城市化、人口迁移、家庭迁居等居住区位的变动大势。

本节研究表明，人口和家庭居住区位流动性增强。我国处在城市化加速阶段，出现了大城市化、城市郊区化、都市圈一体化，人口和家庭在城乡之间、城市体系内部、城市内部市区和郊区的居住流动性增强。这主要是受到了住房制度、劳动就业和户籍制度等改革减少了流动性制度障碍和收入增加的影响。

一、城市化加速和人口迁移增加

我国的城市化历程比较曲折。从新中国成立初期到20世纪60年代城市人口迅速增长,然后出现了反城市化过程,之后到改革开放之前经历了一个城市化的停滞阶段。在改革开放之后,城市化进程得到了恢复和迅速发展。80年代我国制定了"控制大城市规模,合理发展中等城市,积极发展小城市"的城市发展方针,并积极推动小城镇发展,出现了乡村城市化。但存在小城镇过于分散、占地广、环境污染等问题。在1997年东南亚金融危机之后,用城市化拉动内需得到了政策的支持,2000年中共中央在"十五"规划中建议实施城镇化战略。但是在1998年末依然是"严格控制大城市规模,合理发展中等和小城市"的方针。到了2002年之后,就再没有明确限制大城市发展了,反而出现了鼓励大城市发展的趋向。例如很多省会城市的地域扩张和兴建都市圈的热潮。

我国第三次、第四次、第五次、第六次人口普查数据表明,1982年总人口是100 394万人,城镇人口比重是20.60%;1990年总人口是113 048万人,城镇人口比重是26.23%;2000年总人口是126 333万人,城镇人口比重是36.09%。2010年总人口是133 972万人,城镇人口比重是49.69%。这说明自改革开放以来我国城市化率是不断上升的。根据萨勒姆曲线,我国人均国民收入接近1 000美元,城市化率超过了30%,目前处在加速阶段。

中国城市化率提高的原因归因于三个方面:一是城市人口的自然增长;二是行政区划的调整导致城市数量增加和地域扩展,例如县改成市、乡改为镇、郊县改为市辖区;三是市外人口迁入增加,例如农村人口向城市迁移,中小城市人口向大城市迁移等。人口迁移的过程导致居住区位的变化和城市化水平的提高,但是由于户籍制度以及城市管理政策的障碍,导致很多流动人口在城市暂住,并有回流倾向。

Chan和Hu(2003)对我国城市化率和人口迁移率作了估算(见表5-8)。表中的总迁入包括了城乡人口迁移和城镇区划调整导致的在新设镇之前就定居于该区的农村人口所转化的城镇人口。从20世纪90年代以来,城市人口总增长数(1.57亿)的大约60%是由于城乡人口迁移和居住变动,大约22%是由于城镇区划调整,大约20%是由于城市人口自然增长。这说明了以迁移为推动力的中国城市化明显不同于许多其他的发展中国家,那些国家的城市化中人口的自然增长还占有很大的比重。这样中国的城市化就更需要管理新移民而不是提供新生婴幼儿服务。新移民对城市住房和就业造成了更大的压力。

表 5-8　1950—2000 年分年中国城市人口增长构成分析

年份	时段年数	年均城市增长		城市化率年均变动率	城市人口增长构成			
					自然增长		总迁入	
		规模（百万）	比例%		平均每年百万	比重%	平均每年百万	比重%
1950—1957	8	5.6	7.2	0.59	2.26	40	3.35	60
1958—1960	3	10.4	9.1	1.45	1.91	18	8.50	82
1961—1965	5	-2.6	-2.1	-0.63	2.99	—	-5.62	—
1966—1977	12	3.0	2.0	-0.04	2.09	69	0.93	31
1978—1982	5	9.0	4.8	0.66	2.01	22	6.69	78
1983—1990	8	10.9	4.3	0.66	2.85	26	8.04	74
1991—2000	10	15.7	4.2	1.00	3.16	20	12.55	80
1950—2000	51	7.87	4.1	0.50	2.52	33	5.10	67

资料来源：Kam Wing Chan and Ying Hu, 2003, "Urbanization in China in the 1990s: New Definition, Different Series and Revised Trends", *The China Review*, Fall, Vol. 3, No. 2, pp. 49—71.

根据 2000 年人口普查资料测算，普查时居住在本乡镇街道半年以上，户口在外乡镇街道者占总人口 10.81%，而统计口径相同的 1995 年 10 月 1 日抽样调查仅为 3.91%（张善余等，2005）。短短 5 年内迁移规模成倍增长。而且，全部人口迁移中，以乡村到城镇的迁移为主，占到了全国总迁移人口的 41%，其次是城镇到城镇的迁移人口，占到了 37%。根据 2005 年人口抽样调查资料测算，2000 年到 2005 年，农村（县）人口迁出了 9 143.59 万人，其中 80.25% 迁入了城镇（路遇和翟振武，2009）。这也说明了我国城市化的发展迅速。

表 5-9　2000 年中国全部迁移人口的迁移方向和地区分布

地区	城镇到城镇	城镇到乡村	乡村到乡村	乡村到城镇	合计
东部	36.5	2.8	15.7	45.0	100
中部	41.8	5.0	18.8	34.4	100
西部	34.4	5.5	23.6	36.5	100
全国	37.2	3.9	18.2	40.7	100

资料来源：张善余等，90 年代中国人口分布变动和迁移流动的新形势研究，国家统计局编，转型期的中国人口—2000 年人口普查国家重点课题，北京：中国统计出版社，2005 年版，382 页。

根据联合国经济和社会发展部人口署（Population Division of the Department of Economic and Social Affairs of the United Nations Secretariat ,2004）的预测报告，中国内地（不包括香港、澳门、台湾）城市人口到 2003 年为 50 374 万人，到 2030 年将为 87 762.3 万人；农村人口 2003 年为 80 045.6 万人，到 2030 年将为

57 289.8 万人;城市化率由 38.6% 上升到 60.5%;城市人口年变动率为 3.2%,农村人口年减少率为 0.8%;人口最大的城市集聚区为上海,将达到 12 759 千人,占全国总人口 2.5%。而上海 2010 年普查人口已经达到了 2 300 万。

二、大城市化和迁入人口迅速增加

大城市化是城市化加速阶段一个不可避免的趋势,也就是大城市超前增长,人口向大城市集中。大城市人口增加同样来源于三方面:一是大城市人口的自然增长;二是行政区划的变更导致人口的增加;三是市外迁入人口,又可以分为市外农村迁入人口和市外其他城镇人口迁入,后者就是城城迁移人口。根据第三次到第六次人口普查资料分析,大城市的人口和家庭迁入呈增长趋势(人口迁移和家庭迁移有区别。家庭通常作为一个集体单位,人口作为一个个体单位,而且很多人口并没有发生家庭整体迁移,而是个人迁移,并作为集体户登记)。这里以我国四大直辖市、武汉、广州和深圳为例来说明大城市的超前增长。这是中国目前人口总量最大的几个城市之一。除了重庆以外的城市人口增长都很迅速,其他六大城市增长速度都超过了全国平均水平,深圳城市人口增长速度最快。重庆设直辖市较晚,并且包括了很多县市,增长较慢,低于全国平均水平(见表 5-10)。

表 5-10　四普、五普、六普中国七大城市总人口(百万)

地区	1990 年	2000 年	2010 年	前 10 年增长比重(%)	后 10 年增长比重(%)
全国	1 133.7	1 295.3	1 339.72	14.3	3.43
北京	10.8	13.8	19.61	27.7	42.10
天津	8.8	10.0	12.94	13.9	29.40
上海	13.3	16.7	23.02	25.5	37.84
重庆	28.9	30.9	28.85	7.1	-6.63
武汉	6.90	8.04	9.79	16.59	21.77
广州	6.30	9.94	12.70	57.83	27.77
深圳	1.67	7.01	10.36	319.76	47.79

注:四普数据来自人工汇总资料,五普全国数据包括解放军人和漏登人口数,四大直辖市不包括这些。五普全国总人口中含解放军人 250 万和 105 万常住地待定人口。武汉市数据来自于武汉市 2000 年人口普查资料;广州、深圳市数据分别来自于广州市、深圳市统计局第五次人口普查公报,这里没有对广州、深圳和武汉的区划变更作人口调整。2010 年数据来自于全国和各省市的第六次人口普查主要数据公报。

资料来源:根据中国第四次人口普查资料、第五次人口普查资料计算。

根据联合国经济和社会发展部人口署(Population Division of the Department of Economic and Social Affairs of the United Nations Secretariat ,2004)的预测报告,

2003年城市居民在100万以上的城市中，全世界前400位城市中有中国（包括香港、澳门、台湾）的北京、上海等94个城市。根据预测，到2015年，这些城市的人口仍将增加，占总人口和总城镇人口的比重进一步增加。

三、城市郊区化和市内迁居增加

城市郊区化实际上是市区人口、工业和商业等向郊区迁移的结果。居住郊区化是城市化加速阶段一个不可避免的趋势。随着大城市超前增长，人口向大城市集中，城市向外扩展；与此同时大城市市内人口向郊区迁移，人口居住郊区化。根据第五次人口普查资料发现，大城市的人口和家庭居住郊区化呈增长趋势。研究表明北京、上海等很多大城市都出现了城市郊区化（冯健，2003），出现了市内人口向郊区迁居的现象。这里以北京为例，说明人口的居住郊区化。尽管北京市总人口不断增加，中心区人口为绝对减少趋势，人口密度下降，年均增长率为负数；近郊区人口为绝对增长趋势，人口密度增大，年均增长率为正数（见表5-11）。

表5-11 1982年、1990年和2000年北京市不同地域的人口数量和密度

	人口数量（人）			人口密度（人/平方公里）				
	1982年	1990年	2000年	1982年	1990年	2000年	1982—1990年增长量	1990—2000年增长量
中心区	2 418 181	2 336 544	2 114 586	27 763	26 826	24 278	-937	-2 548
近郊区	2 840 033	3 989 178	6 388 799	2 214	3 110	4 980	896	1 870
远郊区	3 972 449	4 493 685	5 065 809	256	289	326	33	37
都市区	8 024 661	9 470 865	12 181 039	885	1 044	1 343	159	299
市域	9 230 663	10 819 407	13 569 194	546	640	802	94	162

注：北京市地域范围划分为：中心区包括东城、西城、崇文、宣武，近郊区包括朝阳、海淀、石景山、丰台，远郊区包括除此以外的其他辖区。都市区为除延庆、怀柔、平谷、密云以外的地区。

资料来源：人口数据来自于北京市三普、四普、五普资料，转引自冯建，周一星，《近20年来北京都市区人口增长与分布》，《地理学报》，2003年第6期，914—915页。

再以武汉为例，通过分析人口迁移发现人口的郊区化趋势（杨云彦等，2004）。市内迁移不同于其他迁移，从市区迁出的移民，其空间行为特征和外来迁入人口的分布往往有很大差别。根据迁出地构成，将迁入武汉市的移民分为四类，第一类是从武汉市区迁出的人口，占总人口41.1%；第二类是从武汉市郊县迁出的人口，占11.3%；第三类是从湖北省其他县市迁出的人口，占31.8%；第四类是从湖北省以外迁出的人口，占15.8%。从表5-12看出，武汉市市区迁出的人口中，分布在新城区和城郊结合区的比重明显高于总体的分布水平；从郊县迁出的人口的主体，则还是分布于郊县；从省内迁入的人口，较多地集中在老

城区;而从省外迁入的人口,则更多地分布于新城区。

表 5-12 2000 年武汉市各类迁出人口的迁入地区分布(%)

迁出地/迁入地	市区	郊县	省内*	省外	合计
老城区	24.62	11.30	26.17	22.59	23.29
新城区	54.88	18.41	48.30	54.14	48.56
城郊结合区	16.24	11.14	13.36	9.90	13.75
远郊区	3.82	2.35	4.39	4.14	3.89
郊县	0.44	56.80	7.78	9.22	10.52
合计	100.00 (6 971)	100.00 (1 912)	100.00 (5 396)	100.00 (2 678)	100.00 (16 957)

注:从省内迁入的人口中不包括从武汉市迁入的人口。

资料来源:根据武汉市五普资料计算,转引自杨云彦,田艳平,易成栋,何雄,《大城市内部迁移与城市空间动态分析—以武汉市为例》,《人口研究》,2004 年第 2 期。

四、都市圈:更大范围的空间集聚和职住区位分离

都市圈(metropolitan area)一般是指跨越都市界限而且和都市在景观上联为一体或者在职能上具有紧密联系的区域(李国平,2004)。通常将具有以下特征的区域看成是都市圈:第一,在景观上和都市连为一体的城市化区域(城市建成区);第二,在通勤等日常生活方面和都市紧密联系的区域;第三,在经济活动和流入人口等方面和都市关系密切的区域(都市影响圈)。都市圈从本质上讲,是一个经济圈,是中心城市和周边地区两种异质空间在相邻条件下的相互作用,这种作用主要以"流"的形式表现为要素和经济活动在空间的集聚和扩散(胡序威,2000)。其次是集聚了大量的人口和社会活动,也是一个社会圈,有密切的社会联系,还有生态联系等。其地域范围应该根据城市的职能及空间影响范围来确定。20 世纪 50 年代,日本行政管理厅对"都市圈"的定义是:以一日为周期,可以接受城市某一方面功能服务的地域范围,中心城市人口规模须在 10 万人以上。60 年代又提出"大都市圈"概念,规定:中心城市为中央指定市,或人口规模在 100 万人以上,并且邻近有 50 万人以上的城市,外围地区到中心城市的通勤人口不低于本身人口的 15%,大都市圈之间的货物运输量不得超过总运输量的 25%。都市圈的界定主要基于以下几个标准:(1) 中心城市人口规模在 100 万以上,且邻近有 50 万人口以上城市;(2) 中心城市 GDP 中心度 >45%;(3) 中心城市具跨省的城市功能;(4) 外围地区到中心城市的通勤率不小于本身人口的 15%。这些标准反映了都市圈的最主要特征,其中关于都市圈通勤率的指标,是关于都市圈内部联系强度的分析指标,也是分析都市圈空间发育程度的重

要指标(张伟,2003)。日常都市圈也称"一小时都市圈",即从核心城市到周边城市之间的单向时间距离在1小时左右;大都市圈的单向时间距离一般在3小时左右。如果以高速公路为主要通道,以私人小汽车为主要交通工具,或者以市际高度铁路为纽带(如日本的新干线),则日常都市圈的距离最大可以达到100公里,而大都市圈的半径可达300—400公里。

都市圈造成了就业区位和居住区位的更大空间范围的分离。都市圈以多个主要城市为中心,并与周围的众多中小城镇、农村通过快速的交通通道、电讯网络紧密联系在一起,形成了产业分工和合作体系。这就造成了城市劳动力市场和住房市场的空间扩展,形成了都市圈的地方性劳动力市场和房地产市场,居民在整个圈层范围内选择就业岗位和住房。以北京为例,在北京已经出现了河北省等周边地区到北京就业,北京市民到河北省购房的现象,例如靠近丰台的涿州。在广州,由于佛山、顺德等地到广州市区只需要一个小时左右,导致了就业和住房在珠三角大范围内选择。随着私车的增加和城市快速通道网络的建立,我国都市圈将会越来越多,并且内部联系更加紧密。

我国已经形成了长三角都市圈、珠三角都市圈,正在形成京津都市圈、东北沈大都市圈、武汉都市圈、成渝都市圈等。通过建设部的审定,"大北京"包括了北京、天津、唐山、保定、廊坊等城市所统辖的京津唐和京津保两个三角形地区,以及周边的承德、秦皇岛、张家口、沧州和石家庄等城市部分地区。《中国城市经济》2002年第二期《中国三大都市圈大角力》文章指出,《广东省城市化"十五'计划》提出,到2005年,经济特区和珠江三角洲地区城市化水平达到60%左右。广东省城市化"十五"发展方针的主干就是提升珠江三角洲城市群竞争实力,使之成为亚太地区主要的城市集团。珠江三角洲都市圈面积为47 661平方公里,总人口约为3 000万;长江三角洲都市圈面积约为99 678平方公里,总人口为7 500万。

五、城市家庭居住区位分化和隔离

在计划经济时期,城市住房作为一种社会福利,主要由单位和政府提供,居民没有选择住房和社区的权利,中国城市形成了以公房租赁为主要住房方式和单位大院为主的组团式社区的特征。虽然单位之间住房存在一定的差异,但是不同社会阶层在城市内部相对均匀分布,城市居住空间结构相对均质和单一,与西方的居住分异和隔离形成鲜明的对比(如张京祥等,2007;Huang,2005)。

随着市场经济的发展,经济社会转型促进了社会分化,住宅需求结构不可避免地将产生经济收入、家庭结构和社会文化背景等方面的分化,不同阶层在住房偏好和需求上存在着明显的差异。居民的住房选择也具有社会经济地位的象征意义。居民的社会经济地位分化和大量的市内迁居导致了居民在社会空间上的迅速分化,逐渐打破了原来相对均质的社会空间属性。因此迁居改变了相对同质的单位社区为主的城市空间,形成异质的、多元化的社区。一方面,住房市场、劳动力市场和其他市场因素开始起作用。人们可以因为工作机会和住房需求的变化而迁移迁居。住房改革以及住房市场化给居民提供了住房选择的自由和可能,个人可以根据自己社会经济地位、家庭需求和住房偏好选择住房产权、类型、质量和邻里,并通过迁居来实现(Huang 和 William,2002)。此外,房产商根据住户的偏好和支付能力提供不同层次的住房和社区。同时,快速的城市化以及户籍制度的改革导致了大量人口在城乡之间、城市之间自由流动。但是在现有的户籍制度和住房制度下,流动人口在制度上和社会上依旧处于不利地位,他们一般不能享受补贴性住房,住房选择也有限。因此他们通常在城中村聚居,形成与富裕的门禁社区截然不同的社会空间,加剧了城市居住空间的异质性和多元化(Huang,2005)。另外,政府和单位依旧在住房建设中起重要的作用。政府集中建设经济适用房等保障性住房以及工作单位集资建房都形成了特有的城市空间。Wang(2004)分析了我国的社会阶层变化和城市居住分布模式的变化(见图5-4)。随着经济社会转型,城市出现了社会阶层分化,这也使土地利用模式和居

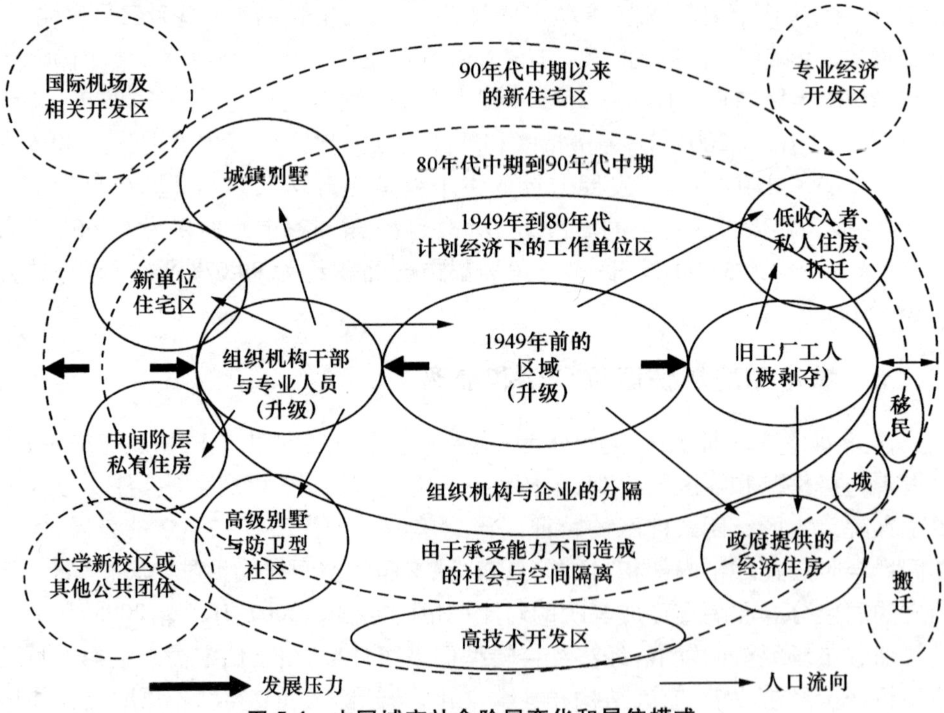

图 5-4 中国城市社会阶层变化和居住模式

住模式发生了很大的变化。从计划经济时期的单位住房社区演变为更加分化和隔离的不同类型的社区。政府机构及企业管理者、专业技术人员一部分向城市繁华商业中心聚集，另一部分流向新城和郊区的别墅区、新型单位社区、中产阶级的商品房社区。随着旧城区的改造、工厂的搬迁，老城区的低收入者、拆迁户、旧工厂工人只能向城市外围扩展，居住在低收入人口聚集的贫民窟或政府提供的经济适用房。外来的流动人口则居住在城市郊区的城中村等移民区。

学者们对中国转型期间居住分异和城市社会空间极其关注，研究了居住分异的机制、影响因素，以及特定城市的空间分化，例如北京、上海、广州（Huang，2005，吴启焰，2001，冯健等，2003，Wu，2002；李志刚，2008）。这里选取了中部特大城市武汉为例，从迁移迁居和户口制度的角度来分析住房制度改革、户籍制度和城市化对居住分异的影响（黄友琴和易成栋，2009）。

虽然户口、迁移迁居、住房选择和居住分异紧密相关，但是对它们相互关系的研究并不多。仅有的研究也通常把城市人口分成本地人和外来流动人口，关注他们之间住房和社区的差异（李志刚，2008）。事实上户籍制度和近年来快速的迁移迁居将城市人口分成了多个不同阶层，这种二分法已经不能体现现实。同样是外来人口，市外永久迁移人口和市外暂时移民人口存在着不同的社会经济地位和特征（Chan，1996）；同样是本地市民，市内迁居人口与一直没有迁居的人口也出现了社会经济、住房消费和居住空间的分异。因此本研究把城市人口分成四类：本地未迁居居民（也叫本地居民，local residents）、市内迁居居民（residential movers）、市外永久移民（permanent migrants）和市外暂时移民（也叫流动人口）（temporary migrants）、并分析他们在城市中的居住分异和隔离。

本书以武汉市为例进行实证研究。武汉市是湖北省的省会，中部的特大城市之一。武汉市按行政区划分为市区（包括江岸区、江汉区、硚口区、汉阳区、武昌区、青山区、洪山区 7 个主城区以及东西湖区、汉南区 2 个近郊区）和郊县（蔡甸、江夏、黄陂、新洲 4 个区）两个部分。按照惯例，本书研究只覆盖市区（主城区和郊区），不包括郊县。市区又根据建成区形成的阶段，以 2000 年人口普查的街道乡镇为基础进一步划分成 4 个层次，分为：老城区，共 35 个街道；新城区，共 40 个街道；城郊结合区，共 14 个街道或乡镇；远城区，共 26 个乡镇或街道（武汉市区按照街道划分的四个区域依据来自于武汉城市规划设计研究院）。本书利用权威的 2000 年人口普查 0.1% 按户抽样数调查数据。研究范围内共有样本 489 851 人。

首先将城市人口根据户口登记状况、户口性质、迁移时间和迁出地分类如下："本地未迁居居民"为从出生起居住在本地，且户口在本地和居住在本地的人口；"市内迁居居民"为来自于武汉市区其他街道，居住在本地和户口在本地（或户口在本乡镇街道以外，即"人户分离"）的人口；"市外永久移民"为来自于武汉郊县和武汉以外,并且户口在本地和居住在本地的人口;“市外暂时移民”或“流动人口”人口为武汉市区以外的人口,居住在本地和户口在外乡镇街道;此外为“其他”。

2000年武汉市市区各类人口占总人口比重如下:本地未迁居居民占28.0%,市内迁居居民占13.9%,市外永久移民占34.6%;市外暂时移民占22.7%,其他占0.8%。由此可见,所谓的“本地人”已经不占绝对人口优势,从市外迁入的人口则超过57%。按户口和迁移状况,武汉市区人口已经非常多样化。本地未迁居人口、市内迁居和永久迁移人口以非农业户口为主,市外流动人口则是农业户口(57%)比非农业户口(43%)略多。

由于数据的限制,5年以前迁移的人没有迁出地信息。这里仅分析1995年11月1日以后最近5年的移民(新移民)的来源地和迁入街道。最近5年市内迁居人口占总迁居人口的100%,最近5年内的永久移民占总永久移民的15.8%,而最近5年的流动人口占总流动人口的48.4%。

不同类型的新移民有不同的迁移原因。市内迁居移民最主要的原因是拆迁搬家和随迁家属,占该类移民的54%;永久移民最主要的原因是学习培训,占该类移民的89%,这和这类人主要是武汉大中专院校的学生有关,占了该类人口的89.3%。暂时移民的主要原因是务工经商,占该类移民的57%。

从迁出地和迁入地来看,市内迁居主要发生在同一行政区内;按照街道划分,来自于市区的迁居居民主要迁往老城区和新城区;而来自于近郊区的迁居居民主要迁往城乡结合部和远郊区。如表5-13所示,永久移民主要来自于湖北省内(55.3%)和省外(38.8%),绝大多数住在新城区(80.0%),其次是老城区(13.6%)。暂时移民主要来自湖北省武汉以外的地方(63.0%),主要是迁入新城区(40.5%),老城区(33.9%),城郊结合区次之(19.8%)。和永久移民相比,暂时移民来源更集中,但在迁入地分布更均匀。总体而言,无论是迁移还是迁居都符合距离衰减的原则。

表5-13　2000年武汉市5年内迁移的永久移民和暂时移民的迁出地和迁入地

迁出地	迁入地			
	武汉郊县	湖北省	湖北省外	总计
市外永久移民				
老城区	0.7	7.5	5.4	13.6
新城区	4.5	45.0	30.5	80.0
城郊结合区	0.4	1.8	1.8	4.0
远城区	0.2	1.0	1.1	2.4
总计	5.9	55.3	38.8	100.0

（续表）

迁出地	迁入地			
	武汉郊县	湖北省	湖北省外	总计
市外暂时移民				
老城区	3.6	22.0	8.2	33.9
新城区	4.2	25.1	11.2	40.5
城郊结合区	3.6	12.2	3.9	19.8
远城区	0.7	3.7	1.5	5.9
总计	12.1	63.0	24.8	100.0

资料来源：根据2000年武汉人口普查微观数据计算。

总体而言，武汉人口分布相对集中，但已经出现郊区化。有近半的人口（48.6%）分布在新城区，近30%的人口分布在旧城区，14%在城郊结合区和8%在远城区（见表5-14）。各类人群的分布基本与城市总人口的空间分布形态相符。比较而言，本地未迁居居民的分布相对比较平均，主要是住在新城（38.7%）和老城区（31.8%）。市内迁居人口和永久移民在新城区的集中度最高（分别为54.7%和59.5%），永久移民住在城郊结合部和远城区的比重较低（分别为6.9%和5.2%）。暂时移民住在城郊结合区的比重是四类人群中最高的（21.4%），和永久移民有尤其明显的不同。这和城郊结合区城中村具有大量便宜的住房相关。

表5-14 2000年武汉市人口按户口、迁移迁居状况的空间分布

%	老城区	新城区	城郊结合区	远城区	总计	总人口
本地未迁居居民	31.8	38.7	15.5	14.0	100.0	13962
市内迁居居民	24.7	54.7	16.3	3.8	100.0	6911
市外永久移民	28.4	59.5	6.9	5.2	100.0	17262
市外暂时移民	30.7	40.6	21.4	7.3	100.0	11308
其他	20.6	33.6	22.1	23.8	100.0	408
总计	29.3	48.6	14.0	8.1	100.0	49851

资料来源：根据2000年武汉人口普查微观数据计算。

由于各类人群在空间分布上的差异，他们占街道总人口的比例也有明显不同的空间形态。人口比重具体街道分布见图5-5到图5-7。

在以街道为单元的地图上还可以看出，各类移民的空间分布明显不同，存在一定程度的互补。随着新城建设和老城改造，市内迁居居民在老城周边的新城街道比重较高，例如汉口和汉阳老城的扩张和青山区的红钢城建设、大型居住组团建设导致了大量的市内迁居；永久移民也是在老城周边的新城街道比重较高，但是略有不同，例如在省政府机构所在地和高校所在地的街道永久移民比重较

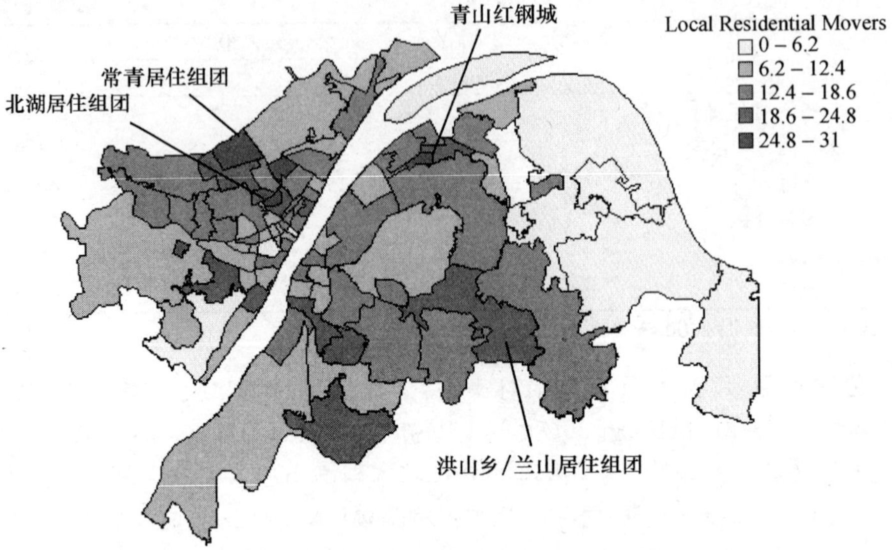

图 5-5　2000 年武汉按街道分的市内迁居居民占街道总人口比重

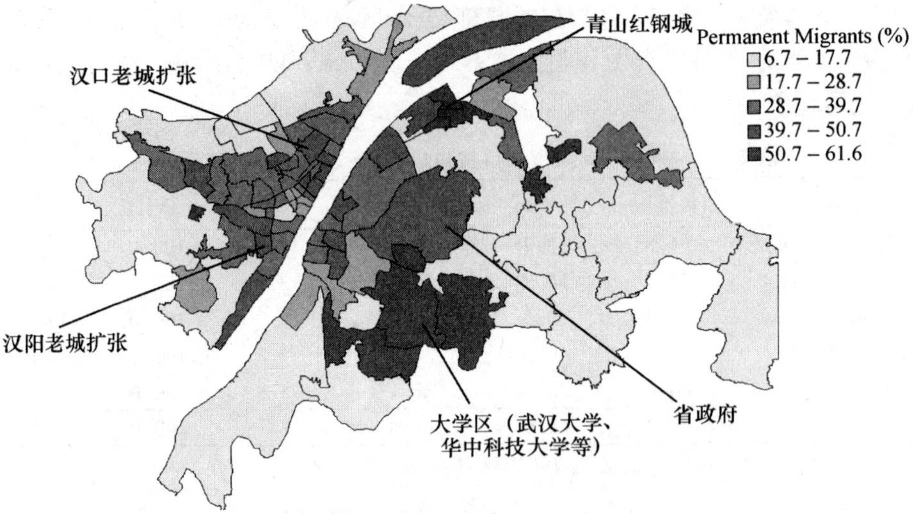

图 5-6　2000 年武汉按街道分的永久移民占街道总人口比重

高，这和省政府官员调动以及大学城建设和高科技园区建设有关；暂时移民则是在靠近老城区和新城周边的城郊结合部比重较高，因为这些地方既接近城区就业中心，又存在大量城中村，能提供廉价租赁住房。

居住分异指数（Dissimilarity Index）和孤立指数（Isolation Index）常用来衡量居住分异和隔离的程度（Ma and Xiang，1998）。具体计算公式如下。

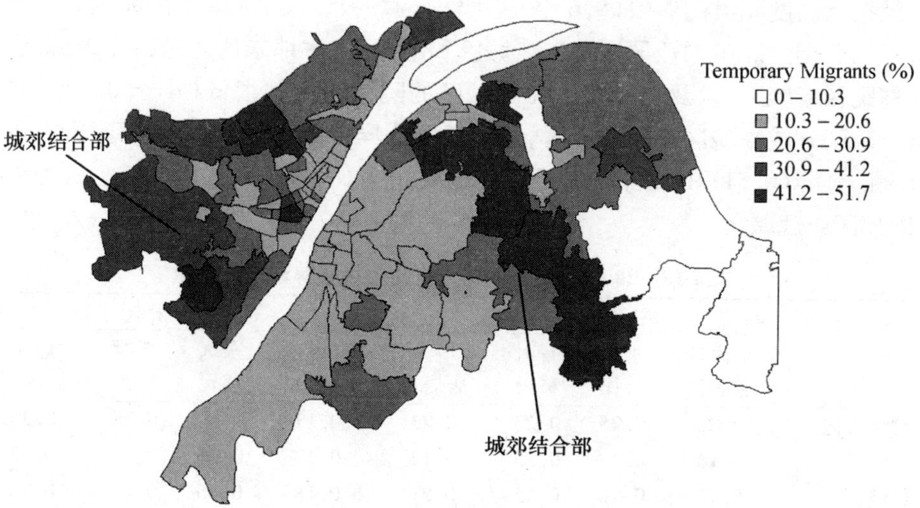

图 5-7　2000 年武汉按街道分的暂时移民占街道总人口比重

分异指数的计算公式为：

$$D = \frac{1}{2}\sum_i \frac{t_i \mid p_i - P \mid}{TP(1 - P)}$$

其中 t_i和 p_i分别为 i 区域的总人口和少数群体人口占该区域总人口的比重，T 和 P 为城市的人口规模和少数群体在总人口中的比重。对于基于户口和迁移的居住分异，本地未迁居居民为多数群体，其他类型为少数群体。

孤立指数计算公式为：

$$_xP_x^* = \sum_i \left(\frac{x_i}{X}\right)\left(\frac{x_i}{t_i}\right)$$

这里 x_i和 t_i是区域 i(以城市作为总体)的少数群体的人口数量和总人口数量,X 是少数群体在城市的总人口数。

这里以街道作为最基本的空间单元,分别计算了以市区为总体,以老城区、新城区、城乡结合区和远城区为总体,以及以主城区和近郊区为总体的居住分异指数和孤立指数(见表 5-15)。两个指数均取值 0—1,指数越大,人口分异和孤立程度越高,即居住隔离程度越高。

西方按照分异指数划分居住隔离程度的标准是低(0.3 以下),中(0.3—0.6),高(0.6 以上)(Massey & Denton,1988)。从城市市区总体来看,武汉市 2000 年的居住隔离程度相对较低,分异指数在 0.20—0.25。但各区之间存在较大的差异。在远城区,各类人口的分异指数均高于 0.3,表明存在中等程度的隔离且隔离程度高于城市其他地区。尤其是市内迁居居民,分异指数高达 0.53,

已经接近高度隔离的界限(0.6)。这可能与武汉市商品房建设在远城区空间分布不均衡相关。市内迁居居民在老城区和新城区,本地未迁居居民在老城区,永久移民在老城区,以及暂时移民在新城区的隔离程度都很低(小于0.2)。当按照行政区分成主城区和近郊区时,主城区的分异指数都很低,而近郊区则有中等至高的分异(0.51—0.65)。这显示了武汉市人口分布不均衡主要在城市外围(近郊区或远城区)。

表5-15　2000年武汉各类人口的居住分异和孤立指数

	分异指数				孤立指数			
	市内迁居居民	永久移民	暂时移民	本地未迁居居民	市内迁居居民	永久移民	暂时移民	本地未迁居居民
武汉市区	0.20	0.25	0.23	0.23	0.17	0.40	0.28	0.34
老城区	0.16	0.17	0.25	0.12	0.13	0.36	0.30	0.32
新城区	0.16	0.20	0.15	0.21	0.18	0.45	0.21	0.26
城郊结合区	0.20	0.28	0.20	0.25	0.19	0.23	0.38	0.36
远城区	0.53	0.30	0.31	0.36	0.26	0.29	0.27	0.57
行政分区								
主城区	0.17	0.22	0.21	0.19	0.16	0.41	0.24	0.27
近郊区	0.65	0.62	0.51	0.51	0.36	0.38	0.70	0.96

资料来源:根据2000年武汉人口普查微观数据计算。

孤立指数越高,表示少数群体越孤立,与其他人群的联系越少。总体而言,永久移民、暂时移民和本地未迁居居民中度孤立(0.28—0.40),而本地迁居居民孤立程度最低(0.17)。意外的是永久移民(0.4)比暂时移民(0.28)更孤立,这可能和永久移民主要是大专院校学生,分布相对集中有关。空间上,孤立指数也有较大分异,尤其是本地未迁居居民和永久移民。本地未迁居居民在远城区孤立程度最高(0.57),在新城区最低(0.26)。永久移民孤立程度在新城区最高(0.45),其次是老城区(0.36),在城郊结合部最低(0.23)。暂时移民在城郊结合部(0.38)和老城区(0.30)的孤立程度较其他地区高。市内迁居移民在城市各区的孤立程度都较低。从主城区和近郊区分,暂时移民(0.70)和本地未迁居居民(0.96)在近郊的隔离程度非常高,而其他人群在主城区和近郊都只有低到中等程度的孤立。这和分异指数的空间分布有所不同。

综上所述,武汉市人口多样化,分为市内未迁居居民、市内迁居居民、市外永久移民和市外暂时移民。他们的居住区位存在明显的差异,这说明户口和移民类型依然是影响住房获得的重要因素。与西方城市相比,武汉市区的居住分异和隔离程度目前还不高,但各分区的居住隔离程度存在明显差异。特定人群在城市某些区位的分异隔离程度已达到相当高的程度。而根据国外的经验,随着市场经济的深化和经济社会分化的加剧，居住分异会进一步加剧，因此中国城市在转型期间必然会面临这些问题，需要通过政府的规划和公共政策来降低居住分异隔离，避免居住分异隔离的进一步恶化，并减少居住分异带来的社会问题。

六、人口迁移和家庭迁居的空间指向集中于东部沿海

人口是按照个人计数的，不同的家庭则可能是由不同的人数组成，由于无法得到数据，这里分析全国人口的迁移趋势来反映家庭的分布变化。从表 5-13 可以清晰地看出，三大地区间的人口迁移的主要流向是中西部往东部迁移，其次是西部往中部迁移。我国人口迁移和自然增长的结果是人口分布得更加不均衡，更趋向沿海地区。

表 5-16　1982—2005 年中国省级人口迁移的三大地带差异

	地区	1982—1987	1985—1990	1990—1995	1995—2000	2000—2005
迁入人口比例(%)	东部	52.05	54.58	65.05	76.41	81.13
	中部	24.65	23.99	14.71	9.06	8.08
	西部	23.33	21.42	20.25	14.53	10.79
	合计	100	100	100	100	100
迁出人口比例(%)	东部	31.76	33.08	26.29	18.51	22.04
	中部	34.83	31.39	38.74	46.95	46.49
	西部	33.41	35.54	34.97	34.54	31.47
	合计	100	100	100	100	100

资料来源：路遇，翟振武，新中国人口六十年，中国人口出版社，2009 年版，436 页。

这里分析了我国人口在三次普查中发生的空间变化(表 5-14)。全国人口分布发生了明显的变化，东部地区比重增加，增长快于中西部地区；城镇人口增长较快。同时城市化水平存在较大的地区差异，东部地区远高于中西部地区。在东部地区，城镇人口从 1982 年的 9 323 万增加到 2000 年的 22 906 万，中部和西部的城镇人口在 2000 年时分别为 13 565 万和 10 237 万，东部与中西部之间的城市化水平差距增加了。在 1982 年，东部地区的城市化水平比中部和西部分别仅高 4.36 和 5.74 个百分点；到 2000 年时，它已经比中部和西部分别高出 14.17 和 17.84 个百分点；同年，东部的城市化水平已达 47.20%，而中部和西部地区却分别仅有 33.03% 和 29.36%。

表 5-17　中国三次普查按地区分的人口分布(%)

地区	1982 年三普		1990 年四普		2000 年五普	
	占总人口比	城镇化水平	占总人口比	城镇化水平	占总人口比	城镇化水平
东部	37.51	24.75	38.09	34.39	38.97	47.20
中部	33.83	20.39	33.62	26.01	32.91	33.03
西部	28.66	19.01	28.29	22.00	28.13	29.36

注:根据 1999 年西部大开发战略定义范围,东部地区包括北京、天津、河北、浙江、上海、江苏、山东、辽宁、福建、海南、广东等 11 个省、直辖市;中部地区包括山西、黑龙江、吉林、安徽、湖南、河南、湖北、江西等 8 省;西部地区包括除此之外的 12 省、自治区、直辖市。

资料来源:根据沈建法(Jianfa Shen,2004)调整 1982 年、1990 年、2000 年人口普查汇总数据估算结果而得。转引自:杨云彦,《第五次全国人口普查数据分析与应用研究(总报告)》,2004 年,108 页。

七、制度解释和统计检验

(一) 制度解释:制度变迁导致就业和居住流动性增强

在计划经济时期,相应的社会经济制度安排造成了城镇就业的固定性、迁移的低发生率、住房的低流动性。随着户籍制度的改革,人口的自由流动性增强;随着劳动就业制度的改革,人口的就业流动性增强;随着住房制度的改革,家庭选择住房的自由性增强,住房转让更加容易。所以,制度的改革放松了约束人口迁移和家庭迁居的制度"藩篱"。

城市化主要是人口迁移的直接结果。在加速城市化进程中,不仅是农村人口向城市迁移增加,而且中小城市人口向大中城市迁移也在增加,内陆人口和家庭向沿海城市迁移也在增加。随着我国户籍制度的功能回归到人口统计,社会管制职能的削弱,人口迁移和家庭迁居将越来越多,城市化比重会迅速上升。

(二) 统计检验:城市化率、人口迁移率和经济增长、制度变迁关系

由于只能根据 2000 年普查抽样数据计算 1995 年到 2000 年的家庭迁居率,无法分析 1978 年以来的家庭迁居率变化。这里就分析了城市化率、人口迁移率等居住区位的变化和经济增长、制度变迁的关系。

1. 城市化率与经济增长、制度变迁关系

这里根据周一星(2003)测算的 1978 年到 2000 年城市化率和人均 GNP(转换为 1964 年美元)以及年份虚拟变量来验证城市化率、经济增长、制度变迁的关系。首先对城市化率作聚类分析,发现分为两类的分界点是 1984 年,这刚好是开始启动城市改革的时期。因此以城市化率 Urbanization 为响应变量,人均 GNP 以及年份虚拟变量 IN(1984 年前为 0,反之为 1)为自变量做回归。

(1) 年度城市化率和人均收入模型

首先从两个时间序列的走势看,两者之间存在明显的时间趋势,即时间序列的波动呈现一个线性变动趋势,由此可以推测人均收入和城市化率两个时间序列不平稳。

进一步对两个序列进行 ADF 检验,判断是否存在单位根。从住房产权模型可以看出人均实际收入的对数序列是一阶单整的。对城市化的原序列进行 ADF 检验,由于从上图中看出存在明显的线性趋势变动趋势,所以检验方程选取带有截距项的方程形式,由 SIC 准则确定滞后阶数,原序列单位根检验结果如下:

		t-Statistic	Prob.*
Augmented Dickey-Fuller test statistic		-0.777861	0.8057
Test critical values:	1% level	-3.769597	
	5% level	-3.004861	
	10% level	-2.642242	

因此,在 5% 的置信水平下,城市化率序列是不平稳的。

再进一步对城市化率序列的一阶差分序列进行 ADF 检验,取带截距项的方程检验形式,由 SIC 准则确定滞后阶数,检验结果如下:

		t-Statistic	Prob.*
Augmented Dickey-Fuller test statistic		-4.830214	0.0010
Test critical values:	1% level	-3.788030	
	5% level	-3.012363	
	10% level	-2.646119	

因此,在 5% 的置信水平下,城市化率序列一阶差分序列是平稳的。因此,城市化率序列和人均收入对数序列都是一阶单整序列。

由于两个序列都是一阶单整,因此可以对两个序列进行协整检验,确立两个序列之间的长期联系。

① 首先估计城市化率(Urbanization)和人均收入(Lnincome)回归方程

$$\text{Urbanization}_t = \partial + \beta \text{Lnicome}_t + \varepsilon_t$$

估计结果为

$$\text{Urbanization}_t = 13.1969 + 0.0191\text{Lnicome}_t + \varepsilon_t \quad R^2 = 0.9340$$
$$p \qquad = (0.0000) \qquad (0.0000)$$

② 对上面回归方程的残差项进行平稳检验,取无截距项和无时间趋势项的检验方程形式,检验结果如下:

		t-Statistic	Prob.*
Augmented Dickey-Fuller test statistic		-1.425885	0.1392
Test critical values:	1% level	-2.679735	
	5% level	-1.958088	
	10% level	-1.607830	

所以,在5%或10%的置信水平下,两个时间序列之间不存在协整关系,所以直接回归就会存在伪回归的问题,即两者之间不存在稳定的长期趋势联系。

(2) 人口迁移率和经济增长、制度变迁的关系

1978年后人口迁移规模和之前有很大差别,体现了制度变迁对人口迁移的影响。这里根据杨云彦(2003)测算的1978年到2000年年度人口迁移率MR,和人均GNP(转换为1964年美元)来验证以下人口迁移和经济增长的关系。响应变量为人口迁移规模,自变量为人均GNP。

首先从两个时间序列的走势看,两者之间存在明显的时间趋势,即时间序列的波动呈现一个线性变动趋势,由此可以推测人均收入和迁移率两个时间序列不平稳。

其次,进一步对两个序列进行ADF检验,判断是否存在单位根。从住房产权模型可以看出人均实际收入的对数序列是一阶单整的。对迁移率的原序列进行ADF检验,由于从上图中看出存在明显的线性趋势变动趋势,所以检验方程选取带有截距项的方程形式,由SIC准则确定滞后阶数,原序列单位根检验结果如下:

		t-Statistic	Prob.*
Augmented Dickey-Fuller test statistic		-1.308069	0.6069
Test critical values:	1% level	-3.769597	
	5% level	-3.004861	
	10% level	-2.642242	

因此在5%的置信水平下,迁移率是非平稳的。

然后,进一步对迁移率率序列的一阶差分序列进行ADF检验,取带截距项的方程检验形式,由SIC准则确定滞后阶数,检验结果如下:

		t-Statistic	Prob.*
Augmented Dickey-Fuller test statistic		-6.672134	0.0000
Test critical values:	1% level	-3.788030	
	5% level	-3.012363	
	10% level	-2.646119	

因此，在5%的置信水平下，城市化率序列一阶差分序列是平稳的。迁移率序列和人均收入对数序列都是一阶单整序列。

由于两个序列都是一阶单整，因此可以对两个序列进行协整检验，确立两个序列之间的长期联系。

① 首先估计迁移率（Move）和人均收入（Lnincome）回归方程：

$$\text{Move}_t = \alpha + \beta \text{Lnicome}_t + \varepsilon_t$$

估计结果如下：

$$\text{move}_t = 20.1527 + 0.01269\text{Lnicome}_t + \varepsilon_t \quad R^2 = 0.6159$$
$$p = (0.0000) \qquad (0.0000)$$

② 进一步对上面回归方程的残差序列进行平稳性检验，选取没有截距项和没有时间趋势性的方程形式，检验结果如下：

		t-Statistic	Prob.*
Augmented Dickey-Fuller test statistic		-3.521157	0.0012
Test critical values：	1% level	-2.674290	
	5% level	-1.957204	
	10% level	-1.608175	

因此，可以看出在5%的置信水平下，残差序列是平稳的。所以迁移率序列和人均收入序列两者之间是协整的。两个序列之间存在稳定的长期趋势关系。关系式为：

$$\text{Move}_t = 20.1527 + 0.01269\text{Lnicome}_t + \varepsilon_t$$

由于协整关系只能表示两个序列之间存在长期联系，但是迁移率的变动是由长期趋势和短期波动所决定的。短期内系统对于均衡状态的偏离程度的大小直接导致波动振幅的大小。因此建立误差修正模型来分析短期波动的影响：

③ 首先估计迁移率（Move）和人均收入（Lnincome）回归方程

$$\text{Move}_t = \alpha + \beta \text{Lnincome}_t + \nu_t$$

估计的结果为

$$\text{move}_t = 20.1527 + 0.01269\text{Lnicome}_t + \varepsilon_t \quad R^2 = 0.6159$$
$$p = (0.0000) \qquad (0.0000)$$

④ 用残差序列作为误差修正项，令 $\text{ecm}_t = \hat{\upsilon}$，建立下面的误差修正模型

$$\Delta\text{move}_t = \beta\Delta\text{ecm}_{t-1} + \Delta\text{Lnincome}_t + \varepsilon_t$$

估计结果为

$$\Delta\text{move}_t = -0.8028\text{ecm}_{t-1} + 0.0126\Delta\text{Lnincome}_t + \varepsilon_t \quad R^2 = 0.3854$$
$$p = \quad (0.0029) \qquad (0.3019)$$

从误差修正模型看，模型回归结果中，人均收入并不显著，拟合优度也不高。因此可以看出迁移率和人均收入之间的长期趋势联系不受短期波动影响。

⑤ 结论

迁移率和人均收入之间存在长期趋势联系，影响的关系式为

$$move_t = 20.1527 + 0.01269Lnicome_t + \varepsilon_t$$

八、城市化率、人口迁移率、家庭迁居率的国际比较

从国际对比来看，我国城市化率、迁移率和家庭迁居率偏低。在转轨期我国的户籍制度还没有完全放开，流动人口在城市定居还受到了很多的限制，在大城市尤其如此；在城市转让住房产权和土地使用权还有很多约束，很多城市没有向低收入的进城的农民提供他们可以支付的经济适用房和廉租房等；就业政策还存在对外来人口的歧视，劳动力市场还存在多重分割。这造成了我国人口迁移率和家庭迁居率偏低。随着市场经济体系的成熟，人口和家庭流动频率和规模将会更大。

(一) 城市化率的国际比较

对中外城市化率的比较研究很多，绝大多数学者赞同我国城市化滞后。如中国社会科学院"工业化与城市化协调发展研究"课题组(2002)认为"与一般模式相比较，我国在相同的人均收入水平上，以工业增加值比重来衡量，城市化并没有滞后；但是以工业产值比重来衡量，城市化水平明显滞后；与不同收入国家相比，以产值结构水平为依据，我国城市化水平严重滞后。"改革开放30年来，工业化率与城市化率的差距有所减小，到2007年，城市化低于工业化率1.92个百分点(路遇和翟振武，2009)。

(二) 人口迁移率的国际比较

迁移率的国际比较受到了迁移统计口径、国土面积、人口总量、制度差异、经济发达程度等多种因素的影响。80年代初，美国的年度人口迁移率为17.5%，加拿大为18.0%，英国为9.6%，最低的爱尔兰也有6.1%(Long，1991)。与发达国家相比，我国的人口迁移率长期处于低水平，即使到了2000年，人口迁移率才达到4.9%，正在接近80年代初发达国家的低端水平。与同等水平的发展中国家相比，我国的人口迁移率也要低一些，并具有一些不同的特点，在城市就业的流动人口暂住而不是长期居住比重偏高。这主要是我国劳动就业和社会保障制度、户籍制度以及城市管理政策等限制了迁移和定居。

(三) 居住区位流动性的国际比较

家庭迁居率的国际比较同样也受到了上述多种因素的影响。从国际比较来看，中国偏低。1989年，美国大约有17%的家庭迁居(迪帕斯奎尔等，2002)。这

里的迁居率是在过去 12 月内有搬家迁移的户主占总家庭户的比重。根据五普抽样数据计算，我国 2000 年家庭迁居率约为 2.4%，城镇家庭迁居率约为 4.66%。[①] 与美国相比，我国城镇家庭迁居率也低一些。李思名（Siming Li, 2004）根据对北京市 1 600 个家庭户主的抽样调查资料首次分析了家庭迁居率，认为北京市从 1981 年到 2001 年年均迁居率为 4.29%，这也证实了中国迁居率要低于美国。

第五节　中国城市家庭持有第二住宅呈增长态势

第二住宅作为中国早就有之的住房消费和投资现象，随着新中国成立和新的土地房屋制度建立而消失。20 世纪 80 年代改革后，它不仅存在，而且随着住房制度改革和社会经济发展出现了规模不断扩大的趋势。

一、城市自有多套住宅家庭占总家庭比例增长较快

第二住宅通常被认为是家庭第一住宅以外的，偶尔使用的，拥有产权或者长期租赁权的住宅。然而在不同国家学术研究里面第二住宅的界定和判断标准是很不同的。这里将中国家庭除自有现住房外，还拥有全部或者部分产权的其他住宅作为自有多套住宅，来分析自有多套住宅规模的变化。2005 年 CGSS 和 2008 年 CFPS 调查提出了以下问题："您家现在居住的房子是租赁还是自有？""您家在别处是否还有（非租来的）住房？""您家在其他各处住房共有几套？"将家庭除自有现住房外另外拥有部分产权或者全部产权的住房作为自有多套住宅。实际上自有两套住宅占了自有多套住宅的绝大多数，而三套及以上的比例要小得多。

2005 年，从中国家庭总体来看，自有多套住宅家庭占总家庭比例为 6.7%。而从北京上海广东三地来看，自有多套住宅比例为 10.1%，广东省最高，上海其次，北京最低。

根据中国综合社会调查 2005 年数据，将现住房作为首要居所（Primary Home）。它的来源主要是购买全部产权房、自有私房、部分产权房和租赁公房。城市家庭以自有住房为主，首要居所自有率占到了 76.7%。除了现住房外，还有部分或者全部产权的住房为第二住宅。拥有第二住宅的住户占总住户数量的 11.5%。从表 5-15 可以看出，基本上第一住房各种来源住户都可能拥有第二住

① 这里的迁居率是在五普 0.095% 抽样数据中自 2000 年来本乡镇街道居住的家庭户主占总户主的比重。由于前者调查时间始于 11 月 1 日，再调整时间乘以系数 1.2。这与美国的迁居率计算有点差异。

宅,第一住宅为租赁私房的住户拥有第二住宅的比重最高。其中,租赁首要居所住户中有22.6%还有第二住宅,自有首要居所住户中有8.1%还有第二住宅。而这与大多数西方国家的第二住宅有所不同。西方国家通常为自有第一套住房然后再自有第二套住房,而租赁第一住宅而自有第二套住房的很少,例外的如瑞典,很多城市居民在城市租赁社会公房和购买成本价部分产权公房,在农村拥有第二住宅(Gallent *et al.*, 2005)。

表5-18　2005年中国城市家庭第一套住房的来源和拥有第二住宅比重(%)

	首要居所来源比重	没有二套比重	还有二套比重
租住单位房	3.8	85.3	14.7
租住公房	8.2	91.8	8.2
租住私房	10.3	63.3	36.7
自有私房(继承与自建)	17.8	92.0	8.0
已购房(部分/有限/居住产权)	12.6	93.6	6.4
已购房(全部产权)	46.3	91.4	8.6
住亲友住房,无需租金	0.4	90.0	10.0
住公房,无需租金	0.2	69.2	30.8
其他	0.5	71.4	28.6
汇总(样本数)	100.0(5705)	88.5(5050)	11.5(655)
租赁比例	22.3	77.4	22.6
自有比例	76.7	91.9	8.1
其他	1.1	79.2	20.8

资料来源:根据CGSS2005年数据计算。

在中国城市,住房产权状况就不是简单的自有或者租赁,而是复杂得多。这里分类如下:租赁现住房且没有第二套房;自有现住房且没有第二套房;租赁现住房且有第二套房;自有现住房还有第二套房;其他。由表5-16可以看出,最主要的是自有一套住房,其次是租赁现住房;而自有多套住房的比重为6.2%。并且出现了租赁且有第二套房的情况,比重为5.1%。

表5-19　2005年中国城市家庭按照多套住房类别分的比例(%)

	比例
租赁一套	17.4
自有一套	70.4
租赁且有二套房	5.1
自有多套	6.2
其他	0.9
汇总(样本数)	100.0(5705)

资料来源:根据CGSS2005年数据计算。

而到了2008年,从北京上海广东三地家庭总体来看,自有多套住宅家庭占总家庭比例为20.7%,广东省最高,上海其次,北京最低。而且三地都发生了较快的增长(见表5-17)。

表5-20 2005年和2008年中国自有多套住宅家庭占总家庭比例(%)

	2005年	2008年
	自有多套	自有多套
北京市	2.9	10.9
上海市	7.2	17.8
广东省	16.9	33.2
三地总计	10.1	20.7
全国总计	6.7	

注:2005年调查包括了中国内地除西藏外的省和直辖市,而2008年调查仅仅包括了上述三地。2008年其他住宅为全部产权,而2005年为全部或部分产权。两者抽样比例有所差异。

资料来源:2005年结果根据该数据计算,2008年内结果来自于北京大学社会科学调查中心,《中国报告2009·民生》摘要。

而从非农业户口家庭来看,自有多套住宅也出现了快速增长的态势,从三地比较来看,也是广东最高,上海其次,北京最低(见表5-18)。

表5-21 2005年和2008年中国自有多套住宅非农业户口家庭占总非农家庭比例(%)

非农业户口家庭	2005年	2008年
	自有多套	自有多套
北京市	2.81	11.6
上海市	7.42	18.7
广东省	16.45	27.1
三地总计	8.28	18.5

资料来源:同上表。

由此可见,与20世纪80年代改革初期相比,中国家庭自有多套住宅规模呈增长态势。2005年中国自有多套住宅的家庭占了总家庭的7%。2008年该比例更高。即使扣除了两次调查统计方面的差异,还是可以看出自有多套住宅规模是在增长的。

二、第二住宅成因

在住房制度改革后的中国城市,持有多套住宅的原因是多方面的。住房价值在市场经济中的显化吸引了更多富裕群体投资住宅;受中国传统的置业文化影响,家庭为老人和子女置业;市场经济造成劳动力流动性增强,在快速城市化进程中产生大量的移民,他们由于城市管理制度的限制,以及并在个人的能力和偏好等因素影响下在本城市自有一套住房,在流出地自有住房;住房制度改革本身也造成了城市居民低价获得房改公房作为第一住宅,并且有可能以此为基础持有第二住宅。在城市的郊区和城中村,自有多套住宅并对外出租是村民生存和致富的重要手段。

中国城市第二住宅动因有:(1)投资目的。获得第二住宅意味着有更多的住房资源和资产,可获得租金和资产增值,以及分散风险;(2)休闲度假目的。周末休闲来暂时逃离第一住宅日常生活和异地度假等,弥补第一住宅效用不足;(3)便利目的。流动性增强造成的家庭成员多就业地和学龄子女就近入学要求多居住地;(4)安置老人和子女目的。老人退休养老,或者家庭安置老人在附近居住,做到分开和近距离;为学龄子女进入好的重点学校购房入户、高考移民购房入户,以及为婚龄子女提前购置住房等。前面三个目的和西方相同,而第四个目的和西方有所不同,退休养老型的第二住宅在西方很普遍,在中国则多是投靠子女,另外为子女购置第二住宅的原因也不同。在现实生活里动因可能是多重的,无法完全区分开这些目的。除此之外,还有因为住房市场不发达,交易未完成或等待出售暂时持有第二住宅目的,以及部分产权交易受限制被迫持有等。在以上动因驱动下,第二住宅在住户的偏好和支付能力等作用下在外部制度环境、政策和市场里面实现。

中国的制度转型、住房市场的发育缓慢和代际互助的住房文化决定了中国家庭持有第二住宅的动因、市场性因素和制度性因素对第二住宅的影响和西方有所不同。例如代际转移和权力变现、单位的作用,还有户口制度和住房制度的影响都是中国特有的,所以对中国第二住宅的研究不能简单套用西方的理论和方法。

从2009年北京多套住宅住户问卷调查结果来看,被访问家庭选择持有第二住宅目的包括自住、转卖或出租投资、休闲度假、便于上班、方便小孩上学、退休养老、安置老人、为子女置业、正在卖还没有卖出、房改分了两套房或部分产权不好卖,以及其他共 11 类。我们将目的分成五种类型(见表 5-19)。其中,将自住、上班和上学合并为工作便利型,退休养老和安置老人和子女合并为安置亲属型,未卖出和部分产权合并为市场障碍型。同一家庭持有首要居所的最主要目的为自住(95%),另有 5% 为便利型,例如便于上班和小孩上学。持有第二住宅的目的则多样化,与首要居所明显不同。纯粹的转卖或者出租投资目的第二住宅套数占到了总第二住宅套数的 30%,休闲度假等自住目的占 10%,便于上班和上学占 12% 左右,退休养老和安置老人大概占到了 1/4,为子女置业占到了 14%,由于住房产权限制和市场交易未完成的第二住宅占 4% 左右。其中,安置老人和为子女置业等代际互助关系第二住宅所占比例较大(共计 40%),与西方有所不同。但是不同第二住宅之间目的不同。例如,住宅 2 与第二住宅汇总相似,而住宅 3 和 4 则更多是投资型(超过 40%)和市场障碍型。

对北京多套住宅家庭的访谈也表明,持有多套住宅的目的有投资、休闲度假、便于上班、养老和安置老人和子女,以及市场交易受限制和市场交易未完成等暂时持有(见表 5-22)。还有家庭持有 2 套以上,可能有多种目的的住房。投资目的是很常见的,在主要是其他目的下也会考虑这个目的,也就是兼顾房屋的保值和增值。

表 5-22　2009 年北京城市家庭多套住宅的持有目的分布(%)

住宅目的	住宅 1	住宅 2	住宅 3	住宅 4	住宅 5+	第二住宅汇总
自住	95.1					
投资型		28.0	48.3	42.9	33.3	30.2
休闲度假型		10.6	6.9	7.1	12.5	10.2
便利型	4.5	13.3	5.1	0.0	0.0	12.4
安置亲属型	0.4	41.4	25.8	21.3	33.3	39.6
市场障碍型		3.4	5.1	7.1	12.5	3.6
汇总比例(样本数)	100(568)	100(568)	100(58)	100(14)	100(8)	100(648)

注:住宅 1 为首要居所,在访问时为主要居住,但询问持有的最主要目的时,有被访者选择其他目的。

资料来源:根据 2009 年北京城市家庭住宅抽样调查数据计算。

休闲度假目的的住宅在北京也开始大量出现。该类住宅主要是在风景比较优美和房价较低的郊区,例如密云、昌平和顺义等别墅区和中高档商品住宅小区。根据密云滨江小区物业的说法,该小区大约有 60% 以上的业主来自于北京城区,主要是周末和节假日来住,平时主要是老人和小孩居住。平时基本很少有人,不过物业费的收缴没有问题。还有城区老人在市区退休后,看到这里房价便宜,风景很好,在这里购买大房子。根据物业的介绍,昌平的小汤山、高教新城等很多别墅和普通商品房都是休闲度假用途,或者用于将来养老,入住率很低,不到 20%。

在大城市由于常住地和就业地分离,一个家庭多个家庭成员出现了多个就业地,为了便于上班的目的持有第二住宅。此外,还出现了因为城市公共服务和基础设施的不均衡,一些迁居到郊区的退休老人为了到城区看病,原来单位报销和领取福利等保留城区住宅。

在中国代际互助的文化背景下,很多家庭为了安置老人和子女购置第二住宅。很多人买了房子给老人居住,或者给子女居住。而独生子女也会理所当然地认为父母的住房也是他们的住房。

在重点中小学附近,为了学区就近入学,以及小孩上学便利,购买住房也很多,例如中关村三小。访谈中介认为:汇佳家园大概有一半左右的人是因为小孩上学才买房。且学校要求户口在该学区并且居住满三年后以后才有资格上中关村三小。因为北京不存在购房给户口政策(以前北京郊区有些小城镇实行过该政策,后来取消),在北京没有高考移民类型第二住宅,但是发现了外地父母在北京购买住宅退休后养老居住,而其子女在北京上学或者工作现象。① 还有一些原来在外地工作的家长为了子女的高考,全家户籍迁移到北京,同时在迁出地还保留有住房,以便于和当地的亲戚朋友联系,如对外经贸大学的某教授即是如此。为婚龄子女提前购置住房是一个重要的原因。在调查中发现了很有趣的现象:如果家里有儿子,通常会考虑为儿子置业。还有北方风俗里面,讲究在自己房屋里结婚生孩子,结婚作为生命周期的重要事件也促进了置业。此外,有很多人提到了现在住房有些功能不足,希望将来买一个大房子改善居住环境。

三、第二住宅的国际比较

在西方,租赁并且另外自有一套住宅是比较少见的。而自有多套住宅的家庭占总家庭的比例在不同国家存在明显的差异。2003 年芬兰大约 1/6 的家庭拥有休闲度假用途的第二住宅,1999 年 7% 加拿大家庭拥有休闲度假用途的第二住宅,丹麦 520 万人拥有 22 万套休闲度假用途的第二住宅(霍尔和佩奇,2007)。英国 1996 年持有非投资目的的第二住宅家庭占总家庭比例为 3%,而瑞典 1993 年则为 25% 左右(Allen 等,1999)。美国非投资目的的第二住宅占总住宅比例大约为 5%(Zhu Xiaodi, *et al.*,2001)。除了这些非商业自住目的的第二住之外,还有很多投资用途的第二住宅,用于转卖和出租投资。例如 2006 年英国住房调查表明持有多套住宅家庭占总家庭比例为 5%,并且在经过了一个快速发展阶段之后,保持相对稳定。而从自有多套住宅比例来看,中国略高于英国,低于瑞典等国家。

本 章 小 结

本章运用中国城市住户调查资料(1978—2009)和中国 2000 年人口普查资料和 2005 年 1% 抽样调查资料,以及 CGSS2005 和 CFPS2008 年多套住房数据进行实证研究,得出的结论有:

(1) 改革开放以来,中国城市家庭住房消费量和支出不断增加;制度因素和

① 密云果园小区某内蒙古中学校长购置退休住宅,女儿在科学院某所读博士。山东某教授儿子在京工作,他在儿子小区另外购置了一套住房自住,而在山东还有一套住房。

收入对住房消费的影响显著;与国际比较,中国城市家庭住房消费量还有上升空间,住房消费支出偏低;

(2) 中国城市家庭来源与产权选择市场化程度不断提高;制度因素和收入对住房来源的影响显著;与国际比较,中国城市家庭住房来源中市场型住房比重不高,来自于公房比例高,住房自有率高;

(3) 中国城市家庭住房建筑属性和产品类别不断提高,制度因素和收入对住房产品选择的影响显著;与国际比较,中国城市家庭住房建筑属性和产品类别还需要提升;

(4) 中国城市家庭居住区位流动性增强,居住分化出现;制度因素和收入对中国城市家庭居住区位的影响显著;与国际比较,中国城市家庭居住区位流动性偏低,开始出现了居住隔离;

(5) 中国城市家庭自有第二住宅比例呈增长态势;制度因素和收入对中国城市家庭持有第二住宅的影响显著;与国际比较,中国城市家庭自有第二住宅比例较高。

第六章 转型期中国城市家庭住房选择的空间差异

前面分析了中国城市家庭住房选择的变化，其中将城市视为同质的，实际上是忽略了不同城市间存在的巨大地区差异。就现实而言，城市作为选择环境，家庭住房选择受到了城市经济、政治、社会文化、自然环境的影响。我国的城市在行政等级、人口规模、经济发达程度、经济市场化程度、产业结构、住房市场成熟程度、宜居环境等方面存在巨大的差异。

本章分析了中国不同城市家庭住房选择的差异，并从住房消费量和支出、住房来源与产权、建筑属性和产品类别、居住区位、自有多套住房比例等方面加以说明。然后分析了影响住房选择的城市因素：一是城市经济因素，包括市场化程度、经济总量和收入水平（人均 GDP 和人均可支配收入）、产业结构等；二是自然条件，包括最低气温等；三是公共服务和设施水平，包括绿地、教育、医疗卫生水平等；四是住房体系，包括公房占存量住房比例、房价等。这里主要分析了城市经济发达程度、经济自由度、行政级别、人口规模、住房市场成熟度的影响。

城市作为重要的背景变量，这里先将城市空间单元按照行政等级、人口规模、住房市场等级分类。一是根据城市行政等级类型将城市分成了直辖市、省会和副省级城市市辖区、其他城市二类，并进而分为直辖市、省会以及其他城市两类。前者包括了四大直辖市和各省、自治区的省会所在的市辖区，除此之外为其他。二是按照住房市场等级将城市分类为：一线城市，指北京、上海、广州和深圳；二线城市，包括天津、重庆、大连、青岛、厦门及除西藏、广州以外的所有省会城市；三线城市，包括除一、二线城市以外的全部地级市；四线城市，指所有县级市和县城。因此，城市行政等级和市场等级有一定对应关系。

城市人口规模、行政等级、人均 GDP、城市化率等信息来自于《中国城市统计年鉴 2001/2008》，以及其他城市统计年鉴。

第一节 中国城市家庭住房消费量和支出的空间差异

本节根据 2000 年人口普查资料微观数据分析了 2000 年中国城市家庭住房消费量和支出的城市差异，基本结论是居住在行政级别（市场级别）高的家庭人均住房面积低，月租金费用高和购建房费用高。这里仅对月租金和购建房费用进行了简单的比较。

一、中国城市家庭住房消费量的空间差异

从城市行政级别(市场等级)来看,在行政级别(市场等级)越高的城市的家庭,人均住房建筑面积越低,组间均值差异 ANOVA 检验在 0.001 水平下统计显著。从人均住房建筑面积的分布来看,在行政级别(市场等级)越高的城市的家庭,人均住房建筑面积在 12 平方米以下的比例越高,20 平方米以上的比例越低。

表 6-1　2000 年按照城市市场和行政级别分的中国城市家庭人均住房建筑面积(平方米/人)

	0—8	9—12	13—16	17—19	20—29	30—39	40—49	50 +	均值	中位数	*N* (Total)
行政等级											
直辖市	14.6	13.4	13.6	10.9	24.1	10.7	5.2	7.6	22.9	18.7	10 314(100)
省会/副省级	12.1	12.2	14.9	10.5	25.4	11.7	5.3	7.9	23.8	19.7	24 443(100)
其他	8.3	10.6	13.5	10.2	27.7	13.8	6.8	9.1	26.1	21.0	48 704(100)
市场等级											
一线	15.7	12.4	13.3	9.5	24	10.9	5.4	8.6	23.4	19.0	9 696(100)
二线	11.9	12.7	15.1	11.1	25.4	11.4	5.1	7.3	23.4	19.3	24 371(100)
三四线	8.3	10.6	13.5	10.2	27.7	13.8	6.8	9.2	26.2	21.0	49 394(100)
汇总	10.2	11.4	13.9	10.4	26.6	12.8	6.2	8.6	25.0	20.0	83 461(100)

资料来源:根据 2000 年人口普查微观数据计算。

二、中国城市家庭住房消费支出的空间差异

从城市行政级别(市场等级)来看,在行政级别(市场等级)高的城市的家庭,平均租房费用越高。组间分布差异 ANOVA 检验在 0.001 水平下统计显著。从月租房费用的分布来看,在行政级别(市场等级)高的城市的家庭,月租房费用在 500 元以上的比例越高,100 元以下的比例越低。

表 6-2　2000 年中国城市家庭按月租房费用分的户数比例(%)和平均租金(元)

	0—49	50—99	100—199	200—499	500—999	1 000—1 499	1 500—1 999	2 000 +	平均
行政等级									
直辖市	49.5	25.7	16	6.7	1.5	0.4	0.1	0.1	98
省会/副省级	39.3	24.7	16.9	12.7	4.8	1	0.3	0.3	160
其他城市	51.1	25.5	14	7.8	1.3	0.1	0	0.1	93
市场等级									
一线	33	24	20.5	13.1	6.1	2.1	0.6	0.5	199
二线	48.8	25.4	14.3	9	2.2	0.1	0	0.1	104
三四线	50.7	25.7	14.2	7.8	1.4	0.1	0	0.1	94
汇总	46.6	25.3	15.5	9.3	2.6	0.5	0.2	0.1	117

资料来源:根据 2000 年人口普查微观数据计算。

从城市行政级别(市场等级)来看,在行政级别(市场等级)越高的城市的家庭,平均购建房费用越高。从购建房费用的分布来看,在行政级别(市场等级)越高的城市的家庭,购建房费用在10万元以上的比例越高,1万元以下的比例越低。他们的组间分布差异ANOVA检验在0.001水平下统计显著。

表6-3　2000年中国城市家庭按购建房费用分的户数比例(%)和平均费用(万元)

	0—1	1—2	2—3	3—5	5—10	10—20	20—30	30—50	50+	平均
行政等级										
直辖市	19.3	25.8	15	14.5	12.5	8	2.4	1.7	0.8	5.5
省会/副省级	20.7	25.4	16.2	15.4	13.4	5.5	1.9	1.1	0.6	4.7
其他城市	28.3	23.3	14.6	15.6	13	4.2	0.8	0.2	0.1	3.4
市场等级										
一线	13	21.8	14.9	15.9	15.3	9.9	3.9	3.2	2.1	7.9
二线	22.9	26.9	16.3	15	12.1	4.7	1.3	0.6	0.2	3.9
三四线	28.1	23.2	14.6	15.5	13.2	4.3	0.8	0.2	0.1	3.5
汇总	25.3	24.1	15.1	15.4	13.1	4.9	1.2	0.6	0.3	4.0

资料来源:根据2000年人口普查微观数据计算。

第二节　中国城市家庭住房来源与产权选择的空间差异

本节根据五普微观数据,先从总体上分析不同类型城市家庭住房来源的空间差异,然后分析了住房自有和租赁两种产权选择模式的空间差异。本节研究表明,在行政级别(市场等级)越高的城市的家庭,住房来源中自建住房比例越低,商品房和经济适用房比例越低,购买原公房和租赁公房、租赁商品房比例越高。在行政级别(市场等级)越高的城市的家庭,住房产权中自有比例越低,租赁比例越高。

从城市家庭住房来源来看,居住在行政级别(市场等级)越高的城市的家庭,住房来源中自建住房比例越低,商品房和经济适用房比例越低,购买原公房和租赁公房、租赁商品房比例越高。将来源汇总,在行政级别(市场等级)越高的城市的家庭,住房来源中公房(购买或租赁)比例越高,商品房(购买或租赁)比例越高,自建住房比例和经济适用房比例越低。他们的组间分布差异ANOVA检验在0.001水平下统计显著。

从城市家庭住房产权来看,在行政级别(市场等级)越高的城市的家庭,住房产权中自有比例越低,租赁比例越高。

表 6-4 2000 年按城市市场和行政等级分的中国城市家庭住房来源和产权的分布(%)

	自建房	购商品房	购经济房	购公房	租公房	租商品房	其他	自有	租赁
行政等级									
直辖市	15.4	7.6	4.5	29.1	33.3	5.6	4.5	56.6	38.9
省会/副省级	19.1	7.9	6.6	32.9	18.2	9.8	5.6	66.5	28
其他	32.9	10.1	7.1	28	11.6	5.8	4.5	78.1	17.4
市场等级									
一线	14.3	8	3.5	29.8	28.7	10.1	5.6	55.6	38.8
二线	19.2	7.5	7	33	20.5	7.8	5	66.7	28.3
三四线	32.8	10.2	7.1	27.9	11.6	5.9	4.5	78	17.5
汇总	26.7	9.2	6.6	29.6	16.2	6.9	4.8	72.1	23.1

资料来源:根据 2000 年人口普查微观数据计算。

第三节　中国城市家庭住房建筑属性和产品类别选择的空间差异

通常用来比较住房建筑属性和产品类别的指标有每套住房建筑(居住)面积和住房间数、建筑结构、居住设施齐全度、小区环境等。由于小区环境数据难于获得,这里主要分析了套均住房建筑面积、住房间数和住房设施齐全度。这里用五普全国 0.095% 按户抽样数据,按照城镇乡地区代码,从中提取城市家庭户主数据,以每一个户主的住房作为一套城市住房,并且选择本住房中没有其他合住户的情况来分析每套住房建筑属性和产品类别的空间差异。本节分析表明,城市家庭住房建筑属性和产品类别的空间差异明显,行政等级(市场等级)越高的城市,住户使用住房高等级的建筑属性和住房产品类别比例越高。

一、中国城市家庭套均住房建筑面积和住房间数的空间差异

从城市家庭住房产品来看,在行政级别(市场等级)越高的城市的家庭,套均住房建筑面积均值和中位数越低,标准差越小,离散程度越低。在行政级别(市场等级)越高的城市的家庭,套均住房间数均值越低,标准差越小,离散程度越低。套均间数的中位数都是 2,这和城市的家庭结构大多为核心家庭有关。

表 6-5　2000 年按照城市分类的家庭套均住房间数和面积分布(平方米)

行政等级	直辖市		省会\副省级		其他	
	本户住房间数	本户住房建筑面积	本户住房间数	本户住房建筑面积	本户住房间数	本户住房建筑面积
均值	2.0	57.8	2.2	63.4	2.5	73.9
中位数	2	53	2	57	2	63
标准差	1.2	38.4	1.4	43.7	1.4	52.0
最小值	1	4	1	2	1	2
最大值	19	390	81	750	63	999
市场等级	一线		二线		三四线	
	本户住房间数	本户住房建筑面积	本户住房间数	本户住房建筑面积	本户住房间数	本户住房建筑面积
均值	2.1	58.8	2.2	62.5	2.5	73.9
中位数	2	54	2	57	2	63
标准差	1.2	40.3	1.4	42.5	1.4	52.1
最小值	1	3	1	2	1	2
最大值	19	505	81	750	63	999

资料来源:根据 2000 年人口普查微观数据计算。

二、中国城市家庭套均住房居住设施的空间差异

从城市家庭住房产品来看,在行政级别(市场等级)越高的城市的家庭,住房建筑年份在 1959 年以前的比例越高。建筑年份的组间分布差异 ANOVA 检验在 0.001 水平下统计显著。

表 6-6　2000 年按照城市分类的中国城市家庭套均住房建筑年份分布(%)

	1949 年以前	1950—1959	1960—1969	1970—1979	1980—1989	1990 +	汇总
行政等级							
直辖市	8.1	4	3.3	8.5	31.3	44.7	100
省会\副省级	2.4	2.9	2.8	8.6	32.1	51.1	100
其他	2	2	3	9.9	34.2	48.8	100
市场等级							
一线	7.6	3.8	3	6.7	29.8	49.1	100
二线	2.6	3.1	3	9.4	32.9	49	100
三四线	2.1	2	3	9.9	34.1	48.9	100
汇总	2.9	2.5	3	9.4	33.3	49	100

资料来源:根据 2000 年人口普查微观数据计算。

从城市家庭住房设施来看,在行政级别(市场等级)越高的城市的家庭,7 层

以上楼房、外墙结构为钢筋混凝土、煤气或电作为炊事燃料、饮用自来水、自有热水洗澡设施的比例越高。不同城市家庭独立使用厨房、独立使用厕所比例略有不同。这可能和直辖市、省会、副省级城市老房子比较多有关。不同城市的建筑层数、外墙材料、厨房、炊事燃料、自来水、洗澡设施、厕所的组间分布差异 ANOVA 检验在 0.001 水平下统计显著。

表 6-7　2000 年按照城市分类的中国城市家庭套均住房设施分布(%)

城市分类	7 层以上楼房	钢筋混凝土	本户独立使用厨房	煤气电	是自来水	自有热水	独立使用厕所	住房设施指数
行政级别分类								
直辖市	17	39	80.6	89.4	96.9	59.8	70.2	4.1
省会\副省级	25.8	37.8	86.8	82.1	92.1	48.5	76.6	4.1
其他	11.6	28.9	88.2	63.3	83.3	38.1	71.3	3.8
市场等级分类								
一线	21.7	50.6	81.8	94.1	98.7	66.4	74.3	4.2
二线	24.2	34.1	86.1	80.1	91.4	46.5	74.8	4.0
三四线	11.5	28.6	88.2	63.7	83.5	38.2	71.4	3.8
汇总	16.4	32.8	86.8	72	87.6	43.8	72.7	3.9

资料来源:根据 2000 年人口普查微观数据计算。

以综合指标住房设施指数来看,行政等级(市场等级)高的城市住房设施指数高。这说明行政等级高的直辖市、省会、副省级城市在住房设施等方面比其他城市好。市场等级高的一二线城市在住房设施等方面比三四线城市好。

第四节　中国城市家庭居住区位选择的空间差异

居住区位包括宏观区位和微观区位。居住的宏观区位主要是城市和乡村之间、城市体系内部(大、中小城市)、城市内部市区和郊区的区位。居住的微观区位主要是住宅社区和邻里。由于五普汇总和微观数据中居住区位只有乡镇街道类型信息,且在五普 0.095% 按户抽样数据中无法得到乡镇街道社区区位的统计信息,本书用单个个人的人口迁移率、家庭迁居率来定量分析居住区位流动性选择的差异。这里没有分析微观区位,仅分析居住区位的流动性和迁居原因。本节分析表明,行政等级(市场等级)高的城市,人口迁移率、家庭迁居率较高,正式迁移比例低,非正式迁移中省外流入比例高。大城市内部迁移率较高。在不同行政等级(市场等级)城市的不同类型家庭,其迁移原因比例分布有所不同。

全国城市人口中从出生到现在至少发生了一次居住迁移的人口占到了总人

口的63%,从没有发生居住迁移的人口仅为37%。5年前发生迁移的人口比例高于5年内迁移人口比例。近5年内发生了迁移的人口中,非正式迁移比例大于正式迁移比例。非正式迁移中,直辖市和一线城市省外流入人口比例大于本市内和本省内流动人口比例,其他城市则相反。直辖市和省会、副省级城市内部流动人口比例高。这说明随着城市的空间扩展,城市内部迁移占了城市总人口很大比重,市内居住区位流动性增强,同时市外人口流入。

从表6-8可以看出,行政等级(市场等级)高的城市,人口迁移率较高,从没发生迁移的人口比率较低。他们的分布卡方检验在0.001水平下统计显著。行政等级(市场等级)高的城市,5年内正式迁移(户口和居住都在本街道)比例较低,非正式迁移比率较高,非正式迁移中省外流入比例较高。

从表6-8可以看出,行政等级(市场等级)高的城市,家庭迁居率较高,从没发生迁移的家庭比率较低。其分布卡方检验在0.001水平下统计显著。行政等级(市场等级)高的城市,5年内正式迁居(户口和居住都在本街道)占五年内迁移比例较低,非正式迁居比例较高,非正式迁移中省外流入比例较高。

表6-8　2000年按照城市市场和行政等级分的中国城市人口迁移率和家庭迁居率(%)

城市分类	无迁移	5年前迁移	5年内迁移						
			汇总	正式迁移	非正式迁移汇总	本县市内流动	本省内流动	省外流入	无户口流动
人口迁移									
直辖市	26.1	41.2	32.5	10.6	21.9	10.8		10.9	0.2
省会\副省级	29.7	35.8	34.3	10.4	23.9	7.5	7.9	8.3	0.2
其他	42.6	35.1	22.3	8.4	13.9	6.3	4	3.4	0.2
一线	20.3	36.3	43.4	9.5	33.9	5.8	7.1	20.7	0.3
二线	31.8	38	30.1	10.9	19.2	8.4	6.5	4.1	0.2
三四线	42.6	35.1	22.6	8.4	14.2	6.4	4.1	3.5	0.2
Total	36.7	36	27.2	9.3	17.9	6.9	5.1	5.7	0.2
户主迁居						0			
直辖市	23.3	48.8	27.8	10.3	17.5	9.6		7.8	0.1
省会\副省级	25.8	46.5	27.8	7.3	20.5	8.1	6.7	5.6	0.1
其他	37.5	44	18.7	6.7	12	6.2	3.3	2.4	0.1
一线	18.5	46.7	34.7	10.6	24.1	6	5.5	12.5	0.1
二线	27.3	47.7	25	7.2	17.8	8.6	5.4	3.7	0.1
三四线	37.5	43.8	18.8	6.7	12.1	6.2	3.3	2.5	0.1
Total	32.3	45.4	22.5	7.3	15.2	6.9	4.2	4	0.1

注:本县(市)其他乡镇街道含义为户口登记在本县、县级市其他乡镇街道;本市区其他乡镇街道含义为户口登记在本地级市(含直辖市)的所有市辖区内其他乡镇街道。近五年内(从1995年11月1日到调查日2000年11月1日)。正式迁移为户口和居住在本乡镇街道,非正式迁移为居住本街道,但户口在本街道以外。《第五次全国人口普查表填写说明》,13—16。

从表 6-9 可以看出，不同行政等级的城市比较，居住在直辖市的城市家庭因为拆迁搬家而迁移的比例比省会副省级城市和其他城市高。居住在直辖市和省会副省级城市的家庭因为婚姻和随迁家属而迁移的比例低于其他城市。居住在直辖市和省会副省级城市的家庭因为工作调动而迁移的比例低于其他城市。其分布卡方检验在 0.001 水平下统计显著。不同市场等级的城市比较，居住在一线城市的家庭因为务工经商而迁移的比例比省会副省级城市和其他城市高，因为工作调动而迁移的比例低。居住在一二线城市的家庭因为婚姻和随迁家属而迁移的比例低于三四线城市。居住在二线城市的家庭因为拆迁搬家而迁移的比例高于其他城市。其分布卡方检验在 0.001 水平下统计显著。这可能是由于直辖市、省会等一二线城市正式迁移比较难，来自务工经商等就业原因的非正式迁移比较多。

表 6-9　1995—2000 年按城市行政和市场等级分的中国城市移民家庭户主迁移原因

分类	务工经商	工作调动	分配录用	学习培训	拆迁搬家	婚姻迁入	随迁家属	投亲靠友	其他	就业	住房
行政等级											
直辖市	30.5	3.5	3.9	0.5	46.7	1	1.6	2.4	9.9	38.4	51.7
省会\副省级	41.2	6.8	3.4	0.8	33.4	2.4	1.5	2.6	7.9	52.2	39.9
其他	34.2	9.3	4.4	0.5	34.6	3.3	2.4	2.9	8.4	48.4	43.2
市场等级											
一线	42.8	4.5	3.5	0.6	35.4	0.8	1.7	2.4	8.2	51.4	40.3
二线	34.8	6.7	3.6	0.7	38.9	2.6	1.4	2.6	8.6	45.8	45.5
三四线	34.6	9.2	4.4	0.5	34.3	3.3	2.4	2.9	8.5	48.7	42.9
Total	36.1	7.5	4	0.6	36	2.6	1.9	2.7	8.5	48.2	43.2

资料来源：根据 2000 年人口普查微观数据计算。

第五节　中国城市家庭自有多套住房的空间差异

易成栋(2010)根据 CGSS 2005 年数据研究了中国城市家庭自有多套住房比例的空间差异。从全国来看，2005 年中国城市家庭中有 6.2% 家庭自有多套住宅。从城市行政等级类型差异来看，各类家庭中自有多套住宅家庭占该地区总城市家庭比例都是其他城市高于直辖市和省会市辖区。全部城市家庭中，直辖市和省会市辖区家庭自有多套住宅的比重低于其他城市，卡方统计检验在 0.001 水平下显著。本地市民家庭也是其他城市比直辖市和省会市辖区高，卡方统计检验在 0.001 水平下显著。城镇移民家庭自有多套住房比例在各城市差异不大，卡方统计检验在 0.1 水平下不显著。农村移民家庭自有多套住房比例在各城市差异大，也是其他城市高于直辖市和省会市辖区，卡方统计检验在 0.001 水平下显著。而从移民家庭总体自有多套住房比例在各城市的分布来看，也是其他城市高于直辖市和省会市辖区（见表 10），卡方统计检验在 0.001 水平下显著。

表 6-10　2005 年中国分行政级别、人口规模、四线城市自有多套住房家庭占该城市家庭总体比例（%）

家庭类别	城市类别	自有多套比例	家庭类别	城市类别	自有多套比例
全部城市家庭	直辖市和省会市辖区	4.8	全部城市家庭	总体	6.2
	其他城市	7.3		四线	7.6
本地市民家庭	直辖市和省会市辖区	4.8		三线	7.4
	其他城市	7.5		二线	4.9
移民家庭总体	直辖市和省会市辖区	4.8		一线	4.7
	其他城市	6.2	本地市民家庭	总体	6.3
城镇移民家庭	直辖市和省会市辖区	5.7		四线	7.5
	其他城市	7.0		三线	7.4
农村移民家庭	直辖市和省会市辖区	2.2		二线	5
	其他城市	5.2		一线	5
全部城市家庭	总体	6.2	移民家庭总体	总体	5.7
	<50 万人城市	7.4		四线	8.3
	50 万—100 万人城市	4.9		三线	7.8
	100 万—200 万人城市	5.8		二线	3.5
	200 万—400 万人城市	6.4		一线	2.5
	>400 万人城市	4.7	城镇移民家庭	总体	6.5
本地市民家庭	总体	6.3		四线	8.5
	<50 万人城市	7.3		三线	12.5
	50 万—100 万人城市	5.7		二线	3.8
	100 万—200 万人城市	6.6		一线	4.1
	200 万—400 万人城市	6.4	农村移民家庭	总体	4.6
	>400 万人城市	4.7		四线	8.1
移民家庭总体	总体	5.7		三线	3.7
	<50 万人城市	8.2		二线	2.7
	50 万—100 万人城市	0.1		一线	0
	100 万—200 万人城市	1.1			
	200 万—400 万人城市	6.9			
	>400 万人城市	6.6			

资料来源：根据 CGSS2005 年抽样调查数据计算．数据来源于 www.cgss.org.cn.

按照城市人口规模分的城市之间家庭自有多套住房比例差异明显，50 万人口以下的城市，全部城市家庭和本地市民家庭自有多套住宅比例最高，400万人口以上的最低，50—400万人口的居中（见表6-10）。本地市民家庭比移民家庭自有多套住房比例高。其差异的卡方统计检验在0.001水平下显著。

按照四线城市分的城市之间自有多套住房比例差异明显，四线城市全部城市家庭和本地市民家庭自有多套住宅比例最高，三线次之，一二线最低（见表6-10）。移民家庭的分布也和前二者大致一致。其差异的卡方统计检验在0.001水平下显著。

再根据2007年中国城镇住户调查（UHS）里面的问题，“您家本处住房的产权类型是什么？”和“请问您家除了本处住房以外还有几套住房？”来计算城市家庭持有第二住宅比例。

表6-11显示，自有多套住房的家庭占城市总家庭比例超过了30%的城市有东莞、温州等浙江、福建等省经济较为发达的8个城市。例如东莞为41.00%，温州为40.00%，台州为39.00%，福田为39.00%，舟山为38.00%，龙岩为34.00%，杭州为32%，宁波为31%。自有多套住房的家庭占城市总家庭比例超过了20%和小于等于30%的城市有上海、长沙、武汉、广州等直辖市和省会城市，以及苏州、扬州等23个城市。自有多套住房的家庭占城市总家庭比例超过了15%和小于等于20%的城市有北京、福州、拉萨、南京、南昌、重庆、昆明、成都、石家庄、银川等直辖市和省会城市，以及无锡等50个城市，例如北京19%的家庭有多套住宅。自有多套住房的家庭占城市总家庭比例超过了10%和小于等于15%的城市有直辖市和省会城市长春、合肥、郑州、沈阳、南宁、贵阳、天津、海口、哈尔滨以及包头等87个城市。自有多套住房的家庭占城市总家庭比例超过了5%和小于等于10%的城市有省会城市呼和浩特、西宁、乌鲁木齐、西安、兰州和保定等68个城市。自有多套住房的家庭占城市总家庭比例大于0和小于等于5%的城市有大同等27个地级市。平均而言，直辖市、省会、副省级城市自有多套住房家庭占总家庭比例也比其他地级城市低。

表6-11 2007年中国255城市自有多套住宅家庭占总家庭比例（%）

比例区间	城市	比例	比例区间	城市	比例	比例区间	城市	比例
>30	东莞	41	>10	承德	15	>5	邯郸	10
	温州	40		鄂尔多斯	15		保定	10
	台州	39		长春	15		长治	10
	莆田	39		泰州	15		晋城	10
	舟山	38		合肥	15		朔州	10
	龙岩	34		阜阳	15		呼和浩特	10
	杭州	32		吉安	15		本溪	10
	宁波	31		烟台	15		辽阳	10

（续表）

比例区间	城市	比例	比例区间	城市	比例	比例区间	城市	比例
>20	上海	27		潍坊	15		盘锦	10
	湖州	27		聊城	15		白城	10
	临沂	27		郑州	15		马鞍山	10
	嘉兴	26		常德	15		淮北	10
	衢州	26		郴州	15		新余	10
	长沙	26		江门	15		德州	10
	常州	25		惠州	15		韶关	10
	泉州	25		柳州	15		阳江	10
	青岛	24		贵港	15		百色	10
	玉溪	24		吴忠	15		内江	10
	延安	24		秦皇岛	14		定西	10
	连云港	23		沧州	14		西宁	10
	南平	23		吕梁	14		乌鲁木齐	10
	珠海	23		乌海	14		运城	9
	中山	23		大连	14		赤峰	9
	金华	22		淮安	14		锦州	9
	宜春	22		芜湖	14		通化	9
	榆林	22		安庆	14		大庆	9
	苏州	21		滁州	14		七台河	9
	扬州	21		六安	14		牡丹江	9
	武汉	21		池州	14		南充	9
	广州	21		景德镇	14		安康	9
	茂名	21		九江	14		张家口	8
>15	无锡	20		鹰潭	14		阳泉	8
	株洲	20		淄博	14		呼伦贝尔	8
	桂林	20		威海	14		鞍山	8
	丽江	20		菏泽	14		抚顺	8
	北京	19		洛阳	14		四平	8
	亳州	19		新乡	14		淮南	8
	福州	19		三门峡	14		宿州	8
	济南	19		宜昌	14		襄樊	8
	枣庄	19		深圳	14		河源	8
	泰安	19		泸州	14		防城港	8
	日照	19		六盘水	14		崇左	8
	佛山	19		沈阳	13		自贡	8
	拉萨	19		盐城	13		西安	8
	南京	18		焦作	13		铜川	8
	南通	18		许昌	13		汉中	8
	厦门	18		驻马店	13		商洛	8

（续表）

比例区间	城市	比例	比例区间	城市	比例	比例区间	城市	比例
	漳州	18		十堰	13		金昌	8
	南昌	18		汕尾	13		通辽	7
	濮阳	18		南宁	13		丹东	7
	重庆	18		资阳	13		吉林	7
	德阳	18		贵阳	13		抚州	7
	昆明	18		石嘴山	13		鄂州	7
	保山	18		中卫	13		汕头	7
	唐山	17		天津	12		攀枝花	7
	邢台	17		晋中	12		广安	7
	衡水	17		忻州	12		宝鸡	7
	三明	17		营口	12		兰州	7
	宁德	17		葫芦岛	12		嘉峪关	7
	滨州	17		镇江	12		庆阳	7
	岳阳	17		黄山	12		巴彦淖尔	6
	怀化	17		赣州	12		朝阳	6
	肇庆	17		济宁	12		辽源	6
	梧州	17		莱芜	12		松原	6
	贺州	17		开封	12		齐齐哈尔	6
	成都	17		安阳	12		伊春	6
	广元	17		漯河	12		安顺	6
	遵义	17		邵阳	12		咸阳	6
	石家庄	16		湛江	12	>1	临汾	5
	廊坊	16		梅州	12		乌兰察布	5
	徐州	16		北海	12		鸡西	5
	绍兴	16		海口	12		巢湖	5
	蚌埠	16		三亚	12		荆州	5
	萍乡	16		固原	12		渭南	5
	上饶	16		克拉玛依	12		天水	5
	东营	16		太原	11		酒泉	5
	咸宁	16		包头	11		大同	4
	清远	16		铁岭	11		白山	4
	乐山	16		哈尔滨	11		佳木斯	4
	宜宾	16		宿迁	11		平顶山	4
	银川	16		铜陵	11		雅安	4
				南阳	11		阜新	3
				黄石	11		鹤岗	3
				荆门	11		平凉	3
				孝感	11		双鸭山	2
				钦州	11		武威	1
				绵阳	11			

资料来源：根据国家统计局 2007 年城市住户大样本调查数据计算。

第六节　中国城市家庭住房选择的城市影响因素分析:以35城市为例

我国的城市在行政等级、经济总量和结构、人口规模和结构、住房市场成熟程度、宜居环境等方面存在巨大的差异。这里采用了全国35个大中城市为例分析城市背景差异对住房选择的影响。由于住房市场是地方性市场,西方通常选择大都市统计区作为统一地方性市场。中国的大都市圈还在形成中,并且没有大都市统计区制度,因此这里采用大中城市代替。这35个大中城市均是直辖市和各省级行政区的省会或副省级城市,是各区域最大的和最重要的住宅市场,在空间上相对均匀分布,能很好地说明全国四大地区(东部、中部、西部和东北)和中国内地30省级行政区的差异。同时,很容易从国家统计局出版的统计年鉴获取35个大中城市的数据,数据的可靠性和权威性值得信赖。

本节首先描述统计分析了2000年中国35个大中城市家庭住房选择的差异,并从住房消费量和支出、住房来源与产权、建筑属性和产品类别、居住区位等方面加以说明。其次运用单变量回归和多元回归分析了影响住房选择的城市因素,包括(1) 城市经济发展水平。这里采用了市场化指数、人均GDP、职工平均工资、恩格尔系数、外商直接投资、固定资产投资、15—64岁劳动年龄人口失业率、市辖区总人口、人口密度等指标。(2) 城市自然条件。采用的指标有最低气温、最高气温、年日照时数、自然景观状况。(3) 城市公共服务设施和质量。采用了废气排放量、废水达标率、人均道路面积、人均绿地面积、绿化覆盖率、影剧场个数、图书馆藏书、医院数量、人均教育事业费、大学数量、城市维护建设资金、2000年城市面积、建成区面积等指标。(4) 城市住房市场成熟度。采用了城市房价、公房比例等指标进行分析。

本节还根据国家统计局中国城市住户调查数据分析了2007年中国35个大中城市家庭多套住房选择的差异及其城市背景影响因素。

一、中国城市家庭住房选择的各维度相关性分析

根据2000年人口普查微观数据,表6-12的单变量相关性分析表明,城市家庭各维度住房选择变量之间存在相关关系。城市家庭住房消费量和支出正相关,和住房来源中的公房比例负相关,和商品房比例正相关,和自有产权比例负相关,和住房设施质量正相关,和近5年迁居家庭占总家庭比例正相关。

表 6-12　2000 年中国 35 城市家庭住房选择自变量之间的相关性分析

	人均住房建筑面积	月租金平均值	月租金100元以上比例	购建房费用均值	购建房费用3万元以上比例	自有住房比例	公房比例	商品房比例	住房设施质量指数	近5年内迁移家庭比例	住房原因迁居家庭比例
人均住房建筑面积	1	0.509**	0.596**	0.409*	0.543**	0.017	-0.517**	0.421*	0.558**	0.480**	-0.634**
月租金平均值		1	0.875**	0.924**	0.782**	-0.492**	-0.673**	0.692**	0.365*	0.781**	-0.641**
月租金100元以上比例			1	0.777**	0.848**	-0.375*	-0.715**	0.709**	0.338*	0.797**	-0.725**
购建房费用均值				1	0.836**	-0.703**	-0.677**	0.744**	0.373*	0.813**	-0.517**
购建房费用3万以上比例					1	-0.605**	-0.739**	0.719**	0.317	0.764**	-0.650**
自有住房比例						1	0.464**	-0.605**	-0.076	-0.612**	0.254
公房比例							1	-0.890**	-0.084	-0.825**	0.695**
商品房比例								1	0.142	0.841**	-0.547**
住房设施质量指数									1	0.210	-0.148
近5年内迁移家庭比例										1	-0.660**
住房原因迁居家庭比例											1

注：*0.05 水平下统计显著；**0.01 水平下统计显著。

资料来源：根据 2000 年人口普查微观数据计算。

可以看出，如果城市家庭人均住房建筑面积高，则月租金平均值高，100 元以上租金比例高，购建房平均费用高，购建房费用 3 万元以上比例高，公房比例低，商品房比例高，住房设施质量指数高，近 5 年内迁移家庭比例高，近 5 年内由于住房原因迁移家庭比例低。

如果城市家庭月租金均值越高，则 100 元以上租金比例高，购建房平均费用高，购建房费用 3 万元以上比例高，自有住房比例低，公房比例低，商品房比例高，住房设施质量指数高，近 5 年内迁移家庭比例高，近 5 年内由于住房原因迁移家庭比例低。

如果城市家庭 100 元以上租金比例高，则购建房平均费用高，购建房费用 3 万元以上比例高，自有住房比例低，公房比例低，商品房比例高，住房设施质量指数高，近 5 年内迁移家庭比例高，近 5 年内由于住房原因迁移家庭比例低。

如果城市家庭购建房平均费用高，则购建房费用 3 万元以上比例高，自有住房比例低，公房比例低，商品房比例高，住房设施质量指数高，近 5 年内迁移家庭比例高，近 5 年内由于住房原因迁移家庭比例低。

如果城市家庭购建房费用 3 万元以上比例高，则自有住房比例低，公房比例低，商品房比例高，住房设施质量指数高（统计不显著），近 5 年内迁移家庭比例高，近 5 年内由于住房原因迁移家庭比例低。

如果城市家庭自有住房比例低，则公房比例低，商品房比例高，住房设施质量指数高（统计不显著），近 5 年内迁移家庭比例高，近 5 年内由于住房原因迁移家庭比例低（统计不显著）。

如果城市家庭公房比例低，则商品房比例高，住房设施质量指数高（统计不显著），近 5 年内迁移家庭比例高，近 5 年内由于住房原因迁移家庭比例低。

如果城市家庭商品房比例高，则住房设施质量指数高（统计不显著），近 5 年内迁移家庭比例高，近 5 年内由于住房原因迁移家庭比例低。

如果城市家庭住房设施质量指数高，则近 5 年内迁移家庭比例高（统计不显著），近 5 年内由于住房原因迁移家庭比例低（统计不显著）。

如果城市家庭近 5 年内迁移家庭比例高，则近 5 年内由于住房原因迁移家庭比例低。

二、中国城市家庭住房选择的影响因素的相关性分析

从表 6-13 可以看出：

（1）从城市总体评价变量和家庭各维度住房选择关系来看

城市所在省份市场化指数与家庭人均住房面积正相关（不显著），与租金和购建房费用正相关，与自有住房比例和公房比例负相关（不显著），与商品房比例正相关，与住房设施质量指数正相关，与近 5 年迁移比例正相关。

表 6-13 2000 年中国 35 大中城市家庭住房选择的影响因素相关性分析

	家庭人均住房建筑面积	家庭月租金平均值	家庭月租金 100 元以上比例	家庭购建房费用均值	家庭购建房费用 3 万以上比例	自有住房比例	公房比例	商品房比例	住房设施质量指数	近 5 年内迁移家庭比例	住房原因迁居家庭比例
省份市场化指数	0.232	0.385*	0.3	0.620**	0.31	-0.321	-0.338	0.424*	0.614**	0.423*	-0.041
职工平均工资	0.309	0.610**	0.526**	0.738**	0.538**	-0.537**	-0.335*	0.516**	0.576**	0.551**	-0.237
人均 GDP	0.435*	0.746**	0.709**	0.839**	0.738**	-0.566**	-0.563**	0.689**	0.558**	0.722**	-0.395*
外商直接投资	-0.069	0.306	0.218	0.509**	0.345*	-0.553**	-0.036	0.204	0.405*	0.276	0.149
土地出让价格	0.141	0.478**	0.426*	0.631**	0.451**	-0.516**	-0.25	0.475**	0.465**	0.468**	-0.06
失业率	-0.441**	-0.419*	-0.472**	-0.307	-0.233	0.023	0.342*	-0.333	-0.114	-0.487**	0.475**
恩格尔系数	-0.066	-0.146	0.05	-0.155	-0.035	0.022	-0.129	0.175	-0.133	0.033	-0.033
城市维护建设资金	-0.087	0.024	-0.01	0.309	0.053	-0.355*	0.204	-0.104	0.242	0.096	0.174
2000 年固定资产投资	-0.037	0.156	0.073	0.302	0.102	-0.389*	0.031	0.059	0.257	0.208	0.077
最低气温	0.437*	0.522**	0.464**	0.523**	0.499**	-0.296	-0.586**	0.392*	0.348	0.628**	-0.711**
最高气温	0.159	-0.091	-0.15	-0.03	-0.074	0.167	0.317	-0.337	0.435*	-0.343	0.101
年日照时数	-0.048	0.011	0.025	-0.144	-0.188	0.277	0.035	-0.029	-0.033	0.027	0.174
自然景观状况	0.281	0.212	0.254	0.313	0.325	-0.25	-0.169	0.273	0.353*	0.254	0.017
人均道路面积	0.336*	0.671**	0.459**	0.672**	0.402*	-0.375*	-0.354*	0.426*	0.341*	0.495**	-0.29
人均绿地面积	0.271	0.781**	0.638**	0.723**	0.566**	-0.369*	-0.369*	0.466**	0.451**	0.495**	-0.367*
绿化覆盖率	0.386*	0.408*	0.429*	0.363*	0.451**	-0.276	-0.328	0.333	0.245	0.231	-0.32
影剧场个数	0.349*	0.689**	0.424*	0.669**	0.397*	-0.432**	-0.353*	0.413*	0.271	0.496**	-0.390*
SO_2 排放量	0.007	-0.096	-0.076	-0.116	-0.214	0.194	0.166	-0.134	0.164	-0.116	0.049
废水达标率	0.350*	0.370*	0.206	0.415*	0.173	-0.166	-0.213	0.215	0.29	0.237	-0.184
图书馆藏书	-0.029	-0.052	-0.116	0.071	-0.126	-0.123	0.245	-0.113	0.238	0.044	0.239
医院数量	0.114	-0.134	-0.18	-0.145	-0.136	0.197	0.191	-0.2	0.083	-0.098	0.115

（续表）

	家庭人均住房建筑面积	家庭月租金平均值	家庭月租金100元以上比例	家庭购建房费用均值	家庭购建房费用3万以上比例	自有住房比例	公房比例	商品房比例	住房设施质量指数	近5年内迁移家庭比例	住房原因迁居家庭比例
人均教育事业费	0.292	0.822**	0.594**	0.925**	0.629**	-0.632**	-0.508**	0.611**	0.354*	0.698**	-0.303
大学数量	-0.164	-0.224	-0.195	-0.152	-0.224	-0.018	0.406*	-0.29	0.246	-0.298	0.355*
市区人口密度	0.051	0.021	-0.026	0.123	-0.005	-0.224	-0.065	0.064	0.224	0.065	-0.028
市辖区人口	-0.223	-0.134	-0.169	-0.001	-0.085	-0.236	0.268	-0.224	0.192	-0.146	0.307
是否省会	-0.304	-0.452**	-0.414*	-0.543**	-0.445**	0.321	0.483**	-0.599**	-0.167	-0.479**	0.224
2000年城市建成区面积	-0.281	-0.068	-0.111	0.086	-0.048	-0.318	0.302	-0.161	0.238	-0.09	0.321
2000年城市面积	-0.281	-0.068	-0.111	0.086	-0.048	-0.318	0.302	-0.161	0.238	-0.09	0.321
商品房销售均价	0.202	0.665**	0.576**	0.742**	0.569**	-0.583**	-0.207	0.397*	0.502**	0.504**	-0.16

资料来源：根据2000年人口普查微观数据计算。

（2）从城市经济变量和家庭各维度住房选择关系来看

城市2000年职工平均工资与家庭人均住房面积正相关（不显著），与租金和购建房费用正相关，与自有住房比例负相关，与公房比例负相关，与商品房比例正相关，与住房设施质量指数正相关，与近5年迁移比例负相关（不显著）。这是由于职工平均工资高的城市，房价也高。计算各城市的房价收入比（60平方米房价和该年度平均工资的比值），职工平均工资高的城市房价收入比高，住房自有率低。

城市人均GDP对家庭住房选择的影响显著，与家庭人均住房面积正相关，与租金和购建房费用正相关，与自有住房比例负相关，与公房比例负相关，与商品房比例、住房设施质量指数、近5年迁移比例正相关，与住房原因迁移负相关。人均GDP高的城市，房价也高，因此住房自有比例低。

城市外商直接投资与家庭租金（统计不显著）和购建房费用正相关，与自有住房比例和公房比例（统计不显著）负相关，与商品房比例正相关（统计不显著），与住房设施质量指数正相关。它对住房自有率的影响和职工平均工资相同。

城市土地出让金与家庭人均住房面积正相关（统计不显著），与租金和购建房费用正相关，与自有住房比例负相关，与商品房比例、住房设施质量指数、近5年迁移比例正相关。

城市15—64岁劳动年龄阶段人口失业率与家庭人均住房面积负相关，与租金和购建房费用（不显著）负相关，与公房比例正相关，与住房设施质量指数（统计不显著）、近5年迁移比例负相关。

（3）从城市自然条件和家庭各维度住房选择关系来看

最低气温对住房选择的影响显著，与人均住房面积、租金和购建房费用正相关，与公房比例负相关，与商品房比例、住房设施质量指数（统计不显著）、近5年迁移比例正相关，与住房原因迁移比例负相关。

（4）从城市公共服务设施条件和家庭各维度住房选择关系来看

城市人均道路面积与家庭人均住房面积、租金和购建房费用正相关，与自有住房比例和公房比例负相关，与商品房比例、住房设施质量指数、近5年迁移比例正相关。

城市人均绿地面积与家庭人均住房面积正相关（统计不显著），与租金和购建房费用正相关，与自有住房比例和公房比例负相关，与商品房比例、住房设施质量指数、近5年迁移比例正相关，与住房原因迁移负相关。

城市绿化覆盖率与家庭人均住房面积、租金和购建房费用正相关，与公房比例负相关（统计不显著），与商品房比例正相关（统计不显著）。

城市影剧场个数与家庭人均住房面积、租金和购建房费用正相关，与自有住房比例和公房比例负相关，与商品房比例正相关，与住房设施质量指数正相关（统计不显著），与近5年迁移比例正相关，与住房原因迁移负相关。

城市人均教育事业费与家庭人均住房面积正相关（统计不显著），与租金和购建房费用正相关，与自有住房比例和公房比例负相关，与商品房比例、住房设施质量指数、近5年迁移比例正相关，与住房原因迁移负相关（统计不显著）。

（5）从住房体系和住房市场状况和家庭各维度住房选择关系来看

城市2000年商品房销售均价与家庭租金、购建房费用正相关，与自有住房比例负相关，与商品房比例、住房设施质量、近5年内迁移比例正相关。城市公房比例高，则家庭人均面积低，租金均值和100元以上租金的比例低，购建房费用均值和3万元以上购建房费用的比例低，自有住房比例高，商品房比例低，住房设施质量低（不显著），近5年迁移比例低，住房原因迁居比例高。

其他因素多不显著。城市最高气温、自然景观与城市家庭住房设施质量指数正相关。城市恩格尔系数对家庭住房选择的影响不显著。年日照时数、废气排放量也对家庭住房选择影响不显著。城市废水达标率与家庭人均住房面积正相关，租金均值和购建房费用均值正相关。城市图书馆藏书、医院数量、大学数量、市区人口密度、市区人口、建成区面积对家庭住房选择的相关性不显著。城市维护建设费、固定资产投资与家庭住房自有率负相关。

因此，可以识别出对家庭住房选择有影响的主要的城市相关性变量有：总体评价变量包括市场化指数，城市经济变量包括人均GDP、人均工资、外商直接投资、土地出让金、失业率，城市自然条件变量包括最低气温，城市公共服务设施变量包括人均道路面积、人均绿地面积、绿化覆盖率、影剧场个数和人均教育事业费，城市住房市场变量包括房价和公房比例。

城市经济发展程度好，则市场化程度高，家庭住房消费量（人均面积）高，住房消费支出（租金和购建房费用）高，住房产权自有比例低，商品房比例高，住房设施质量高，近5年内迁移比例高。城市自然条件好，则最低气温高的城市（南方城市）家庭住房消费量（人均住房面积）高，住房支出（租金和购建房费用）高，住房来源中商品房比例高，自有住房比例低，住房设施质量指数高，近5年迁移比例高，住房原因迁移的家庭比例低。城市公共服务设施好，则家庭住房消费量（人均住房面积）高，住房支出（租金和购建房费用）高，住房自有比例低，商品房比例高，住房设施指数高，近5年迁移比例高。城市住房体系中公房比例高，则住房消费量（人均面积）低，住房支出（租金和购建房费用）低，自有住房比例高，商品房比例低，住房设施质量低，近5年迁移比例低，住房原因迁居的家庭比例高。城市商品房均价高，则住房支出高，商品房比例高，自有比例低，住房设施质量高，近 5 年内迁移比例高。

三、中国城市家庭单维度住房选择的影响因素的回归分析

以下进行住房选择主要影响因素的相关性检验（见表 6-14）。总体变量市场化指数和城市经济变量（职工平均工资、人均 GDP、土地出让价格）高度相关（相关系数大于 0.5），和经济变量外商直接投资中度相关（相关系数大于 0.3，小于 0.5），和经济变量失业率相关程度统计不显著；和自然条件最低气温中度相关；和城市公共服务设施质量变量人均道路、绿地、绿化覆盖率、人均教育事业费中度相关，和影剧场个数不相关；和住房体系变量商品房均价高度相关，和公房比例不相关。

城市经济变量中，工资、人均 GDP、外商直接投资、土地出让价格高度相关，它们和失业率系数为中度负相关，但统计不显著。因此在回归模型中选择失业率和工资一项。

城市自然条件最低气温和经济变量不相关，和公共服务设施相关性统计不显著，和公房比例负相关且统计显著。因此在回归模型中纳入该变量，但不能和公房比例同时进入模型。

城市公共服务设施质量中，人均道路面积、人均绿地面积、影剧场个数、人均教育事业费中高度相关。因此回归模型中选择和响应变量相关系数最大的一项进入。

城市住房体系变量公房比例和商品房销售均价相关性统计不显著，因此可以同时进入模型，但是要避免和其他变量的共线性。

根据上述的相关性检验，确定以下指标作为自变量，建立多变量的回归模型。模型设计如下。

（一）住房消费量（人均建筑面积）模型

住房消费量回归模型 1 响应变量为人均住房建筑面积，自变量为市场化指数、失业率、公房比例。

模型 2 响应变量为人均住房建筑面积，自变量为人均 GDP、失业率、最低气温、公房比例，此外，人均道路面积、绿化覆盖率、废水率任选一项进入模型，并且筛选得到最优模型。

表 6-14　2000 年中国城市家庭住房选择的主要影响因素相关性分析

	职工平均工资	人均 GDP	最低气温	外商直接投资	土地出让价格	省份市场化指数	失业率	人均道路面积	人均绿地面积	绿化覆盖率	影剧场个数	人均教育事业费	公房比例	商品房销售均价
职工平均工资	1	0.848**	0.233	0.776**	0.896**	0.658**	-0.324	0.568**	0.647**	0.312	0.459**	0.788**	-0.335*	0.850**
人均 GDP		1	0.310	0.584**	0.805**	0.744**	-0.433*	0.584**	0.628**	0.413*	0.377*	0.811**	-0.563**	0.762**
最低气温			1	0.124	0.054	0.457*	-0.131	0.113	0.231	0.267	0.098	0.110	-0.586**	0.110
外商直接投资				1	0.785**	0.464**	0.018	0.280	0.450**	0.113	0.167	0.602**	-0.036	0.782**
土地出让价格					1	0.587**	-0.290	0.430**	0.635**	0.218	0.237	0.673**	-0.250	0.814**
省份市场化指数						1	-0.048	0.409*	0.405*	0.414*	0.009	0.549**	-0.338	0.528**
失业率							1	-0.281	-0.146	-0.133	-0.297	-0.333	0.342*	-0.251
人均道路面积								1	0.641**	0.418*	0.722**	0.728**	-0.354*	0.448**
人均绿地面积									1	0.368*	0.507**	0.614**	-0.369*	0.684**
绿化覆盖率										1	0.307	0.258	-0.328	0.340*
影剧场个数											1	0.693**	-0.353*	0.439**
人均教育事业费												1	-0.508**	0.742**
公房比例													1	-0.207
商品房销售均价														1

表 6-15　住房消费量回归模型 1

响应变量（人均面积）	三变量全模型			三变量最简模型		
	B	Beta	Sig.	B	Beta	Sig.
(Constant)	28.231		0.000	28.068		0.000
省份市场化指数	0.192	0.115	0.533			
公房比例	-0.077	-0.302	0.108	-0.093	-0.362	0.049
失业率	-0.218	-0.313	0.079			
R Square	0.243			0.283		
F Change	2.775		0.061	1.582		0.196

注：B 指回归系数，Beta 指标准化系数，Sig 为显著性。下同。

从表 6-15 可以看出，城市公房比例高，失业率高，则家庭人均住房建筑面积低。而从最简模型看出，公房比例是主要的影响因素，它和市场化指数和失业率高度相关。

表 6-16　住房消费量回归模型 2

响应变量（人均面积）	六变量全模型			六变量最简模型		
	B	Beta	Sig.	B	Beta	Sig.
(Constant)	26.238		0.000	25.100		0.000
商品房销售均价	0.000	-0.088	0.753			
公房比例	-0.023	-0.092	0.692			
失业率	-0.226	-0.342	0.075	-0.289		0.014
人均 GDP	2.948E-5	0.110	0.682			
最低气温	0.004	0.210	0.345			
人均绿地面积	0.003	0.038	0.859			
R Square	0.283			0.131		
F Change	1.582		0.196	4.236		0.049

从表 6-16 可以看出，人均 GDP、最低气温、人均绿地面积对人均建筑面积有正的影响，失业率、房价和公房比例对人均住房建筑面积有负的影响。而最简模型则说明，失业率是最主要的影响因素，其他几个自变量与失业率存在高度相关。

（二）住房消费租金均值模型

模型 1 响应变量为城市住房月租金均值，自变量为市场化指数、失业率、公房比例。经过比较筛选后，模型 2 自变量为城市人均 GDP（工资）、失业率、房价、最低气温、人均教育事业费、公房比例。

表 6-17　住房消费支出回归模型 1

响应变量（月租金均值）	三变量全模型			三变量最简模型		
	B	Beta	Sig.	B	Beta	Sig.
(Constant)	263.593		0.004	320.921		0.000
省份市场化指数	8.121	0.215	0.203			
公房比例	-2.809	-0.485	0.007	-3.277	-0.566	0.001
失业率	-1.846	-0.118	0.455			
R Square	0.377			0.321		
F Change	5.233		0.006	13.21		0.001

从表 6-17 可以看出，城市市场化指数低，公房比例高，失业率高，则家庭住房月租金均值低。从最简模型看出，公房比例是主要的影响因素，它和市场化指数和失业率高度相关。

表 6-18　住房消费支出回归模型 2

响应变量（月租金均值）	六变量全模型			六变量最简模型		
	B	Beta	Sig.	B	Beta	Sig.
(Constant)	261.769		0.000	263.973		0.000
商品房销售均价	0.014	0.250	0.148			
公房比例	-2.406	-0.458	0.003	-2.074	-0.395	0.001
失业率	-4.256	-0.312	0.009	-4.582	-0.336	0.004
人均 GDP	0.000	-0.022	0.889			
最低气温	0.002	0.004	0.975			
人均绿地面积	0.779	0.450	0.002	1.000	0.577	0.000
R Square	0.74			0.703		
F Change	11.404		0.000	9.816		0.0004

从表 6-18 可以看出，房价、最低气温、人均绿地面积、人均 GDP 对住房月租金均值有正的影响，失业率和公房比例对月租金均值有负的影响。而最简模型则说明，公房比例、人均绿地面积、失业率是住房月租金最主要的影响因素，其他几个自变量与这三个存在高度相关。

（三）购建房费用模型

购建房费用模型 1 响应变量为城市家庭购建房费用均值，自变量为城市市场化指数、失业率、公房比例。经过比较筛选后，购建房费用模型 2 自变量为城市人均 GDP（工资）、失业率、最低气温、人均教育事业费、房价、公房比例。

表 6-19　购建房费用回归模型 1

响应变量（购建房费用）	三变量全模型			三变量最简模型		
	B	Beta	Sig.	B	Beta	Sig.
(Constant)	3.244		0.202	-0.164		0.881
省份市场化指数	0.651	0.527	0.002	0.766	0.620	0.000
公房比例	-0.056	-0.295	0.061			
失业率	0.072	0.140	0.335			
R Square	0.416			0.362		
F Change	7.898	0.001		17.483	0.000	

最简模型表明，从表 6-19 可以看出，城市市场化指数低，公房比例高，失业率高，则家庭购建房费用低。市场化指数是购建房费用最主要的影响因素，它和公房比例和失业率高度相关。

表 6-20　购建房费用回归模型 2

响应变量（购建房费用）	六变量全模型			六变量最简模型		
	B	Beta	Sig.	B	Beta	Sig.
(Constant)	4.297		0.001	5.411		0.000
商品房销售均价	0.001	0.444	0.001	0.001	0.525	0.000
公房比例	-0.068	-0.370	0.001	-0.074	-0.404	0.000
失业率	0.107	0.224	0.011			
人均 GDP	5.743E-5	0.295	0.030	6.740E-5	0.346	0.015
最低气温	0.002	0.146	0.133			
人均教育事业费	0.002	0.174	0.118			
R Square	0.835			0.762		
F Change	26.218		0.000	33.101	0.000	

从表 6-20 可以看出，城市房价、人均 GDP 对购建房费用有正的显著影响，公房比例对购建房费用均值有负的显著影响。最低气温、人均教育事业费对购建房费用有正的影响，但统计不显著，失业率的影响统计显著。而最简模型则说明，公房比例、人均 GDP、商品房销售均价是最主要的影响因素，其他几个自变量与这三个高度相关。

（四）住房自有率模型

模型 1 响应变量为城市家庭住房自有率，自变量为市场化指数、失业率、公房比例。经过比较筛选后，模型 2 自变量为人均 GDP（工资）、失业率、最低气温、人均教育事业费、房价、公房比例。

表 6-21 住房自有率回归模型 1

响应变量(自有率)	三变量全模型		
	B	Beta	Sig.
(Constant)	72.205		0.000
省份市场化指数	-1.583	-0.300	0.126
公房比例	0.078	0.096	0.617
失业率	-0.532	-0.243	0.187
R Square	0.072		
F Change	1.748		0.182

从表 6-21 可以看出,城市市场化指数低,失业率高,则家庭自有率低。但市场化指数和失业率仅仅在 0.2 水平统计显著,公房比例和市场化指数、失业率高度相关。

表 6-22 住房自有率回归模型 2

响应变量(自有率)	六变量全模型			六变量最简模型		
	B	Beta	Sig.	B	Beta	Sig.
(Constant)	67.257		0.000	70.041		0.000
商品房销售均价	-0.004	-0.439	0.095	-0.004	-0.402	0.025
公房比例	0.128	0.150	0.491			
失业率	-0.770	-0.348	0.066			
人均 GDP	0.000	0.124	0.664			
最低气温	-0.018	-0.253	0.234			
人均教育事业费	-0.006	-0.101	0.676			
R Square	0.190			0.132		
F Change	2.174		0.081	5.574		0.025

从表 6-22 可以看出,城市房价、失业率对家庭住房自有率有负的显著影响,城市房价越高,失业率越高,住房自有率越低。城市人均 GDP、公房比例、最低气温、人均绿地面积对住房自有率的影响统计不显著。而最简模型则说明,商品房销售均价是最主要的影响因素,其他几个自变量与这个变量存在高度相关。

(五) 住房设施质量模型

模型 1 响应变量为住房设施质量指数,自变量为市场化指数、失业率、公房比例。经过比较筛选后,模型 2 自变量为城市人均 GDP(工资)、失业率、最低气温、人均绿地面积、房价、公房比例。

表 6-23　住房设施质量回归模型 1

响应变量(住房设施质量指数)	三变量全模型			三变量最简模型		
	B	Beta	Sig.	B	Beta	Sig.
(Constant)	2.863		0.000	3.377		0.000
省份市场化指数	0.126	0.703	0.000	0.110	0.614	0.000
公房比例	0.007	0.269	0.096			
失业率	-0.004	-0.048	0.747			
R Square	0.378			0.355		
F Change	6.878		0.001	16.965		0.000

从表 6-23 可以看出,城市市场化指数低,则家庭住房设施质量低。最简模型表明市场化指数是最主要的影响因素,公房比例、失业率和市场化指数高度相关。

表 6-24　住房设施质量回归模型 2

响应变量(住房设施质量指数)	六变量全模型			六变量最简模型		
	B	Beta	Sig.	B	Beta	Sig.
(Constant)	3.014		0.000	3.652		0.000
商品房销售均价	9.440E-6	0.031	0.890			
公房比例	0.010	0.368	0.062			
失业率	0.011	0.143	0.373			
人均 GDP	1.873E-5	0.627	0.018	1.783E-5	0.597	0.000
最低气温	0.001	0.419	0.030			
人均教育事业费	0.000	-0.124	0.556			
R Square	0.381			0.334		
F Change	4.081		0.006	16.062		0.000

从表 6-24 可以看出,人均 GDP 越高,最低气温越高,住房设施质量越高。而最简模型则说明,人均 GDP 是最主要的影响因素,其他几个自变量与这个变量存在高度相关。

(六) 迁移家庭比例模型

模型 1 响应变量为迁移家庭占城市家庭比例,自变量为市场化指数、失业率、公房比例。经过比较筛选后,模型 2 自变量为城市人均 GDP(工资)、失业率、最低气温、人均教育事业费、房价、公房比例。

表 6-25　城市近 5 年家庭户主迁居比例回归模型 1

响应变量(迁居比例)	三变量全模型			三变量最简模型		
	B	Beta	Sig.	B	Beta	Sig.
(Constant)	68.154		0.002	81.343		0.000
省份市场化指数	1.256	0.146	0.406			
公房比例	-0.648	-0.492	0.009	-0.708	-0.538	0.002
失业率	0.211	0.059	0.720			
R Square	0.529			0.465		
F Change	11.873		0.000	26.169		0.000

从表 6-25 可以看出,公房比例是城市家庭户主迁居比例最主要的影响因素,城市公房比例高,则近 5 年城市家庭户主迁居率低。市场化指数对近 5 年城市家庭户主迁居率影响为正,但统计不显著。最简模型表明,公房比例和市场化指数、失业率高度相关。

表 6-26　城市近 5 年家庭户主迁居比例回归模型 2

响应变量(迁居比例)	六变量全模型			六变量最简模型		
	B	Beta	Sig.	B	Beta	Sig.
(Constant)	57.934	7.651	0.000	61.337		0.000
商品房销售均价	0.001	0.001	0.365	0.007	0.578	0.000
公房比例	-0.434	0.118	0.001	-0.624	-0.565	0.000
失业率	-0.382	0.257	0.151			
人均 GDP	4.218E-5	0.000	0.799			
最低气温	0.015	0.009	0.131			
人均教育事业费	0.005	0.009	0.567			
R Square	0.600			0.561		
F Change	8.485		0.000	20.170		0.000

从表 6-26 可以看出,城市房价对近 5 年城市家庭户主迁居率有正的显著影响,公房比例对近 5 年城市家庭户主迁居率有负的影响。城市人均 GDP、失业率、最低气温、人均绿地面积统计不显著。最简模型说明,公房比例、商品房销售均价是最主要的影响因素,其他几个自变量与这两个变量存在高度相关。

(七) 住房原因迁移家庭比例模型

模型 1 响应变量为住房原因迁移家庭占城市总家庭比例,自变量为市场化指数、失业率、公房比例。经过比较筛选后,模型 2 自变量为城市人均 GDP(工资)、失业率、最低气温、人均绿地面积、房价、公房比例。

表 6-27　城市近 5 年家庭户主住房原因迁居比例回归模型 1

响应变量(住房原因迁居比例)	三变量全模型		
	B	Beta	Sig.
(Constant)	72.205		0.000
省份市场化指数	-1.583	-0.300	0.126
公房比例	0.078	0.096	0.617
失业率	-0.532	-0.243	0.187
R Square	0.410		
F Change	7.727		0.001

从表 6-27 可以看出,城市市场化指数高,失业率高,城市家庭户主由于住房原因迁居比例低,但统计仅在 0.2 水平显著。

表 6-28　城市近 5 年家庭户主住房原因迁居比例回归模型 2

响应变量(住房原因迁居比例)	三变量全模型			三变量最简模型		
	B	Beta	Sig.	B	Beta	Sig.
(Constant)	67.257		0.000	70.041		0.000
商品房销售均价	-0.004	-0.439	0.095	-0.004	-0.402	0.025
公房比例	0.128	0.150	0.491			
失业率	-0.770	-0.348	0.066			
人均 GDP	0.000	0.124	0.664			
最低气温	-0.018	-0.253	0.234			
人均教育事业费	-0.006	-0.101	0.676			
R Square	0.640			0.399		
F Change	9.890		0.000	10.630		0.000

从表 6-28 可以看出,城市房价对近 5 年城市家庭户主由于住房原因迁居比例有负的显著影响,房价越高,住房原因迁居比例越低。失业率对近 5 年城市家庭户主迁居率有负的影响,在 0.1 水平统计显著。人均 GDP、最低气温、人均教育事业费统计不显著。最简模型说明,城市商品房销售均价是最主要的影响因素,其他几个自变量与这个变量存在高度相关。

四、中国城市自有多套住房家庭比例的影响因素回归分析

2007 年 35 个大中城市家庭中自有多套住房比例存在明显的差异。从实地调查发现,大多数第二住宅都是在同一城市(易成栋,2011)。因此,这里分析了自有多套住房家庭比例与城市变量的关系。

从相关性系数可以看出,城市多套住房自有率与职工平均工资、人均 GDP、

外商直接投资、住宅销售价格、固定资产投资等经济变量存在正的中度相关，与自然条件最低气温存在正的中度相关，与年日照时数存在负的中度相关，与城市规模变量市区人口密集度存在正的中度相关(见表6-29)。

表6-29　2007年中国35城市家庭自有多套住房比例与城市变量相关性系数

职工平均工资	人均GDP	最低气温	最高气温	年日照小时数	排放量	工业废水排放达标率/%	人均道路面积	人均绿地面积	绿化覆盖率	每百万人剧场，影剧场数	每百人公共图书馆藏书
0.465**	0.485**	0.455*	0.629**	−0.413*	0.306	−0.147	0.068	−0.012	0.101	0.121	0.173
0.005	0.003	0.012	0	0.023	0.074	0.4	0.698	0.945	0.564	0.489	0.319

每十万人的医院数量	人均教育事业费支出	大学数量	市区人口密集度	市辖区人口	是否省会(是为1)	失业人口比例(%)	FDI	2007住宅销售价格	2007年城市面积	2007年建成区面积	2007年固定资产投资额
0.033	0.128	0.33	0.382*	0.236	−0.305	0.008	0.427*	0.399*	−0.051	0.263	0.450**
0.85	0.465	0.053	0.023	0.172	0.075	0.962	0.01	0.017	0.773	0.127	0.007

各自变量之间还存在着一定的相关性。经济变量之间高度相关，和市区人口密度、房价收入比中高度相关。自然条件最低气温和年日照时数高度负相关(见表6-30)。

表6-30　城市自变量的相关性分析

	职工平均工资	人均GDP	FDI	住宅销售价格	固定资产投资	最低气温	年日照小时数	区人口密集度	60平方米房价收入比
职工平均工资	1	0.814**	0.791**	0.797**	0.655**	0.132	−0.033	0.618**	0.492**
人均GDP		1	0.714**	0.852**	0.464**	0.049	0.057	0.576**	0.713**
FDI			1	0.655**	0.813**	0.043	−0.036	0.671**	0.447**
住宅销售价格				1	0.485**	0.301	−0.168	0.593**	0.907**
固定资产投资					1	0.138	−0.300	0.624**	0.279
最低气温						1	−0.731**	0.378*	0.459*
年日照小时数							1	−0.362*	−0.312
市区人口密集度								1	0.495**
60平方米房价收入比									1

因此选取城市工资、房价收入比、最低气温、市区人口密度进入模型。模型结果表明，35 大中城市里面工资高的城市更可能自有多套住宅比例高，最低气温高的城市更可能自有多套住宅比例高（见表 6-31）。

表 6-31　中国 35 城市家庭自有多套住房比例回归模型

响应变量	三变量全模型			三变量最简模型		
（多套住房比例）	B	Beta	Sig.	B	Beta	Sig.
(Constant)	5.330		0.118	4.580		0.217
职工工资	3.69E-4	0.471	0.003	4.09E-4	0.523	0.003
最低气温	0.289	0.392	0.013			
R Square	0.382			0.248		
F Change	9.976			10.552		

本章小结

本章运用中国 2000 年人口普查资料和中国城市住户调查 2007 年数据以及其他的统计数据进行实证研究，表明中国城市家庭的住房选择存在明显的空间差异。

根据中国 2000 年人口普查资料微观数据发现：

（1）中国城市家庭住房消费量和支出存在空间差异。居住在行政级别（市场级别）高的城市的家庭，人均住房面积低，月租金费用高和购建房费用高。

（2）中国城市家庭来源与产权选择市场化程度存在空间差异。在行政级别（市场等级）越高的城市，家庭住房来源中自建住房比例越低，商品房和经济适用房比例低，购买原公房和租赁公房、租赁商品房比例越高。将来源汇总，在行政级别（市场等级）越高的城市，家庭住房来源中公房（购买或租赁）比例越高，商品房（购买或租赁）比例越高，自建住房比例和经济适用房比例越低。从城市家庭住房产权来看，在行政级别（市场等级）越高的城市，家庭住房产权中自有比例越低，租赁比例越高。

（3）中国城市家庭住房建筑属性和产品类别存在空间差异。从城市家庭住房产品来看，在行政级别（市场等级）越高的城市，家庭套均住房建筑面积均值和中位数越低，标准差越小，离散程度越低。在行政级别（市场等级）越高的城市，家庭套均住房间数均值越低，标准差越小，离散程度越低。从城市家庭住房产品来看，在行政级别（市场等级）越高的城市，家庭住房建筑年份在 1959 年以前的比例越高。从城市家庭住房设施来看，在行政级别（市场等级）越高的城市，家庭使用高质量住房设施的比例越高，表现为家庭居住在 7 层以上楼房、外墙结构为钢筋混凝土、煤气或电作为炊事燃料、饮用自来水、自有热水洗澡设施的比例越高。家庭独立使用厨房、独立使用厕所比例的城市差异略有不同。这可能和直辖市、省会、副省级城市老房子比较多有关。

(4) 中国城市家庭居住区位流动性存在空间差异。行政等级(市场等级)高的城市,人口迁移率、家庭迁居率高,正式迁移比例低,非正式迁移中省外流入比例高。大城市内部迁移率较高。居住在一二线城市(直辖市、省会和副省级城市)的家庭因为务工经商而迁移的比例高,因为工作调动、婚姻和随迁家属而迁居的比例低。

根据2005年中国综合调查城市住户调查数据和2007年城市住户调查数据发现:

(5) 中国城市家庭自有第二住宅比例存在空间差异。从城市行政等级类型差异来看,各类家庭中自有多套住宅家庭占该地区总城市家庭比例都是直辖市和省会市辖区低于其他市区。按照城市人口规模分的城市之间家庭自有多套住房比例差异明显,50万人口以下的城市全部城市家庭和本地市民家庭自有多套住宅比例最高,400万人口以上的城市最低,50—400万人口的城市居中。按照四线城市分的城市之间家庭自有多套住房比例差异明显,四线城市全部城市家庭和本地市民家庭自有多套住宅比例最高,三线次之,一、二线最低。

根据2000年人口普查微观数据的35城市数据作住房选择和城市变量的相关性和回归分析,发现城市经济发展水平(市场化指数、人均GDP、职工工资、失业率、固定资产投资)、自然条件(最低气温)、公共服务设施质量(人均道路面积、人均绿地面积、绿化覆盖率、影剧场个数、人均教育事业费)、住房体系特征(商品房价格和公房比例)对住房选择有显著的影响。

(6) 城市经济发展程度越好,则市场化程度越高,家庭住房消费量(人均面积)越低,住房消费支出(租金和购建房费用)越高,住房产权自有比例越低,商品房比例越高,住房设施质量越高,近5年内迁移比例越高。

(7) 城市自然条件越好,最低气温越高的城市(南方城市),家庭住房消费量(人均住房面积)越高,住房支出(租金和购建房费用)越高,住房来源中商品房比例越高,自有住房比例越低,住房设施指数越高,近5年迁移比例越高,由于住房原因迁移比例越低。

(8) 城市公共服务设施好,则家庭住房消费量(人均住房面积)高,住房支出(租金和购建房费用)高,住房自有比例低,商品房比例高,住房设施指数高,近5年迁移比例高。

(9) 城市住房体系中公房比例高,则住房消费量(人均面积)低,住房支出(租金和购建房费用)低,自有住房比例高,商品房比例低,住房设施质量低,近5

年迁移比例低，住房原因迁居比例高。城市商品房均价高，则住房支出高，商品房比例高，自有比例低，住房设施质量高，近5年内迁移比例高。

（10）对2007年中国城市住户调查数据中35个大中城市多套住房数据进行分析，发现城市家庭多套住房自有比率与城市经济水平（职工平均工资、人均GDP、外商直接投资）、公共服务设施质量（固定资产投资、市区人口密集度）、住房体系（房价）、自然条件（最低气温、年日照时数）相关。回归模型表明收入和自然条件是主要的影响因素，35大中城市里面工资高的城市更可能自有多套住宅比例高，最低气温高的城市更可能自有多套住宅比例高。

第七章　中国城市家庭住房选择的社会分化

前面两章分析了中国城市家庭(总体)的住房选择的动态变化和空间差异，实际上忽略了不同个体家庭间存在的巨大差异。随着转型期中国的制度变迁，城市社会阶层出现了很大的分化，家庭生命历程等重大事件对住房选择的影响越来越大。本章利用消费社会学和住房人口学的分析方法，以户主为家庭户的代表，用五普全国0.095%按户抽样数据、2005年1%抽样调查数据分析了处于不同社会阶层和不同生命历程家庭的住房选择不同，说明社会阶层的分化和生命历程导致了住房选择的分化。此外，还用CGSS2005年数据分析了社会阶层的分化和生命历程导致的第二住宅选择的分化。收入是影响住房选择的重要变量，然而五普资料中缺乏收入数据，为了弥补这一缺陷，在分析收入和住房选择关系时还采用了2005年1%抽样调查数据，引用了李实等“中国城市住户调查(CHIP)”1995年和2002年数据，分析结果表明家庭收入对住房选择产生了影响。

第一节　中国城市家庭住房消费量和支出的社会分化

通常采用的社会分层指标有户口、单位、职业、教育、收入，生命历程事件指标有婚姻、家庭规模(是否有小孩)、年龄等。本节分析表明，中国城市家庭社会分层形成的住房消费量和支出分化明显。城市不同户口、单位、职业、教育和收入的户主家庭，住房消费量和支出选择存在明显的差异。生命历程事件对城市家庭住房选择的影响也很明显，城市不同年龄、婚姻和家庭总人口数的家庭，住房消费量和支出选择存在明显的差异。

一、中国城市家庭社会分层形成的住房消费量和支出的分化

(一)根据户口分层的城市家庭的住房消费量和支出分化

这里分析了按照家庭户主户口和迁移状况分的家庭住房消费量和支出差异。根据城市家庭户主户口性质和迁移状况将城市家庭分为以下9类：本地不动市民、本地迁居市民、本地流动市民、异地流动市民、本地不动农民、本地迁居农民、本地流动农民、异地流动农民、无户口和不便分类其他。具体分类标准参见第四章变量说明。这里还去掉了15岁以下的户主家庭。根据中国法律，15岁以下的个人没有就业权利，他们的住房更多是来自继承或者赠与。这里还去

掉了城市里面的本地不动或迁居农民，去掉了在农业工作或为农业生产职员的户主，以便去掉城市里面的城中村等农民。因为他们基本属于农村住房体系，和城市住房体系不一样。

从表7-1可以看出，城市本地市民家庭（包括本地不动市民、本地迁居市民、本地流动市民）比异地流动家庭（包括异地流动市民、异地流动农民、本地流动农民）住房消费量高，表现为人均住房建筑面积高，人均12平方米以下的家庭占该类总家庭比例低。组间分布单因素方差分析 *F* 检验在0.001水平下统计显著，说明他们是不同的。

从本地家庭内部差异来看，市内迁移的市民家庭（本地流动市民家庭、本地迁居市民家庭）与本地不动市民家庭的消费量差不多，但人均住房建筑面积中位数比较高，人均12平方米以下的家庭占总家庭比例低。

从流动人口家庭内部差异来看，异地流动市民比本地流动农民、异地流动农民家庭住房消费量高，本地流动农民比异地流动农民家庭住房消费量高，表现为人均住房建筑面积比较高，人均12平方米以下的家庭占该类总家庭比例低。

表7-1 2000年按中国城市家庭户主户口、单位分类的人均住房建筑面积（平方米）分布（%）

移民的社会分类	0—8	9—12	13—16	17—19	20—29	30—39	40—49	50+	均值	中位数
本地市民家庭	7.6	11.2	14.7	12.3	28.7	12.9	5.6	6.9	24.4	20
本地不动市民	9.7	12.7	15.1	11.2	25.4	11.7	5.9	8.3	24.6	20.0
本地迁居市民	7	11.3	15.3	13.2	29.4	12.7	5.2	5.9	23.8	20.0
本地流动市民	7.1	8.6	11.8	10.1	30.9	15.7	7.1	8.7	26.6	22.5
市内迁移市民	7	10.8	14.6	12.6	29.7	13.3	5.5	6.5	24.3	20.3
流动人口家庭	30.8	17.3	13	5.2	15.8	7.5	3.8	6.6	19.1	13
异地流动市民	11.8	12.6	11.9	7.6	21.7	13.5	7.1	13.8	28.0	21.0
本地流动农民	20.7	16.4	13	5.7	21.6	9.7	5	8	22.6	16.3
异地流动农民	41.1	19.4	13.4	4.1	11.8	4.5	2.2	3.4	14.7	10.0
无户口、不便分类其他	8.7	10.8	12.3	8.9	27.4	13.6	6.8	11.4	27.4	22.0
总计	11.4	12.2	14.4	11.1	26.6	12	5.3	6.9	23.6	19.7
采掘业	15	14.2	19.2	16	24.9	6	2.3	2.3	18.3	16.7
工业	14.2	12.8	15.4	12.4	26.5	9.7	3.9	5	21.2	18.3
商业	19.7	14	13.4	9	22.5	10.1	5.2	6.2	21.5	17.3
金融保险房地产	12.2	11.2	12.2	9.3	28	13.3	6	7.8	24.7	20.3
文教卫科研	5.2	7.4	12.2	12.4	32.8	15.5	7.1	7.5	26.3	22.7
党政机关、社会团体、水电气	3.8	5.7	9.3	11.6	35.3	17.5	7.7	9.2	28.3	24.3
非垄断行业	16.6	13.6	14.9	11	24.6	9.6	4.2	5.4	21.1	17.7
垄断行业	4.4	6.6	10.9	12.2	34.2	16.2	7.2	8.2	27.2	23.3
总计	12.7	11.4	13.7	11.4	27.7	11.7	5.2	6.3	23.0	19.7

资料来源：根据2000年中国人口普查0.095%按户抽样数据计算。

从表7-2中可以看出，城市本地市民家庭比异地流动人口家庭平均月租房费用低。组间分布单因素方差分析F检验在0.001水平下统计显著。从本地家庭内部差异来看，市内迁移的市民家庭比本地不动市民家庭平均月租房费用高。从流动人口家庭内部差异来看，异地流动市民比本地流动农民、异地流动农民家庭平均月租房费用高，本地流动农民比异地流动农民家庭平均月租房费用低。

表7-2　2000年按中国城市家庭户主户口、单位分类的月租房费用（元）分布（%）

家庭分类	0—50	50—100	100—200	200—500	500—1 000	1 000—1 500	1 500—2 000	2 000以上	平均费用
本地市民家庭	61.6	23.9	9.3	4.1	0.9	0.1	0	0	68
本地不动市民	67.7	22.7	6.7	2.5	0.4	0	0	0	55
本地迁居市民	65	24.1	7.9	2.3	0.5	0	0	0	57
本地流动市民	42.4	24.9	17.1	12.4	2.7	0.5	0	0.1	127
市内迁移市民	60	24.3	10	4.6	1	0.1	0	0.1	75
流动人口家庭	16.1	27.4	28.2	20	6.2	1.3	0.4	0.3	214
异地流动市民	20.2	16.9	20.2	25.3	11.2	3.6	1.4	1.1	324
本地流动农民	24.7	37.1	24.2	11.6	1.8	0.4	0.1	0	128
异地流动农民	13.4	28.8	31.2	19.9	5.5	0.8	0.2	0.1	196
无户口、不便分类其他	48.3	24.7	13.8	11.5	1.7	0	0	0	104
总计	46.7	25.1	15.4	9.3	2.6	0.5	0.2	0.1	117
采掘业	75.1	20.4	2.7	1.4	0.5	0	0	0	46
工业	46.3	26.4	16.4	8.3	2.1	0.3	0.1	0.1	107
商业	22.7	24.7	24.5	21	5.6	0.9	0.3	0.3	201
金融保险房地产	35.5	24.8	18.4	14.4	5.3	1.2	0.4	0.1	169
文教卫科研	55.2	24.1	13.3	5.9	1.4	0	0.1	0.1	86
党政机关、社会团体、水电气	53.1	25.1	13.6	5.9	2.2	0.1	0	0	89
非垄断行业	37.8	25.5	19.2	12.9	3.6	0.5	0.2	0.2	144
垄断行业	52.5	25	13.1	7.1	1.7	0.3	0.1	0.1	96
总计	40.7	25.4	18.1	11.8	3.3	0.5	0.2	0.1	134

资料来源：根据2000年中国人口普查0.095%按户抽样数据计算。

从表7-3中可以看出，城市本地市民家庭比异地流动人口家庭平均购建房费用低。组间分布单因素方差分析F检验在0.001水平下统计显著。从本地家庭内部差异来看，市内迁移的市民家庭（本地流动市民家庭、本地迁居市民家庭）比本地不动市民家庭平均购建房费用高。从流动人口家庭内部差异来看，异地流动市民比本地流动农民、异地流动农民家庭平均购建房费用高，本地流动农民与异地流动农民家庭平均购建房费用差不多。

表 7-3　2000 年按中国城市家庭户主户口分类的购建房费用(万元)分布(%)

家庭分类	1 以下	1—2	2—3	3—5	5—10	10—20	20—30	30—50	50 +	平均费用
本地市民家庭	23.3	26	15.3	15.7	13	4.7	1.2	0.6	0.3	4.0
本地不动市民	27.9	23	13.9	15.2	13.8	4.9	0.9	0.4	0.1	3.7
本地迁居市民	23.9	29.1	15.8	14.9	11.1	3.6	1	0.4	0.2	3.5
本地流动市民	11.6	16.3	15	20.6	21.1	9.6	2.6	2.2	1	6.8
市内迁移市民	21.8	26.9	15.7	15.8	12.8	4.7	1.3	0.7	0.3	4.0
流动人口家庭	16.3	12.4	8.8	14.3	22.6	15.9	5.1	2.9	1.9	9.0
异地流动市民	9.6	14.1	9.4	13.4	19.2	17.5	8.6	4.7	3.4	11.7
本地流动农民	11.9	10.7	8.5	18.1	31.1	15.4	2.7	1.1	0.4	7.2
异地流动农民	29.9	11.8	8.2	11.3	18	14.1	2.9	2.5	1.3	7.1
无户口、不便分类其他	19.9	20	15.3	17.1	18.5	6.9	1.2	0.7	0.3	4.7
总计	22.8	25.1	14.9	15.6	13.6	5.4	1.4	0.7	0.4	4.2
采掘业	46.7	24.4	10.6	12.1	5	1	0.1	0	0.1	2.0
工业	20.9	25	15.8	17.1	13.5	5.5	1.4	0.6	0.2	4.1
商业	16	20.5	13.1	16.3	18.6	9.7	3	1.9	1	6.5
金融保险房地产	12.4	19.6	16.5	18.5	19.6	8.3	2.5	1.6	0.8	6.1
文教卫科研	13.4	23.4	18.2	20.8	17.3	4.7	1.3	0.7	0.3	4.5
党政机关、社会团体、水电气	10.2	21.8	17.9	21.3	20.6	6.2	1.4	0.5	0	4.7
非垄断行业	21.5	23.1	14.6	16.2	14.7	6.7	1.8	1	0.5	4.8
垄断行业	11.2	23	18.2	21.1	18.7	5.6	1.4	0.7	0.2	4.7
总计	17.4	23.1	16	18.1	16.3	6.2	1.7	0.9	0.4	4.8

资料来源:根据 2000 年中国人口普查 0.095% 按户抽样数据计算。

(二) 根据单位分层的城市家庭的住房消费量和支出分化

户主的单位很大程度上影响了户主的收入和获得单位住房和经济适用房的机会,还影响了商品住房的支付能力。由于 2000 年人口普查只有行业,没有单位的行政级别等方面信息,这里将单位所在的行业分为六个行业,并且分为垄断行业和非垄断行业。具体分类方法参见第四章变量说明。根据表 7-1 到表 7-3 分析表明,在不同单位工作的户主家庭存在住房消费量和支出差异。

从城市家庭户主所工作的行业来看,在金融、保险房地产行业、政府和社会组织组织、文教卫部门工作的家庭比在工业、商业和采掘业工作的家庭住房消费量高,表现为他们人均建筑面积较高(见表 7-1),人均面积组间分布单因素方差分析 P 值为 0.000。并且,在垄断行业工作的户主家庭比非垄断行业工作的户主家庭住房消费量高,表现为人均建筑面积较高。人均面积组间分布单因素方差分析 P 值为 0.000,表明差异统计显著。

从城市家庭户主所工作的行业来看，在商业和金融、保险和房地产业工作的户主家庭平均月租费用高于在工业工作的户主家庭，在政府组织和文教卫部门工作的家庭平均月租房费用较低。而且，在政府组织和文教卫部门工作的户主家庭100元以上的中高档房租占该类租房家庭比例低于总体平均水平。月租房费用户主行业分布的卡方检验值在0.001水平下是统计显著的，说明各行业显著不同。并且，在垄断行业工作的户主家庭比非垄断行业工作的户主家庭月租房平均费用低，组间分布单因素方差分析卡方检验值在0.001水平下统计显著，表明差异显著。

从家庭户主所工作的行业来看，在商业和金融、保险和房地产业工作的户主家庭平均购建房费用最高，政府和社会组织、文教卫等事业单位较低，其次是工业和采掘业。而且在政府组织和文教卫等行业工作的家庭购建房费用10万以上的比重明显低于总体平均水平。在不同行业工作的户主家庭购建房费用分布的卡方检验值在0.001水平下统计显著。并且，在垄断行业和非垄断行业工作的户主家庭平均购建房费用差不多。

（三）根据职业分层的城市家庭住房消费量和支出分化

从不同职业户主家庭来看，人均住房建筑面积按职业序列由上往下逐渐减少，以负责人最高，其次是技术员和办事员，都是25平方米以上。人均住房建筑面积13平方米以下的家庭中，户主为负责人的家庭占比例最低，技术员和办事员其次，商业服务业人员和工业生产人员最高。人均住房建筑面积30平方米以上的家庭，户主为负责人的家庭占比例最高，技术员和办事员其次，商业服务业人员和工业生产人员最低。这说明家庭户主职业序列越高，住房消费量越高。比较办事员和商业服务业人员，二者工作性质接近，但前者更接近政府部门，住房消费量高（见表7-4）。组间分布单因素方差分析F检验值在0.001水平下统计显著，表明他们显著不同。根据2005年人口抽样调查数据也可以得出同样的结论。除去了农业生产人员（他们很可能是村转居的原农村居民），职业序列越高，住房条件越好。比较办事员和商业服务业人员，二者工作性质接近，但前者更接近政府部门，住房状况要好。

表7-4　2000年和2005年按中国城市家庭户主职业分的人均住房建筑面积（平方米）分布（%）

年份	职业	0—8	9—12	13—16	17—19	20—29	30—39	40—49	50+	人均面积
2000	负责人	4.4	5.7	9.5	10.4	31.2	19.8	8.3	10.7	29.4
	技术员	4.4	6.8	10.8	11.7	33.9	16.4	7.5	8.5	27.5
	办事员	5.8	7.5	11.9	11.5	33.4	15.1	7	7.8	26.4

（续表）

年份	职业	0—8	9—12	13—16	17—19	20—29	30—39	40—49	50 +	人均面积
2000	商服员	19.5	14.1	14.1	10	23	9.2	4.4	5.7	20.8
	生产人员	15.8	14.3	16.2	12.7	25.5	8.2	3.2	4	19.9
	其他	26.4	17	18.2	8.9	17	5.5	3.1	3.9	17.0
	总计	12.7	11.4	13.6	11.4	27.7	11.7	5.2	6.3	23.1
2005	负责人	3.2	3.5	5.7	6.0	26.0	20.5	13.6	21.5	34.8
	技术员	2.6	3.7	6.7	7.7	31.3	20.9	11.9	15.2	30.3
	办事员	3.8	4.4	7.4	7.8	30.2	20.2	11.9	14.4	30.1
	商服员	11.5	10.0	11.3	8.0	25.7	13.6	7.5	12.5	25.7
	农业生产人员	3.9	6.5	10.0	6.3	25.1	16.8	11.2	20.0	30.6
	工业生产人员	12.6	10.4	12.1	9.0	26.3	12.6	6.6	10.5	25.1
	其他	10.5	10.6	12.1	7.7	24.3	15.4	7.5	12.0	26.2
	总计	8.2	7.8	10.0	7.9	27.0	15.9	9.2	14.1	28.0

资料来源：根据 2000 年中国人口普查 0.095% 按户抽样数据计算。根据 2005 年中国人口抽样调查汇总表 11-12a，11-13a 计算。

户主为负责人和商业服务人员的家庭中月租房费用 200 元以上的比重高于平均水平，但户主为负责人家庭中月租房费用 500 元以上的比重高于商业服务人员，200 元以下低于平均水平；办事员 50 元以下比重高于平均水平，50 元以上低于全国平均水平；技术员以 100 元以下为主，占了大约 74%；户主为工业生产人员家庭月租房费用集中分布于 200 元以下，占了大约 90%。有意思的是户主为办事员和商业服务人员的家庭相比，二者工作性质相似，前者月租房平均费用租金更低（见表 7-5），这与前者主要在政府和国有事业单位工作，更有机会低价租赁原公房有关。

表 7-5　2000 年按中国城市家庭户主职业分类的月租房费用（元）分布（%）

分类	0—50	50—100	100—200	200—500	500—1 000	1 000—1 500	1 500—2 000	2 000 以上	平均费用
负责人	33.8	18.7	16.1	19.8	8.6	1.2	1.4	0.4	233
技术员	50	23.6	12.8	9.4	2.9	0.9	0.2	0.2	124
办事员	52.6	23.3	12.8	7.5	3.4	0.3	0	0.1	107
商服员	27.7	25.4	23.4	17.5	4.8	0.7	0.2	0.3	178
生产人员	47.2	25.9	16.6	8.4	1.7	0.1	0.1	0	99
其他	36.9	38.8	17.8	5.5	1	0	0	0	89
总计	40.7	25.4	18	11.8	3.3	0.5	0.2	0.1	133

资料来源：根据 2000 年中国人口普查 0.095% 按户抽样数据计算。

2000 年中国城市家庭中购建房费用 3 万元以上比重也是前三类职业高，户主为负责人家庭比重最高，其次是办事员和商业服务员、技术员、生产人员；2 万元以下比重基本是从负责人到其他从上到下递增。平均费用前三类高，后三类低（见表7-6）。城市家庭购建房费用的差异不仅在于购买住房的数量差异，还有住房质量差异，例如住房区位、住房设施状况差异等。此外还有住房的产权状况，例如很多购买公房家庭仅有部分产权，价格就低于全部产权价格。2005 年中国城市家庭购建房费用 3 万元以上比重也是自上往下递减；2 万元以下比重基本是从负责人到其他从上到下递增。城市家庭购建房平均费用在不同职业自上往下递减（见表 7-6）。2005 年各类城市家庭平均购建房费用比 2000 年高，可能与 2005 年城市家庭住房更多是来自于商品房有关。

表 7-6　2000 年和 2005 年按中国城市家庭户主职业分类的购建房费用（万元）分布（%）

年份	分类	1 以下	1—2	2—3	3—5	5—10	10—20	20—30	30—50	50 +	平均费用
2000	负责人	10.6	19.4	15.7	17.9	20	9.8	3.1	2.2	1.3	7.1
	技术员	11.6	21.7	17.8	21	18.5	6.3	1.7	1	0.4	5.1
	办事员	13.1	21.9	16.6	20.7	18.4	5.9	1.9	1	0.4	5.1
	商服员	18.3	22.3	13.9	16.7	17.1	8	2.2	1	0.5	5.2
	生产人员	24	26.2	16	16.2	12.2	4.4	0.8	0.2	0	3.4
	其他	34.8	22.9	14	12.1	12.7	3	0.6	0	0	2.9
	总计	10.6	19.4	15.7	17.9	20	9.8	3.1	2.2	1.3	7.1
2005	负责人	3.9	7.8	7.1	13.3	21.8	20.2	9.2	9.0	7.7	17.2
	技术员	6.0	11.0	10.6	17.4	24.7	16.0	6.2	5.3	2.8	11.2
	办事员	6.0	12.6	10.5	16.9	25.1	16.5	5.6	4.6	2.3	10.5
	商服员	10.4	13.0	10.3	16.1	24.1	16.4	4.9	3.3	1.6	9.1
	农业生产人员	29.2	18.2	14.4	18.7	14.1	4.3	0.6	0.2	0.2	3.6
	工业生产人员	14.9	16.1	12.5	18.8	22.4	11.2	2.4	1.2	0.4	6.2
	其他	18.9	17.0	11.9	16.3	20.2	11.2	2.5	1.4	0.5	6.1
	合计	14.0	14.3	11.7	17.5	21.6	12.6	3.8	2.9	1.6	8.1

资料来源：根据 2000 年中国人口普查 0.095% 按户抽样数据计算。根据 2005 年人口抽样调查汇总表 11-11a 计算，该汇总表包括农业生产人员。

（四）根据收入和教育分层的城市家庭住房消费量和支出分化

家庭收入与住房消费量和支出有密切关系。郑思齐（2007）测算市场性住房的需求收入弹性为 0.67，表明住房消费量和收入是正相关的。李实和罗楚亮（2007）研究表明：总体上越是高收入组，人均居住面积也就越高。就未经质量调整的人均居住面积而言，不同收入组之间的差异性并不十分严重，例如 1995 年最低收入人群和最高收入人群的人均居住面积均值相差为 3 平方米。2002

年这一幅度上升到11平方米，这意味着人均居住面积与收入水平之间的相关性也在增强。根据收入排序，1995年未经质量调整的人均居住面积的集中率为0.05，2002年上升到0.11，这就意味着居住面积越来越集中于高收入人群。看来，1998年停止实物分房和实施住房分配的货币化强化了收入与住房条件之间的联系。即使如此，从2002年的人均住房面积的集中率来看，住房面积或住房条件与收入之间的相关性并不是非常强，也就是说收入仅仅是影响住房条件的一个因素（见表7-7）。

表7-7　1995年和2002年中国城市家庭不同收入组的居住面积（平方米）

	未经质量调整的人均居住面积				经过质量调整的人均居住面积			
	1995年		2002年		1995年		2002年	
	均值	标准差	均值	标准差	均值	标准差	均值	标准差
最低的五等份组	15	9	15	9	47	33	56	36
其中：最低10%人群	15	9	14	8	44	30	50	32
第二个五等份组	15	8	17	9	53	32	68	39
第三个五等份组	16	12	20	12	59	58	81	49
第四个五等份组	17	13	22	13	64	50	93	58
最高的五等份组	18	12	26	17	73	50	114	80
根据收入排序的集中率	0.05		0.11		0.09		0.15	

资料来源：中国社会科学院经济所收入分配课题组的1995年和2002年城镇住户调查数据。转引自李实等（2007）。

由于2000年人口普查数据没有收入信息，2005年人口抽样调查数据收入信息为区间收入，而且汇总表没有收入和住房消费支出交叉汇总表，这里采用《中国价格和城镇居民家庭收支调查年鉴》2000年不同收入类型的住房消费数据。研究发现随着收入的增加，住房支出和居住支出增加。随着收入增加，购建房费用绝对值增加，并且购建房费用占可支配收入比重不断增加。对居住支出、购建房费用和可支配收入做相关分析，前者与可支配收入高度相关，相关系数为0.999，P值为0.000，在0.01水平下统计显著；后者与可支配收入高度相关，相关系数为0.962，P值为0.000，在0.01水平下统计显著。这说明收入是影响住房消费支出的重要因素。

为不同受教育程度的户主家庭人均住房建筑面积不同。组间分布单因素方差分析F检验值在0.001水平下统计显著，说明存在显著差异。人均住房建筑面积在12平方米以下的家庭中，大专以上学历的户主家庭占了8.6%，比重最低，而大专以下占的比重较高，小学和初中学历户主家庭达到了30%。人均住房建筑面积在30平方米以上的家庭中，大专以上学历的户主家庭占了37%，比重最高,而大专以下占的比重较低,为20%左右。大专以上学历的户主家庭人均住房建筑面积高于平均水平(见表7-8)。从2005年人口抽样调查数据也可以看出,大专以上户主的城市家庭比高中及以下户主的城市家庭人均面积高。

表7-8 2000年和2005年按中国城市家庭户主受教育程度分的人均住房建筑面积(平方米)分布(%)

	学历	0—8	9—12	13—16	17—19	20—29	30—39	40—49	50+	人均面积
2000年	小学及以下	15.8	15.9	16.2	8.8	20.6	10.6	4.6	7.4	22.3
	初中	15.4	14.8	16.1	11.4	23.5	9.3	4.2	5.3	21.0
	高中中专	8.9	10.7	14.1	12.4	29.6	12.1	5.2	7	24.2
	大专及以上	3	5.6	9.6	10.9	34.3	18.8	8.5	9.3	28.9
	汇总	11.4	12.2	14.4	11.1	26.6	12	5.3	6.9	23.6
2005年	未上过学									27.5
	小学									27.9
	初中									27.8
	高中									26.0
	大学专科									27.0
	大学本科									30.7
	研究生									32.5
	汇总									34.5

资料来源:根据2000年中国人口普查0.095%按户抽样数据计算。根据2005年全国人口抽样调查表11-2a按户主的受教育程度分的家庭户住房状况(城市)计算。

户主受教育程度很大程度上影响了户主的就业机会,影响了获得单位住房的机会和支付住房的收入。以下分析表明户主受教育程度的差异影响了城市家庭住房消费支出的差异。不同受教育程度户主家庭月租房费用存在明显的差异。受教育程度高的户主家庭中月租房费用500元以上的占所有月租房费用类型比重大,受教育程度低的户主家庭月租房费用50元以下的占比重大。从家庭月房租平均费用来看,也是户主学历越高的家庭平均月租房费用越高(见表7-9)。

不同受教育程度户主家庭购建房费用也存在明显的差异。户主学历越低的家庭中,购建房费用2万元以下占所有购建房费用类型比重越大;户主学历越高的家庭中,购建房费用2万元以上比重越大,并且户主学历越高,比重越大。户主受教育程度越高的家庭中,购建房费用5万元以上所占的比重越大。从平均费用来看,也是受教育程度越高的户主家庭平均购建房费用越高(见表7-9)。购建房费用既和住房的数量有关,又和住房的质量有关,如住房的区位、基础设施等。

表 7-9 2000 年按中国城市家庭户主学历分类的月租房费用和购建房费用分布(%)

分类	0—50	50—100	100—200	200—500	500—1 000	1 000—1 500	1 500—2 000	2 000 以上	月租房平均费用(元)
小学及以下	50.5	25.9	15	7	1.3	0.1	0	0	88
初中	43.2	25.8	17.8	9.8	2.6	0.5	0.1	0.1	120
高中中专	48.9	24.1	13.1	9.7	3.2	0.7	0.3	0.2	127
大专及以上	47.4	23.2	13	11.3	3.7	1	0.2	0.2	138
汇总	46.7	25.1	15.4	9.3	2.6	0.5	0.2	0.1	117

分类	1 以下	1—2	2—3	3—5	5—10	10—20	20—30	30—50	50 +	购建房平均费用(万元)
小学及以下	36.6	26.1	12.4	10.6	9.5	3.6	0.8	0.4	0.1	3.0
初中	26.6	26.3	14.2	13.8	12	5.2	1.2	0.5	0.3	3.8
高中中专	19.2	25.3	15.7	16.9	14.7	5.7	1.4	0.7	0.3	4.4
大专及以上	10.9	22.4	16.9	20.7	18	6.6	2.3	1.4	0.7	5.6
总计	22.8	25.1	14.9	15.6	13.6	5.4	1.4	0.7	0.4	4.2

资料来源:根据 2000 年中国人口普查 0.095% 按户抽样数据计算。

二、生命历程事件导致的中国城市家庭住房消费量和支出分化

(一) 生命历程事件导致的城市家庭住房消费量分化

户主的出生队列是户主的出生年代,对应了户主的年龄分段。由于我国不同年龄段有不同的机会,并且住房政策对不同年龄段有不同的政策规定,例如房改的“新人新办法和老人老办法”,所以年龄段对住房消费量和支出影响很大。从年龄来看,户主为 30—44 岁的家庭人均住房建筑面积较低,而户主为 44 岁以上、30 岁以下的家庭人均面积较高。这可能和 30 岁以下者没有结婚或者结婚没有孩子有关,40 岁以上者收入较高,以及子女离家有关。

家庭总人数越少,住得越宽敞。一般来讲,在计划时期,家庭总人数起的作用很小,在市场经济下,还必须依靠收入的影响。城市家庭通常是三口之家的核心家庭。通常来说,人口多的家庭收入不一定很高,经济负担更重。总人数 3 人以下的家庭比 3 人以上的人均住房建筑面积高。家庭总人数越少,人均住房建筑面积 13 平方米以下(不含 13)的比重越低,30 平方米以上(不含 30)的比重越高(见表 7-10)。组间分布单因素方差分析 F 检验值在 0.001 水平下统计显著,说明他们存在显著差异。

户主结婚有配偶的家庭人均住房建筑面积均值高于单身、离婚丧偶家庭,但中位数低于它们。

表 7-10　2000 年按中国城市家庭户主年龄、婚姻、总人数分的人均住房建筑面积(平方米)分布(%)

分类	0—8	9—12	13—16	17—19	20—29	30—39	40—49	50+	均值	中位数
年龄										
15—19	13.8	15.3	16	6.8	17.9	9.7	7.5	13.1	27.0	18.0
20—24	17.6	15.3	12.6	5.4	17.6	10.9	6.4	14.1	26.8	18.1
25—29	18.4	12.8	12.4	7.5	22.5	11.7	6.1	8.5	23.6	18.8
30—34	17	12.3	13.3	10.3	27.6	10.4	4.4	4.7	21.1	18.7
35—39	13.1	12.1	14	12.8	29	10.1	4.1	4.6	21.6	19.0
40—44	10.2	11.6	15.2	14.1	28.5	10.6	4.7	5	22.3	19.3
45—49	8.1	10.2	13.9	13.4	29.1	13	5.4	6.9	24.4	20.0
50—54	7.7	11	15.3	12.2	27.7	13.6	5.5	7.1	24.6	20.0
55—59	7.4	12.6	15.4	10.7	26.8	13.6	6.1	7.4	24.6	20.0
60—64	7.1	14.1	16.6	9.9	24.8	13.7	6.3	7.5	24.5	20.0
65—69	7.2	13.6	15.2	9.7	24.8	14.2	6.2	8.9	25.6	20.0
70+	8.3	12.9	15.5	8.6	23.3	14.4	6.7	10.5	26.7	20.5
年龄总计	11.4	12.2	14.4	11.1	26.6	12	5.3	6.9	23.6	19.7
总人数										
1	3.7	10.9	10.6	4.1	14.5	11.9	10.7	33.7	41.1	33.0
2	10.4	8	8.2	5.1	26.6	23.5	10.7	7.5	27.5	26.5
3	11.6	10.6	13.7	15.8	34.1	9.4	2.8	2	20.3	19.3
4	15.2	15.3	24.9	14.3	21.1	5.1	1.7	2.4	17.6	15.3
5	14.9	27.5	25.9	9.2	14	3.9	2.3	2.2	16.2	13.6
6+	23.3	33	19.2	7	9.6	4.9	1.5	1.4	14.2	11.4
总计	11.4	12.2	14.4	11.1	26.6	12	5.3	6.9	23.6	19.7
婚姻										
单身未婚	8.8	13.4	13.3	5.6	18.6	11.1	7.9	21.4	22.2	40.4
结婚有配偶	12.1	12.2	14.5	11.8	27.6	11.9	4.9	4.9	24.3	21.7
离婚丧偶	7.2	11.5	14	7.7	21.4	13.3	8	17	18.7	38.3
总计	11.4	12.2	14.4	11.1	26.6	12	5.3	6.9	23.6	24.2

资料来源:根据 2000 年中国人口普查 0.095% 按户抽样数据计算。

(二) 生命历程事件导致的城市家庭住房月租房费用分化

从月租房费用来看,1 000 元以上的高房租占所有房租类型的比例,以城市 20—39 岁年龄段户主家庭居多,55 岁以上的户主最少;55 岁以上户主家庭随着租房费用增加比重逐渐减少,200 元以下月租房费用占了该年龄段所有租房费用总体的 73%。月租房平均费用最高值出现在 20—29 岁,然后随着年龄增加而减小(见表 7-11)。

月租房平均费用在城市家庭总人数为 3 人时最低,其次是 2 人,在两端都高,但是没有出现随人口增加月租房费用增加的趋势(见表7-11)。

城市户主结婚有配偶的家庭平均购建房费用低于单身家庭,但是高于离婚丧偶家庭。这和住房来源、住房面积和住房区位有关。

表7-11 2000年按中国城市家庭户主年龄、婚姻和总人数分的月租房费用(元)分布(%)

分类	0—50	50—100	100—200	200—500	500—1 000	1 000—1 500	1 500—2 000	2 000以上	平均费用
年龄									
15—19	31.2	24.3	20.8	15.8	6.4	1	0.5	0	181
20—24	21.2	26	25.8	19.1	5.9	1.1	0.5	0.4	207
25—29	30.8	24.2	22.1	16.4	4.8	1.2	0.2	0.3	178
30—34	39.2	24	21	11.7	3	0.8	0.2	0.2	140
35—39	46.5	25	15.1	9.9	2.8	0.4	0.2	0.1	119
40—44	52.5	27.4	11	6.7	2	0.3	0.1	0.1	96
45—49	54.4	25.6	12	6.3	1.4	0.1	0.1	0.1	88
50—54	56	25.2	11.5	5	1.9	0.2	0.1	0.1	88
55—59	58.9	25.6	10.2	3.7	1.5	0.1	0	0	73
60—64	60.2	24	9.9	4.9	0.6	0.4	0	0	73
65—69	62.8	24.2	8.9	3.4	0.6	0.1	0	0	63
70 +	64.6	24.6	8	2.3	0.3	0.1	0	0.1	60
总计	46.7	25.1	15.4	9.3	2.6	0.5	0.2	0.1	117
总人数	46.8	25.1	15.4	9.3	2.6	0.5	0.2	0.1	117
1	44.1	22.7	16.4	11.3	3.9	1	0.3	0.2	144
2	44.2	24.3	18.2	10.2	2.2	0.5	0.1	0.2	121
3	51.5	25.8	13.5	6.9	1.8	0.3	0.1	0.1	97
4	43.1	27.5	14.8	10.9	3.1	0.4	0.2	0.1	126
5	43.3	26.2	12.8	12.5	4.2	0.4	0.3	0.3	144
6 +	39.2	28.2	14.3	12	5.6	0.7	0	0	145
婚姻									
单身未婚	34.1	22.5	17.7	17.1	6.3	1.5	0.6	0.3	197
结婚有配偶	46.3	25.5	16	9.2	2.4	0.4	0.1	0.1	113
离婚丧偶	61.6	24.6	9.7	3.5	0.5	0.1	0	0	64
总计	46.7	25.1	15.4	9.3	2.6	0.5	0.2	0.1	117

资料来源:根据2000年中国人口普查0.095%按户抽样数据计算。

(三)生命历程事件导致城市家庭购建房费用分化

从购建房费用来看,城市年龄大的户主家庭购买低价住房比重高,购买高价住房比重低。以购建房平均费用来说,20—29岁年龄段户主购建房费用最高,30岁以上户主随年龄段增加费用减少(见表7-12)。这与住房面积、住房价格、住房获得方式都有关系。20 岁以下的户主家庭购房多是父母为子女购置。20—29 岁阶段更可能是按照市场价格购房,30 岁以上更可能是购买房改公房或者经济适用房。

城市家庭总人口 4 人以上比 4 人以下平均购建费用高。但是这还可能与住房面积、住房来源、住房区位等多因素有关。

城市户主结婚有配偶的家庭平均购建房费用低于单身家庭,但是高于离婚丧偶家庭。这可能与结婚家庭更多是购买公房和自建房有关。

表 7-12 2000 年中国城市按户主年龄、婚姻、家庭规模分的购建房费用(万元)分布(%)

分类	1 以下	1—2	2—3	3—5	5—10	10—20	20—30	30—50	50 +	平均费用
年龄										
15—19	21.6	13.7	12.7	11.8	21.6	10.8	2.9	1	3.9	8.4
20—24	13.4	16.5	9.3	17.6	25.8	12.4	2.2	2.4	0.4	6.9
25—29	14.1	16.4	14	20.1	22	9.5	2.6	0.9	0.4	5.9
30—34	15.4	19.7	16.8	20.3	17.4	7	1.8	0.9	0.6	5.2
35—39	18.7	22.2	16	17.9	16.3	5.9	1.6	0.9	0.5	4.8
40—44	19.6	24.4	15.5	16.8	14.6	6	1.6	1.1	0.4	4.7
45—49	20.7	26.9	16.1	15.6	13.3	5	1.6	0.5	0.3	4.1
50—54	23.2	27.6	14.2	15.5	12.2	5.3	1.1	0.7	0.2	3.9
55—59	26.1	29.5	14.3	13.5	11.1	3.7	1.1	0.5	0.2	3.5
60—64	32.7	30.3	13.7	10.7	8.4	2.8	0.8	0.4	0.3	3.0
65—69	34.6	31.2	13.3	10.1	7.2	2.2	0.7	0.5	0.3	2.8
70 +	37.4	29.3	12.5	9.8	6.8	3.2	0.6	0.4	0	2.6
总计	22.8	25.1	14.9	15.6	13.6	5.4	1.4	0.7	0.4	4.2
总人数	22.8	25.1	14.9	15.6	13.6	5.4	1.4	0.7	0.4	4.2
1	32.3	24	12.5	10.7	11.9	5	1.9	0.9	0.8	4.3
2	26.9	25.9	13.8	14	12.2	4.9	1.4	0.6	0.3	3.9
3	20.5	25.4	15.9	16.9	14.1	5.1	1.2	0.7	0.2	4.1
4	20.6	24	14.9	16.4	14.8	6.2	1.6	1	0.5	4.7
5	22.6	24.9	13.8	15.1	13.9	6.6	1.9	0.8	0.3	4.5
6 +	19.7	23	14.4	16.3	15.4	7.2	2	1	0.9	5.3
婚姻										
单身未婚	16.9	18	12.8	12.8	20.4	11.9	3.7	2.1	1.3	7.2
结婚有配偶	21.7	25.1	15.2	16.2	13.9	5.5	1.4	0.7	0.3	4.2
离婚丧偶	35.6	27.3	13	10.8	9.2	2.6	0.9	0.4	0.2	3.0
总计	22.8	25.1	14.9	15.6	13.6	5.4	1.4	0.7	0.4	4.2

资料来源:根据 2000 年中国人口普查 0.095% 按户抽样数据计算。

第二节　中国城市家庭住房来源与产权选择的社会分化

中国城市家庭的社会分化和生命历程事件对住房来源和产权选择有影响。收入是影响租买住房选择的重要变量，由于五普数据缺乏收入信息，2005 年人口抽样调查数据有收入信息，这里采用后者分析了收入对住房来源和产权选择的影响。

本节分析表明，户主户口、行业、职业、收入和受教育程度不同，户主年龄、婚姻和家庭总人数不同，其所在的城市家庭住房来源与产权选择不同。社会层级越高的户主所在的家庭更可能购买公房、租赁公房和购买经济适用房，更可能自有住房和较高的住房自有率。

一、中国城市家庭社会分层形成的住房来源和产权的分化

（一）根据户口分层的城市家庭的住房来源和产权分化

从表 7-13 中可以看出，城市本地市民家庭比异地流动人口家庭住房来源中自建房、购买经济适用房、购买公房和租赁公房比重高，租赁商品房比重低，公房比例高，自有比例高，租赁比例低。组间分布单因素方差分析 F 检验在 0.001 水平下统计显著，说明差异显著。

从城市本地家庭内部差异来看，市内迁移的市民家庭比本地不动市民家庭自建房比重低，购买经济适用房、购买商品房和租赁商品房、购买公房和租赁公房比重高，自有比例略低。

从城市流动人口家庭内部差异来看，异地流动市民比异地流动农民家庭购买经济适用房、购买商品房、购买公房和租赁公房比重高，租赁商品房比例低，自有比例高很多。这里还出现了异地市民和异地农民购买经济适用房、公房。可能原因如下：一是理解上的差异，原来住房来源是经济适用房和公房，由他们购买；二是政策执行上的差异，经济适用房政策执行不严，一些破产企业公房可以自由买卖；三是统计问卷的笔误；四是其他家庭成员可能有资格购买。这里无法分析具体原因。

表 7-13　2000 年按中国城市家庭户主户口、单位分的住房来源与产权(%)

分类	自建房	购商品房	购经济适用房	购原公房	租公房	租商品房	其他	自有比	租赁比	公房比
户口										
本地市民家庭	12.3	10.7	8.7	42.4	20.1	2.3	3.7	74.1	22.4	62.5
本地不动市民	30.9	9.9	7.8	27.4	18.3	1.7	4	76	20	45.7
本地迁居市民	6.6	9.2	8.5	50.5	20.7	1.3	3.1	74.8	22	71.2
本地流动市民	6.4	18.4	10.8	31.3	20.1	7.4	5.7	66.9	27.5	51.4
市内迁移市民	6.6	11	8.9	46.9	20.6	2.4	3.6	73.4	23	67.5
流动人口家庭	6.4	10.7	3.1	4.1	18.8	42.3	14.7	24.3	61.1	22.9
异地流动市民	4.7	17.6	5	11.2	23.1	26.6	11.8	38.5	49.7	34.3
本地流动农民	14.7	21.7	4.6	4	15	28	12	45	43	19
异地流动农民	4.8	4.5	1.8	1.1	18	53.1	16.7	12.2	71.1	19.1
无户口、不便分类其他	36.1	13.5	7.3	19.7	14	4.4	5	76.6	18.4	33.7
总计	11.7	10.7	7.8	36.3	19.8	8.2	5.3	66.5	28	56.1
行业										
采掘业	16.9	9.2	7.5	42.7	17.3	2.7	3.6	76.3	20	60
工业	11.2	10.4	8.2	32.7	20.5	10.8	6.2	62.5	31.3	53.2
商业	11.3	14.7	5.5	19.2	19.1	23.4	6.9	50.7	42.5	38.3
金融保险房地产	10.1	14.1	7.5	30.7	19.9	11.5	6.3	62.4	31.4	50.6
文教卫科研	6.6	11	10.4	46.2	17.7	2.7	5.4	74.2	20.4	63.9
党政机关、社会团体、水电气	8.1	14.7	11.5	47.8	11.7	1.9	4.2	82.1	13.6	59.5
非垄断行业	12.1	11.7	7.1	27.1	20.5	14.9	6.6	58	35.4	47.6
垄断行业	6.7	13.1	10.8	47.7	14.8	2.4	4.5	78.3	17.2	62.5
总计	16.9	9.2	7.5	42.7	17.3	2.7	3.6	76.3	20	60

资料来源:根据 2000 年中国人口普查 0.095% 按户抽样数据计算。

(二)根据单位分层的城市家庭住房来源和产权分化

从自建房比重来看,在采掘业工作的户主家庭最高,政府和文教卫部门最低。从购商品房比重来看,在商业和金融、保险和房地产业、政府部门工作的户主家庭比重高。在政府组织和文教卫部门工作的户主家庭购经济适用房和原公房比重较高,商业较低。租原公房比重在各行业工作的户主家庭差别不太大。在政府和文教卫部门工作的户主家庭租商品房比重最低,商业最高。从自有住房比重来看,各行业差别不大,但是在工业和商业工作的户主家庭该比重最低,政府和社会组织最高。租赁住房比例在各行业分布与自有比例相反。从公房比重来看,政府组织和文教卫部门工作的户主家庭该比重最高,商业最低(见表 7-13)。户主行业分布的卡方检验值 P 值在 0.001 水平下是统计显著的,说明各行业显著不同。在垄断行业工作的户主所在家庭自有住房比重高,租赁比重低,公房来源比重高。

（三）根据职业分层的城市家庭住房来源与产权分化

户主职业为负责人、技术员、办事员的家庭自有住房比重高于和租赁比重低于平均水平，并且自建房比重低于平均水平，其他类均低于平均水平，购原公房和经济适用房、商品房比例高于平均水平。2000 年，从工作性质相近的办事员和商业服务人员户主家庭对比来看，前者购买原公房比重高于后者 1 倍多，购经济适用房比重高近 1 倍，租赁商品房比重仅为后者的 10%（见表 7-14）。这说明前者更接近政府权力部门，在原公有住房和经济适用房再分配方面占有优势。分析 2005 年人口抽样调查数据可以得出同样的结论。

表 7-14　2000 和 2005 年按中国城市家庭户主职业分的住房来源与产权（%）

职业	自建房	购商品房	购经济适用房	购原公房	租公房	租商品房	其他	自有比	租赁比	公房比
2000 年	10.3	12.2	8.3	33.8	18.6	10.9	5.9	64.6	29.5	52.4
负责人	9.3	19.1	9.7	42.3	11.4	4.8	3.4	80.4	16.2	53.7
技术员	6	14	11.2	44.3	16.8	3.2	4.5	75.5	20	61.1
办事员	7.3	14.2	9.5	44.9	15.9	2.6	5.6	75.9	18.5	60.8
商服员	11.7	12.3	6	21.5	20.1	21.1	7.2	51.5	41.2	41.6
工业生产人员	12.4	9	7.8	31.5	21.4	11.7	6.2	60.7	33.1	52.9
其他	18.8	6.6	5.1	17.3	19.9	23.2	9.2	47.8	43.1	37.2
2005 年	31.2	17.5	6.3	18.3	6.7	16.1	4.0	73.2	22.7	24.9
负责人	16.2	34.5	8.0	21.0	4.8	12.4	3.2	79.7	17.2	25.7
技术员	11.8	28.6	11.0	29.4	7.5	8.1	3.5	80.9	15.6	36.9
办事员	10.9	26.4	10.2	33.7	6.9	7.1	4.7	81.3	14.0	40.6
商服员	19.5	18.5	5.2	13.5	9.4	29.3	4.6	56.7	38.7	22.9
农业生产人员	89.8	2.3	1.0	2.8	0.8	1.4	1.8	95.9	2.2	3.6
工业生产人员	28.3	13.7	6.0	18.7	7.5	21.1	4.7	66.7	28.6	26.2
其他	30.9	13.9	7.7	16.2	7.9	17.3	6.1	68.7	25.1	24.1

资料来源：根据 2000 年中国人口普查 0.095% 按户抽样数据和 2005 年全国人口抽样调查表 11-10a 计算。

（四）根据收入和教育分层的城市家庭住房来源与产权分化

城市家庭收入越高，他们的住房来源中自建房比例越低，购商品房比例越高，购经济适用房比例越低，租商品房比例越高。月收入 3 000 元以上的家庭比月收入 3 000 元以下的家庭住房产权中自有比例高，租赁比例低（见表 7-15）。

表 7-15 2005 年中国城市家庭按家庭月收入(千元)、住房来源分的户数占总户数比例(%)

收入	自建房	购商品房	购经济适用房	购公房	租公房	租商品房	其他	自有	租赁	公房比	商品房比
合计	28.5	16.3	6.5	24.4	8.1	12.2	3.9	75.7	20.3	32.5	28.6
0—1	34.0	11.6	5.9	25.5	9.5	8.9	4.6	77.0	18.4	35.0	20.5
1—2	26.8	16.1	7.0	21.9	7.7	16.7	3.9	71.8	24.3	29.6	32.8
2—3	22.1	22.4	7.9	25.6	6.2	13.0	2.8	78.0	19.2	31.8	35.4
3—4	17.7	27.6	7.2	28.3	6.0	10.7	2.4	80.8	16.7	34.3	38.3
4—6	14.2	33.9	5.7	26.6	5.8	11.7	2.2	80.3	17.5	32.3	45.6
6—8	10.1	41.5	4.9	25.2	5.1	11.3	2.0	81.6	16.3	30.3	52.7
8—10	8.1	47.0	4.7	20.4	4.6	13.1	2.2	80.2	17.6	24.9	60.0
10—15	9.1	51.8	4.9	18.1	3.6	11.0	1.5	83.9	14.6	21.7	62.8
15—20	9.5	57.7	3.5	11.9	2.9	13.3	1.3	82.6	16.2	14.8	71.0
20 +	14.5	53.9	2.7	9.5	3.0	14.9	1.5	80.6	17.9	12.5	68.8

资料来源:根据 2005 年抽样调查表 11-15a 计算。

城市户主受教育程度越高的家庭自建房占总住房来源比重越低(见表 7-16)。原因是受教育程度越高的户主家庭更可能在大城市工作和定居,自建房受到了更严格的政策限制。学历越高的户主家庭购商品房比重越高,高中以上的学历比高中以下的户主家庭购商品房比重高。学历越高的户主家庭,购经济适用房占总住房来源比重也越高。原因可能在于,国家政策规定政府机关公务员和事业单位雇员(例如教师)可以购买经济适用房,并允许相应的权力部门获得土地自建并按经济适用房销售给内部职工。学历越高的户主家庭,购原公房比重也越大。原因同样是政府机构和事业部门在住房分配中处于更有利的位置。在 1998 年住房制度重大改革以后,不同受教育程度户主家庭租赁原公房比重差别不大。大学及以上学历户主家庭自有住房比重略高于平均水平,租赁比略低于平均水平,公房比高于平均水平,并且高中和中专以上学历户主家庭公房比最高。这必须要联系其他指标来分析。

表 7-16 2000 和 2005 年按中国城市家庭户主受教育程度分的住房来源与产权(%)

受教育程度	自建房	购商品房	购经济适用房	购原公房	租公房	租商品房	其他	自有比	租赁比	公房比
2000 年	19.4	5.9	5.8	30.2	22	10.1	6.6	61.3	32.1	52.2
小学以下	19.4	5.9	5.8	30.2	22	10.1	6.6	61.3	32.1	52.2
初中	13.9	9.8	6.8	30.5	21.1	11.9	6.1	61	33	51.6
高中中专	9.2	12.7	8.9	38.8	19.9	6	4.6	69.6	25.9	58.7
大学专科	3.6	14.8	10.2	50	14.8	2.9	3.6	78.6	17.7	64.8
本科以上	11.7	10.7	7.8	36.3	19.8	8.2	5.3	66.5	28	56.1

（续表）

受教育程度	自建房	购商品房	购经济适用房	购原公房	租公房	租商品房	其他	自有比	租赁比	公房比
2005 年	28.2	16.5	6.6	24.4	8.1	12.3	4.0	75.6	20.4	32.5
未上过学	48.9	6.4	3.6	18.4	10.1	6.7	5.9	77.3	16.8	28.5
小学	50.4	7.4	3.5	16.8	6.6	10.9	4.4	78.1	17.5	23.4
初中	33.7	12.6	5.1	19.9	8.3	16.3	4.1	71.2	24.7	28.3
高中	14.9	21.6	8.7	30.0	9.5	11.6	3.7	75.2	21.1	39.5
大专	5.0	30.5	11.5	35.7	6.7	7.8	3.0	82.6	14.5	42.3
大学本科	2.0	32.1	11.1	38.5	6.5	7.1	2.7	83.7	13.7	45.1
研究生	0.6	31.9	9.8	35.0	9.9	9.3	3.5	77.3	19.3	45.0

资料来源：根据 2000 年中国人口普查 0.095% 按户抽样数据和 2005 年人口抽样调查汇总表 11-9a 计算。

二、生命历程事件导致的中国城市家庭住房来源和产权选择的分化

城市不同年龄段户主家庭住房来源和产权选择存在明显的差异。家庭户主年龄是影响住房来源和产权的重要因素。户主年龄越大的家庭，自建住房比重越高，公房比重越高，购买商品房比重越低。购买经济适用房比重，除了 25 岁以下比重较低外，其他年龄段户主家庭差别不大。年龄越大的户主家庭自有住房比重越高，租赁比重越低（见表 7-17）。这说明我国城市家庭在不同年龄段有不同的住房来源与产权选择机会。

不同总人数的城市家庭住房来源和产权选择存在明显的差异。总人数为 3 以下的家庭自建房比重最低，购买商品房和经济适用房、公房比重最高。1 人家庭租用商品房比重最高。城市家庭总人数越多，自有比越高，租赁比越低（见表 7-17）。

城市不同婚姻状态的户主家庭住房来源和产权选择存在明显的差异。户主结婚有配偶的家庭比单身家庭自建房、购买商品房和经济适用房、购买公房比重高，租赁商品房和租赁公房比重低。城市户主结婚有配偶的家庭比单身家庭住房自有率高，租赁比例低，公房比例高（见表 7-17）。

表 7-17 2000 年按中国城市家庭户主年龄、婚姻和总人数分的住房来源与产权分布（%）

分类	自建房	购商品房	购经济适用房	购原公房	租公房	租商品房	其他	自有比	租赁比	公房比
年龄										
15—19	7.6	11.2	1.4	8.4	22.8	34	14.6	28.6	56.8	31.2
20—24	4.7	11.9	3.2	8.5	21.4	37.4	12.8	28.3	58.8	29.9
25—29	7.6	15.3	7.4	18.1	21	21.7	8.9	48.4	42.7	39.1
30—34	9.6	14.3	8.7	27.2	19.9	13.7	6.7	59.8	33.6	47.1

（续表）

分类	自建房	购商品房	购经济适用房	购原公房	租公房	租商品房	其他	自有比	租赁比	公房比
35—39	11.6	13.2	8.8	33.8	19.3	8.2	5.2	67.4	27.5	53.1
40—44	12.2	11.1	8.8	36.9	21.8	5.1	4.1	69	26.9	58.7
45—49	13	10.1	8.6	41.2	19.1	3.8	4.2	72.9	22.9	60.3
50—54	13.9	9.5	7.8	44.4	16.8	3.5	4.1	75.6	20.3	61.2
55—59	13.5	7.3	7.8	49.4	15.4	2.7	3.9	78	18.1	64.8
60—64	12.2	6.7	7.3	51.4	16.4	2.6	3.5	77.6	19	67.8
65—69	12.3	6.2	6.1	49.7	20.2	1.8	3.7	74.3	22	69.9
70 +	16.2	5.7	5.9	39.8	25.9	1.8	4.8	67.6	27.7	65.7
总人数										
1	8.7	6.7	4.4	20.5	28.8	18.9	12	40.3	47.7	49.3
2	8.7	10.1	7.2	36.6	20.8	10.8	5.9	62.6	31.6	57.4
3	9.8	12.1	9.2	40.5	19.1	5.4	4	71.6	24.5	59.6
4	17.5	11.2	8	34.9	16.8	7.2	4.3	71.6	24	51.7
5	21.4	10.8	6.9	39	14	4.3	3.7	78.1	18.3	53
6 +	31.5	9.3	5.6	32.3	14.1	3.6	3.5	78.7	17.7	46.4
总计	11.7	10.8	7.8	36.4	19.8	8.2	5.3	66.7	28	56.2
婚姻										
单身未婚	5.5	10.8	3.4	12.2	28.1	27	12.9	31.9	55.1	40.3
结婚有配偶	11.8	11.2	8.3	37.8	18.3	7.6	4.9	69.1	25.9	56.1
离婚丧偶	14.3	6.5	6	35.9	28.2	3.7	5.4	62.7	31.9	64.1
总计	11.7	10.7	7.8	36.3	19.8	8.2	5.3	66.5	28	56.1

资料来源：根据2000年中国人口普查0.095%按户抽样数据计算。

第三节　中国城市家庭住房建筑属性和产品类别的社会分化

中国城市家庭的社会分化和生命历程的变化，对他们的住房建筑属性和产品类别的选择有影响。本节研究表明，城市不同户主户口、行业、职业、收入和受教育程度、年龄段、总人数、婚姻的家庭住房建筑属性和产品类别存在明显的差异。

一、中国城市家庭社会分层形成的住房建筑属性和产品的分化

（一）根据户口分层的城市家庭的住房建筑属性和产品的分化

表7-18表明，城市本地市民家庭比异地流动人口家庭本户住房间数和建筑

面积多,他们的组间分布单因素方差分析 F 检验在 0.001 水平下统计显著。从本地家庭内部差异来看,市内迁移的市民家庭比本地不动市民家庭本户间数和建筑面积均值略低,中位数差不多,说明差异不大。从流动人口家庭内部差异来看,异地流动市民比异地流动农民家庭本户住房间数和建筑面积均值高。

表 7-18 2000 年按照户口分类的中国城市家庭本户住房间数和建筑面积分布

	本地不动市民		本地迁居市民		本地流动市民		市内迁移市民	
	间数	面积	间数	面积	间数	面积	间数	面积
均值	2.3	67.9	2.2	62.3	2.1	65.9	2.2	63.0
中位数	2	58	2	59	2	61	2	59
最小值	1	5	1	3	1	3	1	3
最大值	40	800	63	999	21	998	63	999
标准差	1.4	49.4	1.1	34.6	1.0	40.1	1.1	35.7
	异地流动市民		异地流动农民		本地流动农民		其他	
	间数	面积	间数	面积	间数	面积	间数	面积
均值	1.9	55.3	1.4	31.3	2.1	59.0	2.4	73.4
中位数	2	51	1	20	2	45	2	62
最小值	1	4	1	2	1	4	1	6
最大值	16	600	13	500	15	500	15	420
标准差	1.0	41.2	0.8	29.8	1.4	53.1	1.4	50.8

资料来源:根据 2000 年人口普查微观数据计算。

表 7-19 表明,城市本地市民家庭比异地流动人口家庭本户住房建筑年龄老,组间分布单因素方差分析 F 检验在 0.001 水平下统计显著。从本地家庭内部差异来看,市内迁移的市民家庭比本地不动市民家庭本户住房建筑年龄小,说明市内迁移家庭从房龄比较老的住房迁移到较新的住房。从流动人口家庭内部差异来看,异地流动市民比异地流动农民家庭本户住房建筑年龄小,说明异地流动市民更可能住在较新的住房里。

表 7-19 2000 年按照户口、行业分类的中国城市家庭本户住房建筑年份分布(%)

分类	1949 年以前	1950—1959	1960—1969	1970—1979	1980—1989	1990 +
本地市民家庭	3	2.9	3	9.4	33.4	48.3
本地不动市民	5.2	3.8	3.8	10.3	33.6	43.3
本地迁居市民	2.6	2.9	3.1	10.1	35.3	46.1
本地流动市民	1	1.8	1.7	5.2	24.6	65.8
市内迁移市民	2.3	2.6	2.8	9.2	33.3	49.7

（续表）

分类	1949年以前	1950—1959	1960—1969	1970—1979	1980—1989	1990+
流动人口家庭	2.8	2.2	2.4	7.5	25.3	59.7
异地流动市民	2	2.3	1.8	6.4	22.3	65.1
本地流动农民	2.4	2.2	2.9	6.5	27.1	58.8
异地流动农民	3.3	2.2	2.6	8.3	26.1	57.5
其他	2.6	2.6	3.9	8.2	31.6	51
户口汇总	2.9	2.8	3	9.1	32.2	49.9
行业汇总	2.1	2.2	2.5	7.8	29.1	56.4
采掘业	0.8	3.4	4.6	11	35.8	44.2
工业	2.1	2.7	3.2	9.1	29.7	53.2
商业	3.2	2	2.2	7.9	29.8	54.9
金融保险房地产	2.4	2.2	2	6.2	25.6	61.7
文教卫科研	1.3	2	1.5	6.4	30.3	58.5
党政机关、社会团体、水电气	1	0.8	1.2	5.4	26.2	65.4
非垄断行业	2.5	2.6	3.1	9	30	52.8
垄断行业	1.2	1.3	1.3	5.4	27.2	63.6

资料来源：根据2000年人口普查微观数据计算。

表7-20表明，城市本地市民家庭比异地流动人口家庭住房设施好，组间分布单因素方差分析 F 检验在0.001水平下统计显著。从本地家庭内部差异来看，市内迁移的市民家庭比本地不动市民家庭本户住房设施好。从流动人口家庭内部差异来看，异地流动市民比异地流动农民家庭本户住房设施好。

表7-20　2000年按照户口、行业分类的中国城市家庭本户住房设施分布（%）

分类	7层以上楼房	钢筋混凝土	本户独立使用厨房	煤气电	自来水	自有热水	独立使用厕所	住房设施指数
户口								
本地市民家庭	21.5	39.1	91.1	83.9	96.7	54.5	78.8	4.1
本地不动市民	15.3	33.5	88.5	74.4	94	43.1	68.9	3.8
本地迁居市民	21.6	40.3	92.1	86.6	97.7	57.7	81.4	4.2
本地流动市民	30.9	42.8	90.7	87.2	96.7	58.2	82.6	4.2
市内迁移市民	23.3	40.8	91.8	86.7	97.5	57.8	81.6	4.2
流动人口家庭	12.3	29.3	61.9	68.5	90.5	26	44.9	3.1
异地流动市民	24.9	45.6	81.1	84.3	95.8	50.8	71.1	3.9
本地流动农民	9.8	28.8	73.6	61.9	87.4	29.7	54.2	3.3
异地流动农民	7.5	22.2	50	63.3	89	14	30.7	2.7
其他	14.8	30	87.2	68.1	89.1	39.5	69.5	3.6
汇总	20.1	37.6	86.8	81.4	95.7	50.1	73.8	4.0

（续表）

分类	7层以上楼房	钢筋混凝土	本户独立使用厨房	煤气电	自来水	自有热水	独立使用厕所	住房设施指数
行业汇总	20.9	38.6	85.5	82.9	95.4	52.3	73.8	4.0
采掘业	8	30.2	85.8	59.4	90.9	26.5	61.8	3.4
工业	18.8	35.2	84	81.6	94.8	47.3	70	3.9
商业	20.1	35.9	78.1	77.9	94.7	43.8	64.5	3.7
金融保险房地产	25.5	42.6	86	85.2	96.6	57.2	75.4	4.1
文教卫科研	24.2	44.3	91.4	90.1	96.7	66.7	85.8	4.3
党政机关、社会团体、水电气	25.3	47.4	95.1	90.7	97.5	69.4	89.6	4.4
非垄断	18.5	34.7	81.6	78.8	94.4	44.4	66.6	3.8
垄断	25.9	46.6	93.5	91	97.5	68.1	88.2	4.4

资料来源：根据2000年人口普查微观数据计算。

（二）根据单位分层的城市家庭住房建筑属性和产品选择的分化

表7-21表明，城市户主在政府和文教卫行业工作的家庭比工业、商业的家庭住房间数和建筑面积多，组间分布单因素方差分析 F 检验在0.001水平下统计显著。户主在垄断行业工作的家庭比非垄断行业的家庭住房间数和建筑面积多，组间分布单因素方差分析 F 检验在0.001水平下统计显著。

表7-21　2000年按照行业分类的中国城市家庭本户住房间数和建筑面积分布

行业	采掘业		工业		商业		金融保险房地产	
	面积	间数	面积	间数	面积	间数	面积	间数
均值	2.0	52.0	2.0	56.9	2.0	56.3	2.1	62.8
中位数	2	50	2	54	2	50	2	60
最小值	1	6	1	2	1	3	1	2
最大值	8	940	62	999	21	998	63	550
标准差	0.8	36.1	1.1	40.1	1.1	43.9	1.3	40.1
	文教卫科研		党政机关、社会团体、水电气		非垄断		垄断	
均值	2.3	66.8	2.5	77.1	2.0	56.1	2.3	71.2
中位数	2	64	2	71	2	52	2	67
最小值	1	4	1	6	1	2	1	3
最大值	62	440	15	900	62	999	63	900
标准差	1.3	33.9	1.1	43.4	1.1	41.5	1.2	38.3

资料来源：根据2000年人口普查微观数据计算。

表7-19表明，城市户主在政府和文教卫行业工作的家庭比工业、商业的家

庭住房建筑年龄新，户主在垄断行业工作的家庭比非垄断行业的家庭住房建筑年龄新。组间分布单因素方差分析 *F* 检验均在 0.001 水平下统计显著。

表 7-20 表明，城市户主在政府和文教卫行业工作的家庭比工业、商业的家庭住房设施好，户主在垄断行业工作的家庭比非垄断行业的家庭住房设施好。组间分布单因素方差分析 *F* 检验均在 0.001 水平下统计显著。

（三）根据职业分层的城市家庭住房建筑属性和产品选择的分化

表 7-22 表明，从家庭户主职业来看，负责人、技术员、办事员这前三者比后三者的平均住房间数和面积要大，组间分布单因素方差分析 *F* 检验在 0.001 水平下统计显著。

表 7-22　2000 年按照职业分类的中国城市家庭本户住房间数和建筑面积分布

	负责人		技术员		办事员	
	间数	面积	间数	面积	间数	面积
均值	2.5	81.5	2.3	69.1	2.3	70.0
中位数	2.0	74.0	2.0	65.0	2.0	65.0
最小值	1	7	1	5	1	3
最大值	40	700	63	999	15	900
标准差	1.3	46.4	1.4	36.8	1.0	40.9
	服务员		**生产人员**		**其他**	
	间数	面积	间数	面积	间数	面积
均值	1.9	54.3	2.0	53.9	1.8	45.8
中位数	2.0	50.0	2.0	50.0	2.0	39.0
最小值	1	2	1	2	1	3
最大值	21	998	62	963	8	450
标准差	1.1	41.7	1.1	38.3	1.0	37.6

资料来源：根据 2000 年人口普查微观数据计算。

表 7-23 表明，从家庭户主职业来看，负责人、技术员、办事员三者比后三者的住房建筑年龄新，组间分布单因素方差分析 *F* 检验在 0.001 水平下统计显著。

表 7-23　2000 年按照职业、教育分类的中国城市家庭本户住房建筑年份分布（%）

分类	1949 年以前	1950—1959	1960—1969	1970—1979	1980—1989	1990 +
负责人	1.3	1.1	0.8	4.8	24.7	67.2
技术员	1.1	1.6	1.7	5.4	27.1	63.1
办事员	1.5	1.4	1.7	6.2	27.5	61.6
商服员	3.2	2.2	2.5	8.4	29.7	53.9

（续表）

分类	1949 年以前	1950—1959	1960—1969	1970—1979	1980—1989	1990 +
工业生产人员	2.1	3	3.5	9.9	31	50.5
其他	2.9	3.1	4.9	10.4	34	44.5
职业合计	2.1	2.2	2.5	7.8	29.1	56.4
小学及以下	5.1	4.1	4.5	13	35.5	37.7
初中	3.3	3.2	3.2	9.9	33.3	47.1
高中中专	2.4	2.4	2.6	8.2	31.9	52.6
大专及以上	1	1.3	1.5	5.2	27.3	63.5
学历合计	2.9	2.8	3	9.1	32.2	49.9

资料来源:根据 2000 年人口普查微观数据计算。

表 7-24 表明,从城市家庭户主职业来看,负责人、技术员、办事员这三者比后三者的住房设施好,组间分布单因素方差分析 *F* 检验在 0.001 水平下统计显著。

表 7-24 2000 年按照职业、教育分类的中国城市家庭本户住房设施分布(%)

分类	7 层以上楼房	钢筋混凝土	本户独立使用厨房	煤气电	自来水	自有热水	独立使用厕所	住房设施指数
负责人	28.9	48.2	94.8	91.7	97.4	71.7	90.3	4.5
技术员	26.8	46	92.8	91.3	97.4	68	87.5	4.4
办事员	26.7	46	92.6	90.5	97.7	67.6	86.3	4.3
商服员	18.2	34.5	78	77.2	94.7	41.6	63.4	3.6
工业生产人员	16	33.4	82.4	78.9	94.2	42.5	66.4	3.7
其他	10.9	20.6	73.5	57.5	86.1	19	44.7	3.0
职业合计	20.9	38.6	85.5	82.9	95.5	52.4	73.8	3.9
学历合计	20.1	37.6	86.8	81.4	95.7	50.1	73.8	3.9
小学及以下	13.2	28.8	81.9	68.6	93.5	33.3	61.1	3.5
初中	16.7	33.5	83.2	77.3	94.7	41.2	66.6	3.7
高中中专	22	41.3	89.3	86.4	96.6	56.7	79.1	4.1
大专及以上	30.1	48.5	94.8	94.3	98.5	73.5	91.6	4.5

资料来源:根据 2000 年人口普查微观数据计算。

(四)根据收入和教育分层的城市家庭住房建筑属性和产品的分化

2000 年人口普查没有调查收入信息,2005 年人口抽样调查汇总表没有收入和住房质量表格。李实和罗楚亮(2007)根据中国城市逐户调查的研究成果表明,就未经住房质量调整的人均居住面积而言,人均居住面积的不同收入组之间的差异性并不严重。然而经过质量调整之后,他们的差异迅速扩大(参见表

7-7)。这意味着高收入人群的住房质量更高。

表 7-25 表明,从城市家庭户主受教育程度来看,学历越高,本户住房间数均值和建筑面积越高,住在 1990 年以后的住房比例越高,组间分布单因素方差分析 F 检验在 0.001 水平下统计显著。从家庭户主职业来看,学历越高,住房设施越好(表 7-24),组间分布单因素方差分析 F 检验在0.001 水平下统计显著。

表 7-25　2000 年按照学历分类的中国城市家庭本户住房间数和建筑面积分布

	小学及以下		初中	
	间数	面积	间数	面积
均值	2.1	56.3	2.0	56.2
中位数	2	50	2	52
最小值	1	2	1	2
最大值	21	998	20	999
标准差	1.2	43.2	1.1	41.4
	高中中专		大专以上	
	间数	面积	间数	面积
均值	2.2	62.5	2.3	72.6
中位数	2	59	2	70
最小值	1	2	1	5
最大值	63	700	15	900
标准差	1.3	38.8	0.9	35.1

资料来源:根据 2000 年人口普查微观数据计算。

二、生命历程事件导致的城市家庭建筑属性和产品选择的分化

表 7-26 表明,城市不同年龄段户主家庭住房建筑属性和产品选择存在明显的差异。从家庭户主年龄来看,35—69 岁户主家庭本户住房间数均值和面积均值高。

表 7-26　2000 年按照年龄分类的中国城市家庭本户住房间数和建筑面积分布

年龄段	15—19		20—24		25—29		30—34	
	间数	面积	间数	面积	间数	面积	间数	面积
均值	1.5	40.0	1.6	40.9	1.8	51.5	2.0	56.7
中位数	1	25	1	30	2	48	2	54
年龄段	35—39		40—44		45—49		50—54	
均值	2.1	61.4	2.2	62.8	2.2	65.5	2.3	68.6
中位数	2	57	2	57	2	59	2	60

（续表）

年龄段	15—19		20—24		25—29		30—34	
	间数	面积	间数	面积	间数	面积	间数	面积
年龄段	55—59	60—64	65—69	70 +				
均值	2.5	68.9	2.4	64.9	2.3	62.3	2.2	58.1
中位数	2	62	2	60	2	58	2	53
婚姻	单身		结婚		离婚			
均值	1.6	42.2	2.2	62.9	2.0	53.9		
中位数	1.0	34.0	2.0	58.0	2.0	50.0		
总人数	1		2		3			
均值	1.6	41.9	2.0	55.5	2.1	61.1		
中位数	1.0	35.0	2.0	54.0	2.0	58.0		
总人数	4		5		6 +		总计	
均值	2.4	70.0	2.8	81.0	3.3	95.5	2.1	61.0
中位数	2.0	61.0	2.0	68.0	3.0	76	2.0	57.0

资料来源:根据 2000 年人口普查微观数据计算。

表 7-27 表明,户主小于 40 岁的家庭比大于 40 岁的家庭住在 1990 年以后的住房比例高。户主年龄越大的家庭越可能住在老房子。组间分布单因素方差分析 *F* 检验在 0.001 水平下统计显著。不同总人数家庭住房建筑属性和产品选择存在明显的差异。从家庭总人数来看,3 人的家庭住在 1990 年以后的住房比例最高。家庭人越多越可能住在老房子。他们的组间分布单因素方差分析 *F* 检验在 0.01 水平下统计显著。从家庭户主婚姻状况来看,户主结婚的家庭比单身住在 1990 年以后的住房比例低。组间分布单因素方差分析 *F* 检验在 0.01 水平下统计显著。

表 7-27　2000 年按户主年龄、婚姻和总人数分类的中国城市家庭本户住房建筑年份分布(%)

分类	1949 年以前	1950—1959	1960—1969	1970—1979	1980—1989	1990 +
年龄						
15—19	4	2.2	1.9	10.6	28	53.3
20—24	2.2	1.7	2.3	7.3	25.3	61.2
25—29	1.6	2.1	2.3	8.7	25.4	59.8
30—34	1.6	2.3	3	8.2	26	58.9
35—39	1.9	2.5	3.1	7.8	27.9	56.8
40—44	3.1	2.9	2.9	7.8	30.2	53.1
45—49	2.6	2.4	2.6	8	33.2	51.2
50—54	2.9	2.6	1.9	9.3	35.1	48.2
55—59	3	2.3	2.6	9.6	38.7	43.8

（续表）

分类	1949年以前	1950—1959	1960—1969	1970—1979	1980—1989	1990+
60—64	3	3.2	3.4	11.5	43.9	35
65—69	4.4	3.6	4.2	13.7	42.4	31.7
70+	8.4	5.8	4.9	12.3	37.2	31.3
总人数	2.9	2.8	3	9.1	32.2	49.9
1	4.3	4.1	4.1	10.9	31	45.6
2	3.6	3.1	3.1	9.7	33	47.5
3	2.4	2.5	2.8	8.5	30.4	53.4
4	2.9	2.6	2.8	8.3	33.4	49.9
5	2.5	2	2.8	10	37.9	44.9
6+	2.7	2.1	2.1	9.7	40.8	42.7
婚姻	2.9	2.8	3	9.1	32.2	49.9
单身未婚	3.3	2.9	2.3	9.3	26.7	55.5
结婚有配偶	2.5	2.5	2.8	8.8	32.1	51.3
离婚丧偶	6.4	5.2	5	12.4	36	35

资料来源：根据2000年人口普查微观数据计算。

表7-28表明，从家庭户主年龄来看，40—59岁的户主家庭住房设施最好，他们的组间分布单因素方差分析 F 检验在0.01水平下统计显著。从家庭总人数来看，3人的家庭住房设施最好，组间分布单因素方差分析 F 检验在0.001水平下统计显著。从家庭户主婚姻状况来看，结婚的家庭比单身的家庭住房设施好，组间分布单因素方差分析 F 检验在0.001水平下统计显著。

表7-28　2000年按照户主年龄、婚姻和总人数分类的中国城市家庭本户住房设施分布（%）

分类	7层以上楼房	钢筋混凝土	本户独立使用厨房	煤气电	自来水	自有热水	独立使用厕所	住房设施指数
年龄								
15—19	13.7	32.4	59.5	70.4	95	32.4	49.2	3.2
20—24	15.8	35.6	63.1	75.4	92.7	29.9	52.1	3.2
25—29	19	36.6	77.4	80.2	94	41.5	63.3	3.6
30—34	18.8	37.4	82.9	80.1	94.3	47.7	68.9	3.8
35—39	21.9	39.3	87.7	82.4	95.6	52.1	74.3	4.0
40—44	21.9	38.6	89.6	83.7	96.5	54.5	76.8	4.1
45—49	22.8	39.5	90.4	84.4	96.6	56.6	79.4	4.1
50—54	21.2	36.8	90.9	83.2	95.9	56.9	80.1	4.1
55—59	20.8	38.9	91.8	81.8	96.5	55.3	80.8	4.1
60—64	17.3	37.2	91.8	79.5	95.9	51	77.6	4.0
65—69	17.5	37	91.4	80.2	96.8	47.9	75.7	4.0

（续表）

分类	7层以上楼房	钢筋混凝土	本户独立使用厨房	煤气电	自来水	自有热水	独立使用厕所	住房设施指数
70 +	16.5	32.7	87	78	97	40.5	71.1	3.8
总人数	20.1	37.6	86.8	81.4	95.7	50.1	73.7	3.9
1	15.7	33	68.8	74	94.6	31.9	55.3	3.4
2	18.5	36.2	84.7	81.8	96.1	48	71.6	3.9
3	21.8	38.8	90.3	84.6	96.4	55.1	77.8	4.1
4	20.3	38.7	89.4	77.9	94.4	51.1	75.3	3.9
5	20.5	39.7	93	79.4	94.9	52.3	79.3	4.0
6 +	19.5	37.8	92.8	76.9	94.4	49.6	78.7	4.0
婚姻	20	37.6	86.8	81.4	95.7	50.1	73.8	3.9
单身未婚	19.1	37.4	66.1	77.3	94.7	35.2	57.5	3.4
结婚有配偶	20.3	38.1	88.1	82.1	95.7	52.2	75.4	4.0
离婚丧偶	17.9	33.3	85.9	77.1	96.5	39.1	67.7	3.8

资料来源：根据 2000 年人口普查微观数据计算。

第四节　中国城市家庭居住区位选择的社会分化

家庭居住区位选择受到了区域的自然物理特征、社会经济特征和人群的种族特征等因素影响，并且在社会经济和种族因素等影响下出现了居住区位分异。由于无法得到五普全国 0.095% 按户抽样数据精确到乡镇街道调查小区区位的数据，例如结合 GIS 技术定位的调查小区住房数据，因此这里无法分析社区的微观区位。这里以户主作为家庭的代表，分析了 1995 年 10 月 31 日之前发生过迁移的户主家庭占总户主家庭的比例（简称为 5 年前迁居比例）和 1995 年 11 月 1 日到 2000 年 11 月 1 日（普查时点）发生过迁移的户主家庭占总户主家庭的比例（简称为 5 年内迁居比例）以及 5 年内家庭迁居原因的差异。这里将人口普查表中的迁移原因合并为就业原因、住房原因，以及其他。就业原因包括务工经商、工作调动、分配录用和学习培训。住房原因包括拆迁搬家、婚姻迁入、随迁家属、投亲靠友。本节研究表明，发生了迁居的户主家庭占总户主家庭比例有以下特点：本地市民比流动人口在该比例低；户主从事采掘业和工业该比例低，户主从事非垄断行业家庭该比例低；工业生产人员户主家庭该比例低；高学历户主家庭该比例高；35—55 岁户主家庭该比例低；人数多的家庭该比例低；单身家庭该比例高。家庭迁居的比例和迁居原因在户主户口、行业、职业、受教育程度、年龄、婚姻和家庭总人数上存在明显的差异。

一、中国城市家庭社会分层形成的居住区位流动性的分化

(一)根据户口分层的城市家庭的居住区位流动性的分化

表7-29表明,与本地市民家庭相比,流动人口家庭中发生了户主迁居的比例高。本地市民和流动人口发生迁居的原因不相同。1995年到2000年发生迁移的本地市民家庭主要是住房方面的原因,拆迁搬家占了迁移原因的58%。1995年到2000年流入的本地农民、异地市民和农民家庭主要是就业方面的原因,务工经商占了迁移原因的48%以上。异地市民和异地农民家庭相比,由于住房原因迁居的比例高。

(二)根据单位分层的城市家庭居住区位流动性的分化

表7-29表明,与在采掘业和工业行业就业的户主家庭相比,在其他行业就业的户主家庭中发生了户主迁居的比例高。这里分析了在不同行业的城市户主家庭的迁居的原因差异(表7-30)。城市家庭户主在政府、文教卫行业工作的由于住房原因迁居的比例比在工业和商业工作的户主家庭高很多,组间分布单因素方差分析 P 值为0.000,说明差异显著。城市家庭户主在垄断行业工作的因为住房原因迁居的比例比在非垄断行业工作的户主家庭高很多,组间分布单因素方差分析 P 值为0.000,说明差异显著。这可能是因为他们工作环境和收入很好,换工作的少,换住房的多。

(三)根据职业分层的城市家庭居住区位流动性的分化

表7-29表明,与职业为工业生产人员的户主家庭相比,从事其他职业的户主家庭中发生了户主迁居的比例高。这里分析了在不同职业的城市户主家庭的迁居原因差异(表7-30)。城市家庭户主为负责人、技术员和办事员的由于住房原因迁居的比例比为服务员和工业生产人员的户主家庭高很多,组间分布单因素方差分析 P 值为0.000,说明差异显著。这可能是因为前三者工作环境和收入很好,换工作的少,换住房的多。

(四)根据收入和教育分层的城市家庭居住区位流动性的分化

2000年人口普查没有收入信息,2005年汇总表也没有收入和迁居关系资料。表7-29表明,城市受教育程度高的家庭有更高的流动性。与城市学历为大专以上的户主家庭相比,为其他学历的户主家庭中发生了户主迁居的比例低。

表 7-29　2000 年按社会阶层分的中国城市户主迁移家庭占总家庭比例(%)

分类	无迁移	5 年前迁移	5 年内迁移	迁移比例
户口总计	20.5	52.6	26.9	79.5
本地市民	23.4	57.9	18.8	76.7
异地流动人口	0	30.3	69.7	100
产业总计	20.3	46.7	33	79.7
采掘业	25.2	59.3	15.5	74.8
工业	22.5	47.8	29.7	77.5
商业	17.2	37.4	45.4	82.8
金融保险房地产	20.1	40.4	39.5	79.9
文教卫科研	17.4	55.8	26.8	82.6
党政机关、社会团体、水电气	18.8	52	29.2	81.2
非垄断	21.2	44	34.8	78.8
垄断	18.4	52.5	29.2	81.7
职业总计	20.5	52.6	26.9	79.5
负责人	16.5	52.5	31	83.5
技术员	16.8	51.7	31.5	83.2
办事员	19	52.1	28.9	81
商服员	18.7	38.8	42.5	81.3
工业生产人员	24.3	46.9	28.8	75.7
其他	23.9	37.7	38.4	76.1
受教育程度总计	20.5	52.6	26.9	79.5
小学及以下	20	59.5	20.5	80
初中	23.6	48.6	27.8	76.4
高中中专	21.7	51.5	26.9	78.4
大专及以上	12.9	54.9	32.2	87.1

分类	无迁移	5 年前迁移	5 年内迁移	迁移比例
年龄				
15—19	14.9	14.7	70.4	85.1
20—24	10.2	18.4	71.4	89.8
25—29	15.8	31.6	52.7	84.3
30—34	20.5	41.6	37.9	79.5
35—39	24.8	46.7	28.5	75.2
40—44	26.3	50.7	23	73.7
45—49	23.4	56.6	20	76.6
50—54	21.2	60.4	18.4	78.8
55—59	18	67	14.9	81.9
60—64	15.3	72.2	12.5	84.7
65—69	15.4	74.1	10.5	84.6
70 +	17.1	70.9	12	82.9
总人数	20.5	52.6	26.9	79.5
1	14.8	41.5	43.7	85.2
2	16	52.9	31.1	84
3	23	52.6	24.4	77
4	22.3	56.9	20.8	77.7
5	23.5	60.5	16	76.5
6 +	26.5	59.3	14.2	73.5
婚姻	20.5	52.6	26.9	79.5
单身未婚	13.8	25.6	60.6	86.2
结婚有配偶	20.8	53	26.2	79.2
离婚丧偶	20.7	64.7	14.6	79.3

资料来源:根据 2000 年中国人口普查 0.095% 按户抽样数据计算。

表 7-30 表明,不同学历的城市户主家庭的迁居原因差异明显。城市家庭户主为高中中专、大专以上的由于住房原因迁居的比例比初中和小学及以下的户主家庭高很多,组间分布单因素方差分析 P 值为 0.000,说明差异显著。这可能是因为前二者工作环境和收入很好,换工作的少,换住房的多。

表 7-30　1995—2000 年按户口、单位、职业、学历分的中国城市移民家庭户主迁移原因(%)

分类	务工经商	工作调动	分配录用	学习培训	拆迁搬家	婚姻迁入	随迁家属	投亲靠友	其他	就业	住房
户口总计	35.7	7.6	4.1	0.6	36.5	2.5	1.9	2.6	8.4	48	43.5
本地迁居市民	4.4	12.3	8.1	0.4	58.3	3.8	2.3	1.3	9.1	25.2	65.7
本地流动市民	9	7.6	4.3	0.5	58.6	3.8	1.7	2.6	12	21.4	66.7

（续表）

分类	务工经商	工作调动	分配录用	学习培训	拆迁搬家	婚姻迁入	随迁家属	投亲靠友	其他	就业	住房
市内迁移市民	6.4	10.2	6.4	0.4	58.4	3.8	2	1.9	10.4	23.4	66.1
异地流动市民	47.7	11.4	2.5	1.5	16.9	1.5	2.4	6.2	9.9	63.1	27
本地流动农民	66.2	3	0.7	1.7	12.3	1.3	2	4.1	8.8	71.6	19.7
异地流动农民	88.3	1.3	0.3	0.3	1.8	0.4	1.5	2.6	3.5	90.2	6.3
无户口、不便分类其他	18.3	18.3	15	3.3	28.3	5	0	0	11.7	54.9	33.3
产业总计	22.1	16.9	9.9	0.6	37.8	3.5	1.7	2.3	5.2	49.5	45.3
采掘业	22.1	16.9	9.9	0.6	37.8	3.5	1.7	2.3	5.2	49.5	45.3
工业	43.3	7.4	4.4	0.2	32.8	2.4	0.9	1.3	7.2	55.3	37.4
商业	69.8	3.5	1.2	0.2	16.7	1.6	0.7	1.5	4.9	74.7	20.5
金融保险房地产	39.4	9.4	3.8	0.4	33	3.2	1.1	1.5	8.2	53	38.8
文教卫科研	10.3	16.4	14.5	1	43.2	3.3	1.2	0.9	9.3	42.2	48.6
党政机关、社会团体、水电气	5.9	17.9	8.2	0.1	53.5	3.9	1.3	0.7	8.4	32.1	59.4
非垄断	55.8	5.7	2.9	0.2	24.8	2	0.9	1.4	6.2	64.6	29.1
垄断	7.8	16.6	9.8	0.4	50.1	3.9	1.2	0.9	9.1	34.6	56.1
职业总计	42.4	8.7	4.9	0.3	31.9	2.6	1	1.3	7	56.3	36.8
负责人	26.9	13.3	2.4	0.1	44.1	1.9	0.7	0.9	9.8	42.7	47.6
技术员	9	15.4	13.2	0.8	45.1	4	2	0.9	9.6	38.4	52
办事员	12.3	14.5	7.6	0.2	50.4	3.6	1	1	9.3	34.6	56
商服员	67.3	4.1	1.6	0.2	18	1.5	0.9	1.5	5	73.2	21.9
工业生产人员	47.2	7.2	3.9	0.1	30.5	2.9	0.6	1.2	6.3	58.4	35.2
其他	74	2.3	0.5	0	13.9	0.7	0.5	3.2	5	76.8	18.3
受教育程度总计	35.7	7.6	4.1	0.6	36.5	2.5	1.9	2.6	8.4	48	43.5
小学及以下	51.8	1.6	0.4	0	28.7	0.7	3.5	5.6	7.7	53.8	38.5
初中	53.1	4.3	1.2	0.2	28.2	1.7	1.4	2.8	7.3	58.8	34.1
高中中专	25.8	9.4	4.3	1	42.1	3.5	2.3	2	9.5	40.5	49.9
大专及以上	8	14.9	11.1	1.2	48.7	3.9	1.3	1.2	9.6	35.2	55.1

资料来源：根据 2000 年中国人口普查 0.095% 按户抽样数据计算。

二、生命历程事件导致的城市家庭居住区位流动性的分化

表 7-29 表明，城市不同年龄段户主家庭居住区位流动性存在明显的差异。与年龄为 30—55 岁的户主相比，户主为其他年龄的户主家庭中发生了迁居的比例高。在不同年龄段的城市户主家庭的迁居原因差异有所不同（表 7-31）。城市家庭户主为 40 岁以上的由于住房原因迁居的比例比 39 岁以下的户主家庭高

很多,组间均数单因素方差分析 P 值为 0.000,说明差异显著。这可能是因为前者工作比较稳定,收入很高,有一定的财富积累,换工作的少,换住房的多。

表 7-29 表明,不同总人口数家庭居住区位流动性存在明显的差异。与总人数 3 以下的家庭相比,人数为 3 以上的家庭中发生了户主迁居的比例低。不同总人口数的城市家庭户主的迁居原因有明显差异(表 7-31)。城市家庭户主为 3 人以上的由于住房原因迁居的比例比 3 人以下的户主家庭高很多,组间均数单因素方差分析 P 值为 0.000,说明差异显著。这可能是因为前者工作比较稳定,收入很高,有一定的财富积累,换工作的少,换住房的多。

表 7-29 表明,不同婚姻状态的户主家庭居住区位流动性存在明显的差异。与单身的户主相比,结婚和离婚的户主家庭中发生了户主迁居的比例低。处于不同婚姻状态的户主城市家庭的迁居原因差异明显(表 7-31)。城市家庭户主为结婚有配偶、离婚丧偶的由于住房原因迁居的比例比单身的户主家庭高很多,组间均数单因素方差分析 P 值为 0.000,说明差异显著。这可能是因为前者工作比较稳定,收入很高,有一定的财富积累,换工作的少,换住房的多。

表 7-31　1995—2000 年按户主年龄分的中国城市移民家庭户主迁移原因(%)

分类	务工经商	工作调动	分配录用	学习培训	拆迁搬家	婚姻迁入	随迁家属	投亲靠友	其他	就业	住房
年龄											
15—19	64.7	2.4	4.1	11	7.2	0	2.1	5.1	3.4	82.2	14.4
20—24	62.9	6.3	9.6	3.2	6	3	1.2	2.7	5.2	82	12.9
25—29	49.3	7.3	8.7	0.4	17.3	7.5	1.8	1.8	5.9	65.7	28.4
30—34	44.7	9	3.3	0.1	29.3	2.9	1.5	1.5	7.7	57.1	35.2
35—39	33.1	10.1	2.9	0.1	40.5	1	2.2	1.4	8.5	46.2	45.1
40—44	23.3	8.1	1.3	0.2	53.6	0.9	1.5	1.3	9.7	32.9	57.3
45—49	22.5	7.5	2.5	0	52.1	0.6	2.1	2.3	10.4	32.5	57.1
50—54	20.5	7.5	1.5	0.1	54.9	0.2	1.3	3.5	10.5	29.6	59.9
55—59	15.5	6.5	1.6	0	55.7	0.5	2.3	5.1	12.7	23.6	63.6
60—64	12.9	5	0.7	0	55.6	0.2	2.9	9	13.7	18.6	67.7
65—69	5.4	2.2	0.5	0	65.4	0.7	5.1	6.4	14.2	8.1	77.6
70 +	1.9	0.9	0.5	0	69.9	0.3	4	11.4	11.1	3.3	85.6
总人数	35.7	7.6	4.1	0.6	36.6	2.6	1.9	2.6	8.4	48	43.7
1	54.3	7.6	7.1	2.3	14.9	1	0.9	3.5	8.4	71.3	20.3
2	41.6	6.2	4.1	0.3	29.9	4.3	2.6	3.4	7.7	52.2	40.2
3	23.1	8.8	3.5	0.1	48.5	2.6	1.9	1.9	9.5	35.5	54.9
4	36	7	2	0.3	43.3	1.5	1.8	1.7	6.4	45.3	48.3
5	32.3	7	2	0.2	44.3	0.9	2.2	2.6	8.4	41.5	50

（续表）

分类	务工经商	工作调动	分配录用	学习培训	拆迁搬家	婚姻迁入	随迁家属	投亲靠友	其他	就业	住房
6+	34	6.9	1.6	1.6	43.7	0.4	2.4	2	7.3	44.1	48.5
婚姻	35.7	7.6	4.1	0.6	36.5	2.5	1.9	2.6	8.4	48	43.5
单身未婚	56.2	8.5	10.6	4	11	0	0.6	2.5	6.6	79.3	14.1
结婚有配偶	34.1	7.7	3.3	0.1	39	3	2.1	2.3	8.4	45.2	46.4
离婚丧偶	13.3	3.7	0.9	0	55.8	1.8	3	7.6	13.9	17.9	68.2

资料来源：根据2000年中国人口普查0.095%按户抽样数据计算。

第五节　中国城市家庭第二住宅的社会分化

由于2000年人口普查和2005年1%抽样调查数据的限制，上述分析没有区分家庭是唯一住宅还是多套住宅，尽管大多数家庭仅仅是租赁或者自有唯一住宅。这里采用CGSS2005年数据来分析中国城市家庭持有第二住宅的社会分化。

一、根据社会分层形成的中国城市家庭第二住宅选择的分化

从表7-32看出，城市中的农村移民家庭更可能租一套和另外自有一套住房，城镇移民家庭和城市本地居民家庭更可能自有一套和自有多套住房。

工作单位为党政机关和垄断性行业国有企业的被访者家庭中，自有一套的比例高于在非垄断行业国有企业和个体、民营企业工作的被访者家庭。工作单位为党政机关和垄断性行业国有企业的被访者家庭中，自有多套住房的比例高于在非垄断行业国有企业工作的被访者家庭。

从家庭被访者职业来看，负责人、技术员、办事员家庭中自有一套住房的比例高于商业服务业人员，自有多套住房的比例高于职业为商业服务业人员和工业生产人员家庭。

从2004年家庭收入来看，自有一套住房的家庭年收入略高于租赁一套的家庭，自有多套住房的家庭年收入大大高于租赁一套并且另外自有一套住房的家庭。从被访者受教育年数来看，自有多套住房的家庭被访者受教育年数高于其他类型住房的家庭被访者（见表7-33）。

表 7-32 2005 年中国城市家庭根据户口的住房产权分类(%)

分类	租赁一套	自有一套	租赁且有二套房	自有多套	总计	样本数
户口						
本地市民	15.2	76.1	2.3	6.3	100	5 084
城镇移民	40.2	28.8	24.4	6.6	100	316
农村移民	34.1	21.6	39.7	4.7	100	232
其他	56.0	28.0	12.0	4.0	100	25
总计	17.6	71.0	5.1	6.3	100	5 657
单位						
中央省级党政机关/事业	14.8	73.6	3.8	7.7	100	185
其他级党政机关/事业	15	75	2.3	7.7	100	708
中央省垄断国企	11.7	81	3.1	4.3	100	164
其他级垄断国企	15.2	73.2	3.1	8.6	100	258
个体民营	24	57.8	11.9	6.3	100	1 344
三资企业	28.3	55	9.2	7.5	100	122
集体企业	18.1	72.2	2.4	7.4	100	639
非垄断国企	15.6	77.8	2.2	4.4	100	1 573
总计	18.2	70.5	5.2	6.2	100	4 993
职业						
负责人	8.5	70.9	6	14.5	100	117
技术员	15.6	73.6	3.3	7.4	100	807
办事员	16.2	73.8	3.4	6.6	100	557
商业服务业人员	23.5	63.2	7.1	6.2	100	1 015
其他职业和无业人员	21.1	63.4	9.5	6	100	497
工业生产人员	17.1	73.6	4.3	5.1	100	1 997
总计	18.3	70.4	5.2	6.2	100	4 990

资料来源:根据 CGSS2005 年数据计算。卡方统计在 0.001 水平下显著。

二、生命历程事件导致的中国城市家庭第二住宅选择的分化

从表 7-33 看出,拥有多套住房与拥有一套住房的家庭被访者年龄差异明显。租一套和另外自有一套住房,自有多套住户被访者的平均年龄比租赁唯一一套住宅住户被访者年龄大。这说明自有一套住宅和自有多套住宅所有者通常年龄比单身家庭大。拥有多套住房与拥有一套住房的家庭规模差异不是很大。拥有多套住房的家庭比拥有一套住房的家庭规模略大,自有一套住房的家庭比租赁一套住房的家庭总人数略多,这说明自有一套住宅和自有多套住宅所有者家庭规模通常比租赁一套住房家庭大。拥有多套住房的家庭被访者婚姻状态与拥有一套住房的家庭婚姻状态不同,自有一套、自有多套住房的家庭被访者比租

赁一套、租赁并且另外自有一套住房家庭的单身比例低。这说明自有一套住宅和自有多套住宅所有者结婚比例比较高,单身比例低。自有多套住房家庭中家庭总人口峰值为3人,年龄规模峰值出现在25—44岁,其次是50—59岁。

表7-33 2005年中国城市家庭根据收入、年龄、婚姻和总人数的住房产权分类(%)

分类	租赁一套	自有一套	租赁且有二套房	自有多套	总计	样本数
2004年家庭年收入(元)						
中位数	20 000	20 000	24 500	30 000	20 000	5 270
均值	24 765	26 487	37 484	50 650	28 194	
标准差	31 264	38 030	45 896	112 172	45 981	
平均受教育年数	10.0	9.7	10.0	10.2	100	5 651
被访者年龄均值	41.4	46.3	35.1	44.9	44.8	5 657
家庭总人数均值	3.1	3.4	3.9	3.7	3.4	5 657
被访者婚姻状态(%)						
单身	28.5	54.1	11.4	6.0	100.0	719
结婚及其他	16.0	73.5	4.2	6.3	100.0	4 938

资料来源:根据CGSS2005年数据计算。

本章小结

这里根据中国的社会学研究成果以及普通民众的认知来设定社会阶层的高低判断标准:

户口分层中:本地市民家庭高于流动人口家庭,本地家庭中市内迁移家庭高于本地不动家庭,异地市民家庭高于异地流动农民家庭;

单位分层中:金融保险房地产、文教卫科研、党政机关、水电气行业高于采掘业、工业和商业,垄断行业高于非垄断行业;

职业分层中:由负责人到技术员、办事员、商业服务业人员、工业生产人员,对应社会阶层由高到低;

收入分层中:高收入、中收入和低收入对应的社会阶层由高到低;

教育分层中:大专以上、高中中专、初中、小学及以下对应的社会阶层由高到低。

本章研究表明:中国城市家庭的社会分化导致了住房选择的分化。中国城市家庭的社会阶层越高,住房消费量越高,住房支出则不一定高(这与住房来源中非市场来源比重多少有关系),住房来源中公房比例高,自有率高,住房设施好,比较新,居住区位流动性强,由于住房原因迁居比例高,自有多套住宅比例高。住房消费量和住房支出不是同向变动的主要原因是某类家庭中非市场型住房来源比重高，则消费量高和消费支出低；市场型住房来源比重高，则消费量高和支出高。

具体结论有：

（1）从户口分层来看，与城市流动人口家庭相比，本地市民家庭住房消费量高（人均住房面积高），平均月租房费用低，平均购建房费用低，住房来源中自建房、购买经济适用房、购买和租赁公房比重高，租赁商品房比重低，公房来源比例高，自有住房比例高，租赁住房比例低，本户住房间数多和建筑面积大，住房建筑年龄老，设施质量高，因为住房原因迁居比例高，自有一套和自有多套住宅比例高。

与本地不动市民家庭相比，市内迁移市民家庭平均住房消费量差不多，但是人均住房面积低于12平方米以下的比例少，平均月租房费用高，平均购建房费用高，住房来源中自建房比例低，购买和租赁商品房、购买经济适用房、购买和租赁公房比例高，公房来源比例高，自有住房比例差不多，租赁住房比例差不多，本户住房间数和建筑面积差不多，住房建筑年龄新，设施质量高，因为住房原因迁居比例高，说明市内迁移的家庭比本地不动家庭住房消费数量差别不大，住房支出增加，住房质量和区位有了改善。

与异地流动农民家庭相比，异地流动市民家庭住房消费量高（人均住房面积高），平均月租房费用高，平均购建房费用高，住房来源中购买经济适用房、购买和租赁公房、购买商品房比重高，租赁商品房比重低，自有住房比例高很多，租赁住房比例低，本户住房间数多和建筑面积大，住房建筑年龄新，设施质量高很多，因为住房原因迁居比例高，自有一套和自有多套住宅比例高。

（2）从单位分层来看，与在采掘业、商业、工业工作的户主家庭相比，在金融保险房地产业、政府和社会组织和水电气、文教卫部门工作的户主家庭住房消费量高（人均住房面积高），政府和社会组织、文教卫等行业工作的户主家庭平均月租房费用低于在工业行业工作的户主家庭。在商业和金融等行业工作的户主家庭的租房费用则高于在工业行业工作的户主家庭；在商业和金融行业工作的户主家庭平均购建房费用最高，政府和文教卫行业等其次，工业和采掘业最低，在采掘业工作的户主家庭自建房比重最高，在政府和文教卫部门工作的家庭该比重最低。在商业和金融、保险和房地产业、政府部门工作的户主家庭购买商品房比重高。在政府组织和文教卫部门工作的户主家庭购经济适用房和原公房比重较高，商业较低。各行业工作的户主家庭租原公房比重差别不太大。在政府和文教卫部门工作的户主家庭租商品房比重最低，商业最高。从自有住房比重来看，各行业差别不大，但是在工业和商业工作的户主家庭比重最低，政府和社会组织最高。租赁住房比例的各行业分布与自有比例相反。从公房比重来看，政府组织和文教卫部门工作的户主家庭最高，商业最低。在政府和文教卫部门工作的户主家庭比工业和商业本户住房间数多和建筑面积大，住房建筑年龄新，设施质量高，发生了户主迁居的比例高，因为住房原因迁居比例高，在党政机关、事业单位、垄断国企工作的家庭比非垄断国有企业自有多套住宅比例高。

与在非垄断行业工作的户主家庭相比，在垄断行业工作的户主家庭住房消费量高（人均住房面积高），平均月租房费用略低，平均购建房费用略低，住房来源中购买公房、购买经济适用房、购买商品房比重高，公房来源比重高，自有住房比例高，租赁住房比例低，本户住房间数多和建筑面积大，住房建筑年龄新，设施质量高，发生了户主迁居的比例高，因为住房原因迁居比例高。

（3）从职业分层来看，从户主为负责人的家庭到技术员、办事员、商业服务业人员、工业生产人员住房消费量（人均住房面积）递减，负责人、商业服务业人员平均月租房费用高，技术员和办事员其次，工业生产人员最低；平均购建房费用从负责人到工业生产人员递减；从负责人到工业生产人员中购商品房比重递减，前三者购公房比重高，前三者自有住房比例高，租赁住房比例低，前三者本户住房间数多和建筑面积大，住房建筑年龄新，设施质量高，发生了户主迁居的比例高，因为住房原因迁居比例高，自有一套和自有多套住宅比例高。

（4）从收入和教育分层来看，与低收入家庭相比，高收入家庭住房消费量高（人均住房面积高），居住支出和购建房费用和收入正相关，住房来源中自建房比例低，购商品房比例高，购经济适用房比例低，租商品房比例高，自有住房比例高，租赁住房比例低；住房设施质量高，自有一套和自有多套住宅比例高。

与户主为小学以下的家庭相比，学历为大专以上的户主家庭住房消费量高（人均住房面积高），平均月租房费用高，平均购建房费用高，住房来源中自建房比重低，购公房、商品房和购经济适用房比重高，租赁商品房比重低，公房来源比例高，自有住房比例高，租赁住房比例低，本户住房间数多和建筑面积大，住房建筑年龄新，设施质量高，发生了户主迁居的比例高，因为住房原因迁居比例高，自有多套住宅比例高。

中国城市家庭的住房选择随着生命历程发生了变化。

（5）随着户主年龄增长，城市家庭住房消费量（人均建筑面积）出现了 U 形变化，30—44 岁为最低值，家庭月租房费用出现了倒 U 形变化，峰值出现在 20—24 岁，家庭购建房费用递减；住房来源中公房比例递增，自有住房率递增；本户住房间数和建筑面积递增，房龄递增，住房设施质量出现了倒 U 形变化，峰值出现在 40—59 岁；近 5 年迁居率出现了递减趋势，15—29 岁最高，40 岁以上由于住房原因迁居比例高；年龄大的家庭更可能自有多套住房。

（6）户主结婚的家庭比单身家庭住房消费量（人均建筑面积）高，家庭平均月租房费用和平均购建房费用低；住房来源中租赁公房和租赁商品房比例低，购买商品房、公房、经济适用房和自建房比例高，公房比例高，自有住房率高；本户住房面积和住房间数多，房龄比较新，住房设施好；近5年内户主发生迁居的比例低，由于住房原因迁居比例高，自有多套住宅比例高。

（7）随着家庭总人数增长，住房消费量（人均面积）递减，住房支出出现了U形变化，3人家庭平均月租房费用低，2人家庭平均购建房费用低；自有住房比率上升，租赁住房比率下降，2和3人家庭公房比例高；本户住房面积和住房间数越多，3人家庭住房年龄较新，住房设施质量出现了倒U形变化，3人家庭住房质量高；近5年内户主发生迁居的比例递减，3人家庭由于住房原因迁居比例最高。自有多套住房家庭比租赁一套住房家庭人数多。

具体总结见表7-34。

表7-34　中国城市家庭住房选择的社会分化总结

分层指标	住房消费			住房来源和产权		建筑属性	区位流动性		第二住宅
	消费量	月租房费用	购建房费用	来源	自有率	设施质量	迁居比例	住房原因比例	自有多套比例
社会分层									
户口	本地市民>流动人口；迁居市民>不动市民	本地市民<流动人口；迁居市民>不动市民	本地市民<流动人口；迁居市民>不动市民；	自建房、公房、经适房比重，本地市民>流动人口	本地市民>流动人口	本地市民>流动人口；迁居市民>不动市民	本地市民<流动人口	本地市民>流动人口	本地市民>流动人口
	异地市民>异地农民	异地市民>异地农民	异地市民>异地农民	购经济适用房，购和租公房，购商品房，异地市民>异地农民	异地市民>异地农民	异地市民>异地农民		异地市民>异地农民	异地市民>异地农民
单位	垄断>非垄断；采掘、工商业低	垄断<非垄断；工商业高	垄断≈非垄断	垄断行业公房比重高	垄断行业自有率高	垄断>非垄断；采掘、工商业差	垄断>非垄断；采掘、工业低	垄断>非垄断；采掘、工商业低	垄断>非垄断

（续表）

分层指标	住房消费			住房来源和产权		建筑属性	区位流动性		第二住宅
	消费量	月租房费用	购建房费用	来源	自有率	设施质量	迁居比例	住房原因比例	自有多套比例
职业	负责人到生产人员递减	负责人到生产人员递减，服务人员高	同前	公房比重上高下低	自有率递减	负责人到生产人员递减	工业生产人员比例低	负责人到生产人员递减	负责人到生产人员递减
收入	正相关	正相关	正相关	公房比递减	正相关	正相关	正相关	正相关	正相关
学历	正相关	正相关	正相关	公房比递增	正相关	正相关	正相关	正相关	正相关
生命历程									
年龄	U形变化	倒U形变化	递减	公房比递增	正相关	倒U形变化	U形变化	40岁以上高	25—45岁最高
婚姻	结婚高	单身高	单身高	结婚公房比高	结婚高	结婚高	单身比例高	单身低	结婚高
家庭规模	倒U形变化	U形变化	U形变化	3人公房比高	正相关	3人高	负相关	3以上高	3人高

第八章　基于回归模型的中国城市家庭住房选择的影响因素分析

前面分别分析了中国城市家庭住房选择的动态变化及其影响因素,地区差异及其影响因素和社会分化的特征。实际上制度性因素、市场性因素和城市背景变量是相互作用的。因此这里用回归(线性回归和 Logistic 回归)模型分析在多因素综合作用模型下,哪些因素对住房选择的影响是统计显著的或经济显著的,并做出解释。国外的研究通常将大都市区作为同一个劳动力市场区和住房市场区。我国目前还没有完全形成与国外类似的都市区,也没有相应的统计制度。由于城市户籍制度和其他城市管理政策对外部迁入的约束较大,是否具有城市本地户口对住房选择有很重要的影响,因此本书将城市近似作为同一市场区来研究。本章用2000 年全国人口普查0.095%按户抽样数据中城市家庭住房数据分析了住房选择的主要影响因素。由于该数据无法区分是否是自有多套住房,本章还用2005 年中国综合社会调查(CGSS)数据分析了多套住房选择的主要影响因素。

第一节　基于线性回归模型的中国城市家庭住房消费量和支出的影响因素分析

2000 年全国人口普查0.095%按户抽样数据中城市家庭住房消费数据包括了家庭户住房面积、家庭月租房费用、家庭购建房费用信息。统计分析表明,从对住房消费量(人均住房建筑面积)选择的影响来看,户主的社会阶层变量如户口、单位(行业)、职业、受教育程度,家庭生命历程变量如年龄、婚姻、家庭总人数,以及城市背景变量是有显著影响的。从对住房消费支出(月租房费用 100 元上下、购建房费用 3 万元上下)选择的影响来看,户主的社会阶层变量如户口、单位(行业)、职业、受教育程度,家庭生命历程变量如年龄、婚姻、家庭总人数,以及城市背景变量是有显著影响的。

一、基于回归模型的城市家庭住房消费量影响因素分析

住房建筑面积是一个连续变量,源于调查项目“本户住房的建筑面积(平方米)”。在中国住房市场,通常是以建筑面积为住房面积的衡量单位。本书将住

房的建筑面积除以家庭人口数得到“人均住房建筑面积”。首先分析整个住房体系的城市家庭住房消费量选择问题。这里模型一响应变量为对数转化后的人均住房建筑面积(lnpharea)。取对数的原因是让响应变量更符合正态分布。自变量为制度性因素、市场性因素、城市背景因素。其次分析市场型住房的城市家庭住房消费量选择问题。这里模型二响应变量为对数转化后的市场型住房(购买或者租赁)人均建筑面积。模型三响应变量为对数转化后的市场型购买住房人均建筑面积。模型四响应变量为对数转化后的市场型租赁住房人均建筑面积,自变量为制度性因素、市场性因素、城市背景因素、住房产权等(表 8-1)。

模型自变量说明如下:

根据研究问题的需要,这里选择以下自变量。制度性变量包括户主的户口、单位、职业,市场型变量包括教育、户主年龄、户主婚姻状态、家庭总人口数。由于没有收入数据,这里没有收入变量。城市背景变量包括城市行政级别、住房市场等级。(1) 户口为多分类变量。类别包括本地不动市民、本地迁居市民、本地流动市民、异地流动市民、异地流动农民、本地流动农民家庭六类,以本地不动市民家庭作为参照组。(2) 单位为分类变量。一是按照单位六分类,以便更加准确地区分行业差异,并且以工业作为参照组;二是按照垄断性二分类,以非垄断行业作为参照组,以便更加准确地区分垄断地位的影响。(3) 职业为多分类变量,包括负责人、技术员、办事员、商业服务业人员、工业生产人员。这里去掉了其他。(4) 教育为多分类变量,分为小学及以下、初中、高中中专、大专以上。(5) 户主年龄为定量变量。(6) 户主年龄平方。在模型中按惯例另加入年龄平方项,以捕捉其非线性效应。(7) 户主婚姻状态,为多分类变量,包括单身、结婚、离婚丧偶三类,并且以单身作为参照组。(8) 家庭总人口数为定量变量,按照本户普查登记人数(H3)计算。(9) 城市背景变量中城市行政级别为多分类变量,包括直辖市、省会/副省级城市、其他,并且以其他城市作为参照组。城市住房市场等级为多分类变量,包括一线、二线、三四线城市,并且以三四线城市作为参照组。(10) 住房产权变量为二分类变量,包括自有和租赁,以租赁作为参照组。

表 8-1　2000 年中国城市家庭住房面积选择的影响因素模型 1

lnpharea	所有住房		购买商品房		租赁商品房		所有商品房	
	Exp (B)	Sig.	Exp (B)	Sig.	Exp (B)	Sig.	Exp (B)	Sig.
制度性变量								
户口(本地不动市民参照组)								
本地迁居市民	0.966	***	1.036	*	1.009		1.019	
本地流动市民	1.001		1.061	**	1.011		1.044	**
本地流动农民	0.938	***	1.043	**	0.980		1.013	
异地流动农民	0.743	***	1.007		0.850	**	0.876	***

（续表）

lnpharea	所有住房		购买商品房		租赁商品房		所有商品房	
	Exp（B）	Sig.	Exp（B）	Sig.	Exp（B）	Sig.	Exp（B）	Sig.
异地流动市民	0.957	***	1.037	*	1.031		1.046	***
单位（工业）								
采掘业	0.978	***	0.964	**	0.969		0.970	**
商业	1.034	***	1.013		0.962		0.993	
金融保险房地产	1.038	***	1.022		0.934	**	0.977	*
文教卫科研	0.994		0.964	*	0.990		0.969	**
党政机关、社会团体、水电气	1.059	***	0.989		0.987		0.970	**
职业（生产人员）								
负责人	1.188	***	1.150		1.153	*	1.137	*
技术员	1.157	**	1.078		1.103		1.102	
办事员	1.137	**	1.075		1.047		1.079	
商业人员	1.079		1.022		1.061		1.050	
市场性变量								
学历（小学以下）								
初中	1.064	***	0.980		1.021		1.018	
高中中专	1.155	***	1.042		1.103	***	1.085	***
大专以上	1.250	***	1.116	**	1.151	***	1.138	***
生命历程变量								
婚姻（单身）								
结婚	0.899	***	0.831	***	0.828	***	0.858	***
离婚丧偶	0.959	***	0.908	***	0.967		0.954	***
年龄	1.210	***	1.054		1.221		1.169	*
年龄平方	0.916	*	1.006		0.872		0.906	
家庭总人数	0.732	***	0.564	***	0.751	***	0.710	***
产权变量（租赁）								
自有							1.637	***
城市背景变量								
城市行政级别（其他城市）								
直辖市	0.888	***	0.988		0.876	***	0.940	***
省会副省级城市	0.922	***	1.009		0.919	***	0.969	**
Sample	27 427		3 681		2 603		6 284	
F	486.104	***	120.510	***	47.513	***	294.113	***
Adjusted R Square	0.298		0.438		0.300		0.538	

注：* 表示 $p<0.05$，** 表示 $p<0.01$，*** 表示 $p<0.001$

从表 8-1 可以看出，从所有住房类型的人均住房建筑面积来看，户主户口性质是统计显著的。本地迁居市民、流动市民和本地不动市民家庭人均住房建筑面积差别不大，本地流动市民略好于本地不动市民家庭，本地流动农民、异地流动农民、异地流动市民家庭人均住房面积比本地不动市民家庭低。其中异地流动农民比本地不动市民家庭人均住房面积低25%，比本地流动农民家庭低6%，比异地流动市民家庭低4%。这说明本地迁移市民比不动市民家庭人均住房面积高，本地市民比流动人口家庭人均住房面积高，异地流动市民比异地流动农民家庭住房面积高。而从商品房类型来看，在所有商品房和租赁商品房类型中，异地流动农民人均住房面积低于本地不动市民家庭，异地流动市民人均住房面积高于本地不动市民家庭，市内迁居和流动市民家庭人均住房面积高于本地不动市民家庭，这说明户口和迁移是影响住房消费量的重要因素。

从所有住房类型的人均住房建筑面积来看，户主工作单位（行业）是统计显著的。在采掘业工作的户主家庭在所有住房类型人均面积和商品房类型人均面积均低于在制造业工作的户主家庭。在商业和金融等社会服务业工作的户主家庭所有住房类型人均面积均高于在制造业工作的户主家庭。在文教卫工作的家庭商品房类型人均面积比在制造业工作的户主家庭略低一点。在政府工作的户主家庭在所有住房类型人均面积比在制造业工作的户主家庭高，商品房类型人均面积略低一点。这与文教卫、政府等部门工作的家庭主要住房来源于公房有关。

从所有住房类型的人均住房建筑面积来看，户主职业是统计显著的。职业为负责人、技术员、办事员的户主家庭人均面积均高于为生产人员的户主家庭。在所有商品房类型人均面积和租赁商品房类型人均面积上，职业为负责人的户主家庭人均面积均高于为生产人员的户主家庭。技术员、办事员、商业人员统计不显著，但是从符号和数值来看，也比生产人员的人均住房面积高。

从所有住房类型的人均住房建筑面积来看，户主学历是统计显著的。学历越高的户主家庭人均面积越高。高中中专、大专以上的户主家庭商品房类型人均面积（所有、租赁、购买）均比小学以下的户主家庭高。

从所有住房类型的人均住房建筑面积来看，户主婚姻、年龄和家庭总人口数是统计显著的。结婚和离婚的户主家庭比单身家庭人均面积略低一点。这可能和前者住房来源主要是总面积较小的公房有关，同时很多个人群租，在人口普查中作为集体户处理，这里没有信息无法计算他们的人均面积，导致了该群体人均面积偏低。户主年龄越大，所有住房建筑的人均面积和商品房类型的人均面积越高，但是年龄效应呈下降趋势。家庭总人数越多，所有类型住房的人均面积和商品房类型的人均面积越低。

城市背景变量是统计显著的，在直辖市、省会和副省级城市居住的家庭比在其他城市人均住房面积低，在商品房类型也是如此。

与租赁商品房相比，购买商品房的家庭人均住房消费面积更高。根据标准回归系数的绝对值大小判断，各因素对住房面积的影响程度不一，职业、学历、户口、年龄、单位影响比较大，城市等级、婚姻和家庭总人数影响较小。因此本模型支持了住房消费量的空间差异假说和社会分化、生命历程分化假说。

表 8-2　2000 年中国城市家庭住房面积选择的影响因素模型 2

lnpharea	全部住房		购买商品房		租赁商品房		所有商品房	
	Exp（B）	Sig.	Exp（B）	Sig.	Exp（B）	Sig.	Exp（B）	Sig.
制度性变量								
户口(本地不动市民参照组)								
本地迁居市民	0.963	***	1.035		1.012		1.018	
本地流动市民	1.005		1.063	***	1.020		1.047	***
本地流动农民	0.941	***	1.044	**	0.980		1.013	
异地流动农民	0.750	***	1.006		0.855	**	0.876	***
异地流动市民	0.961	***	1.035	*	1.038		1.046	***
单位(非垄断产业)								
垄断产业	1.052	***	0.998		1.011		0.986	
职业(生产人员)								
负责人	1.177	***	1.142		1.140		1.141	*
技术员	1.111	*	1.053		1.091		1.099	
办事员	1.119	*	1.060		1.028		1.077	
商业人员	1.075		1.020		1.036		1.059	
市场性变量								
学历(小学以下)								
初中	1.061	***	0.977		1.022		1.017	
高中中专	1.149	***	1.036		1.104	***	1.084	***
大专以上	1.242	***	1.103	**	1.149	***	1.131	***
生命历程变量								
婚姻(单身)								
结婚	0.897	***	0.831	***	0.826	***	0.857	***
离婚丧偶	0.960	***	0.909	***	0.964		0.954	***
年龄	1.191	***	1.048		1.224		1.164	*
年龄平方	0.925	*	1.006		0.871		0.906	
家庭总人数	0.736	***	0.564	***	0.755	***	0.712	***
产权变量(租赁)								
自有							1.629	***
城市背景变量								
城市市场级别(三四线城市)								
一线城市	0.915	***	1.014		0.920	***	0.970	**
二线城市	0.903	***	0.999		0.889	***	0.949	***
Sample	27 427		3 681		2 603		6 284	
F	571.688	***	142.83	***	55.144	***	346.882	***
Adjusted R Square	0.294		0.435		0.294		0.536	

注：* 表示 $p<0.05$，** 表示 $p<0.01$，*** 表示 $p<0.001$。

从表 8-2 可以得出类似于表 8-1 的结论。从所有住房类型的人均面积来看,户主工作单位(行业)是统计显著的。在垄断行业工作的户主家庭所有住房类型人均面积均高于非垄断行业工作的户主家庭。在垄断行业和非垄断行业工作的户主家庭商品房市场的住房面积选择差别不大。这可能与在垄断行业工作的家庭主要住房来源于公房有关。城市背景变量是统计显著的,在一、二线城市居住的家庭比三四线城市人均住房面积低,商品房类型也是如此。与租赁商品房相比,购买商品房的家庭人均消费面积更高。根据标准回归系数的绝对值大小判断,各因素对住房面积的影响程度不一,职业、学历、户口、年龄、单位影响比较大,城市等级、婚姻和家庭总人数影响较小。因此本模型也支持了住房消费量的空间差异假说和社会分化、生命历程分化假说。

二、基于 Logit 模型的城市家庭住房消费支出影响因素分析

住房消费支出包括购建房费用和月租房费用,又和住房来源有密切关系。不同来源的住房费用差别很大。例如公房往往是以各种福利价购买的,商品房是以市场价购买的,经济适用房是以准市场价购买的,自建房往往只包括建房的成本价。公房租金为福利价,商品房租金为市场价,差别大。住房消费支出包括购建房费用和月租房费用,和住房来源有密切关系。不同来源的住房费用差别很大。因此购建房费用和月租房费用的比较很复杂。

首先分析整个住房体系租赁市场的城市家庭租赁住房消费支出选择问题。模型一是响应变量为家庭月租金 100 元以上还是以下,制度性因素、市场性因素、城市背景因素等为自变量的所有租户 Logit 回归模型。之所以选择 100 元作为分界点,是因为根据家庭月租金各区间中间值计算的均值为 119 元(见第五章表 5-1)。模型二是响应变量为市场型住房家庭月租金 100 元以上还是以下,制度性因素、市场性因素、城市背景因素等为自变量的商品房租户 Logit 回归模型。

这里对月租房费用进行分析(模型见表 8-3)。模型响应变量为住房消费支出选择,分为两类:月租金 100 元以上或以下,以月租金 100 元以下为参照类。自变量选取了户主户口、行业、职业、受教育程度、出生队列、婚姻状况、家庭总人数、城市等。统计分析表明,户口、行业、职业、受教育程度、年龄、家庭总人数、城市变量是影响月租金 100 元以上的重要因素,婚姻状况则不显著。

表 8-3　2000 年中国城市家庭月租房费用选择的影响因素模型(100 元以下为参照)

	所有租户		租商品房		所有租户		租商品房	
	Exp(B)	Sig.	Exp(B)	Sig.	Exp(B)	Sig.	Exp(B)	Sig.
制度性变量								
户口(参照组:本地不动市民)		***		***		***		***
本地迁居市民	1.068		1.649	*	1.005		1.563	
本地流动市民	2.959	***	2.577	***	3.05	***	2.615	***
本地流动农民	3.390	***	1.299		3.563	***	1.328	
异地流动农民	7.921	***	3.333	***	7.424	***	3.107	***
异地流动市民	10.002	***	6.199	***	8.905	***	5.555	***
单位(工业/非垄断行业)		***		***				
采掘业	0.232	***	0.060	***				
商业	1.693	***	1.540	***				
金融房地产	1.445	***	1.722	***				
文教卫科	0.885		0.805					
政府机关	0.955		0.826					
垄断行业					0.821	*	0.731	
职业(生产人员)		***		***		***		***
缺失或不在业	1.929		0.763		2.144		0.738	
负责人	1.966	***	3.615	***	2.46	***	4.227	***
专业技术人员	1.319	***	1.652	*	1.471	***	1.866	**
办事人员与有关人员	1.229	*	2.171	**	1.392	**	2.342	***
商业、服务业人员	1.221	*	1.178		1.813	***	1.707	***
市场性变量								
学历(小学及以下)		***		***		**		**
初中	1.294	**	1.369	**	1.205	*	1.275	*
高中中专	1.469	***	1.587	***	1.361	**	1.535	***
大专及以上	1.503	***	1.907	**	1.372	**	1.790	**
婚姻(单身未婚)								
初婚再婚有配偶	1.150		1.079		1.195		1.103	
离婚丧偶	1.107		1.050		1.174		1.050	
总人数	1.064	*	1.114	**	1.064	*	1.108	**
年龄	0.946	**	0.996		0.936	***	0.982	
年龄平方	1.000		1.000		1.001	*	1.000	
住房变量(租公房)								
租用商品房	3.643	***			3.892	***		
住房面积	1.029	***	1.032	***	1.029		1.031	***
城市背景变量(其他城市)		***		***				
四大直辖市/一线	2.001	***	2.793	***	3.741	***	5.304	***

（续表）

	所有租户		租商品房		所有租户		租商品房	
	Exp(B)	Sig.	Exp(B)	Sig.	Exp(B)	Sig.	Exp(B)	Sig.
省会\副省级城市/二线	1.841	***	2.611	***	1.398	***	1.979	***
Constant	0.039	***	0.065	***	0.052		0.101	***
sample	11 735		4 257		11 735		4 257	
Chi-square	4 428.213		920.490		4 553.656	***	931.955	***
−2 Log likelihood	10 682.401		4 752.855		10 556.958		4 741.390	
Cox & Snell R Square	0.314		0.194		0.322		0.197	
Nagelkerke R Square	0.434		0.264		0.444		0.267	

注：* 表示 $p<0.05$，** 表示 $p<0.01$，*** 表示 $p<0.001$。

表 8-3 统计分析结果表明，户主户口性质是统计显著的。与本地不动市民家庭相比，发生了迁居和流动的本地市民户主家庭月租金 100 元以上的发生比高，本地流动农民、异地流动农民和异地流动市民的发生比更高。这和本地不动市民家庭更多是租赁福利价公房有关。户主单位是统计显著的。与在工业工作者相比，在商业和金融房地产业工作的户主家庭月租金 100 元以上的发生比高。在垄断行业工作的户主家庭比在非垄断行业工作的户主家庭月租金 100 元以上的发生比低，即使住房面积一样，这可能由于前者更多来自于公房所致。户主职业是统计显著的。与工业生产人员相比，职业为负责人、技术员、办事员、商业服务业人员的户主家庭月租金 100 元以上的发生比高。户主学历是统计显著的。与小学以下相比，学历越高的户主家庭月租金 100 元以上的发生比越高。户主年龄统计显著，与月租房费用负相关，也就是年龄越大，家庭租房费用越低。户主婚姻统计不显著，然而数值显示结婚家庭比单身月租房费用 100 元以上的可能性高。家庭总人数统计显著，与月租房费用正相关，家庭人数越多，月租房费用越高，商品房租金也是如此。租用商品房比租赁公房租金 100 元以上的可能性高。面积越大，家庭住房月租金 100 元以上的可能性越高。城市背景变量是统计显著的。与其他城市相比，直辖市、省会和副省级城市的家庭 100 元以上月租房费用发生比高。与三四线城市相比，居住在一线、二线城市的户主家庭住房月租金 100 元以上的发生比高，而且一线城市商品房租金 100 元以上的发生比更高。在住房面积一样的情况下，社会阶层高的户主家庭在市场租赁住房月租金 100 元以上的可能性高，这意味着社会阶层高的户主家庭更可能租赁质量高和区位好的住房。因此本模型支持社会分层假说、生命历程假说和空间差异假说。

其次分析城市家庭购建房费用选择问题。模型三是响应变量为家庭购建房费用 3 万元以上还是以下，制度性因素、市场性因素、城市背景因素等为自变量的 Logit 回归模型。之所以选择 3 万元作为分界点，是因为根据购建房费用各区间中间值计算的均值为 3.98 万元(见第五章表 5-2)。模型四是响应变量为家庭市场型购建房费用 3 万元以上还是以下,制度性因素、市场性因素、城市背景因素等为自变量的购商品房家庭 Logit 回归模型。

表 8-4 2000 年中国城市家庭购建房费用选择的影响因素模型(3 万元以下为参照)

	所有住房		商品房		所有住房		商品房	
	Exp(B)	Sig.	Exp(B)	Sig.	Exp(B)	Sig.	Exp(B)	Sig.
制度性变量								
户口(参照组:本地不动市民)								
本地迁居市民	1.302	***	1.338	*	1.260	***	1.294	*
本地流动市民	2.035	***	1.925	***	2.107	***	2.608	***
本地流动农民	2.087	***	2.345	**	2.031	***	1.927	***
异地流动农民	1.889	***	2.039	*	1.774	***	1.851	*
异地流动市民	2.029	***	4.111	***	1.811	***	3.607	***
单位(工业/非垄断行业)								
采掘业	0.548	***	0.195	***				
商业	1.024		1.252					
金融房地产	1.144	*	1.3					
文教卫科	0.989		0.813					
政府机关	0.974		0.746					
垄断行业					1.050		0.940	
职业(生产人员)								
缺失或不在业	0.987		1.004		0.997		0.974	
负责人	1.17	*	1.256		1.175	*	1.356	
技术人员	1.135	*	1.576	*	1.140	*	1.591	**
办事人员	1.207	**	1.147		1.198	**	1.118	
商业、服务业人员	1.167	**	0.974		1.216	***	1.240	
市场性变量								
学历(小学及以下)								
初中	0.942		0.956		0.925		0.956	
高中中专	1.154		1.035		1.118		1.030	
大专及以上	1.355	**	1.241		0.295	***	1.176	
生命历程变量								
婚姻(单身未婚)								
初婚再婚有配偶	1.084		0.818		1.133		0.773	
离婚丧偶	1.067		0.539		1.127		0.537	
总人数	0.971		0.866	*	0.968		0.863	**
年龄	0.974		0.919	*	0.971		0.918	*
年龄平方	1		1.001		1.000		1.001	

（续表）

	所有住房		商品房		所有住房		商品房	
	Exp(B)	Sig.	Exp(B)	Sig.	Exp(B)	Sig.	Exp(B)	Sig.
住房变量								
住房来源(购买原公有住房)								
自建住房	1.109				1.085			
购买商品房	13.706	***			14.153	***		
购买经济适用房	3.199	***			3.341	***		
本户住房面积	1.047	***	1.069	***	1.048	***	1.069	***
城市背景变量(其他)		***		***		***		***
四大直辖市/一线	2.691	***	3.582	***	4.481	***	6.395	***
省会\副省级城市/二线	1.746	***	2.073	***	1.504	***	2.106	***
常数	0.023	***	0.44		0.024	***	0.435	
sample	26 004		4 917		26 004		4 917	
Chi-square	12 864.596	***	1 239.679	***	13 094.873	***	1 198.026	***
−2 Log likelihood	22 784.356		2 759.469		22 554.079		2 801.122	
Cox & Snell R Square	0.39		0.223		0.396		0.216	
Nagelkerke R Square	0.523		0.4		0.530		0.388	

注：* 表示 $p<0.05$，** 表示 $p<0.01$，*** 表示 $p<0.001$。

表 8-4 统计分析结果表明，对于购建房费用选择，户主户口是统计显著的。与本地不动市民家庭相比，发生了迁居和流动的本地市民户主家庭购建房费用 3 万元以上的发生比高，本地流动农民、异地流动农民和异地流动市民的发生比高。在商品房市场的购建房费用选择也是如此，而且本地流动农民、异地流动农民和异地流动市民的发生比更高。这说明在控制面积的情况下，市内迁移的市民比本地不动市民的住房质量和区位更好，并且比异地流动的农民和市民更可能购买非市场型住房。户主单位是统计显著的。与在工业就业者相比，在采掘业就业的城市家庭的所有类型(商品房)购建房费用 3 万元以上的发生比低，这可能与采掘业就业者的住房区位更偏远有关。与在工业工作者相比，在商业和金融房地产业工作的户主家庭所有类型住房购建费用 3 万元以上的发生比高，这可能与他们的住房质量和区位更好有关。从数值来看，在垄断行业工作的户主家庭比在非垄断行业工作者购建房费用 3 万元以上的发生比略高，尽管统计不显著。户主职业是统计显著的。与工业生产人员相比，职业为负责人、技术员、办事员的户主家庭购建费用 3 万元以上的发生比高。从发生比数值来看，在商品房市场选择上也是如此，但是仅仅技术员显著，其他不显著。户主学历是统计显著的。与小学以下相比，大专以上的户主家庭购建费用 3 万元以上的发生比高。

户主年龄统计显著，与商品房购建费用负相关，也就是年龄越大，购建房费用越低。户主婚姻统计不显著，然而数值显示结婚家庭比单身家庭购建费用3万以上的发生比高。家庭总人数统计显著，与商品房购建房费用负相关，家庭人数越多，商品房购建费用3万元以上的发生比越低。住房来源统计显著，购商品房、购经济适用房比购买公房费用3万元以上的发生比高。城市家庭面积越大，所有住房类型（商品房）购建房费用3万元以上的可能性越高。

城市背景变量是统计显著的。与其他城市相比，居住在直辖市、省会和副省级城市的家庭购建房费用3万元以上的发生比高。与三四线城市相比，居住在一线、二线城市的户主家庭购建房费用3万元以上的发生比高，而且一线城市的发生比更高。在商品房市场更是如此，而且他们的差距更大。在住房面积一样的情况下，社会阶层高的户主家庭购建房费用3万元以上的可能性高，这意味着社会阶层高的户主家庭更可能购买质量高和区位好的住房。

因此本模型结果也支持社会分层假说、生命历程分化假说和空间差异假说。

第二节　基于DCM的中国城市家庭住房来源与产权选择的影响因素分析

对住房来源选择公房、经济适用房、商品房还是自建房，住房产权选择租赁还是自有，制度性变量（户主户口性质、单位、职业）、市场性变量（受教育程度）、生命历程变量（婚姻、户主年龄和家庭总人数）是有明显影响的，城市背景变量统计显著。

一、城市家庭住房来源选择的 Multinomial Logit 回归分析

这里运用了Logit回归模型分析了住房来源选择与制度性变量、市场性变量、生命历程变量和城市背景变量的关系（见表8-5）。模型中，以住房来源为响应变量，分为四类：公房、商品房、自建房、经济适用房，以公房为参照类。统计分析结果表明，对住房来源选择公房、经济适用房、商品房还是自建房，制度性变量（户主户口性质、单位、职业）、市场性变量（受教育程度）、生命历程变量（婚姻、户主年龄和家庭总人数）是有明显影响的，城市背景变量统计显著。

从住房来源来看，户主户口是统计显著的。与本地不动市民家庭相比，本地迁居市民家庭更可能选择公房，其他来源住房中经济适用房和商品房发生比相对较高，自建住房发生比低；本地流动市民家庭可能选择商品房，其次是经济适用房，再次是公房，自建住房发生比最低；本地流动农民、异地流动农民和异地流动市民家庭最不可能选择公房，最可能选择商品房。户主单位（行业）是统计显著的。从行业来看，与在非垄断行业工作者相比，户主在垄断行业工作的城市家

庭更可能选择公房，其次是经济适用房；与在工业行业工作者相比，在金融保险房地产行业工作的户主家庭更可能选择商品房和自建，然后是公房，最次是经济适用房，在采掘业工作的户主家庭最可能选择公房。户主职业是统计显著的，负责人更可能选择商品房、经济适用房和自建房；技术人员更可能选择商品房和经济适用房；办事人员和服务业人员更可能选择商品房和经济适用房。户主学历是统计显著的，学历越高，更可能选择公房，其次是经济适用房和商品房。户主婚姻是统计显著的，结婚的家庭比单身更可能选择公房，其次是经济适用房，再次是商品房。户主年龄是统计显著的，年龄越大，越可能选择公房，其次是经济适用房和自建房，再次是商品房。家庭总人数是统计显著的，人数越多，越不可能选择公房，更可能选择自建，其次是商品房，再次是经济适用房。城市背景变量是统计显著的，四大直辖市家庭更可能选择公房，其次是经济适用房和自建，省会和副省级城市的家庭更可能选择公房，其次是经济适用房和商品房；一线城市的家庭更可能选择公房，其次是商品房和自建，再次是经济适用房，二线城市的家庭更可能选择公房，其次是经济适用房和商品房，再次是自建。

表 8-5　2000 年中国城市家庭住房来源选择的影响因素模型(公房为参照)

	自建		商品房		经适房		自建		商品房		经适房	
	Exp(B)	Sig.	Exp(B)	Sig.	Exp(B)	Sig.	Exp(B)	Sig.	Exp(B)	Sig.	Exp(B)	Sig.
制度性变量												
户口(本地不动市民)												
本地迁居市民	0.142	***	0.618	***	0.72	***	0.146	***	0.643	***	0.733	***
本地流动市民	0.255	***	1.373	***	1.212	**	0.263	***	1.553	***	1.256	***
本地流动农民	2.798	***	12.812	***	3.913	***	2.409	***	11.803	***	3.748	***
异地流动农民	5.337	***	11.58	***	6.346	***	3.523	***	10.542	***	5.511	***
异地流动市民	0.377	***	3.342	***	1.387	*	0.345	***	3.602	***	1.502	**
单位(工业/非垄断)												
政府机关/垄断	0.988		0.958		1.025		0.649	***	0.676	***	0.911	*
文教卫	1.106		0.835	**	0.957							
金融房地产	1.304	***	1.282	***	0.911							
采掘业	0.875		0.6	***	0.613	***						
职业(生产人员)												
缺失或不在业	1.925		1.228		1.614		1.736		1.037		1.795	
负责人	1.216	*	2.071	***	1.149		1.36	***	2.516	***	1.218	**
技术人员	0.898		1.43	***	1.207	**	1.152		1.73	***	1.285	***
办事人员	0.893		1.445	***	0.997		1.013		1.732	***	1.074	
服务业人员	0.978		1.261	**	1.006		1.363	***	1.908	***	1.165	*
市场性变量												
学历(小学及以下)												
大专以上	0.125	***	0.665	***	0.708	**	0.131	***	0.665	***	0.683	**
高中	0.269	***	0.704	**	0.74	*	0.277	***	0.71	***	0.736	**

（续表）

	自建		商品房		经适房		自建		商品房		经适房	
	Exp(B)	Sig.	Exp(B)	Sig.	Exp(B)	Sig.	Exp(B)	Sig.	Exp(B)	Sig.	Exp(B)	Sig.
初中	0.492	***	0.789	*	0.803		0.482	***	0.788	*	0.792	*
生命历程变量												
婚姻(单身)												
结婚	0.583	**	0.744	*	1.018		0.584	***	0.765	*	1.089	
离婚	0.669	*	0.795		0.823		0.778		0.866		0.93	
总人数	1.563	***	1.205	***	1.051		1.552	***	1.21	***	1.065	**
年龄	0.901	***	0.834	***	0.963		0.906	***	0.851	***	0.958	*
年龄平方	1.001	***	1.002	***	1		1.001	***	1.001	***	1	
城市背景变量(其他)												
四大直辖市/一线	0.66	***	1.001		0.667	***	0.741	***	0.828	**	0.51	***
省会\副省级城市/二线	0.471	***	0.629	***	0.797	***	0.458	***	0.657	***	0.833	***
intercept		***		***				***		***		
sample	22 363						26 004					
Chi-square	5.77E+03						7.46E+03					
-2 Log likelihood	3.61E+04						3.88E+04					
Cox & Snell R Square	0.227						0.249					
Nagelkerke R Square	0.11						0.274					

注：* 表示 $p<0.05$，** 表示 $p<0.01$，*** 表示 $p<0.001$。

二、城市家庭住房产权选择的 Logit 回归分析

这里运用了 Logit 回归模型分析了住房产权租买选择与制度性变量、市场性变量、生命历程变量和城市背景变量的关系（见表 8-6）。模型中，以住房租买选择为响应变量，分为二类：租赁、自有，以租赁为参照类。

表 8-6 统计分析结果表明，对住房产权选择是自有还是租赁，户主户口是统计显著的。与本地不动市民家庭相比，迁居市民家庭租赁住房的发生比高，但是在商品房市场上则是自有住房的发生比高。本地流动农民、异地流动农民和异地流动市民家庭自有住房的发生比低，在商品房市场的租买选择也是如此。户主单位是统计显著的。与在工业工作者相比，在采掘业工作的户主家庭所有类型（商品房）自有住房的发生比高，这可能与在采掘业工作者的住房区位更偏远以及更容易获得自建住房和单位公房较少有关。与在工业工作者相比，在政府机关工作的户主家庭无论在所有住房还是在商品房市场自有发生比都较高。从数值来看，在商业和金融房地产业工作的户主家庭在所有类型住房和商品房自

有的发生比高，但是统计上不显著。与在非垄断行业工作者相比，在垄断行业工作的家庭在所有住房类型和商品房的自有发生比都高。户主职业是统计显著的。与工业生产人员相比，职业为负责人、技术员、办事员的户主家庭在所有住房和商品房的自有发生比都高。户主学历是统计显著的。与小学以下相比，学历越高的户主家庭自有住房的发生比越高。户主年龄统计显著，年龄越大，在所有住房和商品房的自有发生比高。户主婚姻统计显著，结婚家庭在所有住房类型的自有发生比高。家庭总人数统计显著，家庭人数越多，在所有住房和商品房自有发生比高。城市背景变量是统计显著的。与其他城市相比，居住在直辖市、省会和副省级城市的家庭所有住房的自有发生比低。与三四线城市相比，居住在一线和二线城市的家庭所有住房的自有发生比低。在商品房市场上，省会和副省级城市、二线城市的自有发生比低。

表 8-6　2000 年中国城市家庭租买选择的影响因素模型(租赁为参照)

	模型 1		模型 2		模型 3		模型 4	
	所有住户		商品房住户		所有住户		商品房住户	
	Exp(B)	Sig.	Exp(B)	Sig.	Exp(B)	Sig.	Exp(B)	Sig.
制度性变量								
户口(本地不动市民)								
本地迁居市民	0.824	***	1.068		0.825	***	1.071	
本地流动市民	0.636	***	0.394	***	0.646	***	0.404	***
本地流动农民	0.288	***	0.180	***	0.290	***	0.182	***
异地流动农民	0.060	***	0.022	***	0.063	***	0.023	***
异地流动市民	0.228	***	0.101	***	0.239	***	0.102	***
单位(工业/非垄断产业)								
采掘业	1.422	***	2.494	**				
商业	0.953		1.011					
金融房地产	1.040		1.020					
文教卫科	1.005		0.896					
政府机关	1.611	***	1.651	**				
垄断行业					1.464	***	1.431	***
职业(生产人员)								
缺失或不在业	0.680		0.393		0.809		0.464	
负责人	1.841	***	2.997	***	1.825	***	3.040	***
技术人员	1.373	***	2.026	***	1.154	**	1.699	***
办事人员	1.366	***	2.448	***	1.329	***	2.513	***
服务业人员	1.006		1.006		0.972		0.999	
学历(小学及以下)								
初中	1.288	***	1.846	***	1.265	***	1.847	***

（续表）

	模型 1 所有住户		模型 2 商品房住户		模型 3 所有住户		模型 4 商品房住户	
	Exp(B)	Sig.	Exp(B)	Sig.	Exp(B)	Sig.	Exp(B)	Sig.
高中中专	1.628	***	2.827	***	1.573	***	2.733	***
大专及以上	2.182	***	3.623	***	2.097	***	3.454	***
生命历程变量								
婚姻（单身未婚）								
初婚再婚有配偶	1.372	***	1.003		1.365	***	1.009	
离婚丧偶	1.073		0.956		1.076		0.941	
总人数	1.387	***	1.528	***	1.402	***	1.513	***
年龄	1.066	***	1.130	***	1.065	***	1.143	***
年龄平方	1.000	**	0.999	***	1.000	**	0.999	***
城市背景变量								
（其他城市/三四线）								
四大直辖市	0.358	***	1.476	***				
省会、副省级城市	0.623	***	0.805	**				
一线					0.426	***	1.026	
二线					0.554	***	0.803	**
Constant	0.144	***	0.036	***	0.148	***	0.031	***
sample	37 739		9 174		37 739		9 174	
Chi-square	10 529.060		5 917.757		10 398.647		5 888.522	
−2 Log likelihood	36 256.725		6 752.585		36 387.138		6 781.819	
Cox & Snell R Square	0.243		0.475		0.241		0.474	
Nagelkerke R Square	0.343		0.635		0.339		0.633	

注：* 表示 $p<0.05$，** 表示 $p<0.01$，*** 表示 $p<0.001$。

第三节 基于线性回归模型的中国城市家庭住房建筑属性和产品类别选择的影响因素分析

住房设施质量指数是一个连续变量，用来反映房屋的建筑属性和产品质量类别的差异。通常的处理办法是构建一个综合指数，例如给各建筑属性赋值加总（如 Huang，2009），还有就是根据因子分析法得到因子来表示（如边燕杰等，2005）。前者的好处是简单易懂，能够清晰地比较差异；后者的好处是避免了多重共线性。这里采用了赋值的办法，具体说明参见第四章住房设施质量指数说明。

线性回归模型响应变量是住房设施质量，自变量和住房面积模型一样（见表 8-7 和表 8-8）。

户主户口对家庭住房设施质量选择的影响是统计显著的。与本地不动市民相比,在所有住房家庭中,本地迁居市民、本地流动市民、异地流动市民家庭的住房设施质量高,本地流动农民和异地流动农民住房设施质量低。在购买商品房家庭中,本地迁居市民、本地流动市民、异地流动市民比本地不动市民家庭的住房设施质量高。在所有商品房家庭中,本地流动市民、异地流动市民比本地不动市民家庭的住房设施质量高,异地流动农民家庭住房设施质量低。

户主单位对住房设施质量选择的影响是统计显著的。以在工业工作者为参照,在金融房地产业工作的户主家庭在住房设施质量上占优势,而在采掘业工作的户主家庭则要差一些。在所有住房家庭中,在政府机关工作的户主家庭住房设施质量比在工业工作的户主家庭高,但是在商品房家庭中,在政府机关工作的户主家庭住房设施质量低一点,这可能和该类家庭更多从非市场来源获得住房有关。在文教卫工作的户主家庭所有住房和商品房质量比在工业工作的户主家庭略低,差别不大。在垄断行业工作的户主家庭所有住房质量比在非垄断行业工作的户主家庭略高。

户主职业对住房设施质量选择的影响是统计显著的。以生产工人为参照,在所有住房家庭中,职业为负责人、技术员、办事员的户主家庭住房设施质量高。在商品房市场中,职业为负责人的户主家庭住房设施质量高。

在所有住房家庭中,户主学历越高,住房设施质量越好。在商品房和租赁商品房市场中也是如此。

在生命历程事件中,与单身相比,在所有住房住户中结婚的家庭住房设施质量从数值上看占优势,但统计不显著。在商品房市场,结婚的家庭略占劣势,差距并不大。从户主年龄来看,年龄越大,家庭住房设施质量越高,但是年龄效应呈递减趋势。家庭总人数越多,住房设施质量越高。住房来源统计显著,家庭自有住房比租赁住房设施质量高,在商品房市场也是如此。

城市背景变量统计显著。直辖市、省会副省级城市所有住房和商品房的设施质量都比其他城市高。一线、二线城市所有住房和商品房的设施质量都比其他城市高。

表 8-7　2000 年中国城市家庭住房设施质量选择的影响因素模型 1

住房设施质量指数	商品房		所有住房		购商品房		租商品房	
	Beta	Sig.	Beta	Sig.	Beta	Sig.	Beta	Sig.
制度性变量								
户口(本地不动市民)								
本地迁居市民	0.132	***	0.059	**	0.012		0.023	
本地流动市民	0.095	***	0.061	**	0.014		0.029	*

（续表）

住房设施质量指数	商品房		所有住房		购商品房		租商品房	
	Beta	Sig.	Beta	Sig.	Beta	Sig.	Beta	Sig.
本地流动农民	-0.019	**	0.022		-0.046		-0.019	
异地流动农民	-0.095	***	-0.018		-0.104		-0.104	***
异地流动市民	0.053	***	0.045	*	0.056		0.052	***
单位（工业）								
采掘业	-0.033	***	-0.055	**	-0.026		-0.029	**
商业	0.005		0.02		0.006		0.001	
金融房地产业	0.025	***	0.023		0.011		0.004	
文教卫	-0.023	***	-0.031		-0.021		-0.025	*
政府机关	0.007		-0.017		-0.029		-0.029	*
职业（生产人员）								
负责人	0.131	**	-0.187		0.188	*	0.147	*
技术员	0.141	**	-0.25		0.167		0.144	
办事员	0.14	**	-0.249		0.135		0.13	
商业人员	0.087		-0.338		0.139		0.109	
市场性变量（小学及以下）								
初中	0.11	***	-0.04		0.079	**	0.064	***
高中中专	0.215	***	0.071		0.157	***	0.141	***
大专以上	0.285	***	0.127	**	0.207	***	0.176	***
生命历程变量								
婚姻（单身）								
结婚	0.002		-0.041		-0.096	***	-0.067	***
离婚丧偶	-0.006		-0.076	***	-0.007		-0.032	**
年龄	0.256	***	0.394	**	0.141		0.171	*
年龄平方	-0.234	***	-0.389	**	-0.143		-0.163	*
家庭总人数	0.02	***	0.002		0.13	***	0.067	***
住房来源变量（租赁）								
自有住房/自有商品房	0.336	***					0.501	***
城市背景变量（其他）								
直辖市	0.093	***	0.136	***	-0.033		0.024	*
省会副省级城市	0.095	***	0.11	***	0.093	***	0.078	***
Constant		***		***		***		***
Sample	24 710		3 681		2 603		6 284	
F	495.873	***	13.745	***	20.407	***	240.957	***
Adjusted R Square	0.334		0.077		0.152		0.488	

注：* 表示 $p<0.05$，** 表示 $p<0.01$，*** 表示 $p<0.001$。

表 8-8　2000 年中国城市家庭住房设施质量选择的影响因素模型 2

住房设施质量指数	所有住房		购商品房		租商品房		商品房	
	Beta	Sig.	Beta	Sig.	Beta	Sig.	Beta	Sig.
制度性变量								
户口(本地不动市民)								
本地迁居市民	0.129	***	0.059	*	0.012		0.019	
本地流动市民	0.097	***	0.07	**	0.027		0.033	*
本地流动农民	-0.018	**	0.027		-0.041		-0.018	
异地流动农民	-0.098	***	-0.018		-0.108		-0.113	***
异地流动市民	0.048	***	0.037	*	0.051		0.041	**
单位(非垄断行业)								
垄断行业	0.022	***	0.01		0.004		-0.008	
职业(生产人员)								
负责人	0.131	**	-0.198		0.196	*	0.148	*
技术员	0.126	*	-0.276		0.166		0.139	
办事员	0.137	**	-0.268		0.124		0.121	
商业人员	0.094		-0.337		0.162		0.117	
市场性变量								
学历(小学及以下)								
初中	0.105	***	-0.043		0.064	*	0.055	**
高中中专	0.206	***	0.062		0.143	***	0.129	***
大专以上	0.272	***	0.109	*	0.193	***	0.159	***
生命历程变量								
婚姻(单身)								
结婚	0.003		-0.04		-0.1	***	-0.066	***
离婚丧偶	-0.006		-0.073	**	-0.011		-0.03	**
年龄	0.251	***	0.391	**	0.093		0.148	*
年龄平方	-0.232	***	-0.392	**	-0.095		-0.146	*
家庭总人口数	0.02	**	-0.002		0.134	***	0.068	***
住房变量(租赁)								
自有住房/自有商品房	0.335	***					0.497	***
城市背景变量(三四线)								
一线城市	0.127	***	0.162	***	0.151	***	0.116	***
二线城市	0.073	***	0.089	***	-0.002		0.025	*
Constant		***		***		***		***
Sample	26 184		3 681		2 603		6 284	
F	477.737	***	15.739	***	26.108	***	292.105	***
Adjusted R Square	0.267		0.074		0.162		0.493	

注：* 表示 $p<0.05$，** 表示 $p<0.01$，*** 表示 $p<0.001$。

第四节 基于DCM的中国城市家庭居住区位流动性选择的影响因素分析

这里用Logit回归分析了居住区位流动性选择的影响因素(见表8-9)。根据中国城市居民在市区、郊区和农村三个空间单元上的迁移状况,将城市居民分为本地不动市民、市内迁移市民(包括前述分类的市内迁居和市内流动市民)、迁往其他城市的市民、迁往郊区的市民、迁往农村的市民。根据研究目的、数据和统计方法,为了分析方便和简化起见,这里仅分析城市市民家庭里的本地不动市民、市内迁移市民、市外异地迁移市民。居住区位决策简化为不动、市内迁居、市外迁居三种。这里的异地迁移市民含义是来自于本县市外非农业户口的户主家庭,可能是来自其他城市、镇的非农业户口家庭。这里没有区分异地迁移市民是来自其他城市还是镇。

首先分析户主单位对城市家庭迁居选择的影响。以在工业工作的户主为参照,在政府机关、文教卫、金融房地产业工作的户主的家庭更不可能异地流动,在采掘业工作的户主的家庭更可能异地流动。在政府机关、文教卫工作的户主的家庭更可能市内迁移,在采掘业工作的户主的家庭更不可能市内迁移。在垄断行业工作的户主家庭比在非垄断行业工作的户主的家庭更可能市内迁移,更不可能异地流动。

其次分析户主职业对城市家庭迁居选择的影响。以生产工人为参照,职业为负责人、技术员、商业服务业人员的户主家庭更可能异地流动,为负责人、技术员、办事员的户主家庭更可能市内迁移。

与小学及以下相比,户主为高中以上学历的家庭居住区位流动性强,更可能异地流动和市内迁移。

在生命历程事件中,与单身相比,结婚的家庭更不可能异地流动,更可能市内迁移。离婚的家庭更不可能异地流动。从户主年龄来看,年龄越大,家庭越不可能异地流动和市内迁移。年龄效应呈递增趋势。家庭总人数越多,越不可能异地流动和市内迁移。

城市背景变量也统计显著。在直辖市、省会副省级城市的家庭异地流动和市内迁移的可能性都比其他城市高。在一线、二线城市的家庭异地流动和市内迁移的可能性都比其他城市高。

表 8-9　2000 年中国城市家庭居住区位流动性选择的影响因素模型(本地不动为参照)

	异地流动		市内迁移		异地流动		市内迁移	
	Exp(B)	Sig.	Exp(B)	Sig.	Exp(B)	Sig.	Exp(B)	Sig.
制度性变量								
单位(工业/非垄断)								
政府机关/垄断	0.741	*	1.147	**	0.815		1.189	***
文教卫	0.412	***	1.012					
金融房地产	0.835		0.986					
采掘业	2.928	***	1.343	**				
职业(生产人员)								
负责人	2.212	***	1.179	*	2.599	***	1.215	**
技术人员	1.512	*	1.235	***	1.293		1.155	**
办事人员	1.103		1.147	**	1.157		1.134	*
商业、服务业人员	1.535	**	1.079		1.639	***	0.957	
市场性变量								
学历(小学及以下)								
大专以上	4.151	***	3.63	***	2.795	***	3.613	***
高中	2.345	**	1.961	***	1.778	*	2.035	***
初中	1.419		1.292	**	1.254		1.309	***
小学及以下								
生命历程变量								
婚姻(单身)								
结婚	0.615	*	1.368	**	0.645	*	1.19	
离婚	0.306	**	1.131		0.33	**	0.988	
总人数	0.733	***	0.843	***	0.727	***	0.856	***
年龄	0.866	**	0.953	**	0.842	***	0.972	
年龄 2	1.002	**	1.001	***	1.002	***	1.001	**
城市背景变量(其他)								
四大直辖市/一线	3.799	***	1.184	**	5.395	***	1.432	***
省会\副省级城市/二线	1.964	***	1.287	***	1.63	***	1.226	***
intercept				**		*		*
sample	21 692				24 989			
Chi-square	1.41E+03	***			1.82E+03	***		
−2 Log likelihood	1.657E4				1.688E4			
Cox & Snell R Square	0.063				0.070			
Nagelkerke R Square	0.087				0.096			

注：* 表示 $p<0.05$，** 表示 $p<0.01$，*** 表示 $p<0.001$。

表 8-10 模型的响应变量为 1995—2000 年迁移原因，并且分为就业、住房两

大类。与本地迁居家庭相比，本地流动家庭更可能因为住房原因迁居。本地流动农民、异地流动农民、异地流动市民家庭更可能因为就业原因迁移，更不可能因为住房原因迁居，其中异地流动农民最不可能因为住房原因迁移。

与在工业工作者相比，在商业和文教卫工作的户主家庭更可能因为就业原因迁移。在垄断行业工作的户主家庭和在非垄断行业工作的户主家庭相比不显著。

职业统计显著。与生产人员相比，户主为商业服务业人员的家庭更可能因为就业原因迁移。

与小学及以下相比，户主为高中中专学历的家庭更可能因为住房迁移。从数值上看，学历越高的户主家庭越可能因为住房原因迁移。但是初中和大专以上统计不显著。

与单身相比，户主结婚和离婚的家庭更可能因为住房原因迁移。总人数越多的家庭越可能因为住房原因迁移。户主年龄越大的家庭越可能为住房原因迁移。

城市背景变量统计显著。四大直辖市、省会副省级城市、一线和二线城市家庭更可能因为住房原因迁移。这可能与城市扩展较快和居民居住区位变动大有关。

表 8-10　1995—2000 年中国城市家庭迁移原因模型（就业原因为参照）

	Exp(B)	Sig.	Exp(B)	Sig.		Exp(B)	Sig.	Exp(B)	Sig.
制度性变量					**生命历程变量**				
户口（本地迁居市民）					**婚姻（单身未婚）**				
本地流动市民	1.452	***	1.425	***	初婚再婚有配偶	2.336	***	2.287	***
本地流动农民	0.134	***	0.134	***	离婚丧偶	3.406	***	3.305	***
异地流动农民	0.025	***	0.025	***	总人数	1.168	***	1.158	***
异地流动市民	0.163	***	0.169	***	年龄	1.151	***	1.159	***
单位（工业/非垄断）		***			年龄平方	0.999	***	0.999	***
采掘业	0.713				**城市背景变量（其他）**				
商业	0.766	**			四大直辖市	1.859	***		
金融房地产	0.949				省会、副省级城市	1.139	*		
文教卫科	0.644	***			一线			1.248	**
机关/垄断	0.893		0.989		二线			1.338	***

（续表）

	Exp(B)	Sig.	Exp(B)	Sig.		Exp(B)	Sig.	Exp(B)	Sig.
职业（生产人员）									
缺失或不在业	0.734		0.665						
负责人	0.845		0.784	*					
技术人员	1.005		0.864						
办事人员	1.027		0.999						
服务业人员	0.799	*	0.697	***	Constant	0.018	***	0.015	***
市场性变量					sample	37 739		37 739	
学历（小学及以下）					Chi-square	5 326.341		5 263.842	
初中	1.206		1.232		−2 Log likelihood	9 477.93		9 540.43	
高中中专	1.446	**	1.474	**	Cox & Snell R Square	0.392		0.388	
大专及以上	1.233		1.226		Nagelkerke R Square	0.523		0.518	

注：* 表示 $p<0.05$，** 表示 $p<0.01$，*** 表示 $p<0.001$。

第五节　基于 DCM 的中国城市家庭多维度住房选择的影响因素分析

上述的住房选择模型都是根据单维度的住房选择（住房消费量和支出、住房来源和产权、住房质量和产品类别、区位）来分析。这有利于分析单维度住房选择的影响因素，但是无法全面认识住房选择。因为家庭在决定迁居之后，会综合考虑住房区位、产权、面积和质量，这些维度的住房选择是相互影响的。由于无法得到微观区位信息，这里没有分析区位选择。

这里运用 Nested Multinomial Logit Model 分析了多维度的住房选择。根据 2000 年人口普查微观数据，假设城市家庭第一层面的决策是：市内不动，市内迁移还是异地迁移。模型结果见表 8-9 和表 8-10。其次假设发生了市内迁移和异地迁移的市民家庭，第二层面的决策会综合考虑住房产权、面积和质量。为了简化分析，这里仅分析商品房市场的选择行为。这里将商品住房产权分为租和买，住房质量根据住房质量指数区间按照聚类方法分为低、高二类，赋值区间分别为 [0,2.5] 和 [3,5]。每套住房建筑面积分为低、高二类，根据中国住房套型面积实际情况，赋值区间分别为 90 平方米以下和 90 平方米以上。这样就形成了 8

个选择方案。具体类别名称及其含义见表8-11。根据建模的样本量需要,租赁低质量大面积、租赁高质量大面积、自有低质量大面积三类型样本量太少,应该去掉。多维度住房选择一般Logit模型和Nested Logit模型结果有一点差异,但差异不大,这里重点说明它们的影响因素,采用了一般模型。

表8-11　2000年中国城市迁移市民家庭在商品房中的产权面积质量综合分类选择

分类	频数	比例
租赁低质量小面积	559	8.2
租赁低质量大面积	7	0.1
租赁高质量小面积	1042	15.4
租赁高质量大面积	76	1.1
自有低质量小面积	172	2.5
自有低质量大面积	11	0.2
自有高质量小面积	3281	48.4
自有高质量大面积	1637	24.1
总计	6785	100.0

模型结果见表8-12和表8-13。从迁移市民家庭的住房选择来看,与租赁低质量小面积住房相比,本地迁居市民比异地流动市民更可能自有低质量小面积、自有高质量小面积、自有高质量大面积住房,更不可能租赁高质量小面积住房。

户主单位(行业)是统计不显著的。从行业来看,与在工业工作者相比,在金融保险房地产行业工作的户主家庭更可能选择租赁高质量小面积、自有高质量小面积、自有高质量大面积住房,尽管统计不显著;在政府机关工作的户主家庭更可能选择自有低质量小面积、自有高质量小面积、自有高质量大面积住房,尽管统计不显著。与在非垄断行业工作者相比,户主在垄断行业工作的家庭更可能选择自有低质量小面积、自有高质量小面积、自有高质量大面积住房,更不可能租赁低质量小面积住房。

户主职业是统计显著的。户主职业序列越高,城市家庭越有可能租赁高质量小面积住房、自有高质量小面积、自有高质量大面积住房,越不可能租赁低质量小面积住房。

户主学历是统计显著的。户主学历越高,家庭越可能租赁高质量小面积住房、自有高质量小面积住房,越不可能租赁低质量小面积住房。

户主婚姻是统计不显著的。从数值上看,结婚的家庭更可能租赁高质量小面积住房、自有高质量小面积、自有高质量大面积住房。户主年龄是统计显著的。户主年龄越大的家庭越可能自有低质量小面积住房、自有高质量小面积、自有高质量大面积住房,越不可能租赁低质量小面积住房。家庭总人数是统计显著的，人数越多，越有可能租赁高质量小面积住房、自有低质量小面积、自有高质量小面积、自有高质量大面积住房，越不可能租赁低质量小面积住房。城市背景变量是统计显著的。四大直辖市的迁移家庭更可能自有高质量小面积、自有高质量大面积住房，更可能租赁高质量小面积住房，更不可能租赁低质量小面积住房。省会和副省级城市的家庭更可能租赁高质量小面积住房，更不可能自有低质量小面积住房。在一线城市的迁移家庭更可能自有高质量小面积、高质量大面积住房、租赁高质量小面积住房，更不可能自有低质量小面积住房。在二线城市的迁移家庭更可能租赁高质量小面积住房，更不可能自有低质量小面积住房。

表 8-12　2000 年中国城市迁移市民家庭在商品房中的产权面积质量综合分类选择的影响因素（租赁低质量小面积为参照）

	租赁高质量小面积		自有低质量小面积		自有高质量小面积		自有高质量大面积	
	Exp(B)	Sig.	Exp(B)	Sig.	Exp(B)	Sig.	Exp(B)	Sig.
制度性变量								
户口（异地流动市民）								
本地迁居市民	0.865		29.881	**	8.934	***	8.147	***
本地流动市民	0.871		7.862		3.323	***	3.7	***
单位（工业）								
政府机关	0.648		1.727		1.152		1.436	
文教卫	0.883		1.14		0.941		0.804	
金融房地产	1.12		0.553		1.017		1.489	
采掘业	0.341		3.455		1.69		0.261	
职业（生产人员）								
负责人	3.536	*	3.442		5.701	***	14.261	***
技术人员	1.283		1.3		2.115	**	3.183	***
办事人员	1.205		1.023		2.455	**	3.539	***
服务业人员	1.098		1.073		1.102		1.286	
市场性变量								
学历（小学及以下）								
大专以上	4.683	**	1.775		5.21	***	10.73	***
高中	1.763		2.134		2.156	*	2.852	*
初中	1.544		1.928		1.386		1.363	
生命历程变量								
婚姻（单身）								
结婚	1.076		0.927		1.534		0.912	
离婚	1.296		1.618		1.232		0.841	
总人数	1.241	*	1.99	***	1.821	***	2.301	***
年龄	0.934		0.955		1.012		1.05	
年龄平方	1.001		1.001		1		1	

（续表）

	租赁高质量小面积		自有低质量小面积		自有高质量小面积		自有高质量大面积	
	Exp(B)	Sig.	Exp(B)	Sig.	Exp(B)	Sig.	Exp(B)	Sig.
城市背景变量(其他)								
四大直辖市	1.45		0.312		3.4	***	2.735	**
省会\副省级城市	1.596	**	0.05	**	0.929		0.965	
intercept				**		**		***
sample	3 611							
Chi-square	1.35E+03							
-2 Log likelihood	7.03E+03							
Cox & Snell R Square	0.312							
Nagelkerke R Square	0.341							

注：* 表示 $p<0.05$，** 表示 $p<0.01$，*** 表示 $p<0.001$。

表 8-13　2000 年中国城市迁移市民家庭在商品房中的产权面积质量综合分类选择的影响因素（租赁低质量小面积为参照）

	租赁高质量小面积		自有低质量小面积		自有高质量小面积		自有高质量大面积	
	Exp(B)	Sig.	Exp(B)	Sig.	Exp(B)	Sig.	Exp(B)	Sig.
制度性变量								
户口(异地流动市民)								
本地迁居市民	1.092		9.611	***	11.495	***	10.261	***
本地流动市民	1.106		2.978	*	4.118	***	4.88	***
单位(非垄断行业)								
垄断行业	1.009		1.201		1.419		1.61	*
职业(生产人员)								
负责人	2.888	**	3.019		5.151	***	13.429	***
技术人员	1.338		1.199		1.749	*	2.682	***
办事人员	1.243		1.395		2.444	**	4.098	***
服务人员	1.065		0.746		0.95		1.403	*
市场性变量								
学历(小学及以下)								
大专以上	4.428	***	1.958		6.868	***	12.557	***
高中	1.974	*	2.436		3.412	***	3.829	***
初中	1.586		2.387		1.983	*	1.871	*
生命历程变量								
婚姻(单身)								
结婚	0.908		1.075		1.132		0.678	

（续表）

	租赁高质量小面积		自有低质量小面积		自有高质量小面积		自有高质量大面积	
	Exp(B)	Sig.	Exp(B)	Sig.	Exp(B)	Sig.	Exp(B)	Sig.
离婚	1.209		1.759		1.166		0.72	
总人数	1.225	*	1.996	***	1.67	***	2.136	***
年龄	0.964		1.051		1.091		1.175	**
年龄平方	1		1		0.999		0.998	*
城市背景变量（其他）								
一线	4.42	***	2.66E-09		3.997	***	3.869	***
二线	1.161		0.1	***	0.928		0.964	
intercept				***		***		***
sample	4 697	***						
Chi-square	1.77E+03							
−2 Log likelihood	9.11E+03							
Cox & Snell R Square	0.314							
Nagelkerke R Square	0.341							

注：* 表示 $p<0.05$，** 表示 $p<0.01$，*** 表示 $p<0.001$。

第六节　基于 DCM 的中国城市家庭多套住房选择的影响因素分析

由前述分析所知，在中国城市，住房租买选择状况是多种多样的。这里分析多套住房租买选择的影响因素，建立了多套住房租买选择的影响因素 Logit 模型（Huang and Yi,2011）。多套住房产权模型的响应变量为：自有一套、租赁一套、租赁一套并且自有一套、自有多套，并且以租赁作为参照组。模型的自变量见表 8-14。

表 8-14　中国城市家庭多套住房租买选择模型（参照组：租赁一套）

变量	自有一套		租赁并且有二套		自有多套	
	B	Sig	B	Sig.	B	Sig.
制度性变量						
户口类型（本地居民）						
城镇移民	−1.851	***	1.143	***	−1.266	***
农村移民	−2.168	***	1.602	***	−1.460	***
单位类型（非垄断国企）						
中央省级党政机关/事业	−0.031		0.379		0.512	
其他级党政机关/事业	−0.030		−0.273		0.232	

（续表）

变量	自有一套		租赁并且有二套		自有多套	
	B	Sig	B	Sig.	B	Sig.
中央省垄断国企	0.055		-0.097		-0.179	
其他级垄断国企	-0.127		0.216		0.217	
个体民营	-0.268	**	0.227		0.128	
三资企业	-0.556	**	-0.117		-0.193	
集体企业	-0.209		-0.477		0.409	
行政级别有(参照组无或不适用)	0.003		-0.042		-0.398	
技术职称(参照组无)						
中高级	-0.232		-0.016		-0.499	
低级	-0.114		-0.016		-0.597	***
职业类型(参照组工业工人)						
负责人	0.613		0.763		2.141	***
技术员	0.057		-0.424		0.038	
办事员	0.063		-0.498		0.336	
商业服务业人员	-0.124		-0.515	**	0.166	
农业生产人员、其他和不在业	-0.121		-0.045		-0.171	
党员(参照组无)	0.061		0.406		0.289	
父母负责人（参照组无）	0.157		0.758		0.864	**
配偶负责人(参照组无)	-0.020		0.409		0.549	
市场性变量						
受教育年数	0.017		0.016		0.013	
家庭收入	0.004	***	0.008	***	0.014	***
16岁以下小孩(参照组无)	-0.089		-0.183		0.013	
家庭规模	0.225	***	0.342	***	0.245	***
年龄	-0.031		-0.026		-0.047	
年龄平方	0.000	**	0.00		0.001	
结婚和其他（参照组单身）	0.677	***	0.505		0.927	**
城市背景变量						
省会市辖区(其他城市)	-0.856	***	-0.453	**	-1.305	***
constant	0.987	*	-2.272	*	-1.758	
Sample	3 961		1 017		1 080	
Chi-square	470.532	***	206.673	***	245.271	***
-2 Log likelihood	3 528.888		834.540		980.236	
Cox & Snell R Square	0.112		0.184		0.203	
Nagelkerke R Square	0.176		0.287		0.299	

注：* 表示 $p<0.1$，** 表示 $p<0.05$，*** 表示 $p<0.01$。

表8-14表明所有的模型都是统计显著的。模型中很清楚地看出，制度性变

量、市场性变量和城市背景变量都是统计显著的，这说明制度和市场和城市背景都影响了中国城市家庭的多套住房选择。

被访者户口是统计显著的。农村移民、城镇移民、本地市民自有一套住宅的可能性依次递增。本地市民、城镇移民、农村移民租赁一套并且自有一套住宅的可能性依次递增。农村移民、城镇移民、本地市民自有多套住宅的可能性依次递增。因此，户口和移民身份依然对住房选择有不利的影响，这坚决支持了户口分化假说。

被访者工作单位是统计显著的。在个体、民营和三资企业工作者比在非垄断国有企业工作者更不可能自有一套住宅，更可能租赁一套住宅。租赁并且自有一套住宅与租赁一套选择相比较，工作单位统计不显著。自有多套住宅与租赁一套住房选择相比较，工作单位统计不显著，但是党政机关、事业单位符号为正，表明在党政机关和事业单位工作的家庭更可能自有多套住宅，这部分支持了单位分化假说。

被访者行政级别是统计不显著的。自有一套和租赁一套住房选择相比较，被访者行政级别不显著，符号为正，表明有行政级别的被访者更可能自有一套住宅。租赁并且自有一套住宅与租赁一套选择相比较，行政级别不显著。自有多套住宅与租赁一套住宅选择相比较，行政级别不显著。

被访者技术职称是统计显著的。自有一套和租赁一套住房选择相比较，技术职称不显著；租赁并且自有一套与租赁一套住房选择相比较，技术职称不显著；自有多套住房与租赁一套住房相比较，技术职称显著，低级别比没有技术职称更不可能自有多套住宅。

被访者职业是统计显著的。自有一套和租赁一套住房选择相比较，职业不显著，但是负责人、技术员、办事人员等符号为正，表明他们更可能自有一套住宅。租赁并且自有一套与租赁一套住宅选择相比较，职业显著，服务员比产业工人更不可能租赁一套并且另外自有一套。自有多套与租赁一套住房选择相比较，职业显著，负责人更可能自有多套住宅，这坚决支持了职业分化假说。

被访者党员政治身份、配偶是否是负责人在模型中是统计不显著的，父母是否是负责人在自有多套住宅模型中是统计显著的。自有一套和租赁一套住房选择相比较，父母为负责人不显著，符号为正，表明父母为负责人的被访者更可能自有一套住宅。配偶为负责人不显著，党员身份不显著，但是符号为正，表明为党员的被访者更可能自有一套住宅。租赁并且自有一套与租赁一套住宅选择相比较，配偶为负责人不显著，党员身份不显著，但是符号为正，表明配偶是负责人或党员的被访者更可能租赁并且自有一套住宅。自有多套与租赁一套住房选择相比较，配偶为负责人不显著，符号为正；党员身份不显著，但是符号为正，父母为负责人显著,表明配偶是负责人或党员的被访者更可能自有多套住宅,父母是负责人的被访者更可能自有多套住宅,这显著支持了权力转移和代际互助假说。

被访者受教育年数统计不显著,收入是统计显著的。自有一套和租赁一套住房选择相比较,受教育年数不显著,符号为正,表明学历高的被访者更可能自有一套住宅;收入显著,收入越高的被访者越可能自有一套住宅。租赁并且自有一套与租赁一套住房选择相比较,受教育年数不显著,符号为正;收入显著,收入越高越可能租赁一套并且另外自有一套住宅。自有多套与租赁一套住房相比较,受教育年数不显著,符号为正;收入显著,收入越高越可能自有多套住宅。这说明收入越高,越不可能租赁一套住宅,越可能自有一套或多套住宅,这显著支持了收入分化假说。

被访者年龄和家庭是否有16岁以下的上学孩子在模型中统计不显著,婚姻、总人口数在部分模型中统计显著。自有一套和租赁一套住房选择相比较,被访者年龄不显著,有16岁以下小孩不显著;婚姻显著,即结婚比单身更可能自有一套住宅;家庭规模显著,规模越大越可能自有一套住宅。租赁并且自有一套住宅与租赁一套住房选择相比较,被访者年龄不显著,有16岁以下小孩不显著;婚姻不显著,符号为正;家庭规模显著,规模越大越可能租赁并且自有一套住房。自有多套与租赁一套住房选择相比较,被访者年龄不显著,有16岁以下小孩不显著,符号为正,婚姻显著,结婚比单身被访者更可能自有多套住房;家庭规模显著,规模越大越可能自有多套住房。这说明结婚和家庭规模大的家庭更可能自有一套或多套住宅,这部分支持了生命历程假说。

城市是统计显著的。自有一套和租赁一套住房选择相比较,在省会市辖区的被访者家庭比其他城市更不可能自有一套住宅,更可能租赁一套住宅。租赁并且自有一套与租赁一套住房选择相比较,在省会市辖区的被访者家庭比其他城市更不可能租赁并且自有一套住宅,更可能租赁一套住宅。自有多套与租赁一套住房选择相比较,省会市辖区的家庭比其他城市更不可能自有多套住宅。这坚决支持了空间差异假说。

本章小结

根据住房选择影响因素的回归模型,本章分析可以得出以下结论:

(1) 由住房消费量(家庭人均住房建筑面积)影响因素的线性回归模型可以看出,户口、单位、职业、受教育程度、婚姻、年龄和家庭总人口、城市背景变量等对住房消费量有显著的影响。从影响因素的作用大小来看,职业、学历、单位、户口、年龄影响较大,城市、总人数和婚姻影响较小。租买选择对商品房消费量影响大。这显著支持了社会分化假说、生命历程分化假说和空间差异假说。

在住房体系所有住房的消费量选择中，户口是重要的影响因素，本地市民家庭高于流动人口家庭，异地流动市民家庭高于异地流动农民家庭；工作单位是重要的影响因素，在政府、文教卫、金融、商业等行业工作的户主家庭住房消费量高于制造业，在采掘业工作者户主家庭的住房消费量比在制造业工作者低，在垄断行业工作的家庭住房消费量高于在非垄断行业工作者；在商品房消费量选择中，在文教卫、政府等部门工作的家庭住房消费量低于在制造业工作者，这与他们住房来源主要是公房有关；职业是重要的影响因素，在住房体系所有住房和商品房的消费量选择中，户主为负责人、技术员和办事员的家庭高于工业生产人员；学历是重要的影响因素，在住房体系所有住房和商品房的消费量选择中，户主学历越高，家庭住房消费量越高；婚姻、年龄和家庭规模是重要的影响因素，户主年龄越大，家庭住房消费量越高；总人数越高，人均住房面积越低，结婚的户主家庭比单身人均面积略低。城市背景变量也是重要的影响因素，在直辖市、省会和副省级城市、一二线城市的家庭所有住房和商品房人均住房面积低。

(2) 由家庭月租金 100 元上下的 Logit 回归模型可以看出，户口、单位、职业、受教育程度、婚姻、年龄和家庭总人口、城市背景变量等对月租房费用有显著的影响。这坚决支持了社会分化假说、生命历程分化假说和空间差异假说。

在住房体系所有住房的消费支出选择中，户口是重要的影响因素，本地市民家庭月租金高于 100 元的可能性高于流动人口家庭，异地流动市民家庭高于异地流动农民家庭，市内迁移家庭高于本地不动市民家庭。工作单位是重要的影响因素，在金融、商业等行业工作的家庭月租金高于 100 元的可能性高于在制造业工作者，在垄断行业工作的家庭月租金高于 100 元可能性低于在非垄断行业工作者。职业是重要的影响因素，户主为负责人、技术员和办事员、商业服务业人员的家庭月租金高于 100 元的可能性高于工业生产人员。学历是重要的影响因素，户主学历越高，家庭月租金高于 100 元的可能性越高。婚姻、年龄和家庭规模是重要的影响因素，户主年龄越大，家庭月租金高于 100 元的可能性越低；总人数越多，家庭月租金高于 100 元的可能性越高，结婚的户主家庭比单身家庭月租金高于 100 元的可能性高。城市背景变量也是重要的影响因素，在直辖市、省会和副省级城市、一二线城市的家庭月租金高于 100 元的可能性高。在租赁商品房市场中的消费支出选择中，可以得到几乎一样的结果。

(3) 由家庭购建房费用 3 万元上下的 Logit 回归模型可以看出，户口、单位、职业、受教育程度、婚姻、年龄和家庭总人口、城市背景变量等对购建房费用有显著的影响。这显著支持了社会分化假说、生命历程分化假说和空间差异假说。

在住房体系所有住房的购建房费用选择中，户口是重要的影响因素，本地市内迁移市民家庭购建房费用3万元以上的可能性高于本地不动市民家庭，异地流动市民家庭高于异地流动农民家庭，在购买商品房市场中，可以得到更强烈的户口分化结果。工作单位是重要的影响因素，户主在金融、商业等行业工作的家庭购建房费用3万元以上的可能性高于户主在制造业工作者，户主在采掘业工作的家庭购建房费用3万元以上的可能性比在制造业工作者低，户主在垄断行业工作的家庭购建房费用3万元以上的可能性高于在非垄断行业工作者，尽管统计不显著。职业是重要的影响因素，在住房体系所有住房和商品房市场中，户主为负责人、技术员和办事员的家庭购建房费用3万元以上的可能性高于工业生产人员。学历是重要的影响因素，在住房体系所有住房和商品房市场中，户主学历越高，家庭购建房费用3万元以上的可能性越高。婚姻、年龄和家庭规模是重要的影响因素，户主年龄越大，家庭总人数越多，购建商品房费用3万元以上的可能性越低，结婚的户主家庭比单身的可能性高；城市背景变量也是重要的影响因素，在直辖市、省会和副省级城市、一二线城市的家庭购建房费用3万元以上的可能性高。在商品房市场更是如此。住房来源有明显影响，购买商品房、经济适用房比购买公房的家庭购建房费用3万元以上的可能性高。

（4）由城市家庭住房来源的Logit回归模型可以得出，户口、单位、职业、受教育程度、婚姻、年龄和家庭总人口、城市背景变量等对住房来源有显著的影响。这坚决支持了社会分化假说、生命历程分化假说和空间差异假说。

在住房体系所有住房的来源选择中，户口是重要的影响因素，本地迁居市民家庭更可能选择公房和经济适用房、本地流动市民家庭更可能选择商品房，本地流动农民、异地流动农民、异地流动市民家庭更可能选择商品房，更不可能选择公房。工作单位是重要的影响因素，户主在金融行业工作的家庭更可能选择商品房，户主在采掘业工作的家庭更可能选择公房，户主在垄断行业工作的家庭比户主在非垄断行业工作的家庭更可能选择公房，其次是经济适用房。职业是重要的影响因素，在住房体系所有住房的来源选择中，户主为负责人的家庭更可能选择商品房，技术员和办事员、服务业人员的家庭更可能选择商品房，其次是经济适用房；学历是重要的影响因素，在住房体系所有住房的来源选择中，户主学历越高，家庭更可能选择公房，其次是经济适用房和商品房；婚姻、年龄和家庭规模是重要的影响因素，结婚的户主家庭比单身的更可能选择公房，其次是商品房，户主年龄越大，越可能选择公房，总人数越多，越不可能选择公房，越可能自建房；城市背景变量也是重要的影响因素，在直辖市、省会和副省级城市、一二线城市的家庭更可能选择公房。

（5）由城市家庭住房租买选择的Logit回归模型得出，户口、单位、职业、受教育程度、婚姻、年龄和家庭总人口、城市背景变量等对住房租买选择有显著的影响。这坚决支持了社会分化假说、生命历程分化假说和空间差异假说。

在住房体系所有住房的租买选择中,户口是重要的影响因素,与本地不动市民家庭相比,市内迁居市民家庭更可能租赁住房,更可能购买商品房,异地流动市民家庭、异地流动农民家庭、本地流动农民家庭更可能租赁住房;工作单位是重要的影响因素,户主在政府、文教卫、金融、商业、采掘业等行业工作的家庭比户主在制造业工作者更可能自有住房,户主在垄断行业工作的家庭比户主在非垄断行业工作者更可能自有住房和自有商品房。职业是重要的影响因素,户主为负责人、技术员和办事员的家庭比户主为工业生产人员的家庭更可能自有住房和自有商品房。学历是重要的影响因素,户主学历越高,家庭更可能自有住房。婚姻、年龄和家庭规模是重要的影响因素,户主年龄越大,家庭更可能自有住房和自有商品房,总人数越高,家庭越可能自有住房和自有商品房,结婚的户主家庭比单身更可能自有住房和自有商品房。城市背景变量也是重要的影响因素,在直辖市、省会和副省级城市、一二线城市的家庭更不可能自有住房。

(6) 由住房设施质量影响因素的线性回归模型得出,户口、单位、职业、受教育程度、婚姻、年龄和家庭总人口、城市背景变量等对住房设施质量选择有显著的影响。从影响因素的作用大小来看,年龄、职业、学历、户口、城市影响较大,单位、总人数和婚姻影响较小。这显著支持了社会分化假说、生命历程分化假说和空间差异假说。

在住房体系所有住房的设施质量选择中,户口是重要的影响因素,市内迁移市民家庭住房设施质量比本地不动市民家庭高,异地流动市民家庭高,本地流动农民和异地流动农民家庭低。工作单位是重要的影响因素,户主在政府、金融等行业工作的家庭住房设施质量高于户主在制造业工作的家庭,户主在采掘业工作的家庭住房设施质量比户主在制造业工作的家庭低,户主在垄断行业工作的家庭住房设施质量高于户主在非垄断行业工作的家庭。职业是重要的影响因素,户主为负责人、技术员和办事员的家庭住房设施质量高于工业生产人员。学历是重要的影响因素,户主学历越高,家庭住房设施质量越高。婚姻、年龄和家庭规模是重要的影响因素,户主年龄越大,总人数越多,家庭住房设施质量越高,结婚的户主家庭比单身家庭住房设施质量高;城市背景变量也是重要的影响因素,直辖市、省会和副省级城市、一二线城市所有住房和商品房设施质量比其他城市高;租买选择对住房设施质量影响大,自有住房设施质量高。

(7) 由住房区位流动性影响因素的 Logit 回归模型得出,单位、职业、受教育程度、婚姻、年龄和家庭总人口、城市背景变量等对居住区位流动性选择有显著的影响。这显著支持了社会分化假说、生命历程分化假说和空间差异假说。

工作单位是重要的影响因素,户主在政府、文教卫等行业工作的家庭比户主在工业工作者更不可能异地流动和更可能市内迁移,户主在采掘业工作者则更可能异地流动和更不可能市内迁移,户主在金融行业工作的家庭更不可能异地流动,在垄断行业工作的家庭比非垄断行业更不可能异地流动和更可能市内迁移。职业是重要的影响因素,户主为负责人、技术员和办事员的家庭比户主为工业生产人员的家庭更可能异地流动和更可能市内迁移。学历是重要的影响因素,户主学历越高,家庭更可能异地流动和更可能市内迁移。婚姻、年龄和家庭规模是重要的影响因素,户主年龄越大,家庭总人数越多,家庭更不可能异地流动和更可能市内迁移,结婚的户主家庭比单身更不可能异地流动和更可能市内迁移。城市背景变量也是重要的影响因素,在直辖市、省会和副省级城市、一二线城市的家庭更可能异地流动和更可能市内迁移。

(8) 由迁移原因影响因素的 Logit 回归模型得出,单位、职业、受教育程度、婚姻、年龄和家庭总人口、城市背景变量等对居住区位流动性选择有显著的影响。这显著支持了社会分化假说、生命历程分化假说和空间差异假说。

户口是重要的影响因素,本地市内迁移家庭更可能因为住房原因迁居,异地流动人口家庭更可能因为就业原因迁移。工作单位是重要的影响因素,户主在文教卫、商业等行业工作的家庭更可能因为就业原因迁移,户主在垄断行业工作的家庭与户主在非垄断行业工作的家庭相比不显著。职业是重要的影响因素,户主为商业服务业人员的家庭更可能因为就业原因迁移。学历是重要的影响因素,户主学历越高,家庭更可能因为住房原因迁居。婚姻、年龄和家庭规模是重要的影响因素,户主年龄越大,总人数越多,结婚的户主家庭比单身更可能因为住房原因迁居。城市背景变量也是重要的影响因素,在直辖市、省会和副省级城市、一二线城市发生了迁移的市民家庭更可能因为住房原因迁居。

(9) 由多维度住房选择影响因素的 Logit 回归模型得出,户口、单位、职业、受教育程度、婚姻、年龄和家庭总人口、城市背景变量等对多维度住房选择有显著的影响。这显著支持了社会分化假说、生命历程分化假说和空间差异假说。

在住房体系所有住房的多维度住房选择中,户口是重要的影响因素,从迁移市民的住房选择来看,与租赁低质量小面积住房相比,本地迁居市民比异地流动市民更可能自有低质量小面积、自有高质量小面积、自有高质量大面积住房,更不可能租赁高质量小面积住房。户主单位(行业)在部分模型统计显著。与在工业工作者相比,在金融保险房地产行业工作的户主家庭更可能选择租赁高质量小面积、自有高质量小面积、自有高质量大面积住房,尽管统计不显著;在政府机关工作的户主家庭更可能选择自有低质量小面积、自有高质量小面积、自有高质量大面积住房,尽管统计不显著。与非垄断行业相比,户主在垄断行业工作的家庭更可能选择自有低质量小面积、自有高质量小面积、自有高质量大面积住房，更不可能租赁低质量小面积住房。户主职业是统计显著的，职业序列越高，越有可能租赁高质量小面积住房、自有高质量小面积、自有高质量大面积住房，越不可能租赁低质量小面积住房。户主学历是统计显著的，户主学历越高，家庭越可能租赁高质量小面积住房、自有高质量小面积住房，越不可能租赁低质量小面积住房。

户主婚姻是统计不显著的，从数值上看，结婚的家庭更可能租赁高质量小面积住房、自有高质量小面积、自有高质量大面积住房。户主年龄是统计显著的，户主年龄大的家庭越可能自有低质量小面积住房、自有高质量小面积、自有高质量大面积住房。家庭总人数是统计显著的，人数越多，越有可能租赁高质量小面积住房、自有低质量小面积、自有高质量小面积、自有高质量大面积住房，越不可能租赁低质量小面积住房。城市背景变量是统计显著的，四大直辖市的迁移家庭更可能自有高质量小面积、自有高质量大面积住房，更可能租赁高质量小面积住房，更不可能租赁低质量小面积住房。省会和副省级城市的家庭更可能租赁高质量小面积住房，更不可能自有低质量小面积住房。在一线城市的迁移家庭更可能自有高质量小面积和高质量大面积住房、租赁高质量小面积住房，更不可能自有低质量小面积住房。在二线城市的迁移家庭更可能租赁高质量小面积住房、更不可能自有低质量小面积住房。

（10）由多套住房选择影响因素的 Logit 回归模型得出，户口、单位、职业、收入、受教育程度、婚姻、年龄和家庭总人口、城市背景变量等对多套住房选择有显著的影响。这显著支持了社会分化假说、生命历程分化假说和空间差异假说。

家庭被访者户口是统计显著的，农村移民、城镇移民、本地市民自有一套住宅和自有多套住宅的可能性依次递增，租赁一套并且自有一套住宅的可能性依次递减。工作单位是统计显著的，户主在个体、民营和三资企业工作的家庭比户主在非垄断国有企业工作的家庭更不可能自有一套住宅，更可能租赁一套住宅，户主在党政机关和事业单位工作的家庭更可能自有多套住宅。被访者行政级别是统计不显著的，有行政级别的被访者更可能自有一套住宅。技术职称是统计显著的，低级别比没有技术职称的被访者更不可能自有多套住宅。户主职业是统计显著的，负责人、技术员、办事人员更可能自有一套住宅，负责人更可能自有多套住宅。被访者党员政治身份、配偶是否是负责人在模型中是统计不显著的，父母是否是负责人在自有多套住宅模型中是统计显著的。配偶是负责人、或党员的被访者更可能自有一套或多套住宅，父母是负责人的被访者更可能自有一套或多套住宅。被访者受教育年数统计不显著，收入统计显著。收入越高的被访者越可能自有一套或多套住宅。被访者年龄和家庭是否有 16 岁以下的上学孩子在模型中统计不显著，婚姻、总人口数在部分模型中统计显著。结婚比单身更可能自有一套或多套住宅;家庭规模显著,规模越大越可能自有一套住宅,或租赁并且自有一套住房,或自有多套住房。城市是统计显著的,在省会市辖区的被访者家庭比其他城市更不可能自有一套、租赁一套且自有一套、自有多套住宅,更可能租赁一套住宅。

总之,可以得出以下结论。

一是转型经济的住房制度改革导致中国出现了复杂的住房选择格局。首先是住房来源出现了商品房、公房、自建房和经济适用房多元并存的局面,并且公房比例依然很大,但是逐渐减少,商品房比例逐渐增加。其次是住房租买选择既有租赁,又有租赁并且自有一套,还有自有一套,自有多套,此外还有其他不便分类,而不再是计划经济的租赁公房为主的局面。再次是对住房数量、质量和区位的选择空间增大。

二是制度性因素对住房选择影响依然是显著的,例如户口制度、单位(行业、主管单位级别)和职业的作用。关于第一住宅,本地市民更可能比农村移民自有住宅;关于第二住宅,农村移民更可能本地租赁和流出地自有,本地居民更可能自有多套住宅。而在主管单位级别高的单位里工作的住户更可能自有第一住宅。这基本支持了户口和单位假说。职业为负责人的家庭更可能自有一套或多套。父母为负责人的更可能自有多套,部分支持了代际转移假设。个人行政级别高和负责人更可能有多套住房支持了单位分化假说和公房分配权力变现假说。

三是市场性因素对住房选择也发挥了重要影响。收入、教育、家庭规模和婚姻、户主年龄在各类选择中都是统计显著的,婚姻在自有一套和多套显著,这基本支持了生命周期和住房支付力假说。地方住房市场差异对住房租买选择有重要影响,直辖市和省会市辖区比其他城市更不可能自有第一住宅和多套住宅,这也基本支持了地方住房市场对租买选择有影响的假说。

本章从微观角度分析住房选择,从而透视住房制度改革和家庭住房获得模式之间的关系。户口和单位等制度因素依然在住房获得模式中发挥重要作用,说明住房制度中的户口屏蔽阻碍了移民在城市自有住房,使他们不能很好地融入社会,成为我国城市化进程的一个重要的社会问题。而单位过去作为国家的住房供应和分配代理人,在住房资源的分配方面发挥了重要作用,由于住房改革的渐进性和住房的长寿命,一直影响到转型经济阶段。而在市场经济里面,单位则不再承担住房投资、建设、分配和管理的作用,主要是通过给雇员发放住房工资来支持雇员的住房消费。住房制度改革到现在,尽管目标是切断单位和个人之间的实物住房关系,然而却给单位开了一些口子,例如允许一些企事业单位利用自有土地在符合城市规划的要求下集资建房,允许保留部分周转房等,实际上依然没有完全分离单位和职工的实物住房关系。而收入和城市变量发挥了作用,则表明住房市场在住房资源配置方面逐渐发挥了作用。

这一发现清晰地支持制度变迁假说、社会分化假说、生命历程假说、空间分异假说。事实上,中国渐进改革的本质是:一些制度性因素,例如户口、单位、职业依然在住房再分配体制和市场分配体制中发挥作用;市场性因素,例如收入和教育,生命历程事件、在住房市场机制中也发挥作用;城市作为宏观的选择环境,也在发挥作用。这反映了住房制度改革的渐进性和住房市场的缓慢成长。在转型过程中,社会分层的再分配机制得到延续,而市场化机制也同时并行地增长着。

第九章　结论、讨论、政策含义与研究展望

本章第一节总结了本书的研究结论，即中国城市家庭住房选择的变化、地区差异和社会分化及其影响因素，比较了转型期住房选择及其影响因素与计划经济、市场经济不同之处，并从我国制度变迁、住房市场发展和家庭住房选择的关系出发，讨论了住房选择所反映出来的问题，例如住房制度和政策反映出来的经济效率、社会公平问题，住房供应和需求匹配问题；第二节提出了相应的政策含义；第三节指出本书的不足和研究展望。

第一节　主要结论和讨论

本书综合运用新制度经济学、城市和房地产经济学、消费社会学和住房人口学建立了中国城市家庭住房选择的动态变化、空间差异和社会分化的理论分析框架，提出了制度变迁和住房选择市场化的假说，空间竞争和住房选择区域差异的假说，社会分化与住房选择的消费分化和生命历程分化假说。然后运用2000年人口普查资料、2005年1%抽样调查资料、2005年中国综合调查数据、2008年中国家庭跟踪调查数据和其他相关资料进行实证研究。本节总结了研究的基本结论，比较了转型期住房选择及其影响因素与计划经济、市场经济不同之处。还进一步讨论了结论中住房选择所反映出来的问题，例如住房制度和政策反映出来的经济效率、社会公平问题，住房供应和需求匹配问题。

一、结论

（一）转型经济的中国城市住房属性和住房体系发生了很大的变化

转型期，在中国政府大力推动下，出现了制度变迁和住房市场发展。从住房属性来看，在计划经济时期住房是一个“去商品化”过程，转型期是一个“商品化”过程，而随着住房保障体系的建设，增加了保障性住房这一类以商品房定价为基准提供补贴的“半商品”（其中，限价商品房的定位依然为商品房）。从住房体系来看，计划经济时期政府和他的代理人国有企事业单位投资和供应公房并给职工低租金分配公房的运行模式逐渐瓦解，逐步转化为转型期市场经济市场主体（开发商）投资和供应住房，家庭根据收入和财富等货币选票在市场分配住房为主的新模式，同时政府大力加强了保障性住房的供应和按照资格准入和设

定补贴标准的分配模式。计划经济时期的公房经过改革后大多数变为租户购买的家庭资产。这表现为在2000年城市家庭中购买和租赁公房的比例为46%，到了2005年该比例为33%。在2000年城市家庭中购买和租赁商品房的比例为16%，到了2005年该比例为29%。在2000年和2005年家庭中购买经济适用房的比例都为5%。在2007年以后保障性住房的比例出现了逐步增长的趋势。2011年3月份公布的国务院《政府工作报告》在编制《国民经济和社会发展第十二个五年规划纲要(草案)》时提出"十二五"期间将新建各类保障性住房和棚户区改造3 600万套,全国城镇保障性住房覆盖面达到20%左右",并指出2011年要"进一步扩大保障性住房建设规模。今年要再开工建设保障性住房、棚户区改造住房共1 000万套,改造农村危房150万户。重点发展公共租赁住房。中央财政预算拟安排补助资金1 030亿元,比上年增加265亿元。"

(二)转型经济的中国城市家庭住房选择出现了市场化趋势

随着制度变迁和市场化进程的深化,中国城市家庭在住房市场有了"消费者自主权",住房选择自主程度增加,并出现了以下市场化趋势:(1)住房消费量和支出市场化,表现为住房消费量和和住房消费支出不断增长。(2)住房来源与产权选择市场化,表现为住房来源多渠道,产权明晰化和多元化,住房自有率不断提高,市场渠道获得住房逐渐增加。(3)住房建筑属性和产品类别选择市场化,表现为住宅建筑属性提高和住宅产品类别增多,家庭住房设施质量呈增长态势。(4)居住区位流动性增强,开始出现居住隔离,个人迁移和家庭迁居不断增加,表现为城市化率、人口迁移率、家庭迁居率的持续增长;从计划经济时期城市以单一和混合的单位社区为主逐渐转变为以按照收入、身份等分隔的同质社区为主。(5)自有多套住宅呈增长态势。(6)收入对住房选择的影响增强,制度因素对住房选择的影响依然显著。制度变迁是城市家庭的住房选择变化的重要原因。劳动就业和社会保障制度变迁改变了住房消费的收入来源,从而改变了家庭预算约束,就业流动性增强;住房制度的改革改变了住房运行机制和家庭住房消费的偏好、预期和产权结构,以及住房商品的供给结构,改变了家庭的消费选择集约束和流动性约束,迁居变得更容易;户籍制度的改革促进了人口的流动,改变了家庭居住区位偏好,居住流动性增强;其他相应制度的改革则是住房市场化的重要支撑体系。住房选择既受到了过去行政分配机制的影响,又受到了市场分配机制的影响,还受到了新设立的住房保障机制的影响。同时计划机制逐步退出,住房市场的出现和作用不断加强,并将占主导地位;住房保障机制出现,并为辅。城市家庭在制度变迁中逐步变为新古典的消费者。住房选择是理性的家庭与制度环境互动,以效用最大化为目的进行决策的结果。

（三）转型经济的中国城市作为住房选择的环境，影响了家庭住房选择，使之出现了地区差异

转型城市作为选择环境，既包括了制度性因素的差异，例如行政级别、公房的比例等，又包括了市场性因素的差异，例如住房市场的供应和价格、劳动力的市场工资、城市的生活质量（它包括了城市的自然条件和社会环境、经济发展程度、公共服务数量和质量、人口总量和结构）。这些因素影响到中国城市家庭的住房选择，并导致住房选择存在明显的空间差异。这里以城市行政级别和住房市场级别为选择环境的代理变量。(1) 中国城市家庭住房消费量和支出存在地区差异。居住在行政级别（市场级别）高的城市的家庭，人均住房面积低，月租金费用高和购建房费用高。(2) 住房来源与产权选择存在地区差异。居住在行政级别（市场等级）高的城市的家庭，住房来源中自建住房比例低，购商品房和购经济适用房比例低，购原公房和租赁公房、租赁商品房比例高。将来源汇总，在行政级别（市场等级）高的城市的家庭，住房来源中公房（购买或租赁）比例高，商品房（购买或租赁）比例高，自建住房比例和经济适用房比例低。从城市家庭住房产权来看，在行政级别（市场等级）高的城市的家庭，住房产权中自有比例低，租赁比例高。(3) 住房建筑属性和产品类别存在地区差异。从城市家庭住房产品来看，在行政级别（市场等级）高的城市的家庭，套均住房建筑面积均值和中位数低，标准差小，离散程度低。在行政级别（市场等级）高的城市的家庭，套均住房间数均值低，标准差小，离散程度低。在行政级别（市场等级）高的城市的家庭，住房建筑年份在 1959 年以前的比例高。从城市家庭住房设施来看，在行政级别（市场等级）高的城市的家庭，7 层以上楼房、外墙结构为钢筋混凝土、煤气或电作为炊事燃料、饮用自来水、自有热水洗澡设施的比例高。独立使用厨房、独立使用厕所比例各城市略有不同。这可能和直辖市、省会、副省级城市老房子比较多有关。(4) 居住区位流动性增强，并存在地区差异。行政等级（市场等级）高的城市人口迁移率、家庭迁居率较高，正式迁移比例低，非正式迁移中省外流入比例高。大城市内部迁移率较高。(5) 第二住宅存在地区差异。从城市行政等级类型来看，各类家庭中自有多套住宅家庭占该地区总城市家庭比例都是其他城市高于直辖市和省会市辖区。按照城市人口规模分的城市之间自有多套住房比例差异明显，50 万人以下的城市全部城市家庭和本地市民家庭自有多套住宅比例最高，400 万人以上的最低，50—400 万人的居中。按照四线城市分的城市之间自有多套住房比例差异明显，四线城市全部城市家庭和本地市民家庭自有多套住宅比例最高，三线次之，一二线最低。(6) 城市制度因素和市场性因素对住房选择的地区差异影响显著。前者例如城市行政级别、公房存量、市场化程度等，后者如工资、生活质量等影响显著。各地区市场化指数

是影响住房选择的重要因素。城市经济水平和经济结构、住房市场等和生活质量的差异也对住房选择有重要影响。

（四）转型经济的中国城市社会分化影响了家庭住房选择，使之出现了随社会阶层和生命历程事件的分化

随着中国的制度变迁，经济和社会发生了很大的变化，出现了明显的社会分化。社会阶层的分化导致了城市家庭从哪里得到住房资源、如何获得住房资源、如何使用住房资源等方面的分化，表现为住房消费的社会分化和随着生命历程的分化。社会阶层和生命历程事件在城市家庭住房决策中起到了重要的作用。(1) 中国城市家庭的社会分化导致了住房选择的分化。中国城市家庭的社会阶层越高，则住房消费量越高，住房支出则不一定高，住房来源中公房比例越高，自有率越高，住房设施越好，比较新，居住区位流动性越强，由于住房原因迁居比例越高，自有多套住宅比例越高。住房消费量和住房支出不是同向变动的主要原因是某类家庭中非市场型住房来源比重高，则消费量高和消费支出低；市场型住房来源比重高，则消费量高和支出高。(2) 中国城市家庭的住房选择随着生命历程发生了变化。随着户主年龄增长，家庭住房消费量(人均面积)出现了 U 形变化，月租房费用出现了倒 U 形变化，购建房费用递减，公房比例递增，自有率递增；住房设施质量出现了倒 U 形变化；迁居率出现了 U 形变化，40 岁以上户主家庭由于住房原因迁居比例高。结婚家庭比单身住房消费量高，住房支出低，住房来源中公房比例高，自有率高，住房设施好，比较新，居住区位流动性强，由于住房原因迁居比例高，自有多套住宅比例高。随着家庭总人数增长，住房消费量(人均面积)出现了倒 U 形变化，住房支出出现了 U 形变化，3 人家庭住房消费量高，住房支出低，公房比例高，自有率高；住房设施质量出现了倒 U 形变化，3 人家庭住房质量高，迁居率递减；3 人以上家庭由于住房原因迁居比例高。自有多套住房家庭中以 3 人家庭最多。(3) 中国城市家庭的住房选择分化的主要影响因素中，户口、职业、年龄、单位的影响较大，婚姻和家庭总人数影响较小。

（五）转型中国的城市家庭住房选择行为和影响因素与计划经济、市场经济有所不同

转型期住房选择及其影响因素与计划经济和市场经济有不同之处。

一是与计划经济相比，中国城市家庭住房选择自主程度提高，但是低于市场经济。这影响了住房选择行为，表现为：从国际比较来看，我国住房消费量(人均住房面积)还有很大增长空间，居住支出占消费性支出比重偏低；住房来源和产权中公房来源和自有比偏高，私人出租比重偏低；住房设施质量有了很大的提高，但与国际相比，还有待提高；居住区位流动性增强，但是城市化滞后，人口迁移率和家庭迁居率偏低，开始出现了居住隔离；自有多套住宅比例迅速增长，甚

至比一些西方发达国家还高，这既是公房改革的结果，又是家庭投资渠道缺乏，住房过度投资的表现，还是抑制住房过度投资的政策还不完善和效果还未显现的结果。

二是住房选择的影响因素不同。从制度性因素来看，市场化程度还不如西方市场经济，市场机制开始发挥作用，收入和生命历程事件对住房选择的影响增强，但行政分配机制的影响依然在起作用，不过在逐步减少。户口、单位、职业等制度因素不仅在计划经济时期行政分配住房机制中发挥作用，还在转轨期住房分配中发挥作用，这是计划经济分配机制的延续，是市场经济所没有的。

户主的户口对家庭获得低价的公房和经济适用房有很大的影响，并影响了第二住宅。有本地常住户口的本地市民比流动人口家庭更可能获得公房和经济适用房，更可能自有多套住宅。单位对住房选择影响很大。在计划经济时期，行业之间的差异不大，住房更多是与单位行政级别、性质相联系。然而在转型期，行业特定的垄断位置对住房来源和分配有影响，表现为在政府组织和文教卫部门、垄断行业工作的城市家庭与其他行业相比，公房比重高。职业也有很重要的影响。在计划经济时期，住房是按照行政职务来分配的，职业有重要的影响。在市场经济时期，职业往往和收入正相关，也对获得住房能力有影响。而在转型期，职业也具有复杂性，表现在不同职业的户主家庭拥有公房比重差异和购建房费用差异。这既反映了计划经济时期不同职业参与公房分配并在转型期转化为房改公房的机会和权力差异，又反映了在市场经济时期不同职业所反映的住房支付力的差异。受教育程度在计划经济时期和职务（例如干部身份、干部级别）相结合，对住房选择有影响，在市场经济时期则与收入相关联，人力资本越高收入越高，越容易选择高数量、高质量、优区位住房和自有住房以及持有多套住宅。但在转型期可以看出它们的复杂影响，一方面是受教育程度高获得公房比重高，另一方面是受教育程度高，职业序列也高，购买商品房比重高和住房自有率高。

户主年龄对城市家庭住房选择有影响，随着年龄增长，自有比重提高，这与市场经济相似，然而增长的主要来源是公房，这是计划经济的延续，却不同于市场经济；家庭总人数对住房选择的影响与市场经济有相似之处，但是在转型期还对获得公房有影响，这与市场经济不同；婚姻状况在计划经济时期是一个重要的分房条件，在市场经济时期婚姻状况作为生命周期的重要因素，对住房选择影响很大，随着婚姻状况的变化，会发生住房状况的改变。然而这里的研究发现，在控制了其他变量之后，在有些住房选择中婚姻作用不明显。

同时制度变迁存在时滞和地区差异，并影响住房选择。从城市背景因素来看，地区工资和生活质量等市场性因素对住房选择影响明显，而行政等级、公房存量等制度性因素影响依然存在，这不同于市场经济。

总之,转型期中国城市家庭住房选择出现了市场化趋势,存在地区差异和社会分化,制度变迁、地区差异和家庭社会阶层和生命历程事件是影响城市家庭住房选择的重要因素,转型经济中国城市家庭住房选择及其影响因素与计划经济和市场经济有不同之处。

二、讨论

住房选择是家庭与制度环境、住房市场互动的结果。从中国家庭的住房选择可以看出住房制度和政策、住房市场的一些问题。

(一)中国城市的住房制度改革成功吗?

在中国计划经济时期,住房是由政府和单位作为福利提供给职工的。由于单位提供的工资低,必须提供住房实物福利补充。政府不仅给单位提供住房投资,而且直接提供住房。租赁是城市职工唯一的选择。然而政府投资建房越多,住房缺乏就越多,住房需求不受制约的增长等造成了严重的财政问题。

从1978年以来,我国实行了改革开放,进行了危机推动型的自上而下的城镇住房制度变迁,其基本取向是市场化。在市场经济里,雇主不向雇员提供实物住房而仅提供工资,其中包含了住房工资,雇员到住房市场自主购买或租赁,雇主和雇员之间不存在直接的住房联系;中央和地方政府仅仅通过财政金融政策等刺激居民拥有自己的住房,雇主和政府之间不存在直接的住房联系。这样,单位和职工之间的住房关系开始改革。单位为职工提供住房工资,不再提供实物住房,仅有一些单位按照准市场价租金给新进职工提供周转房。政府和单位之间的关系也在改革,政府依然在提供土地和制定政策方面有重要作用,但不再分配住房投资,并且土地主要按照市场价格供应给开发商,部分土地划拨或者低于市场价用于保障性住房。从1998年中央停止住房实物分配以来,尽管以市场经济为导向的方向明确,但是由于政策的时滞,以及有些地区和单位住房补贴资金筹集和发放存在困难,实际上公房分配和供应并没有完全停止。这鲜明地反映了制度变迁的渐进性,以及转型的特点,传统行政分配机制和新生市场机制正在共同发挥作用。

尽管在制度变迁中出现了一些反复和不足,但毫无疑问的是,中国政府大力推动了制度变迁和住房市场的形成和壮大。尽管住房市场的发展还处在初步阶段,住房市场化的程度还不是很高,但是住房市场在资源配置方面起到了提高效率的作用,并出现了住房供给和需求两旺的局面,政府摆脱了计划经济时期住房建设和管理造成的沉重的财政包袱,家庭也逐步实现了从过去依赖政府和单位到从市场渠道获得住房的消费心理的转变,住房市场体系正在逐步完善。同时,住房制度是根植在整个制度体系中的一环,住房制度改革的成功也推动了我国市场经济的发展。

（二）中国城市的住房制度和政策有哪些还需要解决的问题？

我国城市住房制度改革的成功，不能掩盖在此过程中出现的住房不公平和住房差距拉大等社会问题。住房制度改革的不公平性是客观存在的，然而作为一种渐进的制度变迁，这也许是必须承受的代价。住房差距和住房不公平在计划经济时期就存在。由于计划经济时期的住房取决于所在单位的行政级别和性质，这决定了单位获得了住房投资和分配的能力，并造成了单位间较大的住房差异；同时单位内部按照行政职务等进行分配，也存在着单位内部不同类型职工的住房差距。这样就存在着单位间和个人间不合理的住房差距等住房不公平现象。房改后，这些租户购买了原来的房改公房，原来的住房消费的差异，就显现成了住房资产的巨大差异。在转轨期，党政企业负责人、技术员、办事员的住房状况要好于一般人员；与其他行业相比，在政府和文教卫部门工作的家庭住房状况要好，住房费用（购建房费用和月租房费用）低，出现了较大的住房差距。这种差距不仅是计划经济时期住房分配的延续，更重要的是"公权力"私用和其在市场下的变现，表现为权力部门更能够通过行政手段低价获得土地、建房资金，分配经济适用房，高价购买商品房并低价售给职工等。此外，在房改过程中，还造成了有房户和无房户、国有单位和非国有单位的经济利益差别，以及进城农民作为城市的新移民却无法享受到经济适用房和廉租房等保障性住房社会不公平问题。

另外，在此过程中城市出现了较多住房困难户。目前，尽管城市住宅建设以比过去快几倍的速度逐年增大，但是住房困难户比例还比较大，住房紧张状况尚未完全缓解。2000 年人口普查资料表明，城市家庭户中，还有将近 0.13% 的家庭没有住房，还有将近 25% 的家庭人均建筑面积不足 12 平方米或没有住房，给这些家庭的生活起居带来了很大不便。另外，一些标准很低的简易楼等，以及设施不全、年代久远的住宅还不同程度地存在。2005 年 1% 人口抽样调查资料表明，城市家庭户中，还有将近 0.11% 的家庭没有住房，16% 的家庭人均建筑面积不足 12 平方米，有 13% 家庭住房间数少于代数，2.2% 的家庭住房结构较差，4% 的家庭住房建成年代为 1959 年以前（接近 50 年的使用期限），缺少厨房或者厕所的家庭占到了 23.6%，没有自来水的家庭占到了 14%，没有洗澡设施的家庭占到了 40%。而且，中国目前的城市住房保障体系最主要的保障对象是本地户口的居民，只有很少的城市将外来移民（农民工）也纳入保障性住房体系。由于收入有限，他们的住房贫困问题更加严重。同时随着城市化进程的加速，越来越多的移民选择留在城市，而不是打算回乡。因此必须关注住房困难户特别是城市移民的基本住房需求。

世界各国的经验表明，在城市化高速增长时期，在人均住房面积达到30—35平方米之前，会保持较旺盛的住房需求。中国还处在城市化加速阶段，城市人口将不断增加，住房需要增加。2000年人口普查结果显示，我国城市居民人均住房建筑面积为21.81平方米，2005年则为人均28平方米，2010年则为人均29平方米，与人均建筑面积35平方米的"基本达到宽敞、舒适"的标准还有相当的距离。可见，住宅建设还存在很大的发展空间和潜在需求量。因此必须进一步促进住房市场发展，大力发展房地产业，解决住房需求和供给问题。另一方面，住房困难户的基本需求无法通过市场解决，且在市场房价高企的情况下将更加恶化，因此加强针对中低收入家庭的住房保障体系建设更有必要，还应将城市移民纳入住房保障体系，加快城市化和社会融合。

第二节　政策含义

居住权是人的基本生存权之一。在市场经济体制下，住房问题既是个人问题，由个人自主从市场获得，充分发挥市场的效率；又是社会问题，要保障基本人权，实现"居者适其屋"或"人人享有适当的住房"的目标，兼顾社会公平原则。我国新修改的宪法已经强调要保护公民的基本权利，2011年3月国务院政府工作报告提出"要持之以恒，努力让全体人民老有所养、病有所医、住有所居"，提出2011年的工作要"坚定不移地搞好房地产市场调控。加快健全房地产市场调控的长效机制，重点解决城镇中低收入家庭住房困难，切实稳定房地产市场价格，满足居民合理住房需求。"这些都为完善我国的住房体系，改善家庭的住房选择，促进房地产业健康发展和促进人居可持续发展提供了良好的社会环境。

在我国的转型阶段，政府的政策极大地促进了制度变迁和住房市场发展，提高了经济效率，但与市场经济相适应的住房制度还在探索和逐步完善；同时政府和单位的再分配实际上还在住房分配中起到了很大的作用，并造成了极大的社会不公平。因此相应的政策目标是：公共政策的基本导向一是要提高住房市场的经济效率，进一步完善住房市场体系，降低市场交易成本；二是社会公平，要解决城市住房问题，保障居民居住的基本人权，居者适其屋，促进人类住区的可持续发展。公共住房政策应加强对城市弱势群体的适当倾斜。既要借鉴西方发达国家经验，注意城市住房问题的阶段性和住房政策的针对性，又要借鉴拉美发展中国家经验，解决好城市化进程中的贫民窟和棚户区问题，建立"包容性的城市"，采取综合治理的办法。

结合本书的实证研究，提出的具体的政策建议有：

一是进一步推进住房制度改革，完善市场性住房和保障性住房并存的基本住房体系，发挥市场在住房资源配置的基础作用，加强政府的住房保障职能。

进一步完善商品住房供应体系。在1998年国务院停止城市住房实物分配后依然有一些自有土地的单位变相实物分房。获得合法审批以外的实物住房分配必须依法制止，因为它扰乱了市场秩序，造成了新的社会不公平。在建立和完善货币化分配制度的同时，根据社会上不同收入群体（包括户籍在外地且居住本地半年以上的人口）对住房的不同需求，实行不同的商品住房供应政策，建立以市场租赁房、共有产权中小套型商品房、普通商品房为主要形式的多层次的住房供应体系。目前的经济适用房、限价商品房建议逐步转化为共有产权的准市场价的中小套型商品房。设定共有产权的原因在于，该种住房价格低于市场价格的部分来源于政府在土地出让金方面的让利和税费方面的减免，这一部分产权理应为政府持有；另一方面，通过共有产权，政府可以切断该类住房套利行为，并可以产权人的身份对该住房的使用进行监管。

进一步完善以中低收入居民为主要对象的社会化的住房保障体系，政府应从住房供应者逐步向"赋予能力者"转变。世界各国住房保障形式主要有三种：一是政府向居民提供福利保障性住房；二是发放住房补贴；三是通过减税、贴息等鼓励非营利机构和民间的住房建设投资。目前，政府加大了保障性住房安居工程建设，包括保障性住房建设、棚户区改造和危旧房改造，这能极大地增加保障性住房的供应。政府应该制定政策鼓励个人投资、政府出资和社会资金进行旧城改造，加强住房维修，改善城市低收入群体的住房状况。此外，还应鼓励城中村进行合理的改造，为城市移民提供低成本的租赁住房。而且，保障性住房体系需要简化为公共租赁住房和共有产权的中小套型商品房，将廉租房并入到公共租赁房。在快速城市化过程中，应该通过政府投资、政策鼓励开发商、企事业单位、非营利组织提供公共租赁房。在城市化后期，住房市场比较稳定的情况下，转为租金补贴为主。尽快通过《住房保障法》保护中低收入家庭的住房权利和明确地方政府的责任。目前很多城市保障性住房的保障对象通常不包括非本地户口的城市移民，这必然会对城市化进程中的经济社会和谐发展造成很多问题。建议在居住证的基础上，设立准入条件，逐步将外来的城市移民也纳入保障性住房体系。带有保障性质的住房，例如限价商品房、经济适用房、公租房和廉租房，应设置合理的门槛，向所有符合条件的市民开放，包括城市的外来移民。

这样，就形成了公租房（无租金或极低租金的救助房）、公租房（中租金）、公租房（准市场租金）、市场租赁房（市场租金的个人租赁房、企业供应的长租房）、准市场价的中小套型共有产权房、普通商品房等并存和面向不同收入群体的住房供应体系。

二是实行租买中性政策，鼓励租房消费。大力发展市场型租金的长租房，为租户和房东建立长期稳定的租赁关系。2000年，中国城市家庭住房自有率为76%，2005年为72%，高于世界上很多国家，因此应该鼓励租赁。目前很多人偏好购买的原因之一，是租赁权益得不到保护，租赁关系很不稳定，因此应该通过立法稳定租赁关系，通过财政税收政策和金融政策鼓励企业和个人提供长期租赁的住房。保障性住房应大力发展公共租赁房，以保障居住权为主。

三是加强住房产权制度的改革，简化不同类型房屋房产权证和土地使用权证的权属管理和上市交易管理体系，加强相应的法律法规建设，促进房屋流通。目前市场上存在很多部分产权的住房（例如房改公房）、限制交易的住房（例如经济适用房和限价房）、完全产权的商品房、产权证还未办下来的新建商品房、建设在城中村集体土地上的农村农民自有住房和对外销售的小产权房、租赁给特定租户的单位公房、周转房、廉租房、公租房、自由租赁的市场租赁房等多种所有权和使用权体系。这种复杂的体系造成了很多住房空置和闲置，没有投入使用，造成了资源的很大浪费。产权的限制也让交易变得困难，降低了市场的效率。这就需要对现有的产权制度进行清理，简化分类。例如鼓励部分产权的住房变成完全产权，限制产权变成共有产权，加快新建商品房的产权证办理速度，将城中村农民住房产权转换为城市住房产权，将单位公房、周转房、廉租房、公租房合并为公租房，但是在政策、租金、准入标准方面进行区分，对符合规划的小产权房在补交税费和罚款后转变为农村商品房或城市商品房。

四是制定政策推进住宅产业现代化，加速住宅技术进步，全面提高住宅质量，建立住房产品的引导标准来指导住房消费和供应。我国住宅建设起步较晚，发展不平衡，住宅建设的工业化程度低，能耗高，面积和房型不尽合理，科技进步对住宅产业的发展贡献率低。必须走住宅产业化道路，提高住宅建设科技含量和住宅质量，促进住宅性能更新升级，刺激住房消费，促进人居可持续发展。在新建住房的面积、户型、建筑材料、住房设施、能耗方面应以国际文明标准为基础，制定我国的住宅标准。可以借鉴日本经验，制定住房面积、房型、建材、结构、能耗和设施的最低居住标准、平均居住标准、诱导居住标准，并通过财政和金融政策来引导住宅产品设计、建设和居民合理消费，以及老住宅产品的升级改造。

五是倡导均享性社会，适当鼓励居住混合和社会融合。居住隔离会带来很多的社会问题，特别是低收入群体的住房困难、高失业、高犯罪率，以及子女的失学率较高等问题。适当鼓励普通商品房配建公共租赁房、共有产权的商品房，有利于增强中低收入群体和其他群体的社会互动。在保障性住房建设和旧城改造过程中，应注重公共产品和服务的低价和可得性，接近就业中心，便于到达商业、休闲娱乐中心。

六是加强房地产宏观调控，适当抑制过度住房投资和住房投机行为。

在现阶段，住房需求随城市化进程增加，住房供给存在时滞。过度住房投资和投机造成房价飞涨，甚至形成了泡沫，危及国民经济和社会稳定。政府应执行住房租买中性的政策，不过度支持住房投资。应该鼓励企业和个人购买住房长期出租进行投资，抑制转卖型住房投机（这通常造成了住房空置和房价上涨）和非商业目的的第二住宅。在条件许可的情况下，设立房地产投资信托基金投资和管理出租性房地产。个人则通过购买基金间接实现投资房地产，增加居民投资渠道和提高房地产使用效率。

财政税收政策应该是最可能调控第二住宅的经济政策。税收政策不能消除第二住宅，只是起到了抑制作用。对于比较富有的第二住宅所有者，税收政策抑制作用不大，但是可以将筹集的资金用于支持地方基础设施等公共产品和服务，或者用于建设中低收入家庭保障性住房，起到地方收支平衡和社会融合的作用。对于比较敏感的第二住宅所有者，则应激励他们将现在使用很少的第二住宅变卖或者出租，回到市场增加供应。应尽快征收物业税和遗产税、赠与税，调节住房资产差距，并且用税费资金支持中低收入家庭获得第一住宅。物业税最根本的目的是平衡地方政府的财政收支，同时也起到了提高自有多套住宅的持有成本，降低多套住宅的投资回报，抑制住宅投资的作用。在一些受第二住宅影响严重的地区，可以通过立法允许加成征收物业税来抑制。遗产税的征收客观上一定程度地起到了抑制贫富分化和社会浪费的作用。为防止以生前赠与的手段来逃避遗产税，在课征遗产税的同时亦课征赠与税作为配套措施。而这些税费收入可以被地方政府用来给中低收入家庭发放住房补贴或者提供实物公共住房，帮助他们改善居住条件。

金融政策应出于防范金融风险目的提高首付比例，由银行根据风险对贷款利率定价。中国没有欧美的刺激住宅自有的住房抵押贷款利息抵扣应税所得，从而减少纳税的法规。国内目前的做法是根据中央调控政策，商业银行对购买第二套住宅的家庭贷款提高信贷门槛、首付和利率。从政策调整角度来看，一方面是实行银行利率市场化，减少低成本资金投资到住宅，银行根据风险对第二住宅的贷款门槛、首付和利率进行提高。另一方面是，商业银行之间激烈的竞争导致银行为了争夺客户降低信贷门槛等事件屡有发生。因此银监会应该细化目前的信贷政策，例如对于第一套房、第二套房、第三套房设置不同的利率种类，并对每一类设置不同的浮动幅度。对于保障性住房、普通商品住宅、大户型非普通商品住宅也设立不同的利率和首付比例（赵晓等，2010）。对于第一次购买唯一住宅，90 平方米以下的经济适用房，可以执行最低首付 20%，利率按照基准利率下浮一定幅度，例如 20% 折扣的政策。对于 90 平方米以下的限价商品房和普通商品房,可以执行最低首付30%,利率按照基准利率下浮一定幅度,例如10%折扣的政策。对于第二次购买住宅,改善型并且购买90平方米以下的经济适用房、限价商品房、普通商品房可以参照前款首付执行,但是利率上浮,例如1—1.1倍的政策。对于第二次购买住宅,购买非普通住宅,可以执行最低首付40%,利率上浮,例如1.1—1.2倍的政策。对于第三次及以上购买住宅,则可以参照商业用房贷款政策,首付不低于50%,贷款年限缩短,利率上浮,根据风险情况决定是否发放贷款,在炒房厉害地区禁止发放贷款。

出于减少政府补贴目的,通过提高信贷门槛、首付比例和贷款利率,对公积金提取和贷款用于第二住宅予以限制。住房公积金的根本性质属于一种住房保障资金,因此,在制度设计上要体现向中低收入群体倾斜的政策导向,突出住房公积金的保障功能。应将住房公积金定义为一种具有金融属性的住房保障资金,从而将住房公积金的本质属性法律化。充分贯彻住房公积金的住房保障功能主旨,做出区分化的立法规定。在缴交、提取、贷款各环节中应视收入群体、缴交群体的不同做出区别对待。按照《住房公积金管理条例》的规定,仅限于购买自住住房时才可以提取住房公积金。因此提取政策应该修改为:购买改善型普通商品房为第二住宅可以提取公积金,而在购买大户型非普通住宅的第二住宅、购买第三套及以上住房时不允许提取公积金。贷款政策也应该修改为:购买改善型普通商品房第二住宅可以申请和发放公积金贷款,而在购买大户型非普通住宅的第二住宅、购买第三套及以上住房时不允许发放公积金贷款。并且对于90平方米以下的住宅,贷款比例为80%;90—120平方米的住宅,贷款比例不超过70%;120平方米以上的住宅,贷款比例为50%。

住房规划应在保障本地居民第一住宅供应总量、空间结构、社区规划配套等方面明确定位,并适当开展第二住宅的规模、空间结构和社区规划,并与第一住宅市场实现在区位、价格和建筑结构上的适当区分和空间上的社会融合,实现小范围的混居。借鉴国际经验,采取各种手段完全抑制第二住宅是行不通的,必须要在城市规划方面考虑到第二住宅的需求,在土地利用和空间规划方面予以考虑,并适当引导第二住宅市场,与第一住宅市场有一定的空间区分、社会融合和市场区隔,具体措施是在商品住宅规划中强制要求配建出租或者出售的中小套型公共住房。

住房交易政策应对本地住宅进行交易许可、产权转移等管理,优先用于本地居民第一住宅,对第二住宅用途加以限制。然而具体实施起来难度很大,监管成本很高。这取决于能否建立完善的房地产产权产籍信息系统和社会征信系统,并且在全国范围内联网,否则根本无法执行。2011年国务院下发的限购令规定本地居民购房最多自有两套,非本地居民符合在本地实际居住和就业需求条件(例如在本地就业和纳税、缴纳社会保险证明)准许购买一套则是一个比较聪明的需求和交易管理政策，但是具体的细节还需要斟酌。

环境保护和区域发展政策也很重要。必须认识到第二住宅的开发对地方的资源利用和环境有一定的改变，在开发前必须进行环境影响评价，在严重受影响地区可以征收环境影响费，特别是禁止建设地区必须禁止住宅开发。此外，住宅问题其实是地区社会经济问题的一个方面，甚至是社会经济问题的一个反映，例如失业和贫困问题，因此必须与解决地区社会经济问题和区域发展战略相结合。

七是推动配套制度改革。住房制度是根植于整个社会经济体系的，改革实践已经证明没有其他制度配合，住房制度改革孤军深入是没有好的效果的。住房制度改革的成功也进一步推动了市场化进程。其他制度主要有劳动就业和社会保障制度、户籍制度等。首先是劳动就业和社会保障制度。加强企业住房制度改革和住房货币化分配进程。其次是户籍制度改革。户籍制度改革的根本是回归户籍制度的本位——人口统计职能，而不是社会控制职能。目前的户籍制度相比于以前的严格控制人口流动的户籍制度，已经是很大的放松，但是还没有根本性的改变，依然是一种人口过滤机制，设置了就业、住房、居留期限等限制条件，仅对有资本和才能的移民开放，这对其他移民还是不公平的。它阻碍了人口的自由流动，在经济上也是低效的。人口流动是合理配置人力资源、提升效率的重要源泉。应进一步放松户籍制度和实施居住证管理。

第三节 本书不足和研究展望

本书存在以下不足：由于家庭结构分类复杂和编程困难，这里没有分析家庭结构和家庭从业人数对住房选择的影响；由于具体到调查小区的微观家庭住房数据没有公布，本书无法分析微观区位；由于集体户没有住房数据，所以本书仅仅分析了家庭户，没有分析全部住户；为了进一步分离出制度差异、地区差异和家庭社会经济特征对住房选择的影响，有必要采用 Multilevel Mixed Multinomial Logit 回归模型来进一步测度固定效应和随机效应，限于本书的研究目标，需要在下一步研究展开。另外，本书研究了家庭住房选择行为（包括多套住宅），对住宅投资行为的研究还需要深入。

本书认为以下领域值得进一步研究：一是用 Multilevel Mixed Multinomial Logit 回归模型进一步分析住房选择的多层次决策，进一步测度固定效应和随机效应，测度宏观层面变量和微观层面变量的交互作用；二是利用元胞自动机（CA）和多机构代理系统（MAS）模拟中国城市家庭的就业和居住选择的空间结构，建立系统动力学模型说明城市的动态变化；三是需要用更微观的社区或者普查小区数据研究居住隔离程度，在中国居住隔离的趋势越来越明显，需要深入研究；四是分析影响住房选择行为的心理因素，从心理学角度研究住房选择行为不同于经济学和社会人口学的视角，能更深入地分析心理动机和决策过程；五是住房政策与就业政策的关系，目前的政策研究主要是将住房政策和就业政策分开研究，但是从微观角度来看，家庭的就业区位和居住区位是密切联系的，住房和就业二者是相互影响的，因此宏观层面的政策分析也应该要考虑就业政策和住房政策的相互作用。

附　　录

表 A-1　2000 年中国 35 个城市家庭人均住房建筑面积(平方米/人)

	0—8	9—12	13—16	17—19	20—29	30—39	40—49	50 +	均值	中位数
北京	16.9	10.4	12.3	12	26.4	10.9	4.1	6.9	22.3	19.0
天津	13.9	17.4	16.2	15.1	22.4	8.6	3	3.4	19.3	17.0
石家庄	7.9	10.4	14.5	11.1	28.4	13.5	5.9	8.3	25.6	20.7
太原	17.8	11.7	16.2	13	26	9.8	2.1	3.2	19.1	17.3
呼和浩特	18.1	15	13.3	9.6	24.9	9.2	6.5	3.4	20.2	18.0
沈阳	12.2	16.1	19.2	14.8	22.7	7.8	3.5	3.6	19.6	17.0
长春	14	16.1	15.9	12.1	25.4	9.3	3	4.1	20.1	17.3
哈尔滨	9.3	18.8	19.1	11.8	23.5	8.9	5.2	3.4	20.5	17.0
上海	16.5	15.6	14.8	10.3	23.1	9.1	4.2	6.4	21.2	17.3
南京	10.4	12.4	16.8	12	27.6	10.7	4.5	5.5	22.4	19.0
杭州	13.4	10.5	14.4	11.5	25.5	11.4	5.4	7.9	23.8	19.5
合肥	11.7	11.2	14.2	11.7	30.9	12	2.7	5.5	22.5	20.0
福州	16.5	9.9	10.1	9.9	26.6	11.2	6.3	9.3	24.5	20.0
南昌	13.3	14.8	16.5	11.1	25.2	10.4	4.2	4.4	20.4	17.8
济南	9.4	11.4	15.5	14.4	24.8	12.2	5.8	6.4	23.1	19.3
郑州	8.7	8.9	10.1	9.7	29.4	16.7	7	9.5	26.9	23.3
武汉	18.4	14.5	14.9	9.3	22.8	9.1	4.2	6.7	21.7	17.0
长沙	9.6	9.4	11.5	10.9	27.5	13.7	7.6	9.8	26.3	21.7
广州	15.9	13.9	14.5	9	23.3	12.1	4.7	6.6	22.2	18.3
南宁	10.1	11.4	13.6	14.3	22.7	14.9	4.2	8.8	24.1	20.0
海口	17.9	12.1	9.5	5.8	26.8	11.1	7.9	8.9	25.4	20.0
重庆	13.4	14.1	14.6	10.5	24.9	10.5	5.4	6.6	22.9	18.8
成都	10.8	11.4	14.5	10.7	25.8	13.2	4.8	8.9	25.0	20.0
贵阳	24.8	13.5	16.1	8.5	22.4	6.7	3.6	4.4	18.6	15.3
昆明	20.2	12.2	10.7	10	24.6	9.7	4.2	8.5	22.6	18.3
西安	12.1	15.1	17.5	11.6	24.5	9.8	3.6	5.6	21.0	18.0
兰州	13.6	16.3	22.8	12.8	21	7.9	2.6	2.9	18.5	16.0
西宁	10.1	11.4	19.8	9.3	25.3	12.2	6.8	5.1	22.3	19.3
银川	6.4	5.8	14	15.1	34.3	14	4.1	6.4	24.0	21.2
乌鲁木齐	8	10	16.5	17.1	28.9	9.6	4	5.8	22.4	19.0
大连	6.6	13.4	19.1	12.6	27.5	12.8	3.3	4.7	22.1	19.0
青岛	10.7	11.8	15	12.1	28.2	13.2	4.1	4.8	22.3	19.5
宁波	8.9	8.9	11.9	11.5	28.7	14.5	5.7	9.8	26.1	21.7
厦门	27.9	10.2	7	4.4	23.2	10.8	6	10.5	24.4	19.7
深圳	17.2	9.9	11.8	4.8	24	11.7	8.6	11.9	26.5	20.7
Total	14	13.3	14.9	11.3	25	10.6	4.6	6.3	22.2	16.9

资料来源:根据 2000 年人口普查微观数据计算。

表 A-2　2000 年中国 35 个城市家庭按月租房费用分的户数比例(%)和平均租金(元)

	0—49	50—99	100—199	200—499	500—999	1 000—1 499	1 500—1 999	2 000 +	平均
北京	37.7	21.9	28.8	8.5	2.2	0.6	0.2	0.2	127
天津	76.3	18.9	3.1	1.7	0.1	0	0	0	44
石家庄	28.4	14.7	17.6	35.3	3.9	0	0	0	202
太原	75.4	9.9	10.5	2.3	1.8	0	0	0	62
呼和浩特	42.7	37.1	14.6	5.6	0	0	0	0	78
沈阳	53.8	31.1	6.2	7.3	1.5	0	0.2	0	87
长春	32.9	37.3	23.7	4.8	1.2	0	0	0	93
哈尔滨	49.4	27	11	10.7	1.9	0	0	0	101
上海	43	32.1	15.1	7.4	1.7	0.5	0.1	0.1	105
南京	39.2	35.8	16.8	5.8	1.8	0.3	0.3	0	102
杭州	27.6	28.7	25.5	14.7	3.5	0	0	0	142
合肥	44.7	27.6	15.4	9.8	2.4	0	0	0	106
福州	30.5	28.4	20.6	10.6	9.2	0.7	0	0	172
南昌	62.1	20.9	11.8	5.2	0	0	0	0	65
济南	69	18	7.2	5	0.7	0	0	0	64
郑州	39.1	18.8	18	21.8	2.3	0	0	0	145
武汉	53.1	23.6	13.9	7.5	2	0	0	0	91
长沙	46.1	29.6	13	8.7	2.6	0	0	0	102
广州	15.3	20.5	24.5	28.6	8.3	1.8	0.2	0.8	269
南宁	36.2	25	22.5	13.8	2.5	0	0	0	126
海口	22.4	17.2	22.4	24.1	12.1	1.7	0	0	249
重庆	56.8	24.1	9	8.1	1.4	0.5	0	0.2	97
成都	35	30.9	13.5	15.1	5.5	0	0	0	147
贵阳	34.8	31	20.3	11.2	2.1	0	0	0.5	130
昆明	37.2	14.2	35	8.4	4	0.7	0	0.4	146
西安	52	27.2	11.6	7.6	1.6	0	0	0	88
兰州	68.9	13.1	6.6	11.5	0	0	0	0	78
西宁	60.4	18.8	12.5	6.2	2.1	0	0	0	84
银川	56.6	20.8	11.3	11.3	0	0	0	0	86
乌鲁木齐	58.7	8.7	15.1	12.7	4.8	0	0	0	124
大连	41.6	37.9	11.6	8.3	0.6	0	0	0	89
青岛	35.9	29.3	20.4	12	1.8	0	0	0.6	133
宁波	29.3	33.8	21.7	9.6	5.1	0	0.6	0	145
厦门	9.8	16.4	41.8	23	8.2	0.8	0	0	225
深圳	3.6	3.6	13.6	29.3	31	12.6	4.3	2.1	659
Total	43.2	24.9	16.5	10.5	3.6	0.8	0.3	0.2	138

资料来源:根据 2000 年人口普查微观数据计算。

表 A-3　2000 年中国 35 个城市家庭按购建房费用分的户数比例(%)和平均费用(万元)

	0—1	1—2	2—3	3—5	5—10	10—20	20—30	30—50	50+	平均
北京	10.2	21.2	19.5	24.8	17.6	4.4	0.9	0.7	0.8	4.9
天津	23.8	23.7	11.1	9.2	12.5	13.8	3.6	1.8	0.4	6.0
石家庄	16.6	29.3	17.3	18.7	14.1	2.1	1.6	0.2	0	3.6
太原	32	23.2	17.8	16.2	9	0.8	0.8	0.2	0	2.7
呼和浩特	26.9	15.8	17.5	21.1	15.8	1.8	1.2	0	0	3.4
沈阳	25.8	34.6	13.9	10.5	8.6	3.5	1.6	1.2	0.2	3.6
长春	31.1	24.6	12.6	14.2	11.8	5	0.2	0.2	0.4	3.5
哈尔滨	37.3	20.2	10	11.7	14.8	4.2	0.8	0.8	0	3.5
上海	17.3	31.5	13.3	8.6	8.7	10.8	4.3	3.8	1.7	7.4
南京	22.3	34.5	18.7	10.4	8.3	3.2	1.7	0.6	0.4	3.6
杭州	7.1	34.4	17.3	12.6	12.6	10.6	3.7	1.7	0	5.6
合肥	18.7	37.5	16.7	9.2	12.7	4.4	0.8	0	0	3.3
福州	16	15.3	13	17.2	19.8	11.8	3.8	2.7	0.4	6.9
南昌	22.2	34.2	14.7	15.6	8	4	1.3	0	0	3.1
济南	32.4	25.3	16.1	11.6	10.6	3.8	0.2	0	0	2.8
郑州	9.8	29.8	16.1	23.7	14.2	4.6	1.3	0.4	0	4.1
武汉	24.7	32.7	16.1	11	10.4	3.5	1.3	0.1	0.2	3.3
长沙	25.5	28	12.8	9.1	15.8	6.1	1.8	0.9	0	4.1
广州	10	16.6	14.6	17	19.7	9.6	5.3	4.2	3.1	9.6
南宁	4.7	21.2	23.1	24.1	20.3	6.1	0	0.5	0	4.5
海口	7.6	5.7	12.4	19	41.9	8.6	2.9	1	1	7.5
重庆	28.4	29.8	14.1	12	10.2	4.2	0.7	0.4	0.1	3.2
成都	7.4	27.5	23.3	18.6	15.4	4.9	1.7	1.2	0	4.6
贵阳	16.7	32.6	14.7	17.8	11.6	5.4	0.8	0.4	0	3.7
昆明	7.1	27	21	19.3	13.9	8.7	2.2	0.3	0.5	5.1
西安	22.8	26.1	15.4	21.6	10.5	2	1	0.6	0	3.3
兰州	24.4	31.4	21.6	11.9	8.8	0.9	0.9	0	0	2.6
西宁	28.7	28.1	17	19.3	4.7	2.3	0	0	0	2.5
银川	9.3	28.7	25	22.2	10.2	4.6	0	0	0	3.4
乌鲁木齐	2.1	35.3	29.1	22.4	10	0.6	0.3	0.3	0	3.2
大连	9.6	33.1	19.2	11.8	13.5	7.8	2.9	1.4	0.6	5.4
青岛	30.5	30.6	12	9.9	11.8	3.6	0.9	0.5	0.2	3.3
宁波	8.7	25.4	13.3	11	20.8	15.9	3.8	1.1	0	6.5
厦门	4.9	5.6	9.2	23.2	24.6	14.8	9.2	5.6	2.8	12.0
深圳	1.7	4.4	6.1	10.2	11.9	24.7	13.9	13.2	13.9	24.4
Total	18.8	27	15.8	14.6	12.9	6.4	2.2	1.5	0.8	5.2

资料来源:根据 2000 年人口普查微观数据计算。

表 A-4　2000 年中国 35 个城市家庭住房来源和产权的分布(%)

	自建房	购商品房	购经济房	购公房	租公房	租商品房	其他	自有	租赁
北京	7	2.4	1.8	41.5	36.6	7.3	3.3	52.7	43.9
天津	7.1	12.9	5.6	22.5	47	1.4	3.5	48.1	48.4
石家庄	11.5	7.3	8.2	50.8	9.8	8.7	3.6	77.8	18.5
太原	6.2	2.6	13.1	42.9	23.5	4.2	7.5	64.8	27.7
呼和浩特	5.3	8.4	6.7	39.6	16.1	15.1	8.8	60	31.2
沈阳	5.8	8.9	6	40.2	32.2	4	3	60.9	36.2
长春	11.3	10.4	5.1	36.8	25.5	6.1	4.8	63.6	31.6
哈尔滨	7.7	12.6	6.4	40.9	24.1	6.3	1.9	67.6	30.4
上海	7.3	9.5	4.9	30.3	36	6.3	5.8	52	42.3
南京	8.4	3.7	3.9	43.3	26.2	9.8	4.7	59.3	36
杭州	6.7	11.1	3.2	37.5	16.6	19.6	5.3	58.5	36.2
合肥	3.8	8.4	9.4	42.1	17	14.2	5.1	63.7	31.2
福州	12.5	12.1	9	24	18.2	12.7	11.4	57.6	30.9
南昌	5.3	7.6	4	39.8	26.2	12.3	4.8	56.7	38.5
济南	7.1	4.9	9.3	50.2	20.9	2.5	5.1	71.5	23.4
郑州	8	12.1	9.2	44.5	11.4	10	4.8	73.8	21.4
武汉	12.3	6.5	5.6	38	25	7.2	5.5	62.4	32.2
长沙	6	7.4	9.5	44.9	19.1	4.5	8.6	67.8	23.6
广州	9.7	13.2	3.3	33.5	17.2	16.2	6.8	59.7	33.4
南宁	8.1	5.2	11.1	44.6	17.3	8.8	4.9	69	26.1
海口	14.1	3.8	5.4	33.7	16.3	15.2	11.4	57	31.5
重庆	7.7	10	10.4	31.6	26.6	8.6	5.1	59.7	35.2
成都	4.1	8.6	16	30.1	19.2	11.5	10.5	58.8	30.7
贵阳	5	6.9	8.4	33.7	19.9	19.2	6.9	54	39.1
昆明	6.2	4.1	7.8	35.2	19.2	20.6	6.8	53.3	39.8
西安	6.5	3.9	13	40.2	21.1	11	4.4	63.6	32.1
兰州	3.6	2.3	11.3	51.6	21.2	4.4	5.7	68.8	25.6
西宁	5.7	2.6	15.7	50.4	13	7.8	4.8	74.4	20.8
银川	3	7.1	10.7	43.2	23.7	7.7	4.7	64	31.4
乌鲁木齐	1.6	0.4	5.8	62.3	20.4	5.6	3.9	70.1	26
大连	4.7	14.4	3	36.4	31.5	6	4	58.5	37.5
青岛	9.2	9.9	7	46.5	13.4	8.3	5.6	72.6	21.7
宁波	8.1	21.1	4.1	24.2	16.8	17.4	8.3	57.5	34.2
厦门	7.5	12.6	8.5	19.7	15	26.5	10.2	48.3	41.5
深圳	4.4	14.4	5.6	11.8	18.2	33.4	12.3	36.2	51.6
Total	7.3	8.6	6.6	36.5	25.9	9.6	5.6	59	35.5

资料来源:根据 2000 年人口普查微观数据计算。

表 A-5　2000 年中国 35 个城市家庭套住房设施分布(%)

	7层以上楼房	钢筋混凝土	本户独立使用厨房	煤气电	是自来水	自有热水	独立使用厕所	住房设施指数
北京	17.7	36.9	79.1	92.7	99.4	65.2	68	4.1
天津	13.6	15.1	83.5	90.6	99.9	58.5	75.8	4.1
石家庄	8.4	18.3	93.1	92	99.2	56.8	88.3	4.3
太原	6.1	56.3	84.7	77.2	96.4	24.8	72.9	3.7
呼和浩特	0.4	32.6	70.6	60.6	90.7	32.3	61.7	3.4
沈阳	45.8	44.2	94.6	90.5	97.4	45.2	82.4	4.2
长春	28.5	43.1	92.4	76.7	94.1	30	69.8	3.7
哈尔滨	47.8	43.1	95	80.1	97.9	30.1	77.6	3.9
上海	11	56.1	77.6	96.8	99.9	63.6	73.5	4.1
南京	28	12.1	85.2	96.2	99.7	68.7	75.7	4.3
杭州	21.4	10.6	82.7	94.8	99.5	54.2	74.7	4.1
合肥	10.6	61.1	82.3	80.9	97.6	52.2	74.4	3.9
福州	36.5	56.7	86.6	93.7	99	76	77.1	4.3
南昌	39.3	61	85.4	96.5	98.9	61.5	77.2	4.2
济南	5.9	46.8	88.5	87.2	96.2	63	79.1	4.2
郑州	23.1	60.5	88.1	76.3	97.6	57.3	83.7	4.2
武汉	30.1	38.9	82.3	90.4	98.6	53.8	71	3.9
长沙	33.1	37.1	88.6	88.1	96.2	67.3	77.6	4.2
广州	51.7	70.8	92.2	97.9	98.9	79.3	87.3	4.5
南宁	43.6	24.1	88.7	93.1	99.7	74.2	86	4.2
海口	40	82.5	80.6	91.2	97.5	63.7	76.8	4.1
重庆	49.9	46.5	83.4	88.3	98.4	64.9	72.1	3.9
成都	31.6	61.9	82.8	81.2	97.4	68.8	74.6	4.1
贵阳	32.1	5	73.8	67	95.6	28.4	62	3.5
昆明	28.7	14.3	73.9	92.1	98.6	55.7	61.8	3.8
西安	20.6	46.9	79.8	89.5	91.7	48.8	70.9	3.9
兰州	32.9	53.2	86.4	90	97.5	30	77.6	3.9
西宁	24.3	46.8	87.8	86	97.3	23.5	77	3.8
银川	0	73.6	90.8	88.3	96.3	52.8	81.6	4.1
乌鲁木齐	9.3	54.8	92.6	91.1	93.4	46.1	83.3	4.1
大连	34.4	28.1	97.2	92.3	97.2	44.6	90.3	4.2
青岛	27	11.9	85.7	95.5	95.7	53	81.6	4.0
宁波	10.9	7.7	87	97.1	99.3	50.2	74.3	4.1
厦门	36.8	53.8	73.7	86.5	96.2	64	68.4	4.0
深圳	48.9	63.9	83.4	92.8	96.8	75.9	83.6	4.3
Total	26.5	41.7	84.6	90	98	56.7	75.7	4.1

资料来源:根据 2000 年人口普查微观数据计算。

表 A-6　2000 年中国 35 个城市家庭户主迁居率(%)

	无迁移	5 年前迁移	5 年内迁移					
			汇总	正式迁移	本县市内流动	本省内流动	省外流入	无户口流动
北京	12.5	61.2	26.3	25.4	0	36.6	1.9	36
天津	18.2	55.5	26.3	39.5	0	47.8	1.9	10.6
石家庄	12.4	56.2	31.4	24.6	1.1	41.7	17.1	14.9
太原	16.2	63	20.7	31.8	0.8	37.2	17.1	13.2
呼和浩特	9.2	55.6	35.2	29.1	0	37.9	25.2	5.8
沈阳	23.1	57.2	19.7	28.7	1.5	55.5	5.3	8.7
长春	28.9	47.7	23.4	34.2	7	37.4	14.4	7
哈尔滨	28.7	49.6	21.8	38.7	3.5	34.3	17.8	5.2
上海	16.7	46.4	36.9	46	0	8.6	13	31.8
南京	14	55	31	35.9	0	29.3	13.9	20.6
杭州	14.9	45.9	39.2	25.6	3.2	21.4	23	26.8
合肥	11.5	55.1	33.4	21.6	1.5	30.6	41	5.2
福州	17.9	43.8	38.3	19.2	4.9	26.4	30.8	18.1
南昌	13.3	59	27.7	22.3	1.8	42.9	31.2	1.8
济南	19.3	55.5	25.1	38.2	9.2	32.9	11.8	7.9
郑州	14.3	56.4	29.3	23.9	3.7	26.1	37.2	9
武汉	22.4	53.2	24.3	19	0	44.8	25.5	10.1
长沙	12.5	59	28.5	30.1	1.4	28.1	32.9	7.5
广州	11.9	47.5	40.6	21.9	0.9	24.3	23.6	28.8
南宁	8.6	57.7	33.6	23.9	0	22	42.2	11.9
海口	14.2	51.6	34.2	33.8	0	4.6	20	41.5
重庆	23.9	49.8	26.3	24.6	0	45.3	17.4	12.6
成都	15.9	47.2	36.9	21.4	1	27.3	41	9.3
贵阳	11.7	53.6	34.7	24.4	0.6	22.7	34.3	17.4
昆明	11.6	41.8	46.6	10.9	0	33.1	25.2	30.8
西安	16.6	59.9	23.4	38	0.5	23	24.1	13.9
兰州	15.9	55.6	28.5	34.3	0.7	37.1	15	12.9
西宁	13.9	60.3	25.7	29.5	1.6	24.6	21.3	23
银川	11	58.1	30.8	43.4	0	26.4	17	13.2
乌鲁木齐	13.3	68.1	18.7	40.9	0	10.8	14	33.3
大连	17.9	56.3	25.7	36	5.7	28.9	7.9	21.5
青岛	17.8	49	33.1	35.8	8.5	25.8	18.8	11.2
宁波	20.2	40.9	38.9	30.6	4.9	14.8	19.1	30.6
厦门	13	36.8	50.2	32.3	0	10.8	28.5	28.5
深圳	2.3	33.2	64.5	11.7	0.2	6.9	29.9	50.9
Total	16.5	52.1	31.4	29.5	1.4	27.1	19.5	22.2

注:本县(市)其他乡镇街道含义为户口登记在本县、县级市其他乡镇街道;本市区其他乡镇街道含义为户口登记在本地级市(含直辖市)的所有市辖区内其他乡镇街道。近五年内(从 1995 年 11 月 1 日到调查日 2000 年 11 月 1 日)。正式迁移为户口和居住在本乡镇街道,非正式迁移为居住本街道,但户口在本街道以外。《第五次全国人口普查表填写说明》,13—16。

表 A-7 1995—2000 年中国 35 个城市移民家庭户主迁移原因

	务工经商	工作调动	分配录用	学习培训	拆迁搬家	婚姻迁入	随迁家属	投亲靠友	其他	就业	住房
北京	33.8	4.4	7.1	1	39.5	1.4	3.1	3.7	6	46.3	47.7
天津	8.7	2.1	2.1	0	69.4	2.6	1.2	0.9	12.9	12.9	74.1
石家庄	32	8.6	3.4	0	38.3	1.7	0.6	2.3	13.1	44	42.9
太原	29.5	3.1	7.8	0	38	1.6	0.8	3.9	15.5	40.4	44.3
呼和浩特	33	7.8	1.9	0	33	7.8	2.9	5.8	7.8	42.7	49.5
沈阳	16.6	3.4	1.1	0.8	61.9	3.8	0.8	6	5.7	21.9	72.5
长春	19.3	3.2	7.5	0	42.8	4.3	0.5	7	15.5	30	54.6
哈尔滨	22.2	5.7	2.2	0.9	52.6	3.9	0.4	3.5	8.7	31	60.4
上海	30.5	2	2.9	0.6	48	0.4	1	2	12.7	36	51.4
南京	31.7	4.2	3.8	0.7	48.8	2.8	1	1	5.9	40.4	53.6
杭州	50.5	4.8	1.9	0.3	33.2	1.3	1.3	0	6.7	57.5	35.8
合肥	36.6	10.4	3.7	3	35.1	2.2	1.5	1.5	6	53.7	40.3
福州	45.1	4.4	5.5	0.5	26.9	0	2.2	1.6	13.7	55.5	30.7
南昌	33.9	8	1.8	0	44.6	0	0.9	1.8	8.9	43.7	47.3
济南	17.1	10.5	8.6	1.3	44.7	5.3	0.7	2	9.9	37.5	52.7
郑州	34	7.4	4.8	2.1	34	4.3	1.6	3.2	8.5	48.3	43.1
武汉	40.6	7	3.1	0	33.9	2	0.3	3.6	9.5	50.7	39.8
长沙	39	13	4.8	2.1	30.1	2.7	2.7	0.7	4.8	58.9	36.2
广州	51.8	5.8	2.8	0.8	32.7	0.5	0.9	2	2.8	61.2	36.1
南宁	45.9	10.1	5.5	0	21.1	4.6	1.8	1.8	9.2	61.5	29.3
海口	47.7	15.4	3.1	1.5	16.9	0	3.1	1.5	10.8	67.7	21.5
重庆	45.9	9.6	3.9	0	32.7	0.9	1.5	2.4	3	59.4	37.5
成都	41	9.8	3.6	1.3	25	2.1	2.3	2.6	12.4	55.7	32.0
贵阳	50	4.7	2.9	1.7	32	2.9	0.6	1.7	3.5	59.3	37.2
昆明	52.2	3.5	2.6	0.9	31.1	1.2	0.9	1.5	6.2	59.2	34.7
西安	31	10.2	3.7	4.3	35.3	2.1	3.2	1.6	8.6	49.2	42.2
兰州	26.4	7.9	2.9	0	40	7.1	0	1.4	14.3	37.2	48.5
西宁	27.9	6.6	6.6	0	39.3	3.3	4.9	4.9	6.6	41.1	52.4
银川	28.3	13.2	7.5	0	37.7	3.8	0	5.7	3.8	49	47.2
乌鲁木齐	38.7	11.8	5.4	1.1	30.1	8.6	1.1	0	3.2	57	39.8
大连	27.6	7	3.1	0	50.4	2.2	1.8	2.2	5.7	37.7	56.6
青岛	28.5	5.4	4.6	0.8	40.4	1.9	3.5	5	10	39.3	50.8
宁波	53.6	3.3	4.9	0	25.1	2.2	1.6	1.6	7.7	61.8	30.5
厦门	55.7	7	2.5	0	28.5	0	0.6	1.9	3.8	65.2	31.0
深圳	68.3	9.5	1.4	0.2	6.9	1.7	2.8	2.6	6.7	79.4	14.0
Total	37.4	5.9	3.6	0.7	38	2	1.5	2.5	8.5	47.6	44.0

资料来源:根据 2000 年人口普查微观数据计算。

参考文献

中文部分

[1] “工业化与城市化协调发展研究”课题组:“工业化与城市化关系的经济学分析”,《中国社会科学》,2002 年第 2 期,第 44—55 页。

[2] 国家统计局人口与就业统计司编:《1995 年全国 1% 人口抽样调查主要数据》。北京:中国统计出版社,1996 年版。

[3] J. M. 伍德里奇:《计量经济学导论:现代观点》,费剑平等译。北京:中国人民大学出版社,2003 年版。

[4] 阿马蒂亚・森:《贫困与饥荒——论权利与剥夺》。北京:商务印书馆,2001 年版。

[5] 阿瑟・萨利文:《城市经济学》,苏晓燕等译。中信出版社,2002 年版。

[6] 奥古斯特・勒施:《经济空间秩序——经济财货与地理间的关系》,王守礼译。北京:商务印书馆,1995 年版。

[7] 保罗・贝尔琴、戴维・艾萨克、吉恩・陈:《全球视角的城市经济》,刘书翰和孙钰译。长春:吉林人民出版社,2003 年版。

[8] 边燕杰,刘勇利:“社会分层、住房产权与居住质量”,《社会学研究》,2005 年第 3 期,第 82—99 页。

[9] 波德里亚:《消费社会》。南京:南京大学出版社,2001 年版。

[10] 曹振良、傅十和:“中国房地产市场化测度研究”,《中国房地产》,1998 年第 7 期,第 13—22 页。

[11] 陈浮、王良健:“中国房地产市场化区域差异与发展战略研究”,《财经理论与实践》,2000 年第 3 期,第 104—107 页。

[12] 陈钊:“我国居民住房需求的特征及其政策含义”,《消费经济》,1998 年第 2 期,第 54—56 页。

[13] 成思危:《中国城镇住房制度改革:目标模式与实施困难》。北京:民主与建设出版社,1999 年版。

[14] 戴慧思、卢汉龙编译:《中国城市的消费革命》。上海:上海社会科学院出版社,2003 年版。

[15] 戴维・D. 史密斯:《城市化、住宅及其发展过程》,卢卫译。天津:天津社会科学院出版社,2000 年版。

[16] 丹尼斯・迪帕斯奎尔,威廉・C. 惠顿:《城市经济学与房地产市场》,龙奋杰等译。北京:经济科学出版社,2002 年版。

[17] 邓卫,宋扬:《住宅经济学》。北京:清华大学出版社,2008 年版。

[18] 杜德斌:《中国城市的社会分化与居住分异研究》,教育部人文社会科学研究规划基金

项目研究报告,2001 年 12 月。

[19] 凡勃伦:《有闲阶级论》。北京:商务印书馆,1964 年版。

[20] 范剑平主编:《中国城乡居民消费结构的变化趋势》。北京:人民出版社,2001 年版。

[21] 冯健:"我国城市郊区化研究的进展与展望",《人文地理》,2001 年第 6 期,第 30—35 页。

[22] 冯健,周一星:"北京都市区社会空间结构及其演化(1982—2000)",《地理研究》,2003 年第 4 期,第 465—483 页。

[23] 高丙中:"西方生活方式研究的理论发展叙略",《社会学研究》,1998 年第 3 期,第 59—70 页。

[24] 龚六堂编著:《高级宏观经济学》。武汉:武汉大学出版社,2001 年版。

[25] 顾朝林:《经济全球化与中国城市发展—跨世纪中国城市发展战略研究》。北京:商务印书馆,1999 年版。

[26] 郭晓宇:"基于住房服务和类别选择的住房需求研究—理论和来自杭州的实证",浙江大学博士论文,2008 年。

[27] 郭志刚等编:《社会统计分析方法—SPSS 软件应用》。北京:中国人民大学出版社,1998 年版。

[28] 国家发展计划委员会、日本国协力事业团:《城市化:中国现代化的主旋律》。长沙:湖南人民出版社 2001 年版。

[29] 国务院全国 1% 人口抽样调查领导小组办公室、国家统计局人口和就业统计司编:《2005 年全国 1% 人口抽样调查资料》。北京:中国统计出版社,2007 年版。

[30] 国务院全国 1% 人口抽样调查领导小组办公室、国家统计局人口和就业统计司编:《人口抽样调查方法研究 2005 年全国 1% 人口抽样调查技术业务总结论文集》。北京:中国统计出版社,2007 年版。

[31] 国务院:《关于积极稳妥推进户籍管理制度改革的通知》,2012。

[32] 黄友琴、易成栋:"户口、迁移和居住分异",《城市发展研究》,2009 年第 6 期,第 36—40 页。

[33] 纪江明、张乐天:"居民消费分化:社会分化的重要体现",《南京社会科学》,2010 年第 6 期,第 64—69 页。

[34] 加里·S. 贝克尔:《人类行为的经济分析》,王业宇等译。上海:上海三联书店,1993 年版。

[35] 简德三、王洪卫:《房地产经济学》。上海:上海财经大学出版社,2003 年版。

[36] 蒋耒文、任强:"中国人口、家庭户与住房需求预测研究",《市场与人口分析》,2005 年第 11 卷第 2 期,第 64—70 页。

[37] 蒋耒文:"中国城镇流动人口住房状况研究",2004 年 6 月中国现代化进程中的人口迁移流动和城市化学术研讨会论文。

[38] 蒋耒文等:"中国人口与家庭户变动与住房状况研究"。国务院人口普查办、国家统计局人口和社会科技统计司编:《转型期的中国人口:2000 年全国人口普查国家级重点课

题》。北京:中国统计出版社,2005 年版。

[39] 柯武钢、史漫飞:《制度经济学:社会秩序与公共政策》,韩朝华译。北京:商务印书馆,2000 年版。

[40] 李斌:"社会排斥理论与中国城市住房改革制度",《社会科学研究》,2002 年第 3 期,第 106—110 页。

[41] 李春玲:《断裂与碎片——当代社会阶层分化实证分析》。北京:社会科学文献出版社,2005 年版。

[42] 李实、罗楚亮:"中国城镇居民住房条件的不均等与住房贫困研究",天则经济所论文,2009,www.unirule.org.cn/xiazai/2007061107.doc。

[43] 李振明:《经济转型与居民消费结构演进》。北京:经济科学出版社,2001 年版。

[44] 李志刚:"中国城市的居住分异",《国际城市规划》,2008 年第 23 卷第 4 期,第 12—18 页。

[45] 联合国:《中国人类住区宣言》,2003 年,http://www.un.org/。

[46] 联合国人居署:《全球人类住区报告》,1996 年,http://www.un.org/。

[47] 联合国人居中心:《城市化的世界 1996》。沈建国等译,北京:中国建筑工业出版社,1999 年版。

[48] 刘洪玉、任荣荣:"我国城镇商品住房需求的行为特征分析",《土木工程学报》,2007 年第 40 卷 12 期,第 83—88 页。

[49] 刘洪玉、张红等:《房地产业与社会经济》。北京:清华大学出版社,2006 年版。

[50] 刘精明、李路路:"阶层化:居住空间、生活方式、社会交往与阶层认同—我国城镇社会阶层化问题的实证研究",《社会学研究》,2005 年第 3 期,第 52—83 页。

[51] 刘美霞:"城镇居民住房消费研究",2002 年中国人民大学企业管理博士论文。

[52] 刘望保、陈忠暖、闫小培:"转型期广州市居住迁移的分阶段比较",《热带地理》,2009 年第 29 卷第 2 期,第 123—128 页。

[53] 刘望保、闫小培、曹小曙:"广州城市内部居住迁移空间特征及其影响因素研究",《人文地理》,2007 年第 4 期,第 27—32 页。

[54] 刘望保、闫小培、曹小曙、王冬根:"住房制度改革背景下广州市居民居住偏好研究",《地域研究与开发》,2006 年第 25 卷第 6 期,第 37—42 页。

[55] 刘望保、闫小培、曹小曙:"转型期广州市城市居民住房产权分异研究",《热带地理》,2006 年第 26 卷第 4 期,第 349—352 页。

[56] 刘望保、闫小培、曹小曙:"转型期中国城镇居民住房类型分化及其影响因素—基于 CGSS(2005)的分析",《地理学报》,2010 年第 65 卷第 8 期,第 949—960 页。

[57] 卢卫:《解读人居——中国城市住宅发展的理论思考》。天津:天津社会科学院出版社,2000 年版。

[58] 卢现祥:《西方新制度经济学(修订版)》。北京:中国发展出版社,2003 年版。

[59] 路遇、翟振武:《新中国人口六十年》。北京:中国人口出版社,2009 年版。

[60] 罗楚亮等:"我国居民的财产分布及其国际比较",《经济学家》,2009 年第 9 期,第 90—

100 页。
[61] 马克思:《〈政治经济学批判〉导言》,《马克思恩格斯选集》第二卷。北京:人民出版社,1975 年版。
[62] 马克思:《资本论》第一卷。北京:人民出版社,1975 年版。
[63] 马克斯·韦伯:《经济与社会》。北京:商务印书馆,1998 年版。
[64] 马忠东、周国伟、王海仙:“市场化下城市居民的住房选择:以广州为例”,《人口与发展》,2010 年第 16 卷第 2 期, 第 97—107 页。
[65] 麦肯齐·贝兹:《房地产经济学》。张友仁译,北京:经济科学出版社,2003 年版。
[66] 毛小平:“社会分层、城市住房消费与贫富分化——基于 CGSS2005 数据的分析”,《兰州学刊》, 2010 年第 1 期, 第 117—123 页。
[67] 米尔斯:《区域与城市经济学手册 2 卷》,郝寿义等译。北京:经济科学出版社,2002 年版。
[68] 尼茨坎普:《区域与城市经济学手册 1 卷》,安虎森等译。北京:经济科学出版社,2002 年版。
[69] 尼古拉·艾尔潘:《消费社会学》。孙沛东译。北京:社会科学文献出版社,2005 年版。
[70] 诺斯:《制度、制度变迁与经济绩效》。中译本,上海:上海三联书店,1994 年版。
[71] 潘允康等:《家庭结构和住房》。国务院人口普查办,国家统计局人口和社会科技统计司编:《转型期的中国人口:2000 年全国人口普查国家级重点课题》。北京:中国统计出版社,2005 年版。
[72] 齐美尔:《货币哲学》。北京:华夏出版社,2002 年版。
[73] 切希尔·米尔斯:《区域与城市经济学手册 3 卷》,安虎森等译。北京:经济科学出版社,2002 年版。
[74] 秦虹:“20 年中国城市住房消费之变迁(1982—2002)”,《城市开发》,2002 年第 6 期,第 8—10 页。
[75] 热若尔·罗兰:《转型与经济学》,张帆、潘佐红译。北京:北京大学出版社,2002 年版。
[76] 孙凤:《消费者行为数量研究——以中国城镇居民为例》。上海:上海人民出版社,2002 年版。
[77] 唐·埃思里奇:《应用经济学研究方法论》,朱刚译。北京:经济科学出版社,1998 年版。
[78] 宛恬伊:“新生代农民工的居住水平与住房消费——基于代际视角的比较分析”,《中国青年研究》,2010 年第 5 期,第 47—51 页。
[79] 王海涛、任强、蒋耒文:“中国四大城市住房市场化程度及其社会人口学因素分析——以北京、上海、广州和重庆为例”,《市场与人口分析》,2004 年第 2 期,第 56—62 页。
[80] 王济川、郭志刚:《Logistic 回归模型——方法与应用》。北京:高等教育出版社,2001 年版。
[81] 王宁:“关于消费社会学研究对象的几点思考”,《中山大学学报(社会科学版)》, 1999 年第 5 期,第 120—126 页。
[82] 王宁:《消费社会学:一个分析的视角》。北京:社会科学文献出版社,2001 年版。

[83] 王岳龙、张瑜:“经济基本面影响了住房消费吗——基于 EG 两步法和 VAR 模型的实证分析”,《财经科学》,2010 年第 4 期,第 50—57 页。

[84] 吴启焰:《大城市居住空间分异研究的理论与实践》。北京:科学出版社,2001 年版。

[85] 吴维平、王汉生:“寄居大都市:京沪两地流动人口住房现状分析”,《社会学研究》,2002 年第 3 期,第 92—110 页。

[86] 西奥多 · 舒尔茨:《人力资本投资》。北京:商务印书馆,1990 年版。

[87] 谢伏瞻、李培育、刘士余:《住宅产业:发展战略与对策》。北京:中国发展出版社,2000 年版。

[88] 杨云彦、田艳平、易成栋、何雄:“大城市内部迁移与城市空间动态分析——以武汉市为例”,《人口研究》,2004 年第 2 期,第 47—51 页。

[89] 杨云彦:“中国人口迁移的规模测算与强度分析”,《中国社会科学》,2003 年第 6 期,第 97—107 页。

[90] 杨云彦:《中国人口迁移与发展的长期战略》。武汉:武汉出版社,1994 年版。

[91] 杨赞、易成栋、张慧:“基于剩余收入法的北京居民住房可支付能力分析”,《城市发展研究》, 2010 年第 10 期,第 36—40 页。

[92] 叶剑平、谢经荣:《房地产业和社会经济协调发展研究》。北京:中国人民大学出版社,2005 年版。

[93] 易成栋:“从社会阶层标准看中国城镇住宅市场细分”,《东北财经大学学报》,2006 年第 5 期,第 68—72 页。

[94] 易成栋:“户口、迁移和中国城镇家庭住房状况”,《南京人口管理干部学院学报》,2006 年第 4 期,第 20—22 页。

[95] 易成栋、黄友琴:“欧美国家第二住宅政策及其对中国的启示”,《中国房地产(学术版)》,2011 年第 3 期,第 74—80 页。

[96] 易成栋、黄友琴:“家外有宅:北京市家庭多套住宅的空间关系研究”,《经济地理》,2011 年第 3 期,第 396—403 页。

[97] 易成栋、黄友琴:“中国城市自有多套住宅家庭的空间模式实证研究”,《经济地理》,2010 年第 4 期,第 585—590 页。

[98] 易成栋:“基于 LOGIT 模型的中国城镇家庭住房产权选择影响因素分析”,《大连民族学院学报》,2006 年第 6 期,第 58—60 页。

[99] 易成栋:“基于 MNL 模型的中国城镇家庭住房来源的影响因素分析”,《中国房地产研究》,2006 年第 3 期(总 27 期),第 140—149 页。

[100] 易成栋:“中国城镇家庭住房来源和产权的省际差异”,《经济地理》,2006 年 12 月增刊,第 163—171 页。

[101] 易成栋:“中国城镇家庭住房消费的省际差异”,《广东商学院学报》,2007 年第 4 期,第 24—27 页。

[102] 易成栋:“中国城镇家庭住房状况的地区差异”,《资源与人居环境》,2006 年第 5 期,第 20—22 页。

[103] 易成栋:“中国城镇家庭住房状况的影响因素分析”,《南京人口管理干部学院学报》,2007 年第 2 期,第 27 期,第 24—27 页。

[104] 易成栋:“中国第二套住宅的政策设计分析”,《中国地产》,2009 年第 8 期,第 24—26 页。

[105] 易成栋:“澳大利亚保障性住房政策及其借鉴”,《中国住房》,2010 年第 11/12 期,第 74—76 页。

[106] 易成栋:“制度安排、社会排斥与城市常住人口的居住分异”,《南方人口》,2004 年第 3 期,第 58—64 页。

[107] 易成栋等:“基于消费品和投资品区分的公共住房政策设计”,《中国住房》,2010 年第 5 期,第 54—56 页。

[108] 易成栋等:“中国家庭一户多宅有多少?”,《住宅与房地产》,2010 年第 6 期,第 33—35 页。

[109] 虞晓芬:《居民住宅租购选择及其弹性研究——以杭州为对象》。北京:经济科学出版社,2007 年版。

[110] 约翰·邦戈茨等:《家庭人口学:模型及应用》,曾毅和郭志刚译。北京:北京大学出版社,1994 年版。

[111] 臧旭恒:《中国消费函数分析》。上海:上海人民出版社,1994 年版。

[112] 张定胜:《高级微观经济学》。武汉:武汉大学出版社,2000 年版。

[113] 张红:《房地产经济学》。北京:清华大学出版社,2000 年版。

[114] 张辉:“居民家庭住房需求量与动机模型分析”,《首都经贸大学学报》,2007 年第 1 期,第 116—120 页。

[115] 张京祥,罗震东,何建颐:《体制转型与中国城市空间重构》。南京:东南大学出版社,2007 年版。

[116] 张文彤主编:《世界优秀统计工具 SPSS11 统计分析教程(高级篇)》。北京:北京希望电子出版社,2002 年版。

[117] 张文忠:《经济区位论》。北京:科学出版社,2000 年版。

[118] 张永庆编:《城市住宅经济学》。北京:经济日报出版社,1995 年版。

[119] 赵卫华:“消费社会的议题”,《人文杂志》,2006 年第 5 期,第 116—120 页。

[120] 赵新平、周一星:“改革以来中国城市化道路及城市化理论研究述评”,《中国社会科学》,2002 年第 2 期,第 132—138 页。

[121] 郑思齐:《住房需求的微观经济分析——理论与实证》。北京:中国建筑工业出版社,2007 年版。

[122] 郑思齐、刘洪玉:“住房需求的收入弹性:模型、估计与预测”,《土木工程学报》,2005 年第 7 期,第 122—127 页。

[123] 郑思齐、符育明、刘洪玉:“利用排序多元 Logit 模型研究城市居民的居住区位选择”,《地理科学进展》,2004 年第 23 卷第 5 期,第 86—93 页。

[124] 郑思齐、刘洪玉:“从住房自有率剖析住房消费的两种方式”,《经济与管理研究》,2004

年第4期,第28—31页。

[125] 中国人民大学人口与发展研究中心:《北京市人口住房状况及其影响因素分析》。北京市第五次人口普查办公室等编:《北京市2000年第五次全国人口普查课题论文集》。北京:中国人口出版社,2004年版。

[126] 中国社会科学院财贸经济研究所、美国纽约公共管理研究所:《中国城镇住宅制度改革》。北京:经济管理出版社,1996年版。

[127] 朱小棣、易成栋:"中美保障性住房政策的比较与启示",《中国住房》,2010年第9/10期,第74—76页。

[128] 邹至庄、牛霖琳:"中国城镇居民住房的需求与供给",《金融研究》,2010年第1期,第1—12页。

英文部分

[1] Arnot J. vander Vlist, Cees Gorter, Peter Nijkamp, and Piet Rietveld, "Residential Mobility and Local Housing Market Differences",2001,http://www.tinbergen.nl.

[2] Arthur O'Sullivan. *Urban Economics*, Fourth edition. McGraw-Hill Companies Inc. ,1996,.

[3] Axel Börsch-Supan, "Household Formation, Housing Prices, and Public Policy Impacts," *Journal of Public Economics*, 1986, 30, 145—164.

[4] Axel Börsch-Supan, "Panel Data Analysis of Housing Choices" , *Regional Science and Urban Economics*, 1990,20, 65—82.

[5] Axel Börsch-Supan, Florian Heiss, and Miki Seko, "Housing Demand in Germany and Japan", *Journal of Housing Economics*, 2001,10(3), 229—252.

[6] Bas Donkers, Bertrand Melenberg, Arthur Van Soest, Qin Tu, "Modelling Mobility and Housing Tenure Choice-A Multinomial Probit Model for Panel Data" , 2003,http://www.tinbergen.nl.

[7] Ben -Akiva, M. E. , and Lerman, S. ,*Discrete Choice Analysis: Theory and Application to Travel Demand*. Cambridge, Massachusetts: The MIT Press, 1985.

[8] Berg,L. D. *et al.* , *Urban Europe- A Study of Growth and Decline*. Pergamon Press, 1982.

[9] Bourdieu,Pierre, *Distinction:Social Critique of the Judgment of Taste*. Translated by Richard Nice. Cambridge,MA: Harvard University Press,1984.

[10] Börsch-Supan, A. ,*Econometric Analysis of Discrete Choice: With Application on the Demand for Housing in the U. S. and West-Germany*. Berlin, Heidelberg: Springer-Verlag , 1987.

[11] Chan, Kam Wing, "Post-Mao China: a Two-class Urban Society in the Making", *International Journal of Urban and Regional Research* , 1996,20(1): 134—150.

[12] Clark, William A. V. and Huang, Youqin, "Linking Migration and Mobility: Individual and Contextual Effects in British Housing Markets",*Regional Studies*, 2004, 38(6):617—628.

[13] D., Wang, and S. -M., Li, "Housing Preferences in a Transitional Housing System: the Case of Beijing, China", *Environment and Planning A*, 2004, 36(1), 69—87.

[14] Daniel McFadden , "Economic Choices", *American Economic Review*, 2001, 91(3), 351—378.

[15] David Romer. *Advanced Macroeconomics*. 上海财经大学出版社,2001 年。

[16] Donggen Wang, and Si-ming Li, "Socio-economic Differentials and Stated Housing Preferences in Guangzhou, China",*Habitat International*, 2004,30(2),305—326.

[17] Eric Arnould, and Linda Price, George Zinkhan, *Consumers*. McGraw-Hill Companies, 2004,193—196.

[18] Everetts Lee , "A Theory of Migration",*Demography*, 1966, 3(1), 47—57.

[19] Evergency V. Polyakov, "Transition to the Market in the Former Soviet Union-Three Essays", University of Pennsylvania, Doc. Dissertation, 2001.

[20] Feng Wang, "Housing Improvement and Distribution in Urban China: Initial Evidence from China's 2000 Census", *The China Review*, 2003, 3(2), 121—143.

[21] Frans M. Dieleman, "Modelling Residential Mobility: a Review of Recent Trends in Research", *Journal of Housing and the Built Environment*, 2001,16, 249—265.

[22] Fulong Wu, "Intra-urban Residential Relocation in Shanghai: Modes and Stratification", *Environment & Planning A*, 2004, 36(1), 7—25.

[23] Fulong Wu, "Transitional Cities", *Environment and Planning A*, 2003, 35, 1331—1338.

[24] G. Thomas Kingsley, and Margery Austin Turner, *Housing Markets and Residential Mobility*. The Urban Institute Press, Washington, D. C. 1993.

[25] Gabriel, Stuart A. , Joe P. Mattey, and William L. Wascher , "Compensating Differentials and Evolution of Quality of Life among U. S. ", *Regional Science and Urban Economics*, 2003 (5): 619—649.

[26] Glaeser, Edward, Jed Kolko, and Albert Saiz, "Consumer City", National Bureau of Economic Research, Working Paper 7790, 2000, http: / /www. nber. org/papers/w7790.

[27] Hall P. , *The World and Europe in Urban and Regional Planning*. London: Routledge,Third edition. 1984.

[28] Hall P. , *The World Cities*. London: Weidenfield and Mcolson, Third Edition. 1984.

[29] Harris J. R. , and Todaro M. P. , "Migration, Unemployment and Development: A Two-sector Analysis", *American Economic Review*, 1970, 60, 126—142.

[30] Henderson, *Handbook of Regional and Urban Economics*, Vol. 4. North Holland. 2004.

[31] Huang, Youqin, "From Work-unit Compounds to Gated Communities: Housing Inequality and Residential Segregation in Transitional Beijing", in Laurence J. C. Ma and Fulong Wu (ed.) *Restructuring the Chinese Cities: Changing Society, Economy and Space*. London and New York: Routledge, 2005: 192—221.

[32] Jan E. Mutchler, and Laruen J. Krivo , "Availability and Affordability: Household Adaptation to a Housing Squeeze", *Social Forces*, 1989,68 (1),241—61.

[33] Javier A. Barrios Garcia, and Jose Enrique Rodriguez Hernandez, "Housing and Urban Loca-

tion Decisions in Spain: An Econometric Analysis with Unobserved Heterogeneity", *Urban Studies*, 2007 ,44 (9), 1657—1676.

[34] Jennifer Roback, "Wages, Rents and the Quality of Life", *Journal of Political Economy*, 1982 (6) , 1257—1278.

[35] John Logan R. , and Yanjie Bian, "Inequalities in Access to Community Resources in a Chinese City", *Social Forces*, 1993, 72(2), 555—576.

[36] John M. Quigley, "A Decent Home:Housing Policy in Perspective", Brookings-Wharton Papers on Urban Affairs, 2000.

[37] Jos van Ommeren, and Michiel van Leuvensteijn, "New Evidence of the Effect of Transaction Costs on Residential Mobility", 2003,May, www. cpb. nl.

[38] Kam Wing Chan, and Ying Hu, "Urbanization in China in the 1990s: New Definition, Different Series and Revised Trends", *The China Review*, 2003, (3) 2, 49—71.

[39] Lansing J B, and Morgan J M. , "Consumer Finances over the Life Cycle", *Consumer Behavior*, 1955, 2(4):36—50.

[40] Leeuw F D, "The Demand for Housing: A Review of Cross Section Evidence", *Review of Economics and Statsistics*,1971,53(1),1—10.

[41] Ma, Laurence J. C. and Xiang, Biao, "Native Place, Migration and the Emergence of Peasant Enclaves in Beijing", *China Quarterly*, 1998,(155): 546—81.

[42] Mark C. Berger, "Compensating Differentials in Emerging Labor and Housing Markets: Estimates of Quality of Life in Russian Cities", *Journal of Urban Economics*, 2008 (63), 25—55.

[43] Martin H. David,*Family composition and Consumption*. Amsterdan, North-Holland Publishing Company,1962.

[44] Massey, Douglas and Denton, Nancy, *American Apartheid: Segregation and the Making of the Underclass*,Cambridge, MA: Harvard University Press. 1993.

[45] Massey, Douglas and Denton, Nancy, "The Dimensions of Residential Segregation", *Social Forces*, 1988, 67(2): 281—315.

[46] McFadden Daniel, "Modelling the Choice of Residential Location",*The Economics of Housing*, 1997, Vol. I, 531—552.

[47] Murphy Patrick E. , and Willianm A. Staples, "A Modernized Family Life Cycle", *Journal of Consumer Research*,1979,6, 12—22.

[48] Ostrom, E. , *Understanding Institutional Diversity*. Princeton, New Jersey, USA: The Princeton University Press, 2005.

[49] Quegley, *The Economics of Housing*. USA: Edward Elgar Publishing,1997.

[50] René Böheim, and Mark Taylor, "Residential mobility, Housing Tenure and the Labour Market in Britain", 1999, http://elsa. berkeley. edu/ ~ quigley/papers. html.

[51] Rowntree B. S. ,*Poverty:A Study of Town Life* , Bristol: the Policy Press, 1903.

[52] Saunders Peter, *Social Theory and Urban Question*. New York:Holmes&Meier,1981.

[53] Shunfeng Song,George S-F Chu, and Xiangming Chen, "Housing Investment and Consumption in Urban China", in *Urbanization and Social Welfare in China*, edited by Aimin Chen, Gordon G. Liu, and Kevin H. Zhang. England: Ashgate, 2004.

[54] Siming Li, and Fulong Wu, "Contextualizing of Residential Mobility and Housing Choice: Evidence from Urban China", *Environment and Planning A*, 2004,36, 1—6.

[55] Siming Li, and Zheng Yi, "Financing Home Purchase in China, with Special Reference to Guangzhou", *Housing Studies*, 2007, 22 (3), 409—425.

[56] Siming Li, "Life Course and Residential Mobility in Beijing, China", *Environment & Planning A*, 2004, 36(1), 27—43.

[57] Siming Li, "The Housing Market and Tenure Decisions in Chinese Cities: a Muliti-variarate Analysis of the Case of Guangzhou", *Housing Studies*, 2000, 15(2), 213—236.

[58] Si-Ming Li, and Youqin Huang, "Urban Housing in China: Market Transition, Housing Mobility and Neighbourhood Change", *Housing Studies*, 2006, 21 (5), 613—623.

[59] Si-Ming Li, and Limei Li, "Life Course and Housing Tenure Change in Urban China: A Study of Guangzhou", *Housing Studies*, 2006, 21 (5), 653—670.

[60] Todaro M. P., "A Model of Labor Migration and Urban Unemployment in Less Developed Countries", *American Economic Review*, 1969,59, 138—148.

[61] UNEP, and CIB, *Agenda 21 for Sustainable Construction in Developing Countries*, A Discussion Document, 2002, http://www.un.org.

[62] UN-Habitat, *Slums of the World: the Face of Urban Poverty in the New Millennium*, 2003, http://www.un.org.

[63] Weber Max, *Economic and Society*, by Guenther Roth and Llaus Wittich, Berkley: University of California Press,1968.

[64] Weiping Wu, "Migrant Settlement and Spatial Distribution in Metropolitan Shanghai", *Professional Geographer*, 2008, 60 (1), 101—120.

[65] Weiping Wu, "The Geography of Migrant Settlement in a Changing Spatial Environment: The Case of Shanghai, China", International Conference on "Globalization, the State, and Urban Transformation in China", in Hong Kong, 2003,December.

[66] Wells W D, and Gubar G., "Life Cycle Concept in Marketing Research", *Journal of Marketing Research*,1966, 3, 355—363.

[67] Wilkes R E., "Household Life Cycle Stages, Transitions and Product Expenditures", *Journal of Consumer Research*,1995,22(6),27—42.

[68] Wu, Fulong, "Socio-spatial differentiation in urban China: evidence from Shanghai's real estate markets", *Environment and Planning A*, 2002, 34: 1591—1615.

[69] Xiao Di Zhu, "Growing Wealth, Inequality, and Housing in the United States", 2007, Working paper 07-1, Joint Center for Housing Studies, Harvard University.

[70] Y. Fu, Tse DK, and Zhou N, "Housing Choice Behavior of Urban Workers in China's Transition to a Housing Market", *Journal of Urban Economics*, 2000, 47(1), 61—87.

[71] Y. Zhou, and L. J. C. Ma, "China's Urbanization Levels: Reconstructing a Baseline from the Fifth Population Census", *The China Review*, 2003, 3(2), 49—71.

[72] Yingshun Zhao, and Bourassa, Steven C., "China's Urban Housing Reform: Recent Achievements and New Inequities", *Housing Studies*, 2003, 18 (5), 721—744.

[73] Yiping Fang, "Residential Satisfaction, Moving Intention and Moving Behaviours: A Study of Redeveloped Neighbourhoods in Inner-City Beijing", *Housing Studies*, 2006, 21 (5), 671—694.

[74] Yongcheng Deng *et al.*, "Duration of Residence in the Rental Housing Market", *Journal of Real Estate Finance and Economics*, 2003, 26(2/3), 267—285.

[75] Youqin Huang, and Chengdong Yi, "Consumption and Tenure Choice of Multiple Homes in Transitional Urban China", *International Journal of Housing Policy*, 2010, 10 (2): 105—131.

[76] Youqin Huang, and Chengdong Yi, "Second Home Ownership in Transitional Urban China", *Housing Studies*, 2011(3), 1—25.

[77] Youqin Huang, and Leiwen Jiang, "Housing Inequality in Transitional Beijing", *International Journal of Urban and Regional Research*, 2009, 33(4), 936—956.

[78] Youqin Huang, "Housing Choices in Transitional Urban China", UCLA, Doc. Dissertation, 2001.

[79] YQ Huang, and Clark, W. A. V., "Housing tenure choice in transitional urban china: A multilevel analysis", *Urban Studies*, 2002, 39(1), 7—32.

[80] Zhigang Li, and Fulong Wu, "Tenure-based residential segregation in post-reform Chinese cities: a case study of Shanghai", *Transactions of the Institute of British Geographers*, 2008, 33 (3), 404—419.

后　记

本书出版定稿之际，读博士期间寒窗苦读、挑灯奋战、夜不能寐的点点滴滴却不时涌现我的心头。如果不是导师杨云彦教授的赏识和提供了读博深造的机会，并缔结了一段终生难忘的师生缘，今日之我与昨日之我殊无差异。在此衷心感谢杨云彦教授。他在我选择研究领域、方向、问题方面提出很多有见地的建议；并监督我学习课程，从事前期研究，确定论文题目，按照国际学术规范严格要求，并按时完成学位论文。同时他还指导我参与了多项国家级重点科研课题，参加国际和国内高水平的学术会议并与名家交流。这些都为我的论文提供了良好的基础。同时，他还是我学习的榜样，在为人处世、治学敬业方面言传身教，使我受益终生。同时还要感谢授课的卢现祥、向书坚、徐映梅等教授，我跟着他们学习了现代经济学理论和统计分析方法，这些是我从事研究的基石。还要感谢我的硕士生导师刘盛佳和邓宏兵教授。2010 年仙逝的刘先生之于我，不仅有师生之谊，更有长者对后生的关爱，在人生旅途中的提携和诤言对我的成长帮助很大。我的同门师兄弟妹和博士同学们的帮助对我完成学业也有很大的作用。

我的博士论文从毕业答辩到现在出版经历了七年的沉淀。提笔修改博士论文才发现，论文还存在很多的不足。从开始选题写作博士论文，就得到了纽约州立大学奥本尼分校黄友琴副教授的很多帮助，到 2008 年在她那里做访问学者时就开始了合作研究，她的严谨治学、国际视野、强调对知识有新的贡献以及深入细致的分析让我提高了很多。为此，我将毕业以后对博士论文的新思考、我们国际合作的研究最新成果加入本书，并进行了较大的修改，其工作量不亚于重新做了一篇博士论文。在此过程中，还得到了北大林肯中心满燕云教授和诸位同仁们的中肯的批评和建议，特别是新加坡国立大学符育明教授给了很好的建议。此外，我的合作者哈佛大学朱小棣研究员、清华大学杨赞副教授、北京大学张纯博士给了很多学术上的帮助。学校副校长王瑶琪教授和学院领导李文斌院长、贺小海书记、林则夫、刘志东副院长和同事等大力支持我利用半年时间专心著述。北京市住房和城乡建设委员会城建研究中心倪娜副主任和住房保障办张国伟处长和我的长期良好的合作也给我的研究带来很大的帮助。感谢责任编辑朱启兵热心和细致的帮助，保证了本书的高质量出版。还要衷心感谢国家统计局、北大和人大允许使用人口普查、CFPS、CGSS 的数据作研究。我的很多研究生在数据收集和处理方面也做了很多的有效的工作。

年迈的父母和岳父母,妻子和天真活泼的儿子对我经常溜出去到图书馆修改论文给予了很大的支持,并分担了很多的家务。亲情是我人生的一大支柱,谨以此书献给你们,深深地感谢你们。

学海无涯,人生有境。得师生情、亲情、友情维系,我将脚踏实地,诚恳为人,虚心向学,不求有大为,能做点有意义的事情,自得其乐,不虚度一生足矣。

易成栋

于中央财经大学

2012 年 5 月 12 日